EXTRAITS

DES PUBLICATIONS

DE LA

SOCIÉTÉ IMPERIALE GÉOGRAPHIQUE DE RUSSIE.

EXTRAITS

DES PUBLICATIONS

DE LA

SOCIÉTÉ IMPÉRIALE GÉOGRAPHIQUE

DE RUSSIE

en 

1856 et 1857.

St. Pétersbourg.

Imprimerie de V. Bésobrasoff & Cⁱ.

1859.

AVANT-PROPOS.

La Société Impériale géographique de Russie s'enorgueillit à juste titre de l'intérêt universel qui s'attache à ses travaux; les témoignages flatteurs qu'elle reçoit journellement des Sociétés scientifiques et des savants de tous pays, avec lesquels elle a noué des relations, lui en donnent le droit. Toutefois, en adressant à la Société russe l'expression de leurs sympathies, les étrangers ont souvent manifesté le regret de ne pouvoir suivre ses progrès et la marche de ses publications qui, la plupart du temps, disent-ils, restent pour eux lettres closes, faute d'interprètes et en raison des difficultés d'une langue généralement peu répandue en Europe, surtout dans les contrées de l'Occident. Cette considération a engagé la Société géographique de Russie à faire paraître, en français, des EXTRAITS susceptibles de donner un aperçu de la forme et de la nature de ses principales publications périodiques; ce travail a été confié, sous la direction du Secrétaire, à M. J. Levino, français résidant à Saint-Pétersbourg, et qu'un long séjour a mis à même de se familiariser avec la langue russe ainsi qu'avec les travaux de la Société.

L'ouvrage offert aujourd'hui au public comprend le BULLETIN mensuel et la partie des MÉMOIRES de la Société géographique, qui ont paru dans le courant des années 1856 et 1857. Contraint de faire entrer dans les limites d'un cadre très resserré, la substance de matériaux formant environ la valeur de douze forts volumes, et désireux cependant de ne rien omettre, le rédacteur a dû se borner souvent à de courtes citations, quelquefois à une mention pure et simple, des articles qui ne pouvaient présenter ici qu'une importance secondaire, soit par eux-mêmes soit comme étant la reproduction de travaux empruntés aux revues et autres publications scientifiques étrangères; il a voulu se réserver ainsi la possibilité d'accorder plus de développement aux documents originaux spécialement relatifs à la Russie et principalement à la partie Asiatique, encore peu connue, de ce vaste Empire.

La Société géographique de Russie se propose, si ce premier essai est accueilli favorablement du public étranger auquel il est destiné, de le faire suivre bientôt d'un autre volume renfermant, sous une forme plus développée, la substance des articles spéciaux les plus intéressants qu'elle a publiés depuis 1858 ainsi qu'un exposé des résultats de ses diverses Expéditions scientifiques.

St. Pétersbourg. — Mai. 1859.

Le Secrétaire de la Société Impériale géographique de Russie

E. Lamansky.

BULLETIN

DE LA

SOCIÉTÉ IMPÉRIALE GÉOGRAPHIQUE DE RUSSIE (*).

Les matières qui entrent dans la composition du *Bulletin de la Société Impériale de géographie* se divisent en six catégories comprises sous diverses dénominations:

1. TRAVAUX DE LA SOCIÉTÉ. Sous ce titre, la première partie du *Bulletin* renferme des exposés succints des travaux les plus importants de la Société, ses comptes-rendus annuels ainsi que ceux des Sections du Caucase et de Sibérie, enfin les rapports des Commissions spéciales que la Société choisit dans son sein et qui sont appelées à résoudre diverses questions ou à se prononcer sur les entreprises projetées.

2°. ÉTUDES ET MATÉRIAUX. Cette deuxième partie se compose d'articles lus dans les réunions ordinaires de la Société, de considérations présentées par quelqu'un de ses membres ou même par des personnes qui lui sont étrangères, sur des sujets ayant trait à la Géographie, à l'Etnographie, à la Statistique, à l'Histoire de la géographie ou à la Géographie historique; elle contient également des études spéciales et originales sur la Russie principalement, et mentionne les découvertes les plus récentes faites dans les pays étrangers; car si la premier but de la Société géogra-

---

(*) Jusqu'en 1857, le Bulletin comprenait 6 livraisons par an; mais depuis le 1-er Janvier 1858, il parait chaque mois par livraison de 7 à 10 feuilles d'impression; quatre de ces livraisons forment un volume.

1

phique est l'exploration scientifique de l'Empire Russe, elle ne s'en croit pas moins obligée en présence du progrès incessant de la science, d'ouvrir les pages de son *Bulletin* aux articles qui font connaître les travaux des savants étrangers et donnent en général une idée de l'activité scientifique des autres nations, durant une période de temps plus ou moins longue.

3°. EXTRAITS DES PUBLICATIONS ÉTRANGÈRES. Cette partie du *Bulletin* renferme en substance, l'exposé des matières qui font l'objet des publications étrangères les plus remarquables relatives à la science géographique, les relations de voyages curieux ainsi que les résultats des travaux ethnographiques et statistiques les plus récents. Quelquefois des articles de peu d'étendue et d'un intérêt universel, empruntés aux journaux ou aux revues scientifiques étrangères, sont traduits en langue russe et reproduits en entier dans ce chapitre.

4°. BIBLIOGRAPHIE. Sous cette dénomination générale, le *Bulletin de la Société géographique* donne des aperçus détaillés des progrès qu'ont pu faire dans le cours de l'année, les littératures tant russe qu'étrangères, au point de vue de la Géographie, de l'Ethnographie et de la Statistique; il mentionne les articles traitant de l'une ou l'autre de ces matières et qui ont été publiés par les journaux ou les gazettes des gouvernements de la Russie.

5°. NOUVELLES GÉOGRAPHIQUES ET MÉLANGES. Dans cette cinquième partie de son *Bulletin*, la Société publie les résultats des expéditions et des voyages scientifiques les plus remarquables entrepris soit en Russie, soit à l'étranger; des renseignements sur les travaux des sociétés russes ou étrangères qui intéressent la science géographique et la statistique; enfin le nécrologe des savants qui ont rendu d'importants services à ces branches de la science.

6°. ANNEXES. Cette sixième et dernière partie contient les procès-verbaux des assemblées générales de la Société géographique ou de ses Sections, les procès-verbaux des séances du

Conseil, des Sections et des Commissions spéciales nommées par la Société.

Au *Bulletin* sont également joints quelquefois les cartes, plans ou dessins, que la Société juge nécessaires à l'intelligence des articles qu'elle publie, ou propres à familiariser le lecteur avec les voyages et les découvertes les plus récentes.

Les deuxième et troisième parties du recueil sont celles qui renferment les articles les plus développés et les plus complets; à ce double titre elles méritent de fixer notre attention.

1856. 1ère Livraison.

ÉTUDES ET MATÉRIAUX.

Aperçu des voyages et découvertes les plus remarquables *qui ont eu lieu dans les années 1848—1853*. Ce travail dont le mérite égale l'importance, est dû à M. Swenske, membre-collaborateur de la Société; la plupart des documents qu'il renferme devant être déjà connus de nos lecteurs étrangers, nous ne croyons pas devoir entrer dans le détail de sa composition; nous nous bornons à le mentionner comme une œuvre consciencieuse et dignement apprêciée du public russe auquel elle s'adresse.

Observations thermométriques *dans le gouvernement de Vologda;* communication de M. Vessélowsky, Secrétaire perpétuel de l'Académie Impériale des sciences et membre de la Société, relative à des *Observations* relevées dans certaines localités du gouvernement de Vologda par M. l'archiprêtre Chaïtanoff.

Géographie des plantes. Sous ce titre, M. Békétoff à publié, une série d'articles dont l'ensemble constitue un travail remarquable dans lequel, en se guidant sur les publications étrangères les plus nouvelles, l'auteur a voulu présenter sous

une forme à la fois concise et à la portée de chacun, les lois
de la répartition des plantes à la surface de la terre, et tracer pour ainsi dire le tableau de la végétation du globe. C'est
un cours en abrégé de *Géographie des plantes,* et le premier
essai de ce genre qui ait été écrit en langue russe. Nous en
extrayons quelques pages dans lesquelles après avoir adressé
aux étrangers en général le reproche, peut-être mérité, d'ac-
cepter trop légèrement des traditions erronées sur la Russie,
M. Békétoff dépeint à grands traits la végétation des gouvernements du centre de ce vaste pays et la transition de la région boisée à celle des steppes.

« Avant de passer à l'examen de la zône tempérée-froide
de la Russie d'Europe, dit l'auteur, qu'on nous permette une
observation quelque peu en dehors de notre sujet: c'est qu'en
général les étrangers connaissent mal la Russie. Se fondant sur
la rigueur proverbiale de nos hivers, ils ne tiennent compte ni
de la fertilité du sol ni de la température élevée de l'été, et
concluant par *induction,* ils dépeignent notre pays sons un aspect
triste et sauvage. Le temps n'est plus où il fallait s'en rapporter
aux rares documents publiés par quelques écrivains russes, et
les contes d'enfants qui se redisent encore quelquefois en Allemagne, en France et en Angleterre, ne peuvent être considérés
que comme le propre de l'ignorance, depuis la publication en
français de *l'Histoire de Karamzine,* c'est à dire depuis un quart
de siècle.

« On trouve aujourd'hui de nombreux matériaux en langues
française et allemande, sur l'histoire naturelle de la Russie, dans
les journaux publiés par les sociétés savantes de ce pays, non
seulement à S. Pétersbourg et à Moscou, mais dans les autres
villes encore qui possèdent des universités; il semble que cela
eût dû suffire à faire depuis longtemps connaître à l'Europe
occidentale, l'aspect du sol si vaste et si riche de la Russie.

« La flore de la Russie centrale est généralement beaucoup plus belle que celle des plaines de l'occident de l'Europe.

Ce fait tient à une abondance extraordinaire d'irrigations, à la fertilité du sol dans beaucoup de localités et enfin aux admirables formes asiatiques que l'on trouve mêlées aux plantes d'Europe; cette dernière circonstance se fait surtout remarquer dans les parties est et sud-est de la Russie d'Europe. Il faut ajouter en outre que nulle part sur notre continent, ne se rencontrent ces vastes et antiques forêts, ces steppes à perte de vue si bien décrites par Gogol (*) et dont l'herbe peut cacher un cavalier avec son cheval. Il n'y a que les Alpes helvétiques dont la végétation surpasse en beauté celle du centre de la Russie, encore le versant méridional de cette chaîne de montagnes appartient-il plutôt à la zône chaude dont font partie également le Caucase et les côtes méridionales de la Crimée.

« Le climat de la Russie centrale est en général plus rude que ceux de l'Europe occidentale; le sol en est assez uni, car les pentes granitiques des monts Carpathes s'abaissent insensiblement et s'effacent vers le Dniéper dont elles forment les cataractes; cette partie de la Russie renferme pourtant aussi ses collines: sur les bords du Volga, du Don et de quelques uns de leurs affluents, règne une suite d'éminences qui constitue pour chacune de ces rivières, ce que l'on nomme la *rive montagneuse*.

« Des alternatives extrêmes de chaleur et de froid que présente le climat, surtout vers l'orient, il résulte que les arbres dont les essences redoutent un hiver rigoureux et un été trop ardent, ne se trouvent que dans les provinces occidentales et méridionales de l'Empire. Il en est ainsi pour le hêtre dont la limite vers le nord, s'abaisse subitement à partir de Königsberg en coupant les gouvernements de la Pologne et la Volhynie jusqu'à Odessa. Par contre les chaleurs de l'été développent en plantes et en arbustes, une végétation

---

(*) Le célèbre auteur des « Ames mortes », du « Réviseur », et de beaucoup d'autres peintures de mœurs russes, dont la renommée est devenue européenne.

qui ne se rencontre pas dans les contrées plus occidentales où l'été est tempéré.

Les essences du nord ne s'arrêtent pas subitement à cette zône; depuis le littoral de la mer Baltique, les gouvernements de Novogorod, de Tver, une partie de celui de Jaroslaw, ceux de Kostroma, de Casan et principalement le gouvernement de Perm, renferment encore d'immenses forêts de conifères; mais déjà au pin et au sapin se mèlent ici l'aulne (alnus glutinosa), le bouleau (betula alba), le cormier, le mahaleb (bois de S-te Lucie), le coudrier et de temps à autre un chêne ou un tilleul. En avançant vers le sud, les essences feuillées commencent à dominer, non par grandes masses mais en jeune bois et sont répandues presque en tous lieux; le houblon, la bryone (vigne vierge), plus au sud encore la clématite s'enroulent autour des troncs d'arbres; plus on a marché vers le midi plus les grands bois ont diminué, plus aussi le nombre des espèces s'est accrû. Depuis Tschernigoff, Penza et Simbirsk, le poirier sauvage, le pommier, le cerisier et le prunellier commencent à paraître; le chêne, le hêtre, le frêne et l'érable se montrent en petit bois clair-semé. Les arbustes du nord offrent aussi plus de diversité: l'obier (viburnum opulus), vulgairement *boule de neige*, avec ses bouquets de fleurs blanches ou ses baies de couleur pourpre, le groseillier noir, l'églantier, le chèvrefeuille croissent en abondance;.... mais les bois se font rares,.... la steppe apparait du côté de l'orient et du midi. Les campagnes de Toula, de Tamboff, de Simbirsk et de Penza viennent se fondre vers l'est avec les plaines découvertes de Saratoff et d'Astrakhan,.... et les steppes du sud embrassant la Crimée, les terres du Don, de Kherson et d'Ecatérinoslaw s'étendent jusque vers Kharkoff et Poltawa....»

Nous regrettons que les limites dans les quelles nous devons nous renfermer ici ne permettent pas une citation plus étendue de ce travail intéressant qui ne se termine que dans la quatrième livraison du *Bulletin* de 1856.

Étude sur la partie Occidentale du Gouvernement de Grodno, *par M. G. K.* Cette étude se divise en deux parties distinctes: dans la première, l'auteur passe en revue les documents historiques relatifs aux *Jatviagues*, les plus anciens habitants de la contrée qui forme aujourd'hui la partie occidentale du gouvernement de Grodno et qu'ils occupèrent jusqu'à la fin du XIII-ème siècle. La seconde partie est consacrée à l'idiôme que parle aujourd'hui le bas peuple dans cette province; l'auteur reproduit comme échantillon de ce langage, plusieurs morceaux en prose de genres différents ainsi que quelques chansons populaires. A cet article est jointe une carte du gouvernement de Grodno.

La partie de cette livraison réservée aux *Extraits des publications étrangères,* renferme uniquement la reproduction en langue russe, d'un article de M. Malte-Brun sur les *Cartes géographiques* qui ont figuré à *l'Exposition universelle de 1855.*

BIBLIOGRAPHIE.

En tête de cette partie, nous trouvons le relevé sommaire de tous les articles intéressant les sciences géographique, ethnographique et statistique, qui ont paru dans les *Journaux ou Recueils périodiques russes pendant l'année 1854.* Ce relevé (qui ne se termine que dans la 3-ème livraison), ne mentionne pas moins de 414 articles publiés par 27 journaux ou recueils périodiques parmi lesquels les plus répandus sont: *l'Abeille du Nord, l'Invalide russe, la Gazette de St.-Pétersbourg, la Gazette de Moscou, le Nouvelliste d'Odessa, le Journal du Ministère de l'Intérieur, le Journal des mines, le Journal du Ministère des Domaines, le Journal maritime, le Panthéon,* etc.; il est suivi d'une liste de tous les *ouvrages écrits en langues étrangères sur la Crimée;* cette nomenclature ne se borne pas aux publications des dernières années touchant le théâtre de la guerre; elle indique aussi les travaux des savants étrangers sur les antiquités de la presqu'île de Tauride ainsi que les articles traitant de ces matières qui ont paru dans les revues étrangères pendant l'année 1855.

Examen critique de l'ouvrage de M. Leplay: *«Essai sur les travaux, la vie domestique et la condition morale des populations ouvrières de l'Europe»;* par M. Haguemeister, membre-effectif de la Société géographique. Cet écrivain conclut, pour que l'appel fait par M. Leplay dans son livre **ne** demeure pas sans résultat, à ce que la *Société géographique de Russie* prenne l'initiative des questions à poser aux fabricants, aux propriétaires et au clergé de ce pays.

Nous devons ajouter que le Conseil de la Société a réalisé le vœu exprimé par l'auteur de cet article, et que désireux de participer au mouvement qui se manifeste en Europe en faveur de l'amélioration du sort de la classe ouvrière, il a confié à la Section de statistique le soin de rédiger un programme destiné à être envoyé dans les gouvernements de la Russie, à toutes les personnes qui sont à même par leur position de donner des renseignements utiles pour l'étude de cette grave question.

Catalogue des Cartes géographiques de la Russie, *existant dans la Bibliothèque de l'Académie Impériale des Sciences à St.-Pétersbourg.* Ces cartes sont réparties en sept catégories: 1) cartes générales; 2) cartes spéciales de provinces et de gouvernements; 3) cartes des mines et usines; 4) cartes routières de l'Empire Russe; 5) cartes des frontières; 6) **cartes** maritimes; 7) cartes fluviales. Les plus anciennes remontent à la moitié du XVII-e siècle.

NOUVELLES GÉOGRAPHIQUES ET MÉLANGES.

Nécrologie. — N. Nadejdine. Ce savant qui a été enlevé à la science dans les premiers jours de l'année 1856, appartenait à la Société géographique depuis l'époque de sa fondation.

Fils d'un pauvre prêtre de village du gouvernement de Riazan, N. Nadejdine après avoir fait ses premieres études au sé-

minaire, fut envoyé à l'âge de 16 ans comme un élève hors ligne
à l'Académie ecclésiastique de Moscou; quatre ans plus tard, il
en sortait avec le titre de maître-ès sciences théologiques et fut
tout d'abord nommé professeur au séminaire même de Riazan
qu'il avait quitté quelques années auparavant. Plus jeune non
seulement que tous ses collègues mais que certains de ses
élèves, il se fit remarquer de suite par des connaissances peu
ordinaires, un esprit vif et pénétrant, et une facilité d'élocution
entraînante. Ses anciens et ses nouveaux camarades se montraient déjà fiers de lui qu'il ne semblait pas encore deviner
quelle carrière l'attendait. Aussi, son succès ne surprit il aucun d'entre eux, lorsque revenu à Moscou après avoir laissé
l'habit ecclésiastique, le jeune maître que des articles remarquables insérés dans le *Nouvelliste européen* signalaient déjà à l'attention générale, soutint publiquement sa thèse à l'université et
reçut le grade de docteur en philosophie; il était âgé de 26
ans. Ce fut alors qu'il publia lui-même une revue scientifique
qui parut sous le nom du *«Télescope»*, et que bientôt après l'u-
niversité lui confia la chaire d'archéologie. — N. Nadejdine s'é-
tait dès sa jeunesse livré avec ardeur à l'étude des langues grecque, latine, allemande et même de la langue hébraïque, et il
s'était de bonne heure accoutumé à une logique serrée qu'il
savait revêtir d'un style aussi riche que précis; plus tard et
en même temps qu'il se familiarisait avec la science philosophique au point de vue de l'histoire, de la théorie et de la
critique littéraires, il voulut encore acquérir et il acquit l'u-
sage des langues française et italienne. Mais deux genres d'é-
tude étaient plus que tous les autres pourvus d'attraits pour
son intelligence, c'étaient les recherches historico-géographiques
et ethnographiques qui, suivant sa manière de voir, ne pouvaient
être séparées. C'est d'après ces idées qu'il rédigea les articles de
quatre volumes, du *«Dictionnaire encyclopédique»*. Après un voyage sur le Danube et dans les pays slaves du sud, N. Nadejdine revint à Odessa, et la relation de ce qu'il avait vu et

observé enrichit les *Mémoires* de la Société d'histoire et d'anti-quités de cette ville. En 1844 commença pour lui une nou-velle série de travaux géographiques et ethnographiques; il fut chargé de la rédaction du *Journal du Ministère de l'Intérieur;* malgré l'importance de cette publication et les soins assidus qu'il y consacrait, l'infatigable savant trouva encore le temps nécessaire pour continuer ses études favorites; et lorsqu'enfin la Société géographique fut fondée en 1845, il prit la part la plus active à son organisation. Tous les membres qui en font partie depuis l'origine, et ils sont nombreux, ont conservé le souvenir de l'entrainement avec lequel feu Nadejdine se dévoua au bien de la Société dès le commencement de ses travaux; il fut de ceux qui avaient compris la destination élevée de cette institution en Russie, et il contribua à lui imprimer cette heu-reuse direction qui lui a valu l'estime générale dont elle jouit aujourd'hui. Président de la Section d'etnographie et membre du Conseil de la Société, N. Nadejdine rédigea le programme ethnographique distribué dans toutes les parties de l'Empire et qui fit affluer au sein de la Section les matériaux les plus précieux; il examina tout avec soin, pesa le mérite de chaque document, en rendit compte aux membres de la Section qu'il présidait; et en 1850, ce fut sous sa direction et celle de M. Kaveline que parut le premier volume du *Recueil ethnographique* publié par la Société. C'est également à lui qu'est due en partie l'initiative de la création du *Bulletin* périodique, et l'on peut dire en un mot que toute sa vie vouée à la science ne fut qu'un labeur persévérant et non interrompu. Tel était celui dont la Société géographique regrette si vivement la perte et auquel M. Srez-nevsky a consacré la notice d'où nous avons extrait ces lignes.

Cette notice est suivie d'un relevé des travaux et des pu-blications de feu N. Nadejdine, dressé par M. Hennadi, mem-bre-effectif de la Société.

Les Koriakes et les Tchouktchis. L'article de M. Ditmar renferme des notions intéressantes sur ces peuples qui habitent l'extremité orientale de la Russie d'Asie. L'auteur qui est membre-collaborateur de la Société, a passé plusieurs années au Kamtschatka; envoyé pour affaires de service à Jjiga ou Hijiguinsk, au nord de la péninsule, il a eu des relations fréquentes avec les tribus nomades de ces contrées, il en a étudié les idiômes et les moeurs et n'a relaté que ce qu'il a pu connaître par lui-même.

Le pays des Tchouktchis est environné de hautes montagnes appartenant à cette longue chaîne qui depuis la mer d'Okhotsk, s'étend d'un côté vers le nord-ouest en s'abaissant jusqu'au détroit de Behring pour séparer le bassin de l'Anadyr des sources de la Kolyma, de l'Indighirka, etc.; et de l'autre, faisant un retour vers l'ouest, sépare également le bassin du fleuve Amour des eaux des affluents de la Léna. La contrée est montagneuse, peu boisée, et sauf quelques familles russes établies à Anadyrsk et environ deux-cents Jukaghirs (*) qui habitent de l'autre côté de la rivière Anadyr, elle n'est occupée que par les Tchouktchis dont le nombre, suivant les indications fournies par les marchands russes qui connaissent le pays, peut s'élever à environ dix mille.

Les Tchouktchis comme les Koriakes sont naturellement nomades; si quelques-uns se sont fixés sur le bord de la mer, ce sont les plus pauvres qui ont pris ce parti après avoir perdu leurs troupeaux et qui n'ont plus que la chasse et la pêche pour moyens d'existence. Les Tchouktchis nomades errent sur les deux rives de l'Anadyr, accompagnés de leurs innombrables troupeaux de rennes. Leur commerce d'échange avec les Russes se fait à Anadyrsk et plus encore au poste d'Anuï, sur la rivière de ce nom. Ils y apportent des peaux de rennes, de la

---

(*) Les Jukaghirs formaient autre fois une peuplade nomade qui campait à proximité da la Kolyma et de l'Indighirka. Ruinés par un commerce désastreux, ils ont abandonné leur vie nomade et se sont mis au service des Russes; ils ont ainsi que les Kamtschadales perdu tout caractère distinctif de leur nationalité primitive.

chair de renne séchée et des fourrures, les unes produit de leur chasse telles que peaux d'ours blancs et noirs, renards de toutes sortes, écureuils et zibelines, les autres (martres, lynx et castor) provenant d'un commerce d'échange avec les peuplades américaines. Les Russes de leur côté fournissent aux Tchouktchis des peaux de loups, de loutres que ceux-ci estiment fort, du tabac dont ils sont grands amateurs, toutes sortes d'instruments en fer, des toiles, des rubans, etc. Il est bon d'ajouter pour donner une idée de ce commerce, que la livre de tabac vaut sur la place à peu près un rouble argent, et une peau de castor — dix roubles; un sac de tabac pesant cent livres représente donc dix peaux, et il y a de ces nomades qui en achètent jusqu'à 100 et 150 sacs pour lesquels ils doivent par conséquent fournir de 1000 à 1500 castors. Indépendamment de cette espèce de foire, les marchands russes voyagent chaque année dans l'intérieur du pays, pour leur commerce, et les Tchouktchis viennent à Nijnékolymsk pour se procurer dans les magasins de l'État, de la poudre et du plomb, et pour visiter en même temps les marchands avec lesquels ils ont des relations. Depuis plusieurs années les Tchouktchis font encore des échanges importants avec des baleiniers qui visitent régulièrement chaque année le détroit de Behring, et auxquels, outre les articles de commerce que nous avons déjà mentionnés, ils cèdent de grandes quantités de défenses de morses qu'on écoule sur les marchés de la Chine.

Il y a sous tous les rapports, similititude presque complète entre les Koriakes et les Tchouktchis; leurs croyances, leurs lois, leurs mœurs sont les mêmes ainsi que leur costume. Cette ressemblance qui s'étend même en partie à leurs idiômes, conduit involontairement à penser que ces deux peuplades limitrophes n'en formaient sans doute qu'une seule autrefois, et que certaines circonstances ont fait naître des dissensions qui en ont amené la séparation en deux tribus distinctes.

Les Tchouktchis et les Koriakes sont idolâtres: ils croient

à l'existence d'une divinité bienfaisante qu'ils nomment «*Apapèle*» (*) et à celle dé mauvais esprits qui tourmentent les hommes et dont il faut s'efforcer de satisfaire l'avidité par de nombreux sacrifices. Le loup est considéré par eux comme le serviteur du démon, et la peau de cet animal s'emploie dans toutes leurs cérémonies religieuses.

Les troupeaux de rennes constituent la richesse de ces nomades qui ne connaissent pas le besoin. A l'aide de leurs rennes ils franchissent facilement des milliers de verstes, ils se nourrissent au besoin de la chair de ces animaux dont la peau leur fournit encore les vêtements et les tentes qui les abritent. Le superflu de la chasse leur sert à faire le commerce et à payer les impôts dûs au Gouvernement, pour lequel ils nourrissent un profond respect.

Quoique d'un caractère naturellement guerrier, les Tchouktchis ont comme les Koriakes des mœurs douces et essentiellement patriarchales; leurs lois justes et sévères sont strictement observées; la fraude et le vol sont rigoureusement poursuivis; la femme infidèle peut être répudiée par son mari et chassée avec ses enfants qui dans ce cas perdent tous droits à l'héritage paternel; la jeune fille qui a failli reçoit la mort de la main même de son père..., dc tels actes à la verité sont devenus rares de nos jours, pourtant on en voit encore des exemples. La polygamie existe chez ces peuples et le mari peut avoir autant d'épouses que ses richesses lui permettent d'en entretenir; cependant il y a toujours parmi elles une préférée et les autres ne sont guère traitées que comme des servantes. Aux femmes naturellement sont confiés les soins du ménage; mais ici le narrateur doit s'abstenir de détails, car il serait difficile de trouver des expressions convenables pour décrire l'état de malpropreté dans lequel vivent ces nomades; un Euro-

---

(*) Dans la langue de ces peuplades, le mot «Apapèle» signifie proprement «vieillard».

péen ne peut de sang-froid considérer les apprêts de leur repas; leurs vêtements sont des réceptacles de vermine, et du
jour de sa naissance, un Koriake ne se lave, on peut l'affirmer,
que lorsqu'il tombe à l'eau par accident.

Les Tchoukchis et les Koriakes sont en général sains et
robustes, la plupart d'une taille au-dessus de la moyenne, surtout les premiers, et ils parviennent à un âge avancé; ils sont
intelligents et adroits, très portés pour le commerce, mais justes et honnêtes; leur occupation favorite est la chasse; ils emploient tour-à-tour suivant la nature de celle à la quelle ils
se livrent, différentes armes dont les principales sont l'arc et
le fusil qu'ils savent manier avec une égale habileté.

Dans les idées religieuses de ces peuples ignorants, le suicide ou le meurtre est obligatoire pour prévenir la mort naturelle. Le malade dont l'état est reconnu désespéré doit s'ôter
lui-même la vie, s'il veut échapper au mauvais esprit qui le
tourmente, et pour ainsi dire se remettre par cet acte dans le
sein de la divinité bienfaisante. Dans le cas où la force manque au moribond pour accomplir son suicide, c'est une main
amie qui doit le délivrer en lui portant le coup mortel. Le
corps n'est point livré à la terre; il est revêtu de peaux de
rennes entièrement blanches et placé sur un traîneau neuf
attelé des plus beaux rennes chosis dans le troupeau du défunt;
on le transporte ainsi au lieu boisé le plus voisin où un bûcher
a été préparé; là, les rennes sont abattus et ils sont ainsi que
le traîneau, livrés aux flammes et consumés avec les restes
mortels de leur maître.

Plan d'une étude à faire sur la **Géographie des maladies en Russie.** M. Dericker, membre-effectif de la Société
géographique, a proposé dans une séance de la Section ethnographique, de rassembler les matériaux d'un ouvrage que l'on
pourrait nommer la *Géographie des maladies en Russie*, et qui
embrasserait deux ordres de faits, savoir: 1) les causes locales
des maladies régnantes tant endémiques qu'épidémiques, 2) les

moyens de traitement que la nature a elle-même indiqués dans chaque contrée à l'instinct de l'homme et des animaux. A cet effet, M. Dericker dans son article, pose les élémens d'un programme qui devra être envoyé dans tous les gouvernemens de la Russie, dans le but de recueillir des informatons sur cette matière, tant auprès des gens de l'art que de tous ceux qui veulent concourir au bien général de l'humanité.

Éboulement dans le gouvernement d'Orenbourg. Dans un district du gouvernement d'Orenbourg, sur la rive gauche de la rivière Bire, au milieu d'une prairie couverte de jeune bois d'aulne, vient de se former une ouverture circulaire ayant de 30 à 35 sagènes de diamètre (*) et remplie d'une eau douce dont la profondeur est de huit à neuf archines. A la surface de cette eau flotte un îlot de terre d'environ cinq sagènes de diamètre, où croissent quelques touffes d'aulne et de bouleau. Les vieillards de la localité affirment se souvenir d'avoir vu à cette même place un étang poissonneux sur lequel cet îlot se serait formé peu à peu et de lui même. Dernièrement, on a vu celui-ci s'agiter, disparaître avec toute la végétation dont il est couvert et reparaître bientôt après. Ce phénomène a été accompagné de bruits souterrains, et sur une étendue de quarante sagènes, le sol s'est soulevé d'abord puis affaissé; une source jaillissante a lancé une eau mélangée de sable qui s'est répandue dans la prairie à une grande distance et a fini par se confondre avec l'eau remplissant l'ouverture produite par l'éboulement des terres. Les habitants disent que de pareils affaissements de terrain se manifestent fréquemment dans les prairies avoisinant la Bire, rivière qui est alimentée par une grande quantité de sources et de ruisseaux.

Aspect de la nature sur le cours inférieur de l'Amour; *lettre de M. L. Schrenk au Secrétaire perpétuel de l'Académie des sciences, à St. Pétersbourg.* Le 13 mai

---

(*) Une sagène se divise en trois archines: l'archine vaut 0,71 mèt.

1855. M. Schrenk quitta le poste Nicolaïewsk pour remonter le cours de l'Amour; la baie où se trouve le poste était encore couverte de glaces; aux environs, la terre se cachait sous une épaisse couche de neige et nulle apparence de verdure ne se montrait aux arbres. Mais à mesure que le voyageur avançait, les rives prenaient un autre aspect; ce changement devint surtout frappant à la hauteur du rocher de Tébakh où le fleuve qui jusque là coulait vers l'est, tourne tout-à-coup pour se diriger vers le sud et le sud-ouest. Parvenu en cet endroit, M. Schrenk aperçut avec étonnement des collines couvertes de rhododendrons en fleurs et une végétation en pleine activité; à 100 ou 150 verstes au plus de son point de départ, il constata que le thermomètre marquait alors (19 mai) à deux heures après midi, 28° centig:. A cette distance du poste Nicolaïewsk la nature change totalement d'aspect; les arbres à feuillage aciculaire s'éloignent vers les montagnes et une végétation luxuriante leur succède, les graminées et les arbustes de toutes sortes se montrent en profusion, les prairies sont couvertes d'une herbe épaisse à hauteur d'homme, et dans les bois, les arbres au larges feuilles sont enveloppés de plantes grimpantes de différentes espèces parmi lesquelles se rencontre la vigne vierge. Dans le règne animal la transition est tout aussi remarquable; on voit successivement apparaître le renne, l'élan, le rat musqué, le chevreuil, le cerf comme des traits distinctifs du caractère particulier de chaque partie du bassin de l'Amour. Enfin parmi les insectes, diverses espèces de papillons rappellent pour la richesse des formes et le brillant des couleurs, celles des contrées tropicales.

Le voyageur atteignait le 23 Mai le poste Mariinsk et voulut visiter la baie de Castries à laquelle on arrive par un bras de rivière assez profond, qui forme le lac que l'on a appelé Kisi, et à la suite duquel se trouve un bois marécageux qui s'étend jusqu'à la mer. Après avoir recueilli dans la baie nombre de plantes marines, M. Schrenk revint sur ses pas pour reprendre le cours de l'Amour, et laissant derrière lui la rivière Ghyrine, limite des régions qu'habite le tigre, puis la rivière Tschongar, il arriva le 30 juillet à l'embouchure de l'Oussouri, l'un des affluents les plus considérables de la rive droite du fleuve Amour. En ce lieu l'Oussouri est parsemé de petits îlots qui se font plus rares à mesure que l'on en remonte le cours; ses bords qui vers l'embouchure étaient bas et marécageux, s'élèvent alors peu à peu et se couvrent d'une végétation variée. La culture du tabac est la grande occupation des indigènes (Gholdes, Orotchones et émigrés Chinois) qui habitent ces parages, et constitue le principal article de leur commerce d'échange avec les riverains du cours inférieur de l'Amour. M. Schrenk après être remonté jusqu'au confluent de la rivière Nohr, dut songer au retour; et rebroussant chemin, il se retrouvait le 19 août à l'embouchure de l'Oussouri; son intention en redescendant l'Amour, était d'explorer aussi le Tschongar; mais arrivé à la hauteur du village de ce nom qui se trouve à l'embouchure même de la rivière, il fit de vaines tentatives pour se procurer un guide; c'était le moment de la pêche d'automne: le *Salmo-logocephalus*, espèce que les riverains de l'Amour désignent dans la langue toungouse sous le nom de *Dava*, remonte à cette époque le cours du fleuve; ce poisson que l'on prend alors en quantités considérables, fournit aux indigènes des provisions d'hiver pour eux et pour leurs chiens; aussi tous les habitants jusqu'au dernier se livrent-ils avec ardeur à cette pêche. Force fut au voyageur d'abandonner momentanément son projet et de continuer sa route vers le poste Nicolaïewsk où il rentrait le 17 septembre.

1856. 2ème Livraison.

ÉTUDES ET MATÉRIAUX.

Dans un article statistique intitulé « *De la répartition des âges dans la population* », l'auteur. M. E. Lamansky s'exprime ainsi: «La population considérée comme objet d'études indépendant est un sujet organique, vivant, qui se meut et se modifie perpétuellement sous l'influence de conditions extérieures; c'est un composé d'individus séparés, doués chacun d'une libre volonté d'agir. Il semblerait, et c'est ce que croient bien des personnes, qu'un tel sujet soit inaccessible aux observations exactes de la science; mais ce que celle-ci a fait jusqu'à présent malgré l'insuffisance de données sur lesquelles elle pût baser ses recherches, et plus encore, les voies qu'elle a indiquées comme pouvant seules conduire à la détermination des lois du développement de la population, suffisent à écarter tous les doutes quant à l'efficacité de ses efforts».

Tout en regrettant la pauvreté des documents offerts au statisticien en Russie, l'auteur expose le parti que la science en a su tirer, et après avoir examiné les tables de mortalité et de population des divers États de l'Europe ainsi que celles des États-Unis d'Amérique, il indique les conditions qui d'après lui, devraient présider aux opérations du recensement en Russie, de manière à satisfaire tout à la fois aux exigences de la science et aux besoins de l'Administration.

BIBLIOGRAPHIE.

Carte Etnographique de la Russie d'Europe, par M. Koeppen; 3-ème édition, publiée par les soins de la Société Impériale géographique. L'auteur signale les additions par lesquelles il a complété son travail depuis la seconde édition. Ces nouveaux documents sont relatifs aux gouvernements de Penza, Simbirsk, Samara, Saratoff, Olonetz et Kalouga. On y voit entre autres détails intéressants, que le nombre des colonies allemandes des gouvernements de Saratoff et de Samara (dont les premiers établissements remontent au règne de l'Impératrice Catherine II.) s'est encore accru dans l'espace des dix dernières années de 21, lesquelles comprenaient à la fin de l'année 1855 un total de 6625 habitants des deux sexes. Sur ces

21 colonies nouvelles, 16 professent le culte luthérien, 3 sont catholiques et 2 mennonites.

1856. 3ème Livraison.

TRAVAUX DE LA SOCIÉTÉ GÉOGRAPHIQUE.

Compte-rendu de la Commission du prix Joukoff. (*) La Commission nommée par la Section statistique, dans le but de décerner le prix Joukoff au meilleur travail de statistique publié dans le cours de l'année 1854, après avoir écarté divers articles de journaux vu le peu d'importance de leur contenu, a cru devoir arrêter son attention sur quelques ouvrages qu'elle a jugés dignes de ses observations critiques. Le premier de ces ouvrages est l'*Itinéraire de la navigation fluviale de la Russie d'Europe*, publié par la Direction générale des voies de communication. La Commission tout en reconnaissant le mérite de ce grand travail, lui reproche quelques incorrections dans certaines dénominations géographiques. Les chiffres suivants fournis par cet *Itinéraire* nous semblent curieux à citer. Les voies fluviales de la Russie d'Europe présentent un parcours total de 27,000 verstes. Les transports qui s'effectuent sur les différents points de ce parcours s'élèvent annuellement en moyenne, à environ 400.000,000 de pouds (**) de productions diverses et 5.000,000 d'arbres qui représentent ensemble une valeur de 150 à 200 millions de roubles (***). On construit chaque année une moyenne d'environ 12,000 barques ou embarcations de diverses grandeurs et dénominations, dont la valeur peut atteindre le chiffre de 4.000,000 roubles. Ces chiffres sont éloquents!

(*) En 1848, le Conseiller de commerce, M. V. Joukoff, a offert à la Société géographique, les fonds d'un prix de 500 roubles à décerner pendant dix années consécutives au meilleur ouvrage de statistique.

(**) Un poud équivant à 16,38 kilog.

(***) Le rouble vaut 4 francs.

Les autres compositions distinguées par la Commission étaient:

Annuaire statistique du gouvernement de Wilna, pour 1854, dont la seconde partie renferme des traits de la vie et de l'histoire du peuple lithuanien.

Coup-d'oeil sur l'histoire du commerce des grains dans la Nouvelle-Russie, depuis les époques les plus reculées jusqu'en 1852.

Description du gouvernement de Tver, au point de vue de l'agriculture.

La population de Wilna; et enfin:

Aperçu historico-statistique des Établissements d'instruction publique de l'arrondissement de St.-Pétersbourg; (1829—1853); par M. Voronoff, C'est à ce dernier ouvrage que la Commission a décerné le prix, eu égard à ce qu'il contient un ensemble de faits méthodiquement exposés sur l'instruction publique en Russie.

ÉTUDES ET MATÉRIAUX.

Mézen et ses voies de communications. Le district de Mézen (gouvernement d'Archangel) se compose des bassins de deux rivières, la Mézen et la Petchora. Le premier de ces deux bassins s'étend vers le nord jusqu'à l'Océan-Glacial, à l'ouest jusqu'à la mer Blanche et jusqu'aux districts d'Archangel et de Pinéga, vers le sud jusqu'aux limites du gouvernement de Vologda; à l'est il contigu au bassin de la Petchora. Celui-ci qui forme l'extrémité orientale du gouvernement d'Archangel s'étend également au nord jusqu'à l'Océan Glacial, jusqu'au gouvernement de Vologda au sud, et a pour bornes à l'est la chaîne de l'Oural qni le sépare du gouvernement de Tobolsk. M. Romanoff qui a visité cette contrée, décrit dans son article, d'un intérêt tout local du reste, l'état de pauvreté de la partie occidentale du district de Mézen qui offre un contraste si pénible avec le bassin de la Petchora, riche de la prospérité de ses habitants et des dons qu'il a reçus de la nature; et l'auteur attribue principalement cette situation malheureuse du bassin de la Mézen au manque presque absolu de voies de communication. Après avoir dit les difficultés que rencontre le voyageur pour franchir les 400 verstes qui séparent Archangel de la ville de Mézen, M. Romanoff indique en homme qui a exploré les lieux avec une attention réfléchie, le tracé le plus avantageux des routes qu'il serait aisé d'établir à peu de frais. A cet article est joint l'itinéraire postal des communications qui relient actuellement Archangel avec les points principaux du bassin de la Petchora.

Cours d'enseignement bouddhiste, *traduit de la langue mongole;* par M. Bobrovnikoff. Le livre dont il est ici question porte pour titre sur le texte original: *«Leçons sorties de la bouche de Mandjouchri»* (*), appellation qui, comme c'est le cas pour beaucoup d'autres compositions bouddhistes, n'a presque aucun rapport avec le contenu de l'œuvre. L'auteur, dit M. Bobrovnikoff, a voulu seulement, selon toute vraisemblance, indiquer ainsi, qu'il suit dans son enseignement les principes du célèbre bouddhiste du Thibet, *Zounkava,* qui est considéré comme une seconde incarnation de *Mandjouchri.* Son ouvrage est un guide enseignant la route à snivre pour arriver jusqu'à *Bodhi,* ou autrement dit, un *Cours d'enseignement philosophico-ascétique du Bouddhisme.* Si l'on remonte aux temps les plus reculés du Bouddhisme, on voit que c'était simplement une école philosophique dans l'esprit ordinaire des écoles de l'Inde, c'est-à-dire une réunion de mendiants ascètes groupés autour d'un homme qu'ils reconnaissaient pour leur maître. Ce maître était Chakya ou Chakya-Mouni, issu de la caste des Kchatras. Ce qui dans le principe distingua les disciples de Chakya de ceux des autres écoles, ce fut la prescription sévère qu'il im-

---

(*) *Mandjouchri* est un personnage fabuleux, considéré par les Bouddhistes comme le protecteur de la sagesse et de l'éloquence. Le nom de *«Mandjouchri»* qui est sanscrit, signifie d'après la traduction qu'en donnent les Mongols, «harmonieux».

posa aux siens d'être toujours proprement vêtus quoique pauvres, d'un manteau brun-rouge, et cela contre l'ordinaire des autres ascètes qui rivalisaient de malpropreté. Chakya prescrivit encore dans le même temps à ses disciples, quantité de règles extérieures, dans le but d'en faire des gens convenables sous tous les rapports en même temps que de rigoureux ascètes; le nombre de ces règles ne s'élève pas à moins de trois-cent-soixante-quatre. Quant aux principes théoriques, le point distinctif de cette école fut qu'elle ne reconnaissait pas les droits de castes; Chakya admettait indifféremment qui que ce fût à suivre son enseignement, ne donnant la préférence qu'aux qualités morales et au mérite intellectuel. Ce principe en opposition flagrante avec les éternels préjugés indiens attira par la suite sur les sectateurs du maître, de terribles persécutions qui, en écrasant le Bouddhisme dans l'Inde, aidèrent à sa propagation par toute l'Asie. Ces persécutions sanglantes que les brahmanes suscitèrent contre les bouddhistes, préservèrent ceux-ci du sort des autres écoles de l'Inde qui rarement ont survécu à leurs fondateurs.

Chakya lui-même n'a rien écrit; le livre qui contient ses doctrines a été transmis par les disciples qui lui ont succédé. Peut-on d'après cela considérer ce livre comme renfermant le véritable enseignement philosophico-ascétique de Chakya? L'auteur du *Cours d'enseignement bouddhiste* dit que cet ouvragt contient les paroles du maître, et il compare le développement écrit par les bouddhistes qui ont ensuite professé sa doctrine, à un fils venu au monde après la mort de son père;.... mais l'enfant posthume est-il bien légitime? Il n'est pas admissible que Chakya n'ait enseigné que la morale du livre et que la partie métaphysique soit l'œuvre de ses élèves, car il n'y a pas d'exposition de morale possible sans métaphysique. Suivant toutes probabilités, *Les leçons sorties de la bouche de Mandjouchri* sont l'œuvre d'un écrivain qui s'appuie sur l'autorité des textes attribués à Chakya, développés par ses disciples, puis commentés plus tard par les plus célèbres bouddhistes.

L'ordre dans lequel l'auteur expose son enseignement, est basé sur les différences qui existent dans la situation morale des individus auxquels il doit ouvrir les chemins qui mènent vers Bodhi. Les bouddhistes distinguent ordinairement quatre situations morales différentes: la première et la plus infime est celle de l'être exclusivement occupé des soins de la vie terrestre sans aucun souci de la vie future, être qui est au niveau de la brute; le système bouddhiste ne s'inquiète même pas de semblables *sujets* qui ne peuvent être sensibles qu'aux menaces terrifiantes de l'enfer où ils doivent renaître dans la vie future.

La deuxième catégorie comprend les êtres qui pensent davantage à l'avenir qu'au présent et s'efforcent par la pratique des vertus pendant le cours de leur existence terrestre, de mériter le bonheur dans la vie future. Ils ne sont pas encore dans la voie qui conduit vers Bodhi, parce que ce sont des jouissances mondaines qu'ils recherchent pour cette vie future; mais commè dans ce but ils pratiquent les vertus, ils se frayent un chemin vers les perfections ultérieures du Bouddhisme; aussi l'enseignement bouddhiste s'occupe-t-il de les diriger; on les appelle *sujets inférieurs.*

Dans la troisième catégorie se rangent ceux qui reconnaissant que sur la terre tout n'est que souffrance, et que les essences supérieures habitantes du ciel n'en sont pas elles-mêmes exemptes, éprouvent le désir d'être entièrement délivrés de ce monde et de se plonger dans le vide. Malgré cette tendance, ils ne sont pas encore dégagés de l'amour du *moi*, et ne se trouvent pas par conséquent sur le bon chemin des véritables bouddhistes; on les nomme *sujets moyens.*

Enfin la quatrième catégorie se compose des êtres supérieurs qui dans tous leurs actes ont en vue, non leur propre intérêt mais celui du prochain; s'ils aspirent à Bodhi, c'est uniquement dans le but, en atteignant jusqu'à la dignité de Bouddha, d'acquérir le pouvoir de venir en aide aux autres êtres d'une manière efficace. Parvenus à dégager leurs actions de tout sentiment d'égoïsme, ils arrivent peu à peu par la méditation jusqu'à la complète abnégation du *moi* et jusqu'à reconnaître l'identité universelle des choses, en un mot jusqu'au *vide*....

Le principes de théorie et de morale exposés ponr l'enseignement de chacune des trois dernières catégories, constituent les trois moyens de parvenir à Bodhi; et bien que ces catégories d'êtres tendent chacune vers un but, les trois moyens suivant les bouddhistes, conduisent à un but unique — *Bodhi;* aussi n'ouvrent-ils qu'une voie *unique.*

Les bouddhistes expliquent cette *unité des trois moyens* par des paraboles du genre de celle-ci:

«Le feu prit un jour dans la maison d'un homme riche qui avait de jeunes enfants. Le père jugeant ses forces insuffisantes pour soustraire aux flammes ces êtres si chers, les appelle et s'efforce de leur faire apercvoir le danger; mais les enfants ne se rendent pas compte de l'incendie et entrainés par l'ardeur du jeu, ils n'écoutent point les paroles de leur père. Alors celui-ci a recours à la ruse et leur dit: «enfants, je vous ai préparé les plus beaux jouets que vous ayez jamais eus, des voitures attelées d'éléphants, des équipages trainés par des chèvres et par des gazelles!» — Les enfants s'arrêtent au seuil de la porte. Le père ajoute: «venez vite, je| donne à chacun de vous ce qu'il préférera». — Cette fois les enfants accourent, et le père dans sa joie de les avoir sauvés, leur donne à chacun un équipage du travail le plus parfait attelé d'un éléphant; car c'était un homme riche et qui n'aurait pas voulu voir aux mains de ses enfants de misérables jouets.» Ici, la maison qui brûle, c'est le monde; le père, — Bouddha; les jouets — les différents buts vers lesquels tendent les êtres inférieurs, moyens ou supérieurs; enfin le jouet le plus parfait et qui est est le même pour tous: — Bodhi.

L'Albanie (Albanesische Studien), par le docteur Johann George von Hahn. — Cet ouvrage publié en Allemagne, se compose de trois parties dont la première est consacrée à la description de l'Albanie; la seconde expose la grammaire de l'idiôme albanais et renferme quelque échantillons de poésies populaires; la troisième consiste en un double dictionnaire Albanais-Allemand.

Le rédacteur du *Bulletin* dans son appréciation de l'œuvre du docteur Hahn, reproduit des fragments empruntés à la première partie de cette œuvre, la seule qui renferme des données topographiques, statistiques, ethnographiques et historiques.

1856. 4ème Livraison.

ÉTUDES ET MATÉRIAUX.

Les Cosaques de l'Ukraine jusqu'à la mort de Bogdan Khmelnitzky; par M. Maximowitch. L'auteur après un rapide coup-d'œil jeté sur la situation de l'Ukraine avant la révolte de Khmelnitzky (1647), fait en détail le dénombrement des légions et des *sotnias* (*) qui composaient alors la force militaire de ce pays. Il donne le nom de tous les chefs; puis nous fait assister à l'entrevue du fougueux Hetman avec les commissaires du roi Jean-Casimir. «De retour à Kiew, Khmelnitzky y fut accueilli en triomphateur et comme le libérateur du peuple. Il se rendit ensuite à Péréiaslaw ou il reçut les ambassadeurs Moscovites et Hongrois; les commissaires Polonais y vinrent aussi. Ils offrirent au vainqueur une masse d'armes enrichie de turquoises et un étendard rouge

---

(*) Sotnia — compagnie d'environ cent hommes.

avec l'Aigle blanche, portant l'inscription: *Joannes Casimirus Rex;* les jours suivants on entama les pourparlers et comme on voulait lui imposer de limiter le nombre des Cosaques enrégimentés à douze ou quinze mille: «que sert d'écrire, s'écria Khmelnitzky, ils seront cent mille quand il le faudra; leur nombre sera celui que je voudrai fixer.» Et l'Hetmann irrité des autres propositions qu'on lui faisait encore, enivré de ses succès et peut-être de vin, continua sur un ton menaçant: «je ne suis qu'un homme faible et chétif, mais avec l'aide de Dieu, me voilà Monarque et Autocrate, et j'arracherai le peuple Russe à une honteuse servitude;.... je n'irai point combattre par delà nos frontières, je ne leverai le sabre ni contre les Tatars ni contre les Turcs; nous avons assez de l'Ukraine, de la Podolie et de la Volhynie; je suis assez riche maintenant de mon pays et de ma principauté de Lemberg, de Khelm et de Galitch; debout sur la Vistule, j'imposerai silence aux Polonais, je refoulerai là-bas ducs et princes, et si retranchés au delà du fleuve, ils veulent encore regimber, je saurai les y trouver. Je ne veux pas qu'il reste en Ukraine trace de leurs princes ou de leurs gentilshommes; qui voudra manger avec nous le pain et le sel doit se soumettre aux Zaporogues et à leur Souverain!... ici, c'est ma volonté qui gouverne; Kiew est à moi, j'en suis le Vayvode, Dieu me l'a donnée, et sans combat!... A présent, parlez!» Six mois après, était conclue la convention de Zborow qui fixait le nombre des Zaporogues et des Cosaques enrégimentés à quarante mille. Ce fut le point de départ d'une nouvelle distribution de l'Ukraine en légions et en sotnias, organisation dont Bogdan Khmelnitzky s'occupa activement à son retour en Ukraine vers la fin de la même année (1649), et qui subsistait encore à l'époque de sa mort (1657).

Phénomènes volcaniques dans l'intérieur de l'Asie. Ce travail de M. P. Séménoff sur un sujet déjà si intéressant par lui même, mérite de fixer l'attention.

Après avoir préalablement posé ce fait que la surface de

notre globe, peut être divisée en deux hémisphères, l'un que l'on doit désigner sous la dénomination de *continental* parce qu'il est composé pour la plus grande partie, de la terre ferme qui embrasse dans un cercle irrégulier le pôle nord, et l'autre qu'il faudrait appeler *maritime,* M. Séménoff démontre l'existence incontestable des lois caractéristiques de la distribution géographique des volcans. Ainsi: 1) la plupart se trouvent dans le voisinage de la mer, et 2) ils sont presque tous répandus sur la limite extérieure de la terre ferme qui enveloppe circulairement l'hémisphère dit continental. Cette situation des volcans à proximité des côtes, a conduit un grand nombre de savants à penser que la cause principale des éruptions résidait dans l'influence des eaux de l'Océan; aussi quand Humboldt publia que certains volcans du Mexique se trouvent assez éloignés de la mer, cette nouvelle produisit elle tout d'abord un grand étonnement; et, ajoute M. Seménoff, «quel ne dut pas être l'intérêt excité par les données recueillies dans la littérature chinoise, sur l'existence de volcans dans l'intérieur de l'Asie!.. » Plus loin l'auteur examine quelques données sur ce sujet, puisées dans des ouvrages chinois traitant de la géographie, preuves qui ne lui paraissent pas suffisamment authentiques, puis il concentre son attention sur des rapports officiels qui parlent d'éruptions survenues dans le cours des années 1721—1722, et d'un volcan qui se trouverait à environ mille verstes de la mer. Ces documents ont été rapportés de Pékin par un orientaliste russe, M. V. Vassilieff qui les a trouvés par hasard sous forme de copies, au milieu d'autres papiers; ils ont été publiés une fois. On y trouve la relation détaillée et dégagée de tout artifice de style, d'une éruption volcanique qui se serait prolongée un assez long temps, ainsi que la description d'un volcan nouvellement formé dans la partie occidentale de la Mandchourie. Pour prouver que l'on peut ajouter foi aux documents chinois précités, M. Séménoff donne également une description de la dernière éruption du Vésuve, dont il a été témoin oculaire; il compare son propre récit aux rapports chinois et non seulement il conclut à la véridicité de ces derniers, mais encore il évalue approximativement au moyen de cette comparaison, la hauteur et la pente du volcan mandchou, *Oujun-Kholdonghi.*

Cette constatation de l'existence d'un volcan à une grande distance de la mer réfute complètement l'hypothèse de l'influence des eaux de l'Océan sur les éruptions volcaniques.

Terminologie géographique et ethnographique de l'Asie orientale; par M. Stschoukine. L'auteur rectifie dans cet article une foule de fausses dénominations de rivières, de montagnes et autres points de l'Asie orientale, qui se sont introduites en Russie et y sont généralement employées.

Les Tchérémisses idolâtres du gouvernement de Casan; par M. l'archiprêtre Vischnewsky. Ce travail bien que peu développé, renferme des données curieuses sur la religion des *Tchérémisses du gouvernement de Casan:* nous citerons les trois dogmes principaux de cette croyance:

1) Il n'y a qu'un seul Dieu, mais les hommes ont différentes manières de croire en lui. Chaque peuple a 'sa religion, comme chaque arbre dans les forêts a ses feuilles et ses fleurs. Il y a sur la terre soixante-et-dix-sept croyances parce que les hommes parlent soixante-et-dix-sept langues.

2) Toutes les religions sont bonnes devant Dieu, parce qu'il a lui même donné à chaque peuple la sienne, et abandonner celle de ses pères est un crime qui ne restera pas impuni.

3) De tous les peuples qui habitent sur la terre, les seuls Tchérémisses doivent rendre hommage à l'être bienfaisant, Umolann (Dieu), et à l'être malfaisant, Kérémet-lann.

Remarques ethnographiques sur les Lapons, les Caréliens, les Samoyèdes et les Ostiaks, *tirées du Journal de Castren,* par M. Vladimir Lamansky. Cet extrait qui ne se termine que dans le numéro suivant du *Bulletin,* renferme une telle quantité de faits si divers, qu'il ne se prête nullement à un aperçu restreint; toutefois pour en donner une idée, nous lui emprunterons le passage suivant. C'est Castren qui parle; il se trouve dans une grande barque, sur un des affluents de la Petchora.

«Le lendemain matin (22 septembre), le vent était favorable pour naviguer à la voile, mais il amassa bientôt des nuages qui nous gratifièrent d'une pluie diluvienne. L'air était humide et la terre couverte d'un brouillard au travers duquel je voyais des marais et de loin en loin quelque sapin rabougri, quelque bouleau au feuillage jauni. Nous aperçûmes un ours qui, effrayé par les cris de nos rameurs, s'enfuit en courant le long de la rive, plus loin un aigle rapace à la recherche d'une proie; mais aucun de ces objets ne fixa mon attention; je contemplais avec satisfaction notre barque qui s'avançait, ses voiles gonflées, laissant derrière elle chaque anse, chaque crique l'une après l'autre. Quand l'obscurité fut venue, nous vîmes à peu de distance quantité de feux allumés sur la rive par des paysans d'Ijinsk qui avaient choisi cet endroit pour y faire halte avec leurs troupeaux. Nous nous joignîmes à eux et nous résolûmes de préparer une sorte de dîner ou de souper sur cette rive déserte de l'Iousa. Toute la société prit place dans notre vaste cabine autour d'un tonneau qui nous tenait lieu de table. Après le thé les Zyrianes étaient demeurés silencieux et sombres, mais quand vint le tour de l'eau-de-vie, leur flegme disparut. Je profitai de l'occasion et j'amenai la conversation sur la condition des Samoyèdes et leurs rapports avec les colons dans les *tundras* (*). La question était délicate parce que les Samoyèdes accusent les colons étrangers ainsi que les Zyrianes de diverses injustices; ils disent que c'est par suite des vexations notoires que leur ont fait subir les colons, qu'eux, les Samoyèdes, se trouvent réduits à la pitoyable con-

---

(*) «*Tundras*»—marécages couverts de mousse et toujours gelés.

dition dans laquelle ils vivent. De leur côté, les Zyrianes se considèrent comme les bienfaiteurs des Samoyèdes et s'efforcent de justifier leurs actes. Je vais tâcher de reproduire avec toute l'exactitude possible, ce qui me fut dit sur ce sujet et en manière de justification par le plus âgé des Zyrianes. Cet homme avait été *staroste* (*) d'une église et voici à peu près en quels termes il s'exprima.

«Pour toutes choses je mets ma confiance en Dieu et je crois que rien dans le monde ne subsiste que par sa sainte volonté. Il est connu que les Zyrianes se sont emparés des nombreux rennes qui appartenaient aux Samoyèdes et ce fait ne s'est pas accompli sans l'intervention de la divine Providence. Sans doute, le *malin* qui se glisse partout s'est aussi mêlé de cette affaire, mais quoiqu'il en soit c'est Dieu qui gouverne le monde et il y dispose de tout avec sagesse. Toi qui es étranger (ce discours s'adressait à Castren), de la religion des Tatars, tu ne connais pas la vraie loi; mais écoute, et je te prouverai par un exemple, que depuis la création du monde, Dieu fait tourner au profit du bien tout ce que *l'autre* veut faire de mal. Il est écrit que dans l'espace de six jours, Dieu créa le ciel et la terre, le soleil, la lune et les étoiles, l'homme, les plantes, les animaux, etc. etc. Le démon s'efforçait de toutes les manières de gâter les créations divines: il séduisit l'homme, empoisonna quantité de plantes et amena sur la terre les serpents et autres animaux nuisibles. Parmi les poissons il produisit le brochet et la lotte; dès que les anges eurent connaissance du fait, ils s'emparèrent de ces deux créations du *malin* et les apportèrent à Dieu pour lui demander ce qu'il fallait en faire. Le Tout-Puissant examina les deux poissons et remarquant qu'ils avaient une croix sur la tête, ils les bénit et depuis ce moment ils sont bons et profitables à l'homme. Ainsi ce qui a été béni de Dieu ne doit pas être

---

(*) «*Staroste*» — gardien-chef, espèce de bedeau.

censuré des hommes quand bien même le mal s'y serait mélé; et puisque tu me demandes pourquoi Dieu nous a donné à nous Zyrianes, les rennes des Samoyèdes, voici ce que je te dirai à cet égard: avant que les colons n'eussent paru dans les *tundras*, les Samoyèdes vivaient dans un paganisme grossier; ils offraient des sacrifices aux arbres et le soleil de la grâce n'avait pas lui sur eux, ils n'avaient nulle idée de l'existence de Dieu; c'étaient en un mot de véritables brutes, sans aucune industrie, également ignorants des choses de la vie commune, ne connaissant ni le briquet, ni les filets, ni les engins de pêche, ne sachant même pas soigner les rennes et n'ayant pas la première notion d'économie domestique. Dieu a envoyé les Zyrianes et les Russes dans les *tundras* pour enseigner aux Samoyèdes à suivre sa loi et à vivre comme des hommes; sa volonté à été de remettre entre nos mains les rennes de ces idolâtres et de convertir ceux-ci à notre sainte religion. Aujourd'hui ils sont nos serviteurs et nos ouvriers; s'ils nous servent bien le temps que durera leur instruction et qu'ils deviennent de véritables chrétiens - orthodoxes, il est certain que le souverain Maître ne leur refusera pas ses grâces, car il accueille avec miséricorde tous ceux qui placent en lui leur confiance».

Nouvelles géographiques et mélanges.

Travaux de l'Expédition de Sibérie. *Rapport du Lieutenant Oussoltzoff.* — Cet officier avait pour mission d'explorer la vallée da la Nertcha et le cours supérieur du Vitime. Parti d'Irkoutsk le 10 juin (1855), M. Oussoltzoff était le 16 à Nertschinsk, le 26 au village de Zulza, et le 6 juillet il se trouvait à l'embouchure de la rivière Ouldourga, affluent da la rive droite de la Nertcha; le 26 août, il atteignait le Vitime à une demi-verste de l'embouchure de la rivière Konda. Remontant alors la vallée, le voyageur arrivait le 9 septembre au soir, à un grand lac d'ou sort le Vitime. Au dire des guides, la véritable source est encore à vingt verstes de là, dans des rochers presque inaccessibles d'où coule une petite rivière qui vient se jeter dans le lac et que les indigènes désignent sous le nom de *Vitimcone*. M. Oussoltzoff s'occupa au moyen d'observations astronomiques, à relever la position géographique du lac, et le 12 septembre il se remettait en marche pour redescendre le cours du Vitime, en suivant cette fois les montagnes qui bordent sa rive droite, puis la chaine qui sépare la vallée, du système de la rivière Bargouzine. Enfin après plus de deux mois d'un voyage difficile rendu plus pénible encore par des pluies fréquentes, cet officier rentrait à Irkoutsk le 28 septembre. Il avait dans le cours de ses explorations, déterminé la situation géographique de douze points répandus sur un parcours d'environ 1500 verstes depuis l'embouchure de la rivière Ouldourga jusqu'à la source du Vitime, et rapportait en outre des notes sur les Toungousses nomades des bords de la Nertcha dits Orotchones, les itinéraires des routes que suivent les indigènes pour faire leur commerce entre la Nertcha et le Vitime ou ses affluents, et quantité de données propres à faire conaître les nomades des rives de l'Olekma et de la Kirenga.

Récit des deux cosaques sibériens, Miluschine et Bataryschkine, sur leur captivité au pays de Khokand, *de 1849 à 1852,* transmis par M. Maschkéeff, membre-effectif de la Société. Cet article de peu d'étendue ne peut faire conaître beaucoup la géographie du pays de Khokand, mais il renferme quelques détails intéressants dont nous extrayons ce qui suit:

Cinq cosaques d'une *stanitza* (*) avancée au delà de l'Oural, étaient partis en télègues (**) pour aller pêcher à une distance de trente verstes. Assaillis par une centaine de Kirghises insoumis, ils échangèrent avec eux des coups de fusil jus-

---

(*) *Staniza* — bourgade des Cosaques.

(**) *Télègue* — chariot léger à quatre roues qu'on attèle de deux ou de trois chevaux de front.

qu'à ce que la nuit fût venue; cependant deux cosaques ayant été tués, les trois autres furent faits prisonniers et emmenés grièvement blessés, du côté d'Ak-Metchet.

Sur la route, on rencontre un parti de Kirghises soumis à l'autorité russe, et composé d'environ quarante hommes; ceux-ci se précipitent sur les ravisseurs et leur enlèvent les prisonniers qu'ils rendent à la liberté. Mais à peine ces derniers ont-ils pris congé de leurs libérateurs, que surpris de nouveau par une autre bande ennemie, ils sont repris, menés à Ak-Metchet d'abord, puis à Taschkend et à Khokand.

Dans cette ville, les captifs trouvèrent quantité de déserteurs russes et de Tatars qui les secoururent; un marchand russe leur donna même de l'argent. Parvenus à réunir une somme de cinq cents roubles-assignats, deux de nos cosaques achetèrent des marchandises et des chevaux avec lesquels ils s'enfuirent. Par malheur ne connaissant pas le pays, ils s'égarèrent dans une steppe dépourvue d'eau, et contraints de revenir sur leurs pas dans l'intention de se procurer un guide et de se défaire de leurs marchandises, ils furent pris de nouveau. Reconnus comme fugitifs et ramenés à Taschkend, on les conduisit devant Koush-Bek (le Gouverneur) pour qu'il eût à statuer sur leur sort; celui-ci avait d'abord pensé à faire trancher la tête aux deux prisonniers, cependant il eut l'heureuse inspiration d'envoyer préalablement demander au Cadi son opinion sur la légalité d'une pareille mesure; le juge émit l'avis de les jeter dans une basse-fosse, ce qui fut exécuté. Les malheureux y vécurent cent-cinq jours uniquement de ce que leur apporta le commis d'un marchand russe. Au bout de ce temps, Koush-Bek les fit tirer de leur prison et les prit à son service. Cependant le commis-marchand qui les avait secourus, ayant dû venir en Sibérie pour affaires de son commerce, se chargea de faire parvenir une supplique au Gouverneur-Général d'Orenbourg qui donna immédiatement des ordres pour le rachat des prisonniers. Rendus enfin à la liberté au commencement de 1822, nos cosaques étaient de retour à Orenbourg au mois de mai, après deux ans et demi d'un séjour forcé au pays de Khokand.

Les forges du district de Schouïa, (gouvernement de Vladimir), relevé statistique de l'industrie du fer dans la ville de Schouïa et les villages environnants.—Cette fabrication toute spéciale dans une partie du gouvernement de Vladimir, entretient en état permanent d'activité, soixante-dix-neuf forges renfermant 194 feux, qui occupent environ 550 individus des deux sexes. Les produits fabriqués (taillanderie, clouterie et tréfilerie) représentent annuellement une valeur d'environ 70,000 roubles-argent (280,000 francs).

Existe-t-il près du pôle une mer libre de glaces? Cette question soulevée au sein de la Société géographique de Londres, n'est pas encore résolue jusqu'à ce jour; nous trouvons dans le *Bulletin* de la Société russe, les réflexions suivantes à ce sujet. «Si quelques circonstances particulières ont fait naître l'idée de l'existence possible d'une mer libre près du pôle, cette supposition ne repose néanmoins sur aucun fondement réel; bien au contraire, de toutes les observations recueillies par les navigateurs qui ont visité ces latitudes, il ressort que si les mers polaires peuvent accidentellement et à proximité des côtes, présenter des espaces libres d'une plus ou moins vaste étendue, ces espaces doivent toujours infailliblement se solidifier à leur tour, en une masse compacte et impénétrable. Comme preuve à l'appui de cette opinion, il suffit de remarquer que toutes les découvertes prétendues de mers libres vers le pôle, n'ont jamais été confirmées par les observations subséquentes, quand elles ne se sont pas toutefois contredites les unes les autres. Ainsi les navigateurs russes ont vu la mer entièrement libre à une grande distance au nord des côtes de l'Amérique septentrionale, et cependant par les rapports anglais, on sait que dans cette direction se trouvent des glaces infranchissables qui, au dire des Esquimaux, ont toujours existé; le capitaine Inghelfeldt, le Baron Wrangel ont également vu des bassins polaires dont l'existence serait regardée comme incontestable, si de nouvelles observations n'étaient venues plus tard fournir une certitude toute opposée.

1856. 5ème Livraison.

ETUDES ET MATÉRIAUX.

Les Slaves du sud-ouest par M. Sreznewsky. «Nulle partie de l'Europe, dit l'auteur, n'offre une varieté de pays et en quelque sorte un mélange de nationalités, comparable à ce que renferme cette bande de terre qui s'étend de la mer Baltique à la Méditerranée, et sépare la Russie des peuples de la Germanie et de la Romanie. Il parait que tel est le sort du peuple russe: puissant lui-même par la force numérique, par l'unité de langage et de religion, par le principe monarchique de son Gouvernement et enfin par la conscience de cette unité indivise, il est entouré de tous côtés de fractions de peuples grands et petits, en partie incorporés à l'Empire, étrangers en partie, fractions qui se subdivisent de plus en plus. Sur le côté occidental de cette terre qui court du nord au midi, vivent l'un près de l'autre, dix peuples qui tous ensemble forment une masse composée d'environ 35 millions d'âmes; ce sont: les Esthoniens, les Livoniens, les Lettons, les Lithuaniens, les Slaves du nord-ouest, les Madgyars, les Rouméliens, les Slaves du sud-ouest, les Albanais et les Grecs, tous peuples du sol, cultivant la terre, indigènes de date plus ou moins ancienne et ne constituant ni races ni peuplades entières, mais seulement des fractions de peuples qui achèvent leur carrière ou qui se préparent à une nouvelle vie.»

Les Slaves du sud-ouest sont: les Bulgares, les Serbes, les Khorvates et les Esclavons-Khoroutanes. «Quiconque a visité Vienne, ajoute l'auteur, a pu voir au faubourg appelé *An der Wien,* dans les auberges de rouliers, des hommes robustes-

grands et bien faits, à la chevelure blonde mais au teint fortement hâlé, à l'air joyeux, qui savent regarder en face, toujours prêts à vous servir et à causer; ces hommes, abstraction faite de ce qu'ils ont la barbe rasée et sauf la veste qui complète leur costume, rappellent assez les paysans russes du gouvernement de Vladimir; ce sont des Khorutanes venus la plupart de la Carniole où l'on en trouve en foule. Le voyageur qui a vu Trieste, n'a pas été sans remarquer sur les marchés et principalement près de la mer, ces marchandes d'oranges et d'autres fruits, au teint blanc et frais, grandes, bien proportionnées, jolies et replètes, enveloppées de voiles blancs qui ne laissent à découvert que la moitié du visage; ce sont presque toutes des Esclavonnes d'une localité appelle *Karst,* où le défaut de terres à cultiver met le peuple dans la nécessité de s'occuper de petit commerce et de menus travaux. Tous ces Slaves (sauf 15,000 âmes environ qui se trouvent en Hongrie) professent la religion catholique-romaine, et sont sujets de l'Empereur d'Autriche. Soit dans les villages soit dans les villes, tous à l'exception seulement du clergé, des instituteurs et des militaires, se livrent à l'industrie.»

Après avoir esquissé à grands traits, l'existence, la religion et les mœurs de toutes les peuplades comprises sous la dénominations de *Slaves du sud-ouest,* M. Sreznewsky s'exprime ainsi en terminant: «ces Slaves, dit il, ne constituent pas un peuple; ce n'est qu'une masse populeuse, morcelée en un certain nombre de fractions plus ou moins homogènes, selon qu'elles ont plus ou moins étouffé le sentiment de leur nationalité première sous l'empreinte du temps et l'accumulation des circonstances extérieures.»

Nouveaux renseignements sur le Khanat de Khokand, par M. Véliaminoff-Zernoff. — Le Khanat de Khokand qui ouit d'un climat délicieux et d'un sol fertile, se trouve sur la route du commerce qui se fait entre la Russie et la Chine; ce pays renferme environ 2,000,000 d'habitants qui sont encore au premier échelon du développement social. La cause de cette inertie réside dans une administration vicieuse au plus haut dégré et qui entretient le peuple dans son ignorance grossière. Le caractère de cette administration est le despotisme impitoyable, non d'un seul, mais d'une caste toute entière qui constitue une sorte d'oligarchie. Le Khan est entre le mains de cette caste, et bon gré, mal gré, se voit contraint de la soutenir pour se maintenir lui même en sa place. Les membres de cette oligarchie gouvernent partout en maîtres absolus; ils prennent ce qu'ils veulent et de ceux qu'il leur convient de dépouiller. L'organisation de l'armée est aussi défectueuse qu'il soit possible de l'imaginer: on ne rassemble les troupes que pour la durée de la guerre, elles sont alors entretenues à grands frais par les gouverneurs de provinces eux-mêmes, par la raison que le Khan manque des ressources nécessaires pour faire face à cette dépense. En temps de paix on ne conserve à l'activité qu'une partie de ces troupes, dans le seul but de s'en servir pour opprimer les marchands et les propriétaires.

Si l'on en juge par le tableau annexé au travail de M. Véliaminoff-Zernoff, tableau qui présente les relevés du commerce de la Russie avec le Khanat de Khokand, on reconnait que l'importance de ce commerce est véritablement insignifiante. Ainsi, la valeur des marchandises transportées de Khokand à la ligne d'Orenbourg dans le cours de l'année 1854 a été de 137,000 roubles-argent et l'exportation des productions russes a atteint le chiffre de 101,000 roubles. Les principaux articles que la Russie reçoit de Khohand sont des fruits et du thé noir; elle y expédie en retour d'autres fruits et des tissus de coton.

BIBLIOGRAPHIE.

Cette partie de la 5ème livraison renferme: 1) l'énumération des articles publiés pendant l'année 1855, dans les gazettes, journaux et recueils périodiques des gouvernements de la Russie, et qui intéressent la science au point de vue de la géographie, de l'ethnographie ou de la statistique; le nombre de ces articles s'élève à 208: 2) le catalogue des publications scientifiques parues à l'étranger depuis le mois de novembre 1855 jusqu'au mois de mai 1856. relevé qui mentionne 92 ouvrages (livres, cartes. dessins etc.) écrits en différentes langues.

Nouvelles géographiques et mélanges.

Lettre de M. P. Séménoff, *membre de la Société géographique, sur son voyage dans la steppe Kirghise.* M. Séménoff s'occupe depuis plusieurs années, de traduire en langue russe le célèbre ouvrage de Ritter sur *l'Asie*, et le premier volume de ce vaste travail dont la publication est due à la *Société Impériale de géographie,* a paru cette année (1856); mais l'auteur ne s'est pas borné à une simple traduction; il a enrichi l'œuvre de Ritter de notes et d'additions complémentiares d'une importance considérable. C'est dans le but de recueillir de nouveaux matériaux destinés à voir le jour dans les volumes suivants de son ouvrage, que M. Séménoff a entrepris de visiter deux contrées fort éloignées l'une de l'autre: l'Altaï d'abord puis la steppe Kirghise comprise entre le Balkhasch, l'Alataou et le lac Issyk-Koul. Des circonstances particulières étant venues entraver les dispositions du voyageur, il avait dû restreindre primitivement ses projets d'exploration, à une excursion dans la partie la plus occidentale de l'Altaï et à une ascension sur le pic d'Iwan, un des plus élevés du groupe *d'Oulbinsk* dont les sommets sont couverts de neige. Plus tard, voulant mettre à profit l'automne qui était fort beau et qui se prolonge davantage à mesure qu'on avance vers le sud, M. Séménoff se hâta de gagner Sémipalatinsk et la stéppe Khirgise, et c'est après deux ascensions sur les sommets des monts *Karataou* et *Alamak,* qu'il est arrivé au poste situé près d'une petite ville que les indigènes nomment *Almata,* et d'où il date sa lettre.

«La chaîne des monts *Kounghi-Tau* écrit le savant explorateur, s'étend de l'est à l'ouest à peu près sur le même parallèle que l'*Elbrouz* du Caucase, c'est à dire sur le 43-e dégré de latitude-nord; leurs crêtes dépassent de beaucoup la limite des neiges éternelles et sont à coup sûr plus élevées que les cîmes des montagnes les plus septentrionales de l'Asie. Au centre de cette chaîne se distinguent les trois pics *Talgarnyn-Tau,* situés à proximité des sources des rivières *Talgar* et *Ili,* et qui rivalisent presque comme élevation absolue avec le Mont-Blanc. Ces hauteurs inaccessibles rendent impossible toute communication directe entre Almata et le lac Issyk-Koul, qui ne sont séparés pourtant que par une distance de soixante verstes au plus en ligne directe. Il faut pour se rendre d'un de ces points à l'autre, suivre l'un des deux versants de la chaîne de montagnes; sur le côté occidental, la distance à parcourir est de 180 verstes, et sur le versant oriental elle est d'environ 250.»

«La rive occidentale du lac est occupée par des Kirghises nomades, ennemis de la Russie, que l'on nomme *Sara-Baghish* ou *Ourmans* et qui appartiennent à la race des Kirghises-noirs. Sur la rive orientale campent des Kirghises de la même race, mais sujets de l'Empire et qui sont connus sous la dénomination de *Begs.* La vallée des deux rivières *Toub* et *Djigadak* sépare les monts *Kounghi-Tau* du gigantesque *Moussart* qui borne au sud le lac *Issyk-Koul.* Si la chaîne des *Kounghi-Tau* n'est qu'une branche latérale des fameux monts *Célestes* ou *T″Jan-Shan,* le *Moussart* en forme un prolongement immédiat et non interrompu, qui dans les limites de l'Empire chinois se nomme *T″Jan-Schan* et en dehors des frontières chinoises, vers l'occident, reçoit l'appellation de *Kirghizin-Alataou.* M. Séménoff en mentionnant encore les observations géographiques qu'il a faites dans les montagnes, théâtre de ses excursions, annonçait son prochain retour à Sémipalatinsk où il comptait recueillir de nouveaux renseignements sur le commerce des Russes avec la Chine. (*)

(*) Voir le *Bulletin* de l'année 1858.

Le lac Balkhasch et la rivière Ili, par M. Kouznetzoff, membre-effectif.

En 1852, le Gouverneur-général de la Sibérie occidentale ayant ordonné l'exploration du lac Balkasch, qui se trouve dans la steppe Kirghise et sépare pour ainsi dire la partie septentrionale de la steppe Sibérienne des Kirghises nomades, de celle du sud, une troupe de quarante cosaques sous le commandement d'un officier du Corps des topographes, s'embarqua sur la Lepsa et parvint dans le cours de l'été jusqu'au lac; mais cette première expédition n'eut pas d'autre résultat; toutefois elle avait servi à constater que de toutes les rivières qui tombent dans le lac, pas une n'offrait une navigation facile.

La tentative fut renouvelée l'année suivante (1853), et le but qu'on se proposa fut l'exploration de la rivière Ili, dont l'embouchure sur le Balkhasch se trouve au pied du versant méridional des monts Sawlagaïsk qui forment la rive septentrionale du lac. Cette seconde expédition fournit les données suivantes: on reconnut que la longeur du lac Balkhasch mesurée du nord-ouest au sud-ouest est d'environ 600 verstes, que sa largeur du nord au sud varie depuis 8 jusqu'à 80 verstes, et que la plus grande profondeur de ses eaux est de 10 sagènes (21, 34 mètres,). La rive méridionale du lac est en pente douce et couverte de roseaux sur une grande étendue; au delà, s'étend une steppe formée de collines de sable qui se prolonge jusqu'au pied des monts Alataou et que l'on doit considérer comme la continuation de la steppe aride qui sépare la Russie des provinces asiatiques. La rivière Ili se jette dans le lac par trois embouchures, séparées entre elles par des terrains bas et couverts de roseaux sur nn espace d'environ huit verstes. L'expédition ayant pénétré dans la rivière par le bras du milieu, en remonta le cours jusqu'à la hauteur du piquet d'Ili, situé sur le chemin qui mène du poste de *Kopal* à celui dit *Vernoé* ou *Almata*. On avait donc constaté l'existence d'une voie navigable.

En 1854, un marchand tatar entreprit une troisième exploration du Balkhasch; le Gouverneur-général qu'intéressait également le but que l'on poursuivait, comme pouvant offrir des résultats avantageux pour la contrée, adjoignit encore à l'expédition, avec mission de lever quelques plans, le même officier qui avait dirigé les reeherches des années précédentes. Cette nouvelle exploration fournit d'autres renseignemens: on put constater que la largeur de la rivière Ili varie depuis 40 jusqu'à 150 sagènes, mais que le chenal navigable ne présente que 10 à 15 sagènes de large avec une profondeur variant de $1\,^1/_4$ jusqu'à 7 archines. La rapidité du courant est de 4 verstes et demie à l'heure, elle augmente dans les endroits où les eaux se trouvent resserrées entre des bords escarpés et elle est beaucoup moindre vers l'embouchure. L'étendue du parcours de la rivière depuis le piquet d'Ili jusqu'au Balkasch est estimée à environ 520 verstes; la traversée sur le lac est à peu près de 150 verstes en ligne directe, et sur cette longueur la profondeur des eaux est constamment de 3 et $3\,^1/_2$ archines. Vers la fin du mois de novembre, le lac Balkhasch se couvre de glaces et demeure en cet état jusqu'aux premiers jours d'avril; c'est alors que les Kirghises viennent camper aux alentours et dans les roseaux qui croissent sur les bords de la rivière Ili.

Nous croyons devoir ajouter que la première barque de transport eonstruite sur le Balkhasch, a quitté les bords du lac le 15 mai 1856, pour remonter la rivière Ili jusqu'au piquet de ce nom, qu'elle atteignait heureusement le 11 août suivant.

Mines de fer dans le gouvernement d'Ecathérinoslaw. M. Lapchine, membre-effectif de la Société géographique, adresse à M. le Vice-Président, des échantillons de minerai de fer provenant de gisements récemment découverts aux environs de la ville de Bakhmuth ainsi que dans deux autres districts du gouvernement d'Ecathérinoslaw. La richesse du minerai a été reconnue telle qu'il était, question d'établir une usine dans l'une des localités où existent ces gisements métalliques. Ce projet se trouve favorisé par la possibilité de se procurer de la houille à peu de distance, et par la présence d'un cours d'eau qu'il est facile de canaliser pour le faire arriver jusqu'auprès de l'emplacement choisi.

Analyse chimique de l'eau de la source de Narzan, (*gouvernement de Stavropol*). Dans cet article, M. Hermann compare les résultats que lui a fournis l'analyse chimique de l'eau de la source de Narzan en 1856, avec ceux déjà obtenus en 1830, et il constate quelques différences que l'on doit suivant lui, attribuer à l'élévation du niveau de la source par suite des travaux exécutés dans son bassin. Le même chimiste donne également le résultat de l'analyse des ocres ferrugineuses qui se déposent au fond de cette source, devenue célèbre par ses propriétés curatives qui lui ont valu le surnom de *jivaïa voda* (eau vivante).

Documents historiques relatifs aux Tchouktchis. M. Abramoff, membre-collaborateur de la Sociéte géographique, a recueilli dans les papiers d'un ancien inspecteur des écoles de la Sibérie, plusieurs documents relatifs aux Tchouktchis. L'une de ces pièces qui remonte à l'année 1792, est un rapport adressé au Sénat-dirigeant par le général Pihl qui remplissait à cette époque les fonctions de Gouverneur d'Irkoutsk. On y lit que le capitaine de marine Bellings, commandant une expédition secrète, ayant traversé le pays des Tchouktchis en se rendant du cap St. Laurent à Iakoutsk, avait engagé ces nomades à devenir pour toujours fidèles sujets de l'Empire Russe, et que ceuxci avaient promis de se rendre à cet avis, sous la condition que l'impôt exigé d'eux se bornerait annuellement à une peau de renard rouge pour chaque homme possédant un arc, et que cet impôt serait acquitté à l'ancien fort d'Anadyrsk comme étant plus à leur proximité. Le poste d'Anadyrsk qui subsistait depuis 1710, avait été supprimé en effet par une Décision Souveraine de l'année 1764. — A la date du 8 juin 1793, figure un autre rapport du Général Pihl, accompagné d'une évaluation du nombre des Tchouktchis qui habitaient sur les bords de la rivière Tchaouna, ainsi qu'aux environs du cap Tchouktchi et du cap des Saints; cette évaluation ne monte pas au delà du chiffre de 580 individus. Enfin le dernier rapport en date du

27 septembre 1799, est du Gouverneur-militaire Lezzano, qui constate qu'au mois de février de la même année, les Tchouktchis
étaient venus au nombre de 122 hommes à Nijné-Kolymsk, pour
y échanger leurs fourrures, et qu'ils en étaient repartis le 4 mars,
promettant de revenir encore. A partir de cette année (1799), il
n'a plus été présenté au Sénat de documents relatifs à cette
peuplade.

La débâcle du Volga à Jaroslaw. On retrouve dans
le *Chronographe* de Jaroslaw, les dates de la débâcle du Volga dans
les années 1766 et suivantes. Il ressort de ce document, que
c'est dans l'année 1769 que le fleuve s'est le plus tôt débarrassé
de ses glaces; la débâcle s'effectua complètement du 1-er au 7
avril; la plus tardive fut celle de l'année 1768 qui s'accomplit
du 13 au 16 du même mois. En 1786, au moment de la débâcle
qui eut lieu du 7 au 9 avril, les eaux du fleuve s'élevèrent à un
niveau qu'elles n'avaient pas atteint depuis plus de quarante ans.

Culture de l'orge à Bérézoff. Y a-t-il des grains qui
puissent mûrir sous une latitude aussi élevée? Telle est la question
que s'est posée M. Tvéritine; et pour la résoudre, il a tenté quelques expériences qui lui ont réussi à souhait. Un premier essai
fait en 1854 sur une échelle très minime ayant donné d'heureux
résultats, M. Tvéritine a préparé l'année suivante une demi-dessiatine de terre (environ $^1/_2$ hectare) qu'il a ensemencée le 15 mai
de six pouds d'orge (soit 98 kilogr). Vers le 15 août, il a pu faire
sa récolte qui a produit 120 pouds de grain d'une belle qualité.
Dans l'orge semé se trouvaient par hasard quelques grains d'avoine
qui ont également germé et mûri. Ce succès a encouragé l'agriculteur, il a labouré cette année (1856), une autre dessiatine toute
entière qu'il a ensemencée de seigle; au 15 août, ce grain ainsi que
l'orge semé de nouveau sur la demi-dessiatine précédemment travaillée, avaient déjà levé avant les premières gelées. Les semailles
sur toute l'étendue du terrain labouré (1 $^1/_2$ dessiatine) ont employé
18 pouds de grains. M. Tvéritine se fera un devoir de communiquer à la Société géographique, les résultats de sa nouvelle
expérience.

1856. 6ème Livraison.

Travaux de la Société géographique.

Importance du recensement de la population, pour les études statistiques. Une connaissance exacte de la population est la base fondamentale de toutes les recherches statistiques. Pénétré de l'importance de cette vérité, M. l'Académicien P. Koeppen, membre-effectif, s'est adressé à S. A. I. Monseigneur le Grand-Duc Constantin, Président de la Société géographique, pour obtenir que celle-ci pût prendre part aux opérations du dixième recensement général qui se prépare en exécution d'une Décision Souveraine.

Dans le même temps, M. Koeppen soumettait sa proposition au Conseil de la Société qui, prenant en considération l'utilité du projet présenté par l'honorable Académicien, et voulant contribuer de tout son pouvoir à en assurer la réalisation, a de son côté sollicité M. le Ministre des finances, d'admettre au sein de la Commission administrative chargée d'organiser les opérations du dixième recensement général, un membre de la Société géographique qui pût dans cette circonstance, attirer l'attention de la Commission sur les exigences de la science au point de vue du dénombrement de la population.

Le Conseil de la Société a nommé en outre une Commission spéciale, pour rechercher les améliorations qu'il y aurait à introduire dans la manière de recueillir les données sur la population, Commission composée de MM. V. Bésobrasoff, K. Vessélovsky, J. Haguemeister, P. Koeppen et E. Lamansky.

Les recensements opérés en Russie jusqu'à ce jour n'avaient eu qu'un but — le dénombrement dans l'étendue de l'Empire, des individus soumis à des impôts ou redevances quelconques envers l'État. Ce but exclusivement financier explique les avantages et les défauts qui caractérisent le système en usage dans le pays.

Les avantages se bornent à deux qui sont: 1°. une garantie suffisante contre de grandes inexactitudes dans le dénombrement des individus que leur condition soumet au recensement; 2⁰ la disposition des feuilles préparées pour les enregistrements, qui renferment une colonne réservée à l'indication de l'âge de chaque individu inscrit. Ces deux points sont d'un haut prix pour la science, qui d'ailleurs est loin d'en avoir tiré tout le parti possible.

Quant aux défauts du système en usage, ils sont malheureusement nombreux, et leur influence se fait sentir jusque dans les résultats obtenus des avantages précités, en les restreignant au cercle très borné des seuls individus (du sexe masculin) qui d'après leur condition, doivent être compris dans le recensement. La Commission spéciale ayant envisagé ces inconvénients, a jugé qu'indépendamment du recensement tel qu'on a coutume de le faire et qui ne comprend que les individus soumis à des impôts, il serait à désirer que l'on procédât dans les grandes villes à un dénombrement par tête, et qu'à titre d'essai, cette opération fût tout d'abord effectuée à S. Pétersbourg. En conséquence, elle a résumé l'expression de son désir dans les articles du programme suivant.

1⁰. Procéder au recensement de la population régulièrement de dix en dix années, et choisir s'il est possible, pour cette opération, la première de chaque décade ou dixaine d'années.

2⁰. Voir effectuer dans le même temps, par le ministère des finances — le recensement des individus soumis à l'impôt, et par le ministère de l'intérieur — un dénombrement général par tête, sans exclusion de ceux qui n'ont pas de taxes à acquitter.

3⁰. Fixer pour la remise des listes de recensement, le plus bref délai possible, et en faire connaître à l'avance le terme qui devra être le même pour toutes les parties de l'Empire.

4⁰. Indiquer d'une manière positive la condition réelle de tous les individus inscrits en rejetant la classification vague de *conditions diverses*.

5⁰. Indiquer l'âge comme par le passé.

6⁰. Indiquer encore à quelle race appartient l'individu inscrit.

7⁰. S'il sait lire et écrire.

8⁰. La nature de son occupation principale (ou ses moyens d'existence).

9⁰. Noter les cas d'infirmités incurables, tels que: cécité, mutisme, aliénation mentale, etc. etc.

10⁰. Opérer à l'égard du sexe féminin comme pour l'autre sexe, et d'après les indications ci-dessus énoncées.

11⁰. Confier l'examen des données ainsi recueillies dans chaque gouvernement et le soin d'en tirer des déductions, à un **comité** statistique qui sera autorisé à compulser les listes originales de recensement. Il serait en outre à désirer que les membres de l'Académie des sciences et ceux de la Société géographique eussent également le droit de recourir aux relevés des individus imposés, que les Chambres de finances présentent au Département des perceptions et impôts divers.

12⁰. Indépendamment du recensement général de la **population**, effectuer comme essai à St. Pétersbourg, le dénombrement de tous les habitants sans aucune exception, d'après des **règles qui** répondent entièrement aux exigences de la science.

Études et matériaux.

Le lac Nor-Zaïssan et ses environs; par M. Abramoff. Ce vaste lac situé entre 47⁰ 50′ — 48⁰ 30′ latitude nord et 101⁰—108⁰ 50′ longitude est, se trouve compris dans les limites de l'Empire Chinois; aussi est-il fort peu connu. D'après la description de M. Abramoff, le Nor-Zaïssan mesure 130 verstes de long sur une largeur qui varie de 15 jusqu'à 30 verstes; la superficie peut en être évaluée à environ 3,763 verstes carrées, le niveau de ses eaux est à 1800 pieds anglais au dessus du niveau de la mer, et ses bords, sauf un espace de trente verstes entièrement nu, sont bas et couverts de roseaux sur une grande étendue. Dès les premiers jours de novembre, le lac se couvre de glace et demeure en cet état jusqu'au mois de mai suivant. Le poisson de toute espèce y abonde; on y pêche l'esturgeon *(Accipenser sturio)* et le sterlet *(Accipenser ruthenus);* les pêcheurs affirment qu'en employant un nombre d'hommes suffisant, il serait possible de tirer annuellement des eaux du Nor-Zaïssan, jusqu'à 50,000 pouds (soit (819,000 kilogrammes) de poisson, sans qu'il y parût à la diminution des espèces. Ces richesses ont attiré les pêcheurs russes qui sans s'inquiéter de ce que le lac et son poisson appartiennent aux Chinois, y ont installé des pêcheries en règle. Voici du reste comment s'est effectuée peu à peu cette prise de possession. Vers la fin du siècle dernier, la pêche ne se faisait encore que dans l'Irtisch inférieur; vers 1803, on s'avança jusqu'à peu de distance du lac; de 1822 à 1825, les pêcheries s'étendirent sur le Nor-Zaïssan et jusqu'à l'embouchure de l'Irtisch supérieur; mais depuis 1839, on a supprimé celles qui avaient été établies par des particuliers, et cette industrie a été réservée aux cosaques de la ligne auxquels elle rapporte chaque année, tous frais couverts, un revenu net de dix à quinze mille roubles-argent. Le Gouvernement ou pour mieux dire l'employé chinois qui le représente, laisse les pêcheurs parfaitement en repos et se contente d'en recevoir un *pot-de-vin* modéré.

A cet effet, *l'Amban* ou Gouverneur de la contrée ne manque pas de venir tous les ans visiter le lac, avec une suite composée d'environ cent personnes et quelquefois plus. Alors commencent des cérémonies: on dresse une tente qui est décorée de meubles et de drapeaux surmontés de dragons; l'inspecteur (russe) de la pêche, à la tête d'un cortège nombreux, visite d'abord le *zenghé* ou officier subalterne qui examine les présents préparés pour son maître; on se rend ensuite auprès de *l'Amban* lui-même. Celui-ci s'informe de la santé de l'Empereur de Russie et demande si les Chinois n'ont pas causé quelque dommage aux Russes; sur les réponses satisfaisantes qu'il reçoit toujours à ces questions, il exprime le désir de voir continuer les mêmes relations pacifiques; quant aux présents, il débute par les refuser, puis il les accepte avec reconnaissance et fait lui-même quelques cadeaux de mince valeur. Outre les présents ordinaires, on offre encore à *l'Amban*, cinq-cents sterlets séchés des meilleurs. On se sépare après cette entrevue qui dure trois jours et les Chinois s'éloignent jusqu'à l'année suivante.

M. Abramoff cite encore comme une particularité du Nor-Zaïssan, les mirages que l'on y observe quelquefois en été. Au mois de juillet 1838, les personnes qui se trouvaient au lieu dit le *Cap aux loups,* lequel est de tous côtés environné de roseaux de grande taille, virent distinctement en plein jour et par un temps clair, le lac avec ses promontoires et ses îles comme soulevé à une certaiue hauteur et tel qu'il aurait pu être représenté sur une immense carte topographique; cette apparition dura plus d'une heure. Le même phénomène s'est reproduit au mois d'août 1839; il a été observé par M. Nédorésoff qui remplissait à cette époque les fonctions d'inspecteur de la pêche des cosaques de la ligne, sur le lac Nor-Zaïssan.

Relation d'un voyage sur le Manytsch; par M. K. Baer, membre de l'Académie Impériale des sciences.— Cet article est une rectification des indications erronées que fournissent tous les ouvrages de géographie, sur la rivière Manytsch. M. l'Académicien Baer, au retour d'un voyage dans les provinces Transcaucasiennes et sur la mer Caspienne (voyage auquel il avait pris part en qualité de membre d'une expédition organisée par le Gouvernement), a visité aussi la vallée du Manytsch, et cette exploration l'a conduit à d'importants résultats au double point de vue de la science géologique et des intérêts matériels du pays.

Il y a longtemps, dit l'auteur, que des savants ont émis l'opinion d'utiliser le Manytsch pour joindre la mer Noire à la mer Caspienne. Une pareille idée devait sans aucun doute, rencontrer dans toutes les parties de la Russie une sympathie aussi vive que celle qu'elle a excitée dans ces derniers temps à Astrakhan, mais les personnes qui considèrent cette entreprise comme facile d'exécution et peu coûteuse, sont de celles qui n'ont jamais vu la steppe; elles pensent qu'il suffirait de creuser le lit de la rivière dans toute l'étendue de son parcours tel qu'il est figuré sur les cartes, et elles perdent de vue un fait d'une importance majeure, c'est que sur la plus grande partie de ce parcours, il n'y a de l'eau qu'au commencement du printemps.

Laissant de côté le projet de canalisation du Manytsch, M. Baer s'applique à étudier le caractère de la steppe qui s'étend entre la mer Noire et la mer Caspienne, et à se rendre compte de la communication qui a jadis existé entre les deux mers ainsi que de leur séparation ultérieure.

Le cours occidental du Manytsch, en remontant depuis son embouchure sur le Don, coupe les terres des Cosaques pour en former plus loin la délimitation; ce tracé est représenté sur les cartes géographiques depuis plus de trente ans; mais du côté de l'orient, la partie de cette rivière qui constitue cependant la limite commune des gouvernements d'Astrakhan et de Stavropol, est encore peu connue jusqu'à ce jour; cela tient à ce que le manque absolu d'eau potable dès le milieu ou la fin du mois de mai, éloigne toute espèce d'habitants jusqu'à une assez grande distance de la vallée tant que durent les chaleurs. L'hiver par contre, ce lieu est le rendez-vous des diverses tribus nomades qui peuplent la steppe, nommément des Kalmouks, des Arméniens et même des Kara-Nogaïs qui sont attirés par la certitude de trouver là pour leurs animaux, de hautes herbes qui n'ont pas été broutées pendant l'été, des roseaux en abondance et un hiver presque sans neige. Ce n'est pas à dire que la neige soit rare dans la contrée, mais elle disparait rapidement, sauf dans les bas-fonds où elle séjourne quelquefois longtemps avant de fondre entièrement, circonstance qui assure aux nomades de l'eau en quantité suffisante pour les troupeaux.

Le cours du Manytsch n'a jamais été relevé en entier sur la carte, et du côté de l'est, c'est seulement dans ces dernières années qu'on s'est occupé de déterminer le tracé de son parcours depuis l'embouchure de la rivière Kalaous; mais à l'époque où les travaux géodésiques furent entrepris, le lit du Manytsch était à sec, aussi ces travaux firent-ils bien peu connaître la pente de la vallée; c'est au point que deux des arpenteurs qui avaient opéré sur les lieux, affirmèrent à M. Baer, qu'en cet endroit, le Manytsch devait couler vers l'occident, tandis que le voyageur avait peu de temps après, l'occasion de se former une conviction toute opposée.

Les cartes ordinaires dressées sur un échelle minime, reproduisent le tracé du Manytsch d'après les indications de Pallas, qui dans deux voyages successifs n'a pu visiter lui-même cette partie de la vallée, faute de moyens de transport suffisants; ce n'est qu'à l'aide de renseignements recueillis de différents côtés, qu'il a tracé une petite carte où il indique une double source du Manytsch, à proximité de la route de Kizliar et de la mer Caspienne. Cette carte sur laquelle la vallée se trouve relevée avec assez d'exactitude, ne contient plus que des erreurs quant au cours de la rivière elle-même qui ne saurait avoir sa source dans le lieu désigné par Pallas, puisqu'en cet endroit la pente de la vallée se dirige vers l'est. Cette fausse indication existe cependant sur les cartes les plus nouvelles.

Le professeur Parrot a le premier mis en doute les assertions de Pallas; dans la relation de son voyage aux monts Ararat, il mentionne le dire de deux indigènes qui lui ont parlé du Manytsch comme ayant son cours vers l'orient et se jetant dans les lacs, non loin de la mer Caspienne.

M. Baer s'est trouvé, lui, par l'effet du hasard, en rapport avec un habitant de Sarepta qui, disait il, avait couru un danger sérieux en traversant le Manytsch dont les eaux étaient très fortes au commencement du printemps; ce voyageur affirmait que la rivière coulait vers l'est. Préoccupé de cette idée, M. Baer voulut recueillir d'autres informations; sur divers points de sa route entre Kizliar et Astrakhan, il questionna les indigènes et partout il lui fut répondu comme à Parrot, qu'au dire des plus vieux habitants de la contrée, les eaux du Manytsch, il y avait encore de cela peu de temps, venaient quelquefois au printemps se jeter dans la mer Caspienne à travers le lac Blanc, et qu'actuellement encore, les eaux de cette rivière se confondaient de temps à autre avec celles de la Kouma, pour aller se perdre dans la mer.

Pour expliquer l'origine des assertions erronées admises jusqu'à ce jour comme exactes, ajoute l'auteur, il faut distinguer d'abord le cours inférieur du Manytsch, puis la vallée proprement dite et le lit de la rivière, que l'on a toujours confondus sous la dénomination unique de *Manytsch*. . . . .

. . . .

. . . .

Après avoir donné la description géographiqne de la vallée, M. Baer conclut ainsi: «le Manytsch tel qu'il est figuré sur les cartes, c'est-à-dire une rivière qui prendrait sa source à une distance de 80 ou 100 verstes de la mer Caspienne pour couler vers l'occident et aller grossir le Don, n'existe pas en réalité. La partie occidentale de la vallée du Manytsch est effectivement arrosée par une rivière formée de la réunion des deux petits ruisseaux, Oulan-Zoukhi et Khara-Zoukhi, qui descendent des monts Erguèni (*) et ont de l'eau toute l'année; cette rivière qui dans son parcours reçoit encore divers affluents, prend quelquefois l'aspect d'un lac qui occupe toute le largeur de la vallée, et finalement elle va se jeter dans le Don. Souvent à l'époque de la fonte des neiges, il arrive que la vallée est entièrement couverte d'eau à des endroits où le lit de la rivière est fort étroit en temps ordinaire; enfin tout ce qui a été dit de l'élévation des eaux du Manytsch par suite des débordements du Don, ne doit s'entendre que de son extrémité occidentale.»

«Dans la partie orientale et la moins considérable de la vallée de Manytch, se trouve également un cours d'eau, mais seulement au printemps et vers la fin de l'automne; ce cours d'eau intermittent ne peut donc être qualifié du nom de rivière; la vallée de ce côté, est plutôt un ravin d'où se précipitent au printemps et à l'automne, des eaux qui entraînant avec elles les dépôts salins et autres impuretés qui gisent au nord du lac Modjar, vont se jeter dans la partie inférieure de la Kouma et quelquefois jusques dans la mer Caspienne, comme cela eut lieu en 1855.»

(*) Ces montagnes se trouvent près de Sarepta et s'etendent dans la direction du sud.

*

«Si l'on veut maintenant donner le nom de rivière à ce torrent, il faut alors distinguer dans la vallée de Manytch, deux rivières coulant dans des directions complètement opposées (l'une vers l'ouest, l'autre vers l'est), et offrant l'étrange particularité qu'au printemps, les eaux de leurs sources se confondent en un point de départ commun.»

Il est donc fort important, au point de vue de l'établissement d'un canal qui réunirait la mer d'Azow ou le Don avec la mer Caspienne, de savoir que le point culminant de la vallée de Manytch est à peu près à égale distance entre les deux mers et non pas à proximité de la seconde. Or comme entre les deux points extrêmes, il ne se trouve pas de réservoir dont les eaux puissent alimenter un canal à double pente, il est clair qu'il faudrait mettre à profit la différence de niveau existant entre les deux mers pour donner au canal projeté, une pente unique qui en amenât l'eau depuis le haut jusqu'à l'extrémité inférieure. Il est également évident que ce canal devrait suivre la vallée de Manytch dont le sol est le plus bas de toute la contrée. Toutefois cette entreprise exigerait des travaux et des dépenses, que ne pourraient compenser les avantages qu'il y aurait à en attendre pour le commerce, dont le but serait tout aussi complètement atteint et à moins de frais, par l'établissement d'un canal de jonction entre le Don et le Volga.»

Notice sur le Khokand, par le cornette Potanine (1830). — Imprimée dans le *Journal militaire* de 1831, cette notice est peu connue. La spécialité du recueil dans lequel elle parut et qui ne s'adressait qu'à une certaine classe de lecteurs, en fut la cause; elle renferme pourtant des données entièrement distinctes de celles fournies par d'autres voyageurs, notamment un itinéraire différant en partie de ceux publiés par Humboldt et qui ont servi de matériaux à Ritter pour sa carte de l'Asie. Le *Bulletin* de la Société géographique a donc reproduit la relation de Potanine comme un document utile et un appendice au travail de M. Véliaminoff-Zernoff sur le Khanat de Khokand, inséré dans la précédente livraison.

Des Ambassadeurs du Khan de Khokand étant venus à la Cour de Russie en 1829, lorsqu'ils songèrent à retourner dans leur patrie, une escorte leur fut donnée pour les accompagner depuis Sémipalatinsk jusqu'à Taschkend avec les présents que l'Empereur de Russie envoyait au Khan. Le commandement de cette escorte, composée d'un petit nombre de cosaques de la ligne de Sibérie et d'un sous-officier, fut confié au cornette Potanine. A cette troupe s'étaient joints quelques marchands de Sémipalatinsk, qui se rendaient au Khanat de Khokand pour affaires de leur commerce. La caravane s'étant mise en marche dans les premiers jours de septembre, traversa l'Irtisch, se dirigea vers le sud-ouest à travers un pays accidenté, et le quarante-troisième jour depuis son départ, elle pénétrait dans la steppe dite *golodnaïa*, désert sans eau qu'il fallait franchir avant d'arriver à la Tschouï. Le premier novembre, après avoir effectué le passage des deux bras de cette rivière (*) et s'être tirée heureusement d'une rencontre avec des Kirghises pillards, la petite troupe continua sa route vers le sud, traversa la steppe de sable jusqu'au lac Kara-Kouli, et laissant d'un coté la ville de Turkestan, de l'autre celle de Souzak, se dirigea vers Tschemkend qu'elle atteignit après avoir franchi les Karataou, au point de jonction de ces montagnes avec la chaîne Boroldaï. De Tschemkend, petite ville d'environ 600 maisons, irrégulièrement bâtie, et qui se trouve aujourd'hui comprise dans le cercle de la juridiction du Gouverneur de Taschkend, la caravane gagna cette dernière ville, désignée comme le terme de son voyage.

«Le Gouverneur nous accueillit avec force démonstrations de politesse, dit le cornette Potanine dans sa relation; il fut charmé des manœuvres d'exercice que nos cosaques exécutèrent en sa

---

(*) La Tschouï, dont le parcours est environ de 500 verstes, se divise, à 40 verstes au dessus de l'endroit où se trouvait la caravane, en deux bras qui se réunissent de nouveau 90 verstes plus bas. Cette observation est importante; le moins considérable de ces deux bras de rivière ayant été pris jusqu'alors pour un affluent de l'autre.

présence, et ajoutant que le Khan verrait ce spectacle avec plaisir, il demanda quand je comptais me rendre à Khokand. Je lui fis observer que les ordres de mes chefs m'enjoignaient d'escorter les ambassadeurs jusqu'à Taschkend seulement, et que ceux-ci devaient ensuite se charger de faire parvenir à Khokand les présents destinés au Khan; que quant à moi, il me fallait reprendre le chemin des Possessions Russes dès que j'aurais reçu une quittance en règle, constatant la remise des objets qui m'avaient été confiés. Mais à toutes mes observations, le Gouverneur répliqua en disant que le *Maître de Khokand*, le Khan Séid-Mouhammed-Ali voulait absolument que je parusse devant lui avec les Ambassadeurs et les présents que j'avais accompagnés. Redoutant qu'un refus de ma part ne nous occasionnât quelque désagrément qui eût pu avoir des suites fâcheuses, et bien que je n'eusse pas d'instructions à cet égard, je crus devoir souscrire au désir du Souverain de Khokand; en conséquence le Gouverneur nous ayant fait donner des chevaux, nous nous mîmes en route le 1-er décembre pour la résidence du Khan. Les fardeaux que nous escortions ne permettaient pas de suivre la route directe qui traverse les montagnes Kendyr-Taou, et nous dûmes nous diriger vers le sud en passant par Kreïoutchi et Khodjand; enfin après avoir franchi le Syr-Daria, nous atteignîmes la ville de Khokand. »

Le cornette Potanine donne les détails de sa réception par le Khan, puis il poursuit ainsi sa relation: «Khokand est traversée par une petite rivière nommée Karatall, dont les bords en pente douce présentent un terrain parfaitement uni sur le quel est bâtie la ville; celle-ci se divise en deux parties qui se trouvent réunies au moyen de deux ponts de pierre ornés de tours à leurs extrémités. L'un de ces ponts est situé vis-à-vis le palais du Khan. La capitale du Khokand, qui peut avoir 25 verstes de circuit, compte environ 3,000 maisons en terre dont beaucoup néanmoins bâties avec art et d'un aspect agréable, et cent mosquées la plupart en briques, avec de belles façades; la population en peut être évaluée (hormis les femmes) à 15.000 âmes, y compris 4.000 hommes de troupes; malheureusement les rues y sont étroites, tortueuses et malpropres. La ville renferme six marchés où figurent toutes les productions de la localité qui du reste ne possède que deux manufactures, l'une de papier à écrire, l'autre de poudre, le tissage des étoffes se faisant dans les maisons particulières. Les environs abondent en vergers et on en voit beaucoup aussi dans l'intérieur même de la ville; les habitants s'occupent encore de la culture des grains et du coton, ce qui avec l'éducation des vers à soie, constitue toute leur industrie. Les terrains aux alentours de la ville, sont presque partout ensemencés de grains, ce qui fait qu'on n'entretient des bestiaux qu'en petit nombre, faute de prairies. Le sol est généralement fertile, facilement productif, le climat très chaud; il n'y a presque pas d'hiver ni de neige dans dans cette contrée, mais été comme hiver, il y règne quelquefois de grands vents. Khokand fait le commerce avec la Russie, la Chine, Kasghar, la Boukharie, Khiva et la steppe Kirghise. Le Khan ne soumet pas ses sujets à des impôts réguliers; lorsqu'il y a nécessité, il s'adresse aux gouverneurs des provinces qui se chargent de prélever sur leurs administrés, le tribut exigé par le Souverain, soit en argent, soit en bétail ou autres objets; les caravanes sont également soumises au payement d'un droit d'entrée et de sortie. — Le recrutement est chose inconnue dans ce pays; la force militaire se compose de volontaires, qui en temps de paix vivent dans les villes et les campagnes où ils se livrent à divers métiers, et ne se réunissent que lorsqu'ils sont appelés; ils forment alors une cavalerie irrégulière et indisciplinée, vêtue et armée de cent façons diverses; quant à de l'infanterie et à de l'artillerie, il n'y en a point. Chaque homme reçoit de l'État deux robes d'étoffe tous les ans, une provision consistant en farine et en sarrazin, et un cheval avec sa ration de fourrage; il n'a pas de solde en argent, et du rang le plus infime jusqu'au grade le plus élevée, nul fonctionnaire, militaire ou civil, ne reçoit de traitement en espèces, autre que les gratifications qu'il plaît au Khan de distribuer en considération de services rendus. Ce souverain exerce le pouvoir le plus absolu; il destitue ou punit ses fonctionnaires de sa propre autorité et sans jugement. Au surplus, il n'existe pas de lois écrites; toute procédure est verbale et les décisions rendues sont basées sur l'Alcoran ou sur les anciennes traditions. — L'instruction est nulle ou à peu près; elle se borne à l'enseignement du Koran expliqué et commenté dans quelques écoles qui relèvent des principales mosquées. — Suivant la coutume asiatique, les femmes sont renfermées et ne se montrent qu'à leur époux; quand elles sortent, elles sont couvertes de voiles qui les rendent impénétrables à tous les regards.»

«En repassant par Taschkend lors de notre retour, nous eûmes occasion de voir le Gouverneur de cette province se mettre en campagne à la tête d'environ 15,000 hommes. Cette troupe vêtue de robes de toutes couleurs, armée de fusils, de sabres, de piques, même d'arcs et de flèches, marchait sans aucun ordre, précédée de quatre étendards en soie brodés au chiffre du Khan, et accompagnée de neuf chameaux portant chacun une espèce de fusil de rempart fixé sur un pivot, et qui se charge de balles d'un fort calibre. Enfin cinquante autres chameaux suivaient, avec des objets de toute nature destinés à récompenser les guerriers qui se seraient distingués dans quelque rencontre avec l'ennemi. Nous apprîmes que cette expédition était dirigée contre les Kirghises.»

Les Tatars de Crimée; par M. Raddé. — La population de la presqu'île de Crimée, dit M. Raddé, offre un mélange qu'il serait difficile de rencontrer dans une autre partie de l'Europe. Elle renferme outre les Russes, des Bohémiens (Tsyganes), des Juifs, des Arméniens, des Grecs et des échantillons de presque toutes les nations Européennes. Mais quelque attrait qu'ait pour l'observateur le tableau varié des peuplades qui se sont implantées sur le sol de la Crimée, et parmi lesquelles dominent les Russes, les colons Allemands et les Israélites-Caraïtes, son attention se reporte involontairement sur les *naturels* de la presqu'île, sur les *Tatars* dont le nombre dépasse encore celui de toutes les autres nationalités réunies et qui constituent (en hommes seulement), une population s'élevant à environ 110,000 âmes.

Les *Tatars de Crimée* appartiennent tous à la race Mongole, mais ils n'en ont pas partout également conservé le type primitif. Ce type ne se retrouve guère dans toute sa pureté que parmi ce qui reste des Nogaïs, c'est-à-dire chez les Tatars qui habitent les plaines du nord de la presqu'île et les districts avoisinant l'isthme de Pérécop. Les montagnards (et sous cette dénomination nous comprenons ceux qui vivent sur le versant septentrional des montagnes, dans les steppes et les vallées), diffèrent essentiellement des Nogaïs; ils sont d'une taille plus élevée, bien proportionnés, se rapprochent davantage par la teinte du visage de la race Caucasienne, et leur extérieur est en général agréable. Les *Tatars* des côtes méridionales qui professent également l'Islamisme, sont de race mélangée; ils ont du sang grec dans les veines, sont de haute taille et fortement constitués; leur visage quelque peu allongé est d'une nuance foncée, mais privé de la teinte jaune qui caractérise les Nogaïs. Les femmes de la Crimée se font remarquer par la blancheur de leur teint, particularité très rare chez celles de basse condition parmi les peuplades de race Caucasienne, ce qui s'explique par le soin extrème que les Musulmanes en général apportent à se couvrir le visage dès qu'elles sortent de leurs habitations. Ce fait tendrait en outre à prouver que chez les Tatars, la teinte foncée du visage tient à l'influence de l'air atmosphérique et du climat bien plutôt qu'à toute autre cause.

Après avoir exposé les considérations générales qui précèdent, l'auteur décrit en détail et dans des chapitres séparés: 1) les pratiques religieuses et le dégré de civilisation des *Tatars de Crimée;* 2) leurs mœurs et coutumes ainsi que les cérémonies qui accompagnent chez eux la célébration du mariage et les inhumations; 3) les traits distinctifs de leur caractère; 4) l'aspect de leurs habitations et de leur intérieur domestique; 5) leur costume; 6) la situation de l'agriculture, de l'horticulture, etc. chez ces peuplades; et enfin: 7) l'aspect des villes tatares (Batchisaraï, Karassou-ba-

zar, etc....) et les diverses industries des habitants des côtes méridionales de la presqu'île.

BIBLIOGRAPHIE.

Cette partie de la sixième livraison de 1856 renferme la
description d'un *Atlas du cours du Don (avec textes hollandais et
russe)*, *publié à Amsterdam au XVIII-e siècle*, et qni est devenu
aujourd'hui une rareté bibliographique.

NOUVELLES GÉOGRAPHIQUES ET MÉLANGES.

**Lettre de M. P. Séménoff sur son voyage dans la
Steppe Kirghise,** *en 1856.* — La deuxième excursion de M. Séménoff sur la rivière.Tchou lui a réussi, écrit-il, au delà de ses
espérances; non seulement il a pu franchir cette rivière, mais il
lui a été donné de parvenir jusqu'à l'extrémité occidentale du lac
Issyk-Koul, là où nul Européen n'avait encore mis le pied. Sans
doute, les dangers qui menaçaient le voyageur, les privations qu'il
a eu à supporter, l'ont contraint de se borner en quelque sorte à
reconnaitre la contrée et ne lui ont par permis de l'explorer scien-
tifiquement; toutefois cette excursion n'en aura pas moins eu des
résultats pour la connaissance de la géographie de l'Asie.

Parti du fort Vernoé (Almata), M. Séménoff se dirigea d'abord
à l'ouest le long des monts Kounghi-Alataou qu'il côtoya sur
une longueur de 80 verstes; après quoi tournant ses pas vers le
sud, il franchit cette chaîne de montagnes par la gorge de Souok-
Tubé, pénétra dans la vallée de la Tchou à l'endroit même où la
rivière change de direction, à vingt verstes environ au-dessus du
fort Tokmak (Possessions du Khokand), et en remonta le cours en
continuant de s'avancer vers le sud. Un rocher à pic qu'il rencontra sur la rive droite, le contraignit de passer sur l'autre bord par
un gué profond et dangereux, le privant ainsi d'explorer le Ké-
bine, affluent de la Tchou ou pour mieux dire branche septentrionale de tout le système. Le voyageur est ainsi parvenu jusqu'au
point où la rivière se rapproche le plus du lac Issyk-Koul, ce qui
lui a permis de résoudre une importante question géographique

relative à la réunion de ces eaux. La Tchou ne sort pas du lac comme l'ont supposé Ritter et d'autres géographes européens; elle prend sa source dans les neiges du Moustagha qui n'est qu'un prolongement des monts Célestes (T'Jan-Schan); elle sort de ces montagnes à environ cinq verstes de la rive occidentale de l'Issyk-Koul; cet espace qui la sépare du lac est uni et présente une légère inclinaison vers l'est; à l'ouest au contraire, la Tchou rencontre une longue vallée d'une pente beaucoup plus prononcée, où elle se précipite avec une impétuosité qui lui donne la force de franchir le col de Bouasch de la chaîne méridionale des Kounghi-Alataou. A partir du point où la rivière change de direction pour se joindre au lac, elle coule sur un lit très peu profond qui offre toutes les apparences d'une irrigation artificielle, et prend alors le nom de Koutemalda. Il existe chez les Kirghises-noirs, une tradition d'après laquelle ce canal serait l'œuvre de leurs ancêtres qui auraient voulu amener les eaux de la Tchou dans l'Issyk-Koul, sans pouvoir y parvenir. Aucune autre communication hydrographique ne relie la rivière et le lac. En cet endroit, M. Séménoff a vérifié ses observations sur la hauteur des eaux du lac Issyk-Koul et il a reconnu qu'elles se trouvent à plus de 3.600 pieds anglais, tandis que le fort Vernoé situé sur le versant septentrional des Kounghi-Alataou n'est pas à plus de 1.900 pieds de hauteur absolue. L'Issyk-Koul est donc un lac de montagnes dans toute l'acception du nom; il occupe un plateau élevé situé entre les Kounghi-Alataou et les monts Célestes qui l'enferment complètement.

Ces résultats doivent donner au tracé géographique du lac Issyk-Koul, des rivières et des montagnes de la contrée Trans-Ilienne, un aspect assez différent de celui que présentent les cartes de MM. Khanikoff et Nifantieff, métamorphose qui surprendra sans doute les savants en Europe.

En revenant au fort Vernoé, M. Séménoff mettant à profit le mois d'octobre qui est encore assez beau sous ces latitudes, entreprit de pénétrer jusqu'à Kouldja sur l'Ili, capitale des provinces

occidentales de la Chine et résidence d'un Vayvode (Tsian-tsiune).
Ce projet a été mené à bonne fin par le voyageur qui dans l'espace
d'un mois, a pu connaître *de visu* ce petit coin de la Chine, habité
et cultivé par une population composée des individus bannis du
cœur de l'Empire et des colons militaires de la Mongolie.

Observation géographique; par M. Lapschine. —
Sous ce titre, l'auteur donne la description d'une petite rivière
(Volnovakha) du gouvernement d'Ecathérinoslaw et d'une grotte
renfermant une cascade, située au milieu de la steppe qui s'étend à
travers les districts de Pavlograd et de Bakhmouth. La rivière a
ceci de remarquable qu'elle se divise en deux bras qui ont reçu
dans le pays, les appellations de Volnovakha *humide* et Volnovakha
sèche; cette dernière dénomination fait allusion à ce que le bras
auquel elle s'applique, va se perdre dans les sables et à travers
un sol pierreux pour reparaître 20 verstes plus loin, à l'exemple
du Rhône (à l'endroit connu sous le nom de *Perte du Rhône*), de
la Drôme (en Normandie) qui disparait à la *Fosse du Soucy*, et de
quelques autres rivières encore en Europe.

**Apparition d'une larve inconnue dans l'arrondis-
sement d'Irkoutsk,** *en 1856*. Cette larve, totalement inconnue
même des plus vieux habitants du pays, est d'une couleur gris-cendré, longue à peu près d'un demi-verchok (environ 23 millimè-
tres); elle s'est montrée dans les premiers jours du mois de juin,
sur tous les arbres de la famille des *conifères*, dans les forêts qui
s'étendent du lac Baïkal jusqu'à l'embouchure de l'Ilga, et sur les
rives de la Léna ou de ses affluents; sur un espace d'environ 400
verstes, les arbres se sont trouvés littéralement enveloppés de
toiles d'un tissu si ferme et si serré, qu'il était devenu diffiicile de
pénétrer à travers bois, et leur verdure a été complètement dévo-
rée . De fortes pluies survenues vers le milieu du mois de juillet
ont fait subitement disparaître l'insecte destructeur, mais les larves
avaient pu déjà achever leurs cocons et déposer leurs œufs, ce
qui a laissé la crainte de voir reparaître le fléau l'été suivant. Il
est à remarquer que cette larve ne s'est pas attaquée à d'autres

essences que les conifères; on se demande si ce ne serait pas l'espèce *Phalaena-Bombyx-Monaca,* qui en 1855 a détruit tous les
bois de sapin aux environs de Mittau?

1857. 1ère Livraison.

Cette première livraison débute par le *Compte-rendu de la
Société Impériale géographique de Russie, pour l'année 1856,*
rédigé par M. Lamansky. Ce compte-rendu comprend le résumé
des travaux de l'année écoulée et l'exposé de la situation finan-
cière de la Société au 1-er janvier 1857.

ÉTUDES ET MATÉRIAUX.

**Le goitre et le crétinisme dans l'arrondissement
de Nertchinsk** *(Sibérie-orientale)*; par M. V. Dericker, m. eff.
La Section d'ethnographie a publié dans la 1-ère livraison du
Bulletin de 1856, un article relatif à la proposition émise
par ce membre de la Société, de rassembler les matériaux nécessaires pour une étude de la *Géographie des maladies en Russie* ainsi
que des remèdes populaires généralement en usage. Cet article
renfermait un programme de questions dont la publication a déjà
valu à la Société, l'envoi de quelques renseignements répondant
plus ou moins au but qu'elle s'est proposé. La Section de Sibérie
a reçu entre autres de l'un de ses membres-collaborateurs, M.
Kachine, sous le titre de: «*Description des maladies endémiques et
autres qui règnent sur les bords de l'Ouroff*», un vaste travail
renfermant de précieux détails sur le *Goitre* et les circonstances
qui accompagnent cette maladie endémique dans la contrée. M.
Dericker a fait de cet ouvrage, une analyse dont il a été donné
lecture dans l'assemblée générale du 27 février 1857.

Le *goitre* y est-il dit, se rencontre: dans l'Amérique du Nord —
au Canada, à New-York, en Pensylvanie et généralement sur les
affluents de l'Ohio; dans l'Amérique du Sud — au pied des
Cordillières, à Bogota et au Brésil; en Afrique — dans le

voisinage de l'Atlas; en Asie — dans les montagnes de la Haute-Asie, dans l'Inde, à Sumatra; en Europe — dans les Pyrennées, les Alpes, surtout dans le Valais, la Savoie et le Tyrol, en Lombardie, en Sardaigne, dans le Wurtemberg, les forêts de la Thuringe et quelques parties de la Hongrie; en Angleterre, dans plusieurs comtés (celui de Derby principalement). Cette maladie a été étudiée avec plus ou moins d'attention dans les Alpes, surtout depuis que le Gouvernement Sarde a confié à une commission spéciale, le soin d'en rechercher les causes. En Russie, il n'a encore été fait que des observations très superficielles sur l'existence du gôitre dans les montagnes de l'Oural, du Baïkal et du Caucase; la première mention sur ce sujet est due à Gmélin (Johann), et remonte à 1736. Ce voyageur après avoir décrit la contrée arrosée par la Kirenga, ajoute qu'il a vu dans le pays, non seulement des hommes et des femmes, mais aussi des animaux (bœufs et vaches) affectés de ce mal; et la cause dit-il, n'en saurait être attribuée à l'influence des montagnes, car les vaches ne quittent pas la plaine, et les femmes se livrent exclusivement aux travaux domestiques dans l'intérieur des habitations. M. Dericker repousse également l'opinion qui tend à considérer le gôitre comme une maladie n'existant à l'état endémique que dans les pays de montagnes; puis il passe à l'examen des observations recueillies par M. Kachine.

L'Ouroff, écrit ce dernier, à la sortie des marais où il prend naissance (dans l'arrondissement de Nertchinsk), coule du sud-ouest au nord-est à travers une vallée sinueuse et encaissée, son parcours est d'environ 140 verstes et après s'être grossi de cinquante ruisseaux et plus qui s'y jettent, il vient tomber dans l'Argoun sur la frontière de la Daourie Chinoise. La *vallée de l'Ouroff*, n'a dans beaucoup d'endroits qu'une demi-verste de largeur et est entourée de montagnes boisées; le quart de cet espace est occupé par le lit de la rivière, en sorte que dans ce bas-fond marécageux abrité contre les vents par les montagnes qui l'enserrent, l'air a peine à circuler; le soleil même y pénètre rarement, à ce point qu'au cœur de l'été, on rencontre dans beaucoup d'endroits, de la glace qui n'a pas encore pu disparaître entièrement. Dans cette étroite vallée et sur une étendue de 125 verstes à partir de l'embouchure de la rivière, sont répandus vingt quatre *stanitzas* ou hameaux de cosaques Transbaïcaliens, autrefois paysans des usines des mines. Les montagnes environnantes sont généralement de formation calcaire et le fond de la rivière offre, mais par places seulement, un sol de même nature; dans d'autres endroits il est d'argile et de vase. L'eau de l'Ouroff est crûe, dissolvant difficilement le savon, assez transparente et potable; mais dans le voisinage des marais, elle prend une odeur repoussante; exposée au feu elle se trouble, et lorsqu'on élève la température jusqu'à la faire bouillir, elle dépose des sels de chaux; soumise à l'action du nitrate d'argent ou de l'oxalate d'ammoniaque, elle abandonne également un précipité blanc-de-lait. L'hiver, lorsque la rivière se couvre d'écume et de glaçons flottants, l'eau n'en est plus potable et les habitants du pays se servent alors pour leurs besoins, de celle qu'ils se procurent en faisant fondre de la glace et qui est aussi assez âcre, souvent nauséabonde; quant à l'eau de source, coulant sur un fonds calcaire, elle contient elle-même de la chaux en grande quantité.

Le climat de la contrée de l'Argoun appartient à la région froide où se rencontrent ordinairement les températures extrêmes: l'été, les chaleurs y atteignent jusqu'à 35° Réaumur, bien que dans le même temps les nuits soient assez fraîches; l'hiver, il n'est pas rare de voir la température s'abaisser jusqu'à 37° et 40° au dessous de zéro; la température moyenne de l'année est de 3°—21'. La nature montagneuse du pays fait que les vents n'y ont jamais une direction fixe; il y règne souvent de fortes bourrasques surtout au mois de février; l'été, les pluies sont presque toujours accompagnées de grêle et d'orages violents. Dans la vallée de l'Ouroff, le climat est quelque peu différent: là règnent presque constamment des brouillards humides, provenant pendant l'hiver — de l'écume qui se forme à la surface de la rivière ou de ses affluents ainsi que sur les marais environnants, et pendant l'été — des vapeurs qui se dégagent des marécages; il arrive fréquemment même dans cette saison, d'y voir tomber du givre le matin et le soir, et l'atmosphère y est en général beaucoup plus froide que dans d'autres vallées plus ouvertes.

Les maisons des *stanitzas* de l'Ouroff sont construites à la hâte, en bois (rarement de pin) qui n'a pas été séché avant d'être employé, et on les habite aussitôt qu'elles sont achevées. L'intérieur se compose d'une chambre unique à peine éclairée par deux et souvent par une seule fenêtre étroite; près de la porte se trouve ordinairement un poêle en terre qui répand lorsqu'il est chauffé, une odeur suffocante, et l'hiver ce logis doit abriter outre ses propriétaires ordinaires, les veaux, les porcs et les volailles, qui n'ont pas d'autre refuge et contribuent à entretenir un état constant de malpropreté dans un espace aussi resserré....

Les aliments ordinaires des habitants sont: le pain de seigle, d'orge et de froment, le gruau de sarrasin et d'avoine; en légumes — le concombre, le chou, la betterave, la carotte, l'oignon et surtout la pomme-de-terre que souvent les enfants mangent crûe; parmi les plantes des champs — l'acanthe (Heracleum sphondylium), les jeunes tiges de pimprenelle (Pimpinella saxifraga), les bulbes de diverses espèces de lys, les tubercules de pivoine blanche, et une sorte de sarrazin sauvage (Polygonium sibiricum) qui dans les années de disette devient l'unique ressource de la contrée; en fruits ou baies — la fraise, l'airelle (Vaccinium oxycoccus), la mûre sauvage, la framboise, la groseille rouge et noire, la brunelle etc.; certaines espèces d'ail (Allium tenuissimum, A. ursinum, Porrum montanum) sont aussi considérées par les habitants comme un mets friand et constituent lorsqu'on les emploie fraîches, un antiscorbutique excellent, mais salées elles ne donnent qu'un manger lourd et repoussant; parmi les champignons, deux espèces seulement sont comestibles, l'oronge et le mousseron. Les paysans de l'Ouroff font usage de viande de bœuf, de vache et de porc, de gibier et de volaille domestique; ils ont l'habitude d'abattre en automne le bétail destiné à leurs besoins, et ils en font geler la chair qu'ils conservent ainsi pendant l'hiver; on agit de même pour le poisson que l'on ne pêche du reste qu'en très petite quantité. La boisson la plus habituelle est l'infusion de thé en briques qui porte beaucoup à la transpiration; souvent on y supplée par des infusions d'autres plantes, quelquefois même vénéneuses, telles que l'anémone (Anemone pratensis, sylvestris et pulsatilla); on prépare rarement du *kwass* (*), plus rarement encore de la bière qui est malsaine et provoque la dyssenterie parce qu'on l'emploie avant le *guillage* ou fermentation spiritueuse; l'eau-de-vie de grains est trop chère et on se la procure trop difficilement pour qu'elle soit d'un usage commun. Les hommes fument et mâchent du tabac; les femmes mâchent constamment de la gomme de mélèze qui a la propriété d'entretenir le poli des dents et préserve du scorbut.

Les occupations des hommes consistent: 1) à travailler la terre, et souvent assez loin de leurs habitations pour être contraints de passer la nuit dans les champs, sur le lieu même de leurs travaux; 2) à chasser les animaux à fourrures; dans ce but, les chasseurs partent ordinairement en octobre et vivent dans les bois jusqu'en décembre et janvier, époque à laquelle ils regagnent leur demeure pour s'occuper de préparer les peaux qu'ils ont rapportées. Les mœurs des paysans de l'Ouroff sont très relâchées et ils en subissent les conséquences; la syphylis est répandue parmi eux à l'état chronique et se montre souvent sous des aspects exceptionnels.

Un pareil genre de vie joint aux circonstances climatériques locales, ne peut que favoriser le développement des fièvres, des rhumatismes, de la cacochymie scrofuleuse, etc......, ce qu'on appelle dans le pays, la *distorsion* (contractura), puis enfin le goître et le crétinisme qui règnent à l'état endémique dans la contrée. Il est à remarquer que l'état maladif qui a pour conséquence la contracture des muscles se rencontre principalement sur le cours supérieur de l'Ouroff, là où les cas de goître sont

____

(*) Boisson usuelle du peuple, en Russie, et qui est préparée avec de l'eau, de la farine de seigle fermentée et de la drèche.

moins fréquents; dans la partie inférieure de lá vallée jusqu'à l'embouchure de la rivière, le goître et le crétinisme dominent sans exclure pour cela les autres maladies. A l'embouchure même, là où est située la *stanitza* d'Oust-Ourovsk, le mal ne s'attaque qu'aux habitants qui vivent sur les bords de l'Ouroff et n'atteint pas les paysans établis à proximité sur les rives de l'Argoun, dans la *slobode* Zakamennaïa. La *stanitza* de Solonetz située à l'extrêmité supérieure du cours de l'Ouroff, est pareillement exempte du mal endémique ainsi que celle d'Ildekane qui se trouve à la hauteur du premier tiers du parconrs de la rivière, mais assez éloignée de ses bords et dans un vallon moins resserré.

Dans la vallée de l'Ouroff, le goître n'affecte pas seulement l'espèce humaine, il atteint également les animaux: les vaches, les chevaux, surtout les cochons et les chiens; ces diverses espèces sont en général de petite taille, manquent de vigueur et de vitalité.

Le goître se manifeste chez les deux sexes, mais principalement chez les femmes. Au début, les symptômes du mal sont très variés; assez ordinairement le goître **commence** à se montrer chez les jeunes gens de 16 à 18 ans, à la suite de quelque autre maladie qui s'est prolongée; quelquefois aussi c'est une infirmité de naissance ou qui frappe les enfants dès l'âge le plus tendre et s'aggrave avec les années; enfin il y a des sujets dont le développement physique s'arrête à l'âge de 13, 14 et 15 ans, et chez lesquels le goître apparait sans s'être annoncé par aucune souffrance; chez ces infortunés, les facultés intellectuelles demeurent aussi dans un état d'imperfection, quelques-uns sont complètement idiots et beaucoup d'entre eux sont affligés d'épilepsie, mal que les gens du pays qualifient du nom de *convulsions*. La maladie se comporte autrement chez les femmes; elles en sont atteintes quelquefois dès l'enfance ou lorsqu'elles arrivent à l'âge nubile; mais chez la plupart, les glandes du cou commencent à s'engorger après le mariage, pendant le temps de la grossesse. L'aspect du goître varie depuis la grosseur d'un œuf de pigeon ou d'un œuf de poule, jusqu'au volume de la tête d'un enfant, il peut peser depuis une jusqu'à 4 ou 5 et même 10 livres. Ordinairement la tumeur goîtreuse, lorsqu'elle est arrivée à un degré plus ou moins volumineux, cesse de croître et demeure dans un état stationnaire; quelquefois aussi après un temps d'arrêt elle reprend son développement, ou bien ces intermittences de stagnation et de croissance deviennent en quelque sorte périodiques. L'auteur a surtout constaté cette dernière particularité chez les femmes; parmi les divers sujets qu'il a été à même d'observer, il a remarqué que chez quelques-uns, le goître augmentait de volume à l'approche des menstrues, pour diminuer ensuite ou s'arrêter dans son développement jusqu'à l'époque mensuelle subséquente; chez d'autres, la tumeur augmentait de volume pendant la grossesse jusqu'au point de gêner la respiration, ou quelquefois encore après être demeurée stationnaire depuis l'époque de l'accouchement, elle reprenait une nouvelle croissance lors d'une deuxième ou d'une troisième gestation. Chez les hommes, il a été reconnu que le goître augmente de volume au printemps et pendant l'été tandis qu'il diminue en automne et en hiver; chez quelques-uns cette croissance du mal a lieu dans les temps de pluie et principalement à l'époque des orages; enfin elle suit quelquefois les phases de la lune. La contexture intérieure de la tumeur goîtreuse est extrêmement variée; M. Kachine s'est livré à cet égard à de nombreuses recherches dont le détail ne saurait intéresser que les hommes spéciaux; il constate un cas de goître dégénéré en cancer; la tumeur s'était manifestée chez le sujet à l'âge de 18 ans, à la suite d'une fièvre qui s'était prolongée pendant cinq mois; plus tard (le malade avait alors 40 ans), le cancer s'était ouvert et avait entraîné la mort peu de temps après.

La preuve la plus concluante, ajoute M. Dericker, qu'il soit possible de produire à l'appui de cette opinion que le goître de l'Ouroff est une maladie toute locale, c'est que les habitants d'autres *stanitzas* qni viennent s'établir dans le pays, se montrent par la suite sujets à ce mal endémique, tandis que chez les paysans des bords de l'Ouroff, qui abandonnent la contrée bien qu'affligés déjà de la maladie, on voit la tumeur goîtreuse diminuer ou cesser de se développer, souvent même disparaître entièrement d'elle-même, et chez les enfants de ces émigrants, tous symptômes de goître et de crétinisme s'effacent complètement.

M. Kachine partageant l'opinion de Marchand, attribue l'existence du goître à l'état endémique sur les bords de l'Ouroff, à l'usage de l'eau de la rivière qui serait dépourvue d'iode; et pour s'assurer de l'absence de cette substance, il a imaginé l'expérience que voici : dans un vase à moitié rempli d'eau, il a versé une petite quantité d'acide nitrique, puis l'appareil hermétiquement fermé au moyen d'un couvercle auquel était intérieurement suspendu un papier amidonné qui n'atteignait pas jusqu'au liquide, a été exposé à la flamme d'une lampe à esprit-de-vin; l'action de la chaleur devait faire dégager du liquide, des vapeurs qui, si elles contenaient de l'iode, ne manqueraient pas de colorer le papier amidonné. L'eau de l'Argoun employée d'abord pour l'expérience produisit effectivement sur le papier une teinte légèrement violacée, tandis que celui-ci ne subit aucune altération de couleur lorsque l'opération fut répétée avec l'eau de l'Ouroff; cette dernière ne renferme donc pas d'iode, fait que M. Kachine explique par la présence de plusieurs espèces végétales (Menyanthes trifoliata, Ranunculus aquaticus, Veronica, Acorus calamus, Cicutica aquatica, etc....) douées de facultés absorptives et qui croissent en abondance dans l'étroite vallée de l'Ouroff.

Cette théorie fondée sur l'absence de l'iode résout-elle la question?... M. Dericker ne le pense pas. Suivant lui, on peut objecter d'abord que s'il est reconnu que l'iode existe dans les varechs, dans l'eau de la mer, dans certaines sources minérales, il n'est pas suffisamment prouvé que sa présence soit indispensable dans les eaux douces pour que celles-ci puissent servir aux besoins de l'homme. En second lieu, des expériences faites dans le cours des sept dernières années écoulées (nommément au point de vue de l'étude du goître endémique), ont démontré la présence de cette substance, là où elle n'avait jamais été soupçonnée. A ces observations, il serait bon d'ajouter encore que bien des gens vont par exemple, prendre les eaux d'Ischel dans la Haute-Autriche pour se guérir des scrofules; tandis que les gens du pays, les enfans surtout, portent le stigmate de la cacochymie scrofuleuse, et que dans les environs, à Halstadt, où le pays est couvert de salines, on rencontre une multitude de crétins. C'est à Lippspring en West-phalie, où les habitants sont généralement pâles, maigres, souffrant de la toux et de crachements de sang, que vont se traiter les malades atteints de phthisie, et ce séjour leur est souvent profitable. De pareils faits qui n'ont attiré l'attention des observateurs que, depuis peu de temps encore, méritent d'être étudiés avec soin. N'est-il pas très possible en effet, que l'air ou l'eau de la vallée de l'Ouroff contienne en excès des substances telles que l'iode, le brôme, l'ammoniaque, les sels de magnésie et de chaux, recon-nus comme remèdes actifs contre les affections glanduleuses, et que la présence de ces substances ne soit précisément pour ceux qui habitent à demeure la contrée, la cause première des maladies de ce genre qu'on y rencontre?

Parmi les remèdes usuels à l'aide desquels les riverains de l'Ouroff combattent le goître, M. Kachine cite l'anagallide (Ana-gallis arvensis), deux espèces de chèvre-feuille (Lonicera tatarica et Xylosteum) et l'écorce de pin que l'on emploie en décoctions à l'usage interne ou externe; l'ancien remède de l'éponge brûlée leur est aussi connu, mais celui auquel ils attribuent la plus grande vertu est l'eau de pluie. M. Kachine a lui-même traité de jeunes sujets affligés de tumeur goîtreuse, par l'usage d'une lessive de cendre d'éponge, il a employé également une dissolution d'iodure de potassium et a obtenu par ce moyen une amélioration réelle dans l'état des malades; mais aussitôt que le traitement était abandonné, le mal reprenait une marche croissante, d'où M. Kachine conclut que le seul remède certain est le déplacement du sujet et son séjour dans une autre localité.

M. Dericker complète cette étude sur le goître en exposant quelques faits communiqués par M. Goulaeff, m. coll., desquels il ressort qu'à Nijné-Oudinsk qui se trouve sur la rive droite de l'Ouda, un grand nombre d'habitants sont atteints de l'affection goîtreuse, et pensent que ce est mal dû à l'influence des eaux d'une source qui se mèlent à celles de l'Ouda, au-dessus de la ville. Ce qui donnerait quelque poids à cette opinion, c'est que les cas de goître se rencontrent principalement dans la partie supérieure de la ville, qui avoisine la chute de la source incriminée; aussi pour échapper à l'influence goîtreuse, les gens aisés font-ils chercher l'eau pour leur usage, le plus loin qu'il leur est possible en descendant le cours de la rivière. Enfin chez certaines personnes, quand le goître ne se déclare pas, on voit apparaître des tumeurs molles qui cédent sous la pression de la main sans occasionner au malade aucune douleur. Le goître se retrouve encore dans l'arrondissement de Kirensk, sur la route de Katchouga à Iakoutsk, et sur les bords de la Léna dans le canton de Tchougouïeff.

Extraits des publications étrangères. *Coup-d'œil sur Constantinople.* Sous ce titre, M. G. Destounis, m. eff., a reproduit en langue russe, les principaux chapitres de l'ouvrage du lexicographe *Scarlatt Vysanti: «Constantinople. — Description topographique et historique de cette célèbre capitale.»* (Athènes, 1851). — Ce travail ne se termine que dans la livraison suivante du *Bulletin.*

NOUVELLES GÉOGRAPIQUES ET MÉLANGES.

Lettres adressées à M. le Secrétaire perpétuel de l'Académie Impériale des sciences, *par M. L. Schrenk. (L'île Sakhaline. — Le cours de l'Amour).* Dans la première de ces lettres, écrite du poste Nicolaïewsk et qui porte la date du 3 mai 1856. le voyageur s'exprime ainsi: «La guerre, dit-il, m'ayant enlevé l'espoir de visiter l'île Sakhaline pendant l'été, je résolus de mettre l'hiver à profit pour acquérir une connaissance exacte du caractère de la végétation qui la couvre, des oiseaux et des mammifères qu'elle renferme, et enfin des diverses races d'hommes qui l'habitent. En conséquence, le 30 janvier je me mis en route, accompagné de deux cosaques et d'un matelot,

avec trois traîneaux et des provisions en quantité suffisante; et
après avoir rapidement franchi le liman de l'Amour, nous atteignîmes l'île le 1-er février. Nous étions le lendemain au village de
Pick, dont les habitants avaient été si peu hospitaliers pour moi
l'année précédente; cette fois encore le vent et la neige nous y
retinrent à mon grand désappointement pendant quatre jours, et
ce ne fut que le cinquième que nous pûmes poursuivre notre route,
Nous longions le rivage en avançant vers le sud; dans cette direction, les marais qui avoisinent le liman cessent bientôt pour faire
place à des rochers escarpés formés d'un grès de couleur grise et
d'une argile rougeâtre qui par places, laisse encore apercevoir une
couche de bitume. Jusqu'au cap Douï vers le sud et principalement
aux environs de la baie de la Joncquière, le rivage de l'île est
couvert de petits hameaux habités par des Ghiliakes, qui sous le
rapport du langage et des coutumes, tiennent le milieu entre les
Ghiliakes du continent et ceux qui vivent dans l'intérieur de l'île
ou sur la côte orientale; sur la rive occidentale, cette peuplade
s'étend vers le sud jusqu'à trois journées de marche environ, c'est-
à dire jusqu'au village de Pilavo, qui du reste bien qu'habité par
des Ghiliakes, renferme aussi pendant l'été des familles d'Aïnos.
A partir du petit village d'Arkeï, nous changeâmes de direction
pour pénétrer dans l'intérieur de l'île; après avoir non sans difficultés, franchi successivement trois montagnes, nous descendîmes
dans la vallée de la Pima. C'est ici le lieu de constater qu'entre
cette rivière et la côte occidentale de l'île, il n'existe cependant
qu'une seule chaîne montagneuse coupée par quelques vallées;
mais les indigènes, pour abréger le chemin d'un vallon à l'autre,
préfèrent au lieu de suivre le cours de la rivière, franchir les
hauteurs. La Pima est une assez forte rivière qui coule vers le
nord-est dans une large vallée, et pénètre entre les montagnes situées sur la côte orientale de l'île Sakhaline, pour aller se jeter
dans la mer d'Okhotsk; sa source n'est séparée que par une crête
peu élevée, de celle de la rivière Pi qui coule vers le sud et vient
tomber dans la baie de la Patience. Il semble ressortir de là,

que le principal système fluvial se trouve à peu près au centre de l'île, au point de séparation des sources, des deux rivières. Pendant l'hiver, les Ghiliakes, les Aïnos et les Oroques se montrent sur la Pi dont les rives sont partout désertes, tandis qu'au contraire on peut dire que les bords de la Pima sont les lieux les plus peuplés de l'île Sakhaline; depuis. la source jusqu'à l'embouchure de cette dernière rivière, on rencontre de nombreux villages habités par des Ghiliakes dont la langue diffère essentiellement de celle des Ghiliakes du continent, et qui par leurs mœurs et leurs traits caractéristiques, constituent une branche particulière de cette intéressante peuplade. La Pima se fait remarquer par la rapidité de ses eaux; cette rivière ne gèle pas, même pour ainsi dire par les plus grands froids, quand la température s'abaisse au-dessous du degré de congélation du mercure; elle abonde en poisson, surtout au printemps; on y pêche diverses espèces de saumons et principalement comme dans le fleuve Amour, le *Salmo lagocephalus*. Les Ghiliakes de la Pima font d'immenses approvisionnements de poisson gelé non seulement pour leur subsistance et celle de leurs chiens pendant l'hiver, mais aussi comme l'objet d'un commerce qu'ils entretiennent avec les Aïnos, les Oroques, les Ghiliakes des côtes, du continent et du liman, ainsi qu'avec les Mangounes de l'Amour. Les premiers apportent dans la vallée de la Pima — des produits japonais, les Oroques — des fourrures, les autres — des cuirs, de la chair de phoque, et des produits russes ou mandchoux.

« L'étude de la nature dans cette vallée, autant que pouvait le permettre la saison, a été pour moi un sujet non moins intéressant. La température des eaux de la Pima étant au 15 janvier de $+ 0^0,5$ R., le cours de cette rivière sert de refuge à de nombreuses espèces de canards et autres oiseaux (Anas Boschas, Fidigula cristata, Cinclus Pallasius); sur les rochers qui bordent ses rives, il n'est pas rare de rencontrer un aigle d'une grande espèce (Haliaëtos pelagicus), dont les plumes régulières constituent pour les indigènes l'objet d'un commerce très avantageux avec les Japonais. Après avoir séjourné quelque temps dans la partie supérieure de la vallée de la Pima, nous nous remîmes en route le 16 février par un temps clair mais très froid; le 18 à 7 heures du matin, le thermomètre marqua —42⁰ R.; le lendemain, la température se releva jusqu'à — 31⁰, 1; le cours inférieur de la Pima était arrêté, et nous eûmes plusieurs fois l'occasion de la traverser sur la glace pour éviter d'en suivre les sinuosités. Ces froids excessifs conduisent à considérer l'intérieur de l'île Sakhaline comme ayant les caractères climatériques du continent plutôt que d'une île. L'aspect des forêts qui la couvrent vient à l'appui de cette opinion; les espèces y sont très variées: ces bois sont surtout riches en arbres feuillés parmi lesquels on rencontre fréquemment le chêne, le frêne et l'érable; parmi les conifères, on y voit beaucoup de cèdres de haute taille. Dans la vallée de la Pima, les lieux boisés éloignés de la rivière offrent un mélange des espèces; dans le voisinage de la rivière, ce sont les arbres à feuillage caduc qui dominent et principalement le bouleau, le frêne et le saule; les pentes et les crêtes de montagnes au contraire sont couvertes d'arbres verts. Aux approches du rivage de la mer, le mélèze devient plus commun et se substitue aux autres espèces; enfin sur l'extrême côte orientale de l'île on ne trouve plus d'autre végétation que cet arbre qui affecte alors des formes tourmentées et rabougries. Sur la côte occidentale, sur la rive continentale de la mer d'Okhotsk et dans la partie septentrionale du liman, le mélèze ne se rencontre qu'accidentellement. Cette espèce constitue donc ici le caractère de la végétation des côtes et subsiste sous l'influence de l'âpre atmosphère de la mer d'Okhotsk. Cette répartition des espèces ligneuses est d'accord avec la distribution géographique des animaux qui peuplent l'île Sakhaline; en effet cette île, ou tout au moins sa partie septentrionale, doit être rattachée à la même zône que l'embouchure du liman de l'Amour

et les points les plus rapprochés du littoral de la mer d'O-
khotsk, comme ne renfermant outre le renne, en quadrupèdes
de la même famille, que le cerf commun (Cervus elaphus), le
chamois, l'élan et le musc, qui habitent dans l'intérieur au fond
des bois les plus épais. Il existe encore sur l'île Sakhaline,
une tribu Toungousse errante possédant des troupeaux de rennes,
alors que chez les Toungousses établis sur l'Amour, ces quadrupèdes disparaissent et avec eux les traces de la vie nomade.

«En continuant de suivre la vallée de la Pima, qui conserve partout la même largeur, on remarque que les crêtes des
montagnes qui l'enserrent, s'élèvent de plus en plus et atteignent
quelquefois de grandes proportions; les cîmes en sont couvertes
d'une neige qui sans doute disparait au cœur de l'été; les indigènes affirment qu'elle ne persiste que sur les sommets élevés
des monts Pschamgar situés au nord-est du centre de la vallée,
et qui sont désignés sur les cartes japonaises, sous le nom de
Vakaz. Vers un point où cette chaîne de montagnes se trouve
interrompue. la rivière tourne à l'est, et coule dès lors entre
des rives unies pour gagner rapidement la mer d'Okhotsk.
Sur le cours inférieur de la Pima, on rencontre moins d'habitations que dans le haut de la vallée, et plus d'une fois nous
dûmes passer la nuit en plein air. Le 20 février, nous avions
atteint la côte orientale de l'île, et après être demeurés deux
jours au milieu de la tribu inhospitalière des Tro-Ghiliakes,
retenus que nous étions par le mauvais temps, nous songeâmes au
retour. Le peu de vivres qui nous restait, commandait d'abréger
autant que possible la durée du voyage, et le 5 mars nous arrivions
au village de Pscharbakh, à l'embouchure de l'Amour, où nous
trouvâmes un traîneau envoyé à notre rencontre avec de nouvelles
provisions et quelques objets d'échange. Le but de cet envoi était
de me permettre une autre excursion dans le nord du liman et sur
la côte méridionale de la mer d'Okhotsk, dans le cercle aujourd'hui
abandonné de *l'Hivernage de Pétrovsk*, pour recueillir quelques
notions sur ces parages ainsi que sur l'existence et l'industrie

des Ghiliakes qui les habitent, et qui forment la tribu septentrionale extrême de cette importante peuplade. Par malheur, une brume épaisse et des ouragans de neige ne cessèrent de nous accompagner, ce qui rendit notre voyage très difficile et nous ôta la possibilité de revenir par les montagnes. Il fallut regagner l'Amour en traversant de nouveau le liman du fleuve, et le 12 mars, après une absence de six semaines, nous rentrions au poste Nicolaïewsk.»

L'autre lettre est datée d'Irkoutsk, le 15 novembre 1856; M. L. Schrenk y rend compte de ses explorations sur l'Amour pendant la saison d'été. «Les glaces du fleuve ne s'étaient mises en mouvement que le 9 mai, écrit le voyageur, et les deux barques ghiliakes sur lesquelles nous naviguions, devaient souvent avancer au milieu des glaçons qu'entraînait le courant; la nature en général se montrait plus tardive que l'année précédente, nul vestige de verdure n'apparaissait encore, et la solitude de la rivière n'était animée que par la présence de nombreuses bandes de canards et d'oies sauvages. Arrivé le 22 au poste Mariinsk, j'y trouvai en bon état mes collections que j'avais expédiées par terre; mais il fallait maintenant se procurer les moyens de les transporter plus loin, c'est à dire trouver des barques et des gens en nombre suffisant pour les conduire. On pouvait acheter des embarcations aux indigènes ou aux commerçants chinois qui descendent le fleuve avec des marchandises; quant à des hommes, il n'y avait pas d'autre moyen d'en avoir qu'en les prenant parmi les bannis attachés au service de la compagnie Russe-Américaine, qui chaque printemps amènent également des marchandises; mais cette année ils ne se montraient pas encore. Pour mettre le temps à profit, M. Maximowitch et moi, nous avions traversé le lac Kisi jusqu'à la rivière Iaï, dans le but de connaître tant par nos propres yeux que par des informations recueillies auprès des indigènes, ce torrent rapide par lequel les habitants des bords de l'Amour communiquent pendant l'hiver avec la baie de Khadzi. De retour au poste

Mariinsk le 3 juin. nous y apprîmes la nouvelle de la paix de Paris, et le Gouverneur-général-militaire ayant immédiatement transmis aux commandants des troupes échelonnées sur l'Amour, l'ordre de les faire regagner leurs cantonnements ordinaires, j'obtins un détachement de 26 cosaques pour servir de rameurs sur nos embarcations qui étaient au nombre de cinq. Le 15 juin, nous nous remîmes en route et continuâmes de remonter le cours du fleuve; jusqu'à la hauteur de l'embouchure de l'Oussouri, nous fûmes favorisés par le vent, qui sur la partie inférieure de l'Amour. souffle ordinairement contre le courant au printems et dans les premiers jours de l'été, et dans la direction contraire pendant l'automne; le 15 juillet, nous atteignîmes le premier corps-de-garde russe sur la rive droite du fleuve Amour, non loin de l'embouchure du Soungari. Le 16, le temps continuant à être beau, je voulus explorer les bouches du Soungari et visiter le village de Tchangtchou, résidence d'un fonctionnaire chinois. Il était particulièrement intéressant pour moi d'étudier la jonction de ces deux cours d'eau rapides, le Soungari et le Sakhali; lorsqu'on traverse l'Amour un peu plus bas, on aperçoit une ligne de démarcation tranchée qui subsiste entre les flots bourbeux du Soungari et les eaux limpides du Sakhali, mais comme le premier fournit un volume d'eau beaucoup plus considérable que l'autre, cette séparation disparait bientôt et les eaux du fleuve restent troubles jusqu'à son embouchure. Le Soungari est plus large que le Sakhali, qui cependant offre déjà au-dessus du confluent, l'aspect d'un bras de rivière assez important; on peut donc tenir pour fondée, l'opinion des Mandchoux, qui considèrent le cours de l'Amour comme provenant de la jonction des deux rivières précitées, et le Soungari comme l'origine de tout le système. Au point de vue orographique cette idée est parfaitement exacte, et tout porte à croire qu'il en est de même sous les rapports ethnographique et géographique; en effet, la même peuplade (Gholdes) qui vit le long des rives du Bas-Amour sans se répandre dans la plaine, se retrouve aussi sur les bords du Soungari, tandis que sur la partie inférieure du Sakhali on ne rencontre que quelques tribus nomades, et les riverains du Soungari ne visitent ces parages qu'à de rares intervalles, pendant l'été; de plus les indigènes et les commerçants chinois descendent le Soungari pour porter aux riverains de l'Amour inférieur, les denrées alimentaires et les objets de luxe dont il les approvisionnent; cette partie du fleuve répond donc sous tous les rapports au cours supérieur du Soungari et peut à juste titre en être regardée comme la continuation. Toutefois il convient d'ajouter que ces circonstances se modifient; depuis que la contrée de l'Amour a pris aux yeux du Gouvernement Russe une certaine importance, le Sakhali promet de devenir, et cela dans un temps peu éloigné, un centre d'activité dans le pays; les bords de cette rivière au-dessus de son confluent avec le Soungari, offrant presque partout un sol très favorable à la culture et de vastes prairies entrecoupées de bouquets de bois et même de futaies de chêne....»

«Les monticules qui forment la rive droite de l'Amour au-dessus de l'embouchure de l'Oussouri, s'abaissent et vont se perdre à l'horizon tandis qu'apparaissent vers le nord-ouest les monts Khing-Ghan. Ces derniers constituent en quelque sorte la limite géographique de certaines formes organiques propres à la contrée de l'Amour inférieur, et que l'on ne rencontre pas sous les mêmes latitudes dans la Sibérie orientale. Ainsi le pin *(Pinus sylv.)* qui croît sur le versant occidental de la chaîne des Khing-Ghan, ne se montre pas sur le cours inférieur de l'Amour; parmi les oiseaux, le coq de bois *(Tetrao tetrix)* se substitue à l'espèce *Tetrao Canadensis* et vit sur les bords du fleuve seulement jusqu'à la hauteur des monts Khing-Ghan; au delà, vers l'Occident on ne la retrouve plus; parmi les mammifères, je n'ai rencontré la marmotte de Sibérie *(Spermophilus)* et l'oreillard *(Erinaceus auritus)* que dans les prairies en amont de la chaîne des Khing-Ghan, lesquels bordent la rive sur une étendue d'environ 100 à 130 verstes. Cependant plus on remonte le fleuve, plus les montagnes deviennent rares; enfin ses rives se transforment en steppes unies, bornées seulement à l'horizon par quelques collines de peu d'élévation, et elles conservent le même caractère jusqu'à l'embouchure de la Zéia. L'espace compris entre cette dernière et la Bouréia, présente le sol le plus favorable et l'on pourrait dire en même temps, le seul convenable à l'agriculture sur les bords de l'Amour. Là sont établis des Daouriens, des Mandchoux, des Chinois, qui élèvent des bestiaux et l'emportent de beaucoup comme sociabilité, sur les peuplades Toungousses telles que les Ghiliakes, qui ne vivent que de la chasse et de la pêche. Nous avons rencontré pour la première fois du gros bétail, à 75 verstes au-dessus de l'embouchure de la Bouréia, dans le village de Kadagan habité par des Biriens, peuplade Toungousse dont une partie encore est nomade; et il y a lieu de s'étonner que les autres Toungousses n'en entretiennent pas, quand on considère que partout les rives de l'Amour leur en offriraient la possibilité. Chez les riverains répandus depuis l'embouchure de l'Oussouri jusqu'à la hauteur du Soungari, les chevaux ne sont employés que comme monture et les attelages de chiens sont seuls en usage pendant l'hiver; nous avons trouvé les premiers chevaux dans le village de Selgako, à environ 100 verstes au-dessus de l'Oussouri.— Le 9 août nous atteignîmes la vallée de Kormoldin sur la rive droite; c'est en cet endroit que commence la culture des grains sur le Sakhali, si l'on exclut de cette dénomination générale, le maïs que cultivent les peuplades Toungousses. Des champs d'orge, d'avoine, de millet (nourriture favorite de toutes les peuplades des bords de l'Amour), couvrent la terre sur une grande étendue, et constituent avec la présence des bêtes à cornes, le caractère distinctif du sol chinois-mandchoux. Après avoir été reçus au village de Kormoldin, par un employé chinois qu'avait expédié à notre rencontre *l'Amban* ou gouverneur d'Aïgoun, en apprenant que nous approchions de cette ville, nous continuâmes d'avancer en côtoyant la rive gauche du fleuve; de nombreux villages daouriens, mandchoux et chinois, en couvrent les bords et présentent tous le même aspect. Mon attention se porta principalément sur l'ancienne race Daourienne que l'on rencontre dans ces localités; je laisse à d'autres explorateurs le soin de déterminer les rapports qui existent entre l'idiome des Daouriens, des Mandchoux et celui des autres peuplades Toungousses; toutefois je penche à croire que les Daouriens et les Mandchoux offrent moins de points de similititude avec les indigènes du cours inférieur de l'Amour, que n'en ont les riverains qui se trouvent plus en amont du fleuve ou même les Orotchones dés bords de la Schilka.

Parvenus à Aïgoun (11 août), la seule ville qui existe sur le cours entier du Sakhali, nous vîmes arriver au devant de nous monté sur une mule, un des principaux fonctionnaires de la localité qui venait s'enquérir du nombre de nos embarcations; sur son refus de nous laisser visiter la ville, nous dûmes poursuivre notre voyage et nous arrêter pour la nuit dans un petit village mandchoux situé plus haut. Le lendemain, nous laissâmes derrière nous l'embouchure de la Zéia et le poste russe qui se trouve à une dizaine de verstes au-delà. En cet endroit, les rives prennent un aspect tout autre: la steppe qui des deux côtés s'étendait à perte de vue, se garnit de hautes montagnes, et la rivière dans son cours sinueux, tantôt baigne le pied de rochers à pic, tantôt coule entre des bords en pente douce parsemés de touffes de chêne ou de bouleau noir (Betula Daurica). Au lieu de ces grands villages dont la population se livre à l'agriculture, on ne rencontre plus qu'à de longs intervalles, de simples cabanes habitées par des Mandchoux et des Chinois qui viennent s'y réfugier pendant l'été, les uns pour recueillir les bois flottants qu'entraînent en quantité considérable les eaux de la Schilka et de l'Ingoda, et les amener ensuite à Aïgoun qui manque de bois de construction, d'autres pour faire le commerce avec les Monagres, tribu nomade Toungousse qui vit de la pêche et se trouve à proximité des Biriens, sur la Zéia et le cours supérieur du Sakhali. Le 22, nous atteignîmes le poste établi non loin de l'embouchure de la Kamara, et le 24 nous dépassâmes cette embouchure elle-même. A partir de ce point, le caractère des rives du Sakhali change complètement; le sapin et le mélèze qui ne s'étaient jusqu'alors montrés que rarement, prennent la place du chêne et du bouleau qu'ils excluent de plus en plus, et finissent par devenir les espèces dominantes tant sur les montagnes que sur les bords unis de la rivière. Cette modification du caractère de la végétation ne pouvait manquer d'influer également sur la répartition des espèces animales; toutefois il ne faudrait pas supposer qu'avec l'apparition des conifères sur le cours supérieur de l'Amour, on retrouve entre le règne végétal et le règne animal, les mêmes rapports que ceux qui existent vers les bouches du fleuve; tout au contraire, il y a à cet égard entre la contrée de l'Amour supérieur et le pays qu'arrose le Bas-Amour, un contraste très prononcé. Ce fait s'explique par l'influence de la nature de la steppe asiatique qui se fait sentir sur le cours supérieur du fleuve, tandis que vers l'embouchure, le pays est soumis à celle de la mer d'Okhotsk et du pôle nord. Ainsi le *renne*, dont l'espèce est nombreuse sur les bords du liman et dans l'île Sakhaline, ne se rencontre que très rarement sur la partie supérieure du fleuve, où dominent au contraire d'autres espèces telles que *l'élan* et *l'antilope;* le même contraste se reproduit encore pour d'autres quadrupèdes: le *blaireau taisson*(Meles taxus, Pall.) est la seule espèce du genre qui existe vers l'embouchure de l'Amour, et il n'y en a point sur l'île Sakhaline; tandis que dans les prairies qui bordent l'Amour supérieur, on trouve outre le blaireau ordinaire (Meles vulg.), une autre variété inconnue jusqu'à ce jour et qui rappelle l'espèce *Meles anacuma* de M. Siebold.....»

«Après avoir renouvelé nos provisions au poste de garde situé près de l'embouchure de la Kamara, et laissé derrière nous le dernier des postes chinois après lequel on ne rencontre plus que des iourtes (tentes) de Monagres nomades, nous atteignîmes l'embouchure de l'Ouroutch et le 21 septembre nous aperçûmes les premiers Orotchones. Ces indigènes ont beaucoup de ressemblance avec les Mongols; mais constamment en rapport avec les Russes, ils en ont pris quelques coutumes. Les jours suivants nous dépassâmes la Tamatcha, l'Olgoukane et l'Amazara affluents de la rive gauche, le Huï sur la rive droite, et le 25 nous arrivions au poste cosaque d'Oust-Strelka, au confluent de la Schilka et de l'Argoun. Si l'on suit le cours du Sakhali jusqu'en cet endroit, on demeure convaincu que la Schilka en est la source principale et que l'Argoun n'est qu'un affluent de sa rive droite; opinion que vient confirmer la dénomination de *Schilkar* donnée au Sakhali par les Orotchones et les Monagres de l'Amour supérieur. Nous étions déterminés à poursuivre notre voyage en remontant le cours de l'Argoun; notre préférence était motivée d'une part sur ce que les eaux de cette rivière sont beaucoup moins fortes que celles de la Schilka, et de l'autre sur ce que les bords de la dernière depuis Oust-Strelka jusqu'à Gorbitza, c'est-à-dire sur un éspace de 240 verstes, sont totalement déserts, tandis que sur l'Argoun nous avions la certitude de rencontrer des villages cosaques. En conséquence nous quittâmes le poste d'Oust-Strelka le 26; mais bientôt les glaces commencèrent à se montrer, et parvenus le 9 octobre au village de Moulatchta, nous dûmes y terminer notre navigation.»

1857. 2ème Livraison.

ÉTUDES ET MATÉRIAUX.

Souzdal et les colporteurs; par M. J. Garéline, m. coll. — La Russie est un empire si vaste et si varié tant sous le rapport climatérique qu'au point de vue industriel, qu'il est difficile d'embrasser à la fois d'un même coup-d'œil, cette immense étendue dont chaque localité a pour ainsi dire ses traits distinctifs et son caractère particulier; toutefois il est intéressant de l'étudier même partiellement; l'auteur de cette notice a voulu sans se laisser entraîner à de trop grands détails, faire connaître l'origine d'une branche d'activité commerciale qui s'est développée dans certaines provinces, et cela sans aucune direction technique, par le seul fait de l'esprit d'entreprise inné chez le peuple russe.

La dénomination de *Souzdals* s'applique à une classe marchande qui a eu à diverses époques, mais toujours dans les mêmes localités, une certaine importance qu'elle doit à son industrie en rapport avec les besoins des populations; cette ancienne appellation doit son origine à ce que des habitants de la ville de Souzdal et des villages environnants ont entrepris les premiers, le commerce ambulant des images de piété, toiles, savons et autres productions locales. Il n'est ici question que de ces colporteurs; ceux de Kostroma, de Jaroslaw et des autres gouvermements du Volga inférieur, ayant aussi leurs caractères particuliers comme industrie et comme langage.

On retrouve dans les édits et les actes de Johann IV (1574), de Vassili Schouïsky (1609), des Tsars Michel Fédorowitch, Alexis Mikhaïlowitch, Jean et Pierre Alexéwitch, et enfin dans certaines traditions populaires, des descriptions du district de Souzdal alors fort étendu, et des preuves de la centralisation commerciale et administrative qui existait dans cette localité, où a pris naissance l'industrie des colporteurs. Il ressort de ces documents, qu'à une époque déjà assez reculée, il y a eu diverses fabriques fonctionnant dans cette partie du gouvernement de Vladimir; la célébrité industrielle qu'elle s'était acquise, la richesse de ses habitants, sont encore démontrées par l'architecture et l'ornementation des églises et par le développement même de la ville. Souzdal a donc été l'une des cités les plus riches et les plus peuplées de la vieille Russie; à quelles causes doit-elle l'anéantissement de sa prospérité? A l'incendie, à l'invasion ennemie, mais surtout à la régénération puissante de Moscou comme centre industriel où les habitants même de Souzdal ont transporté leurs capitaux.

Les premiers colporteurs ont été des paysans que le manque de terre ou le peu de fertilité de celle qu'ils cultivaient, a contraints d'aller chercher hors de chez eux, des moyens d'existence; cette industrie quoiqu'elle ait aujourd'hui beaucoup perdu de son importance, occupe encore la population des districts de Schouïa, Kovroff, Viazniki et Gorokhovetz, qui constituaient autrefois le district de Souzdal et qui comprennent 4 villes, 40 bourgades et 99 villages. Le principal article de commerce des marchands-colporteurs, a toujours été comme aujourd'hui—les cotonnades, et principalement les indiennes des fabriques d'Ivanowo, sur lesquelles ils réalisent d'énormes bénéfices au détriment des fabricants dont ils exigent des escomptes exagérés, soit en concluant leurs achats soit lorsqu'ils acquittent en espèces les sommes dont ils sont restés débiteurs. La période 1815—1840 a été l'époque la plus florissante pour le commerce des colporteurs, qui ont étendu leurs relations jusques dans les parties les plus reculées de l'Empire. Seules, les provinces Transcaucasiennes leur sont restées inaccessibles, grâce aux marchands arméniens dont l'esprit calculateur l'a toujours emporté; ce qui s'explique d'autant mieux que pour les habitants de cette contrée, pour ceux des côtes de la mer Noire et des frontières de la Turquie d'Asie ou de la Perse, il faut d'autres marchandises, des étoffes d'une nature particulière, dont on ne trouverait pas le débit dans l'intérieur de la Russie, parce qu'elles ne répondraient ni au goût des acheteurs ni aux exigences du climat. Quant à l'appellation de *Souzdals* que l'on applique dans les foires, à certaines espèces de marchandises et à des commerçants qui n'ont jamais habité la ville de ce nom, ce n'est qu'un souvenir et c'est tout ce qui est resté du commerce autrefois si florissant et si étendu de cette ancienne cité.

L'auteur a fait suivre son travail sur les *marchands-colporteurs*, d'un vocabulaire des mots qui constituent le langage particulier à cette classe de commerçants; c'est à tort suivant lui, que des linguistes ont prétendu le faire dériver d'autres idiomes connus; ce langage ne se compose exclusivement que des mots, en nombre assez restreint, que les colporteurs emploient le plus fréquemment pour les besoins de leur commerce, et ils s'en servent uniquement pour éviter que les personnes qui les approchent, puissent rien comprendre des affaires qu'ils ont à traiter entre eux.

Description des grands affluents de l'Amour: *Le Kérouléne, le Soungari avec le None et la Khoulka, l'Oussouri;* par M. V. Vassilieff, m. eff. — Sous ce titre, l'auteur reproduit les notions que renferme l'ouvrage chinois *Schouï-dao-ti-ghan*, sur les principaux affluents du fleuve Amour. «Cet ouvrage, dit M. Vassilieff, renferme une description complète des eaux qui arrosent les Possessions Chinoises; il a été écrit en 1761 par un savant (Tschjaï-schao-nane) qui a coopéré à la rédaction de la géographie *Daïtzin-i-toun-tschjï*, et qui par conséquent avait entre les mains tous les matériaux désirables. De semblables descriptions sur la Chine proprement dite ne sont pas rares, mais pour ce qui concerne la Mongolie et la Mandchourie, le livre dont il est ici question est l'unique source où il soit possible de puiser; dans nulle géographie on ne rencontrera les détails qu'il fournit; il faut toutefois admettre qu'il a pu s'y glisser quelques erreurs surtout lorsque l'auteur parle des localités éloignées, qu'il avoue lui même n'avoir décrites que sur les informations données par des indigènes. En 1854, la traduction de cette description du cours de l'Amour fut présentée au Général-Gouverneur de la Sibérie orientale, afin que les savants russes qui devaient descendre le cours du fleuve, fussent à même de vérifier l'exactitude ou de reconnaître les erreurs de l'ouvrage chinois; les résultats de cette épreuve ne nous sont pas encore parvenus; mais quoi qu'il en soit à cet égard, le parcours du fleuve Amour est aujourd'hui connu, tandis que ceux de ses grands affluents tels que le Kéroulène ou Argoun, le Soungari ou Koun-toun-tziane et l'Oussouri, ne le sont pas encore. Or suivant toute probabilité, l'auteur chinois a dû être très véridique dans ce qu'il écrit au sujet de ces rivières, parce que la contrée qu'elles arrosent était beaucoup plus accessible pour lui. Sa description bien que fatigante à suivre, fournit des notions précieuses qui font connaître non seulement toutes les sinuosités du cours des rivières, mais encore la direction des montagnes....» La traduction que donne M. Vassilieff, a été faite sous sa direction et vérifiée avec soin par lui-même; il promet aussi, outre la continuation du système de l'Amour et la description de la côte orientale de la Mandchourie, celle des sources de la Sélenga.

Les foires de l'Ukraine; par M. V. Bésobrasoff, d'après l'*Étude* (*) de M. Axakoff.

M. Bésobrasoff rendant compte de l'œuvre de M. Axakoff dans une assemblée générale de la Société géographique, s'exprimait en ces termes: «Le commerce intérieur a toujours été l'objet de l'attention particulière des statisticiens et des économistes. Si les questions de commerce international ou extérieur occupent un espace plus vaste et plus marquant dans la littérature statistique et économique, c'est uniquement parce qu'elles se montrent sous des formes plus saillantes, qui prêtent davantage aux observations que les mouvements du commerce intérieur, et parce que les données, pour satisfaire à certaines conditions administratives ou gouvernementales, en sont soumises à un plus grand contrôle. Mais dans le commerce international, les conditions économiques de nationalité et de pays disparaissent, la direction comme l'esprit de ce commerce est cosmopolite. Dans le mouvement et les conditions du commerce intérieur, se retrouvent toutes les particularités de l'existence d'un peuple au point de vue économique, les considérations, les préjugés qui entrent avec toutes ses autres superstitions, dans la composition de sa physionomie typique. L'étude du commerce intérieur a une importance toute particulière en

---

(*) *L'Étude sur les foires de l'Ukraine*, par M. Axakoff, vient d'être publiée par les soins de la Société géographique.

Russie, les foires y jouent sans contredit le premier rôle. Quelques unes des plus considérables, telles que celles de Nijninovo-gorod, de Rostoff, d'Irbite, ont fait le sujet d'appréciations et de descriptions séparées; on s'est beaucoup moins occupé des foires de l'Ukraine, qui dans leur ensemble, tiennent une place marquante dans l'existence industrielle du peuple russe; là se porte la force productive des gouvernements manufacturiers de l'intérieur de l'Empire, là se fait jour l'activité spéculative de la population qui trouve un vaste champ librement ouvert à ses élans. C'est donc avec raison que la Société Impériale de géographie a porté son attention sur ces foires; dès l'année 1853, elle a confié à l'un de ses membres, M. Axakoff, le soin de recueillir des notions sur leur importance; celui-ci s'est mis à l'œuvre, et dans le cours de l'année 1857, il a pu présenter un vaste travail qui aidera la Société à combler encore une lacune considérable dans la statistique de la Russie».

L'ouvrage de M. Axakoff se divise en trois parties: 1º *Introduction. — Aperçu général des foires de l'Ukraine; des faces importantes de leur mouvement commercial et des liens qui les unissent aux autres marchés de la Russie; caractères distinctifs de la vie commerciale et de toutes les classes d'individus qui y prennent part. 2º Description séparée de chaque foire avec le détail des chiffres qui expriment son importance. 3º Notions sur le commerce et le mouvement de chaque article ou de chaque catégorie de marchandises.*

Sous la dénomination de *foires de l'Ukraine*, l'auteur comprend la chaîne de ces foires où se fait le commerce de gros, et qui sont en quelque sorte liées entre elles d'une manière étroite et indissoluble; ce sont celles: de *l'Épiphanie*, de *l'Assomption* et de *l'Intercession* à Kharkoff; du *Carnaval* (*Maslianskaïa*) et de *l'Ascension* à Romny (gouvernement de Poltawa); de *St. Elie* à Poltawa; de *Korennaïa-poustyne* près de Koursk; de *l'Exaltation de la croix* à Krolevetz (gouvernement de Tschernigoff); de la *Présentation* à Soumy (gouvernement de Khar-

koff; et de *St. Georges* à Elisabethgrad (gouvernement de Kherson). Le plateau où elles se tiennent embrasse donc outre la
Petite-Russie, une partie de la Nouvelle et de la Grande Russies.

La faiblesse numérique de l'élément moyen qui constitue la
population des villes est surtout frappante dans la Petite-Russie;
durant la période guerrière qui a illustré cette contrée, chacun
était paysan ou cosaque. Les efforts des rois de Pologne pour
former une population urbaine distincte, les privilèges qu'ils lui
ont concédés, tout est demeuré sans résultat. Il serait difficile de
décider si la paresse proverbiale du *Petit-Russien* est un caractère indélébile de sa nature, mais en tout cas celle-ci est en
opposition constante avec l'activité industrielle de l'habitant de
la Grande-Russie; et dans un pays où les centres de population
sont si clair-semés, où la classe marchande manque totalement,
il est facile de se rendre compte de l'importance que prennent
les foires; ainsi tandis que le gouvernement de Vladimir n'en
a que 9, celui de Kharhoff en a 425 et celui de Poltawa
342; on en voit ici jusqu'à six dans l'année sur un seul et
même point; les foires de l'Ukraine, depuis les plus petites
jusqu'aux plus considérables, constituent pour ainsi dire, un marché
mobile se mouvant de lui-même tout le long de l'année dans
son orbite. La population industrielle de la Grande-Russie a
naturellement mis à profit les conditions commerciales dans les
quelles se trouve la Petite-Russie: celle-ci pauvre en produits
manufacturés, avait besoin de s'en procurer et pouvait fournir
en échange les productions de sa riche nature; mais le Petit-
Russien se déplace difficilement pour le commerce, et si la nécessité l'y oblige, ce n'est pas vers le nord qu'il se dirige, il
va sur le Don ou en Bessarabie; ce que voyant, les industriels
des gouvernements de la Grande-Russie se sont portés en
masse compacte vers l'Ukraine et l'ont inondée de leurs marchandises. Pendant ces quarante dernières années les villes
de la Petite-Russie ont acquis un certain développement, mais
tous les capitaux commerciaux quelque peu importants appar-

tiennent à des marchands originaires de Kalouga, d'Eletz, de Toula ou d'autres localités de la Grande-Russie; partout le grand négoce, le commerce *fondamental*, est aux mains de ces derniers, et le commerce de détail est fait par les juifs.

A l'époque où la Petite-Russie se trouvait être province-frontière, et lorsque le Pays ne possédait de ports ni sur la mer Noire, ni sur la mer d'Azow, ni sur la Baltique, tout le commerce extérieur (sauf celui d'Archangel), se faisait sur son territoire et par la Pologne; les foires qui se tenaient sur ce plateau eurent alors une importance considérable. Cet état de prospérité se maintint pendant la seconde moitié du XVIII-e siècle, le commerce de la Baltique était encore dans l'enfance et les ports de la mer Noire et de la mer d'Azow venaient à peine d'être annexés à l'Empire. Mais après le dernier partage de la Pologne et la réunion de la Bessarabie, la frontière sèche se trouve transportée au loin et la Petite-Russie devient une province du centre, elle perd son importance de marché-frontière, le commerce des foires se rapporche du midi et St. Pétersbourg, Riga, Odessa, Taganrog, s'emparent du commerce extérieur.

Avec le tarif de 1822, commence une nouvelle existence pour le marché de l'Ukraine; les gouvernements de l'intérieur de la Grande-Russie forment un centre manufacturier qui produit bientôt au-delà des besoins locaux; la Petite-Russie, la Nouvelle-Russie qui se peuple peu-à-peu, présentent un écoulement facile à l'excédant de production des fabricants, et les foires de l'Ukraine reprennent une nouvelle activité, mais en changeant de caractère; les villes autrefois en renom pour leur commerce avec l'étranger (Koursk, Niéjine, etc...), ont perdu leur importance et cédé le pas aux foires et aux centres plus rapprochés du nouveau marché, qui par leur position même, se trouvent à l'abri de la concurrence du commerce étranger et de la contrebande. Aujourd'hui les produits russes manufacturés que l'on écoule dans les foires de l'Ukraine, représen-

tent en somme une valeur d'environ 22,000,000 roubles, c'est
à dire à-peu-près un tiers de la production totale manufacturière, et le double de ce qui se vend à la foire de Nijninovogorod.

Voici en peu de mots comment les foires se succèdent dans
leur cercle annuel. La première est celle dite de la *Présentation*
à Soumy (gouvernement de Kharkoff), qui dure depuis le 21
novembre jusqu'au 6 décembre; cette foire perd chaque année
de son importance et sans doute elle est destinée à disparaître
bientôt complètement, par suite du développement qu'a pris le
commerce local de la ville même de Soumy et de quelques autres localités voisines. Les marchandises sont ensuite dirigées
sur Kharkoff, pour la foire de *l'Épiphanie* qui est la plus considérable de toutes; elle commence le 6 janvier et dure un mois
entier; cent mille fourgons ou traîneaux y apportent des produits
de toute espèce des extrémités de la Russie, de Nijninovogorod
et de la Bessarabie, du Caucase et de Riga; Kharkoff est le principal entrepôt des marchandises destinées à parcourir l'Ukraine.
Aussitôt la clôture de la foire, cette longue file de transports
prend le chemin de Romny, où arrivent en même temps des
marchandises fraîches de Moscou. Romny est le point de contact du commerce forain avec les provinces de l'occident et
avec les marchands israélites auxquels il est interdit de venir à Kharkoff. La foire du *Carnaval (Maslianskaïa)* qui s'ouvre le 17 février, se prolonge jusqu'au 24 et quelquefois
plus tard; c'est l'époque à laquelle commence le dégel dans la
Petite-Russie, et les routes deviennent impraticables; mais nul obstacle ne peut arrêter les marchands qui ont hâte de joindre
leurs acheteurs. Lorsque cette foire est terminée, une partie
seulement des marchandises non-vendues retourne à Kharkoff,
d'autres sont expédiées à Elisabethgrad pour la foire de St.
Georges qui doit commencer le 21 avril, enfin une partie demeure à Romny même pour celle de l'Ascension. — La foire
de *St. Georges* dont l'établissement ne remonte pas à plus de

vingt-cinq années, est au nombre des plus grandes foires de l'Ukraine; elle se tient à l'extrémité la plus méridionale du plateau qu'embrasse le commerce forain et démontre la tendance de celui-ci à s'étendre vers le sud. D'Élisabethgrad, les marchandises qui restent sont ramenées à Kharkoff pour la foire de la Trinité et à Romny pour celle de l'*Ascension*; celle-ci dure à peine dix jours, les marchands devant se presser de se rendre à Kharkoff. — La foire de la *Trinité* malgré le nom qu'on lui a donné, ne commence que le 1-er juin, elle est principalement réservée à la vente des laines; les propriétaires y viennent chercher le placement de cette matière première et faire emplette des objets qui leur sont nécessaires; c'est aussi le rendez-vous des commerçants prussiens et autrichiens. A cette foire succède celle de *Korennaïa-poustyne* près de Koursk, qui commence ordinairement le neuvième vendredi après Pâques et ne dure que quelques jours; elle a beaucoup déchu au profit de celle de Kharkoff, depuis que le commerce extérieur par voie sèche a perdu son activité primitive, que l'industrie manufacturière s'est développée dans les gouvernements de l'intérieur, et que le commerce forain, comme nous l'avons déjà constaté, s'est éloigné vers le midi. Cette foire constitue l'extrémité septentrionale du système des foires de l'Ukraine et le point de contact de celles-ci avec les foires du nord-est, c'est à dire de Nijninovogorod, de Rostoff et d'Irbite; elle est fréquentée par certains marchands de l'intérieur de l'Empire qui ne s'avancent pas plus loin vers le sud. De Koursk, les chariots de transport sont dirigés sur Poltawa. A la mi-juillet, s'ouvre dans cette ville, la foire de *St. Elie* où commerçants et marchandises apparaissent de nouveau au grand complet. Avant 1852, la foire se tenait à Romny, mais depuis cette époque elle a été transférée à Poltawa. Cette mesure adoptée dans un but purement administratif, et qui fut accueillie par les plaintes unanimes des habitants et des marchands de Romny, a eu un résultat des meilleurs; les affaires qui se traitent aujourd, hui à Poltawa, atteignent un chiffre beaucoup plus élevé que celles qui se faisaient à Romny avant ce changement. A peine la foire de *St. Elie* est-elle close, que les marchandises reprennent de nouveau le chemin de Kharkoff pour la foire de l'*Assomption*. Celle-ci souffre considérablement de la décision administrative qui a transporté à Poltawa la foire de St. Elie, et ne joue plus qu'un rôle pour autant dire accessoire; toutefois elle présente une parcularité qui mérite de fixer l'attention, elle tombe à l'époque du dernier départ des voituriers *(tchoumaks)* qui vont charger du sel en Crimée; obligés de partir à vide, ceux-ci entreprennent à très bas prix le transport des marchandises sur leur route. Aussitôt la clôture de la foire de l'*Assomption*, les marchands se hâtent de se rendre à celle de l'*Exaltation de la Croix*, qui se tient à Krolevetz (gouvernement de Tschernigoff); c'est là le point occidental extrême du commerce de l'Ukraine. Cette foire qui depuis deux siècles qu'elle subsiste, a subi des alternatives de tout genre, a repris une nouvelle importance depuis que celle de St. Elie a été transférée de Romny à Poltawa; bien des acheteurs des gouvernements de l'occident qui auparavant se rendaient à Romny, ne voulant pas aujoŭrd, hui venir jusqu'à Poltawa. Krolevetz est la dernière étape des commerçants en gros de Moscou; bien qu'après cette foire vienne encore celle de l'*Intercession* à Kharkoff, le 1-er octobre, les moscovites ne fréquentent pas cette dernière et se reposent jusqu'à l'époque de la foire de Soumy qui recommence le cercle annuel. C'est à la foire du 1-er octobre à Kharkoff, que se font surtout remarquer les colporteurs du gouvernement de Vladimir, qui partent de ce point pour parcourir l'Ukraine en tous sens.

Ces onze foires ou plus exactement dix, si l'on en retranche celle de la Trinité (à Kharkoff) spécialement consacrée aux laines, forment un ensemble commercial qui embrasse l'Ukraine en son entier. Les distances à parcourir d'une foire à l'autre constituent un total de 2,405 verstes; les marchandises sont chargées ou déchargées vingt fois dans l'année; quelle dépense de temps et d'efforts! que de frais inutiles et de pertes sèches!..

Sur 200 boutiques environ qu'occupe le commerce en gros des produits manufacturés dans les foires de l'Ukraine, 150 ont des marchandises de *première main*, mais leurs propriétaires ne peuvent pas être tous qualifiés du nom de fabricants dans la véritable acception du mot; il y en a parmi eux peut-être cinquante que les vrais fabricants désignent avec un certain mépris, sous le nom de *maîtres (masters)*. En tout cas, cette vente en gros effectuée par les producteurs mêmes qui tout le long de l'année, se transportent eux ou leurs commis, d'une foire à l'autre, constitue un fait remarquable; M. Axakoff le considère comme une innovation qu'il ne fait pas remonter à plus de vingt-cinq ans, c'est à dire à une époque postérieure de quelques années à l'apparition du tarif de 1822. Avant ce temps, les fabricants ne se montraient dans les foires qu'exceptionellement; aujourd'hui la nécessité de vendre leur fait repousser toute entremise, et ils accompagnent eux-mêmes leurs produits qu'ils offrent à l'acheteur à des prix invraisemblables de modicité. Il est bien entendu que l'acheteur dont il est ici question n'est pas le consommateur, mais seulement le marchand qui doit revendre au détail. Le besoin d'écouler leur marchandise a entraîné les fabricants encore plus loin. La concurrence après avoir fait baisser les prix jusqu'à la dernière limite, a engendré la vente à crédit, puis on en est arrivé à la concurence dans le crédit même. Ainsi dans ces foires, la préférence ne se donne pas au commerçant qui vend la meilleure marchandise ou qui la cède au plus bas prix, mais à celui qui accorde le plus grand crédit. De là, la necessité de distinguer le prix au comptant et le prix de la marchandise vendue à crédit qui diffère du premier à ce point, que les fabricants avouent que si l'acheteur leur a pris deux fois la même quantité de marchandises et qu'il lui arrive de payer seulement l'une des deux livraisons, ils n'ont pas de perte à supporter;.... et sur quoi s'appuie ce crédit? C'est ce qu'on ne saurait dire, car les commerçants ont très rarement recours aux formes légales et aux poursuites judicaires. Les livraisons se font contre de simples reconnaissances, quelquefois contre lettres de change, le plus souvent sur parole. Ainsi en 1854 par exemple, il a été amené à Kharkoff dans toutes les foires de l'année, pour 24,394,000 roubles de mar-chandises; il en a été vendu pour 14,000,000; et les lettres de change ou d'emprunt, présentées à l'enregistrement ou au protêt chez les courtiers, ne se sont élevées ensemble qu'à 850,000 roubles. Le crédit repose sur l'intérêt mutuel des contractants, sur leur bonne foi; mais c'est là un point fort obscur, et comme il n'existe chez ces marchands ni principes rationnels commerciaux ni traces d'éducation industrielle, comme le senti-ment de la bonne foi est quelquefois très peu développé en eux, il en résulte une continuelle confusion dans les comptes, les banqueroutes sont fréquentes et l'on y est accoutumé; mais les produits manufacturés venus du nord abondent en telle quantité, qu'aucune crainte ne peut arrêter les vendeurs. Les cotonnades jouent le plus grand rôle dans cette presse de marchandises dont elles forment à elles seules la moitié; viennent ensuite les les soieries, puis les tissus de laine à l'exception des draps.

Les produits qui figurent dans les foires de l'Ukraine, peuvent être rangés suivant leurs lieux de provenance, de la manière suivante:

Nord et Nord-est. Les gouvernements de Moscou, de Vla-dimir et de Kostroma, constituent un arrondissement manufacturier qui fournit des tissus de coton, de lin, de soie et quelques draps. Moscou expédie encore: porcelaine et faïence, cuirs ouvrés, orfèvrerie, bijouterie, fourrures, denrées alimentaires, harnais, quincaillerie fine russe et étrangère, drogueries, etc.; Vladimir — verrerie et lin; Kostroma — toiles, draps de paysans, tréfilerie; Jaroslaw — lins et toiles; Nijninovogorod — fers en œuvre et non-ouvrés, coutellerie, serrurerie, vaisselle de bois, feutres, nattes, etc.; Koursk — cuirs, bougie et chandelle, papier, miel et cire, huile de chènevis, toiles, etc.; Orel — fonte en œuvre, verrerie, cordes et câbles, toiles, cuirs, etc.; Kalouga — papier, verrerie, rubans et fil, fonte en œuvre, etc.; Toula — cuivre et aciers en œuvre, etc....

Nord-Ouest. Gouvernement de Smolensk — porcelaine et vaisselle de terre, papier, draps et laineries, bonneterie, rubans, etc.; Riga — produits manufacturés, principalement en draps et laines peignées; Grodno et Bélostok — draps et laineries; Royaume de Pologne — draps et laineries, plaqué de Varsovie, quincaillerie fine, etc., toutes marchandises bien supérieures en qualité à celles de Moscou.

Ouest. Sucre de betteraves et marchandises étrangères telles que fourrures, soieries, laineries, toile de hollande, quincaillerie grossière de fabrication allemande, faux d'Autriche, substances pharmaceutiques.

Sud-Ouest. Bessarabie — prunes de Moldavie, noix et vin.

Sud. Odessa — fruits secs et vins étrangers; Crimée — fruits, vins, peaux en merlut; gouvernements de Tauride, de Kherson et d'Ecathérinoslaw — laines, cuirs crus, chevaux.

Sud-est. Côtes de la mer d'Azow — poissons, cuirs crus, vins, etc.; Don — poisson, vins, chevaux; Kizliar et Mozdok — eaux-de-vie et vins; Astrakhan — collé de poisson, nerfs d'esturgeon, etc.; Saratoff — presque rien.

Est. Voronèje — miel et cire, huile de tournesol, anis, laines et peaux de mouton.

Le plateau même sur lequel se tiennent toutes les foires de l'Ukraine fournit: laines, cuirs crus, sucre brut et raffiné, tabac, cire et miel, toiles, draps communs, etc.... Le commerce du bétail, des suifs, des chanvres et même des tabacs, se fait en grande partie en dehors de ces foires; celui des chevaux a aussi son cercle de foires spéciales.

Enfin pour certains articles, les bassins du Don et du Dniéper font l'office de champs de foire; ainsi par exemple, les gouvernements de Tschernigoff et de Kiew, le midi de la Nouvelle-Russie, reçoivent les fers et la fonte, les cristaux et la verrerie, par la navigation du Dniéper et de la Desna.

D'après M. Axakoff, le mouvement général annuel des foires de l'Ukraine est représenté par les chiffres suivants qui diffèrent un peu de ceux que l'on trouve dans les documents officiels:

	Valeur des marchandises amenées en foire. R. argt.	Chiffre des ventes. R. argt.
Foire de l'Épiphanie.	40.000,000	25.000,000
— de S. Élie.	30.000,000	18.000,000
— de l'Assomption.	12.000,000	8.000,000'
— de Korennaïa-poustyne	10.000,000	7.000,000
— de l'Intercession	9.000,000	6.000,000
— de Krolevetz	7.500,000	5.000,000
— du Carnaval (maslinskaïa)	7.000,000	4.000,000
— de l'Ascension.	6.000,000	3.000,000

BIBLIOGRAPHIE.

Cette partie contient le catalogue détaillé des publications étrangères relatives à la géographie, à l'ethnographie ou à la statistique, parues depuis le mois de mai jusqu'au mois de décembre 1856; il y est fait mention de 130 ouvrages répartis comme il suit: publications périodiques — 8; ouvrages traitant de la géographie de l'ethnographie et de la statistique en général —15; sur l'Europe — 41; sur l'Asie— 20; sur l'Afrique —11; sur l'Amérique — 27; sur l'Australie — 4; climatologie et météorologie — 4.

NOUVELLES GÉOGRAPHIQUES ET MÉLANGES.

Quelques mots sur la sériciculture dans la Russie d'Europe. — Limites géographiques de la culture du mûrier blanc (*Morus alba*); par M. Farencoli. — L'auteur de cet article constate en premier lieu, que la sériciculture en Russie est surtout redevable de ses progrès à la Société Impériale d'agriculture de Moscou; puis il rend compte des essais qui ont été faits aux environs de cette capitale pour acclimater le mûrier blanc. Il en ressort suivant lui que la température moyenne de l'année, qui sous cette latitude est de + 3° Réaumur, suffit à l'espèce pour croître en plein air à l'état d'un arbuste que l'on peut disposer en haie. Des rejetons plantés dans les jardins de Moscou ont ainsi parfaitement réussi, sans avoir fait l'objet de soins particuliers et sans avoir été artificiellement garantis des rigueurs de l'hiver. M. Farencoli a également obtenu de graine, des pousses qui pendant l'hiver, ont supporté sous la neige des froids de -26^0 et -28^0 sans en avoir autrement souffert que dans les extrémités des plus jeunes tiges, et sans que le développement de l'arbuste en ait été arrêté l'été suivant. La troisième année, la plantation avait atteint une hauteur de 2 à 2 pieds et $^1/_2$, et pouvait déjà servir à la nourriture du ver-à-soie. Ces résultats réfutent donc l'opinion qui n'admet la culture du mûrier comme possible, que sous une latitude plus rapprochée de l'équateur. La température moyenne des deux mois d'été, juin et juillet, importants surtout pour l'industrie séricicole, est également favorable au développement du ver-à-soie et de sa chrysalide, puisque ce développement n'exige que de $+14$ à 20 degrés Réaumur et qu'une température plus élevée lui serait même nuisible. L'unique problème à résoudre pour le succès de la sériciculture en Russie, était donc de faire concorder l'éclosion des larves, avec l'époque de la croissance de la plante destinée à leur nourriture. Les essais de M. Farencoli ont pleinement démontré la possibilité de satisfaire à ces conditions, qui ne présentent aucune difficulté sérieuse et ne demandent que du soin.

Cuivre natif et galène découverts dans les terres aurifères du cercle d'Iénisseïsk. M. N. Versiloff, membre-effectif de la Société géographique, rapporte que pendant l'été de 1855, on a trouvé dans la partie méridionale des exploitations aurifères du cercle d'Iénisseïsk, près de la Mourojnaïa affluent de la Tongouska, du cuivre natif qui se présente en pépites malléables. Ce métal se rencontre dans les sables aurifères remplissant les intervalles de schiste argileux qui forme le lit des gîsements précieux; mais à mesure qu'il se montre en plus grande quantité, le terrain devient plus pauvre en or. Il n'a malheureusement pas été possible de continuer les observations à cet égard; l'exploitation n'ayant pas produit assez d'or pour indemniser les propriétaires de leurs frais, les travaux ont dû être discontinués. Dans le même système d'Iénisseïsk, près de la Mamona, petite rivière qui se jette dans l'Oudéréia (laquelle à son tour va tomber dans l'un des affluents de la Toungouska), on a trouvé dans deux exploitations aurifères, des fragments de galène en quantité assez considérable. Cette circonstance ne pouvait passer inaperçue, et pendant l'été de 1856, on a fait quelques recherches qui ont amené la découverte de gisements de galène reposant sur un fond de schiste argileux. La saison se trouvant déjà fort avancée, le temps n'a pas permis de suivre la veine sur toute son étendue, mais il parait certain que les hauteurs qui en cet endroit enferment le vallon de la Mamona, ont dû fournir les sables exploités aujourd'hui; d'où l'on peut supposer que les fragments de galène qui ont été trouvés, ont la même origine.

Particularités sur les Moldaves d'Akkerman; *par M. J. Enakiéwitsch.* Les colons moldaves établis dans la petite ville d'Akkermann en Bessarabie, sont au nombre d'environ 1200 individus des deux sexes; et bien que par suite de leurs contact avec les Russes, ils en aient adopté les mœurs et les usages, ils ont conservé jusqu'à ce jour un cachet particulier qui dénote leur origine. Certaines coutumes qui les distinguent dans la vie privée, et la description des cérémonies qui chez eux accompagnent l'inhumation d'un proche ou d'un ami, font l'objet de cet article.

1857. 3ème Livraison.

TRAVAUX DE LA SOCIÉTÉ GÉOGRAPHIQUE.

Rapport présenté par la Section de géographie physique, sur les ouvrages admis à concourir pour

7

la médaille Constantinienne, en 1856. Ces ouvrages étaient au nombre de sept, savoir :

1⁰ Pander (Dr. Christian Heinrich) — Monographie der fossilen Fische des Silurischen System's der Russisch-Baltischen Gouvernements. St. Petersburg. 1856.

2⁰ Histoire naturelle des oiseaux et des poissons, dans les gouvernements composant l'arrondissement universitaire de Kiew; par le professeur Kessler.

3⁰ Matériaux pour l'étude minéralogique de la Russie; 1ère et 2ème parties publiées (en russe et en allemand) par M. N. Kokcharoff, ingénieur des mines, membre-effectif de l'Académie Impériale des sciences de St. Pétersbourg.

4⁰ Geognostische Skizzen von Ost-Sibirien, der Baïkal und seine Umgebungen, von N. Meglitzky, mit Profilen und einer geognostischen Karte; — ouvrage publié en 1855—1856, par la Société minéralogique de St. Pétersbourg.

5⁰ Hydrographische und Orographisch-Geognostische Beobachtungen im Nördlichen Finnland, von H. J. Holmberg; (mit einer Karte); — ouvrage publié également en 1855—1856, par la Société minéralogique de St. Pétersbourg.

6⁰ Description complète, méthodique et pratique, des eaux minérales et des boues curatives qui existent en Russie; avec une description abrégée des eaux minérales étrangères les plus célèbres, et l'exposé pathologique des maladies chroniques; par le Docteur C. Grumm. — 2. vol. St. Pétersbourg. 1855.

7⁰ Reise nach dem Nordosten des europaïschen Russlands durch die Tundren der Samojeden zum Arktischen Uralgebirge, auf Allerhöchsten Befehl für den Kaiserlichen botanischen Garten zu St. Petersburg im Jahre 1837, Ausgeführt von Alexander Gustav Schrenk.— 2 vol. publiés en 1848 et 1854. La Section a jugé devoir attirer l'attention particulière du Conseil sur les deux premiers de ces sept ouvrages, comme satisfaisant le mieux aux conditions du concours.

Rapport de la Section de statistique sur les

ouvrages admis à concourir pour la médaille Constantinienne, en 1856. Dans les Sections de statistique et d'ethnographie, un seul ouvrage a été reconnu répondre à toutes les conditions du concours; c'est l'œuvre de M. L. Tengoborsky: «Etudes sur les forces productives de la Russie», dont le 1er volume a paru en 1853 et le 4ème en 1856. Cette œuvre tant quelle n'était pas achevée, a été écartée du concours; mais complétée par le quatrième volume, elle présente une description statistique de toutes les faces de l'économie du pays. En conséquence le Conseil, confirmant le jugement de la Commission, a décerné à l'auteur la médaille Constantinienne.

Le prix Constantinien n'ayant pas été adjugé en 1855, le Conseil de la Société géographique avait une seconde médaille à décerner dans les Sections de géographie physique et de géographie mathématique; il s'est prononcé en faveur de l'ouvrage du Docteur Pander, qui aux termes du rapport de la Section de géographie physique, «constitue un ensemble complet comme description des débris de poissons de formation silurienne, et fait en même temps partie d'un vaste travail, complexe comme. étude, sur la structure géognostique des provinces Baltiques et des contrées avoisinantes.»

Rapport de la Commission pour l'adjudication du prix Joukoff, en 1856. Six ouvrages ont concouru pour ce prix:

1º Aperçu statistique du gouvernement de Vladimir (publié dans la gazette de ce gouvernement. — 1855).

2º Aperçu statistique de la ville de Kalouga, par M. R. S. (Gazette du gouv. de Kalouga. — 1855).

3º Les forêts de la Volhynie, par M. A. Perlstein (Gazette du gouvernement de Volhynie.— 1855).

4º Aperçu historico-statistique de l'instruction publique en Russie, par M. K. Arsénieff, membre de l'Académie (Mémoires scientifiques de la 2ème section de l'Acad. Imp. des sciences).

5º Exposé des actes du Département d'agriculture et aperçu

de la situation des principales branches de l'industrie agricole en Russie, pendant les dix années 1844 — 1854 (publication officielle).

6° Statistique agricole du gouvernement de Smolensk, par M. J. Solovieff. Moscou. 1855.—C'est à ce dernier ouvrage que le prix a été adjugé, «tant pour la nouveauté, l'abondance et l'exactitude des faits statistiques qu'il renferme, que pour la méthode rationnelle et sévère qui a présidé à leur élaboration.» (rapport de la Commission).

Prix de statistique pour la solution des questions mises au concours par la Société Impériale de géographie. La question mise au concours était celle-ci: «*Tracer un aperçu historique et statistique des disettes en Russie.*» L'œuvre admise par la Commission du concours, se divise conformément au programme publié par la Société, en six paragraphes: 1) Tableau chronologique des disettes dans les diverses parties de la Russie. 2) Appréciation détaillée des causes auxquelles elles étaient dues. 3) Énuméation des espèces végétales qui ont manqué. 4) Appréciation des conséquences des disettes. 5) Indications des mesures prises pour parer à ces calamités. 6) Déductions établies sur le rapport numérique des disettes d'un siècle à l'autre, ainsi que sur celui qui existe entre les disettes survenues en Russie et dans d'autres pays. Sur la proposition de la Section de statistique, le Conseil a décidé d'accorder à l'auteur un demi-prix (200 R. argent), et de faire imprimer son travail dans l'une des publications de la Société (*). En conséquence l'enveloppe cachetée qui accompagnait le manuscrit a été ouverte; elle renfermait le nom de l'ecclésiastique J. Slovtzoff, de la ville de Dédiukhine (gouvernement de Perm).

ÉTUDES ET MATÉRIAUX.

Excursion dans la vallée de la Nertcha, *par le lieutenant Oussoltzoff*. Cette relation du voyage accompli en

____

(*) Le travail de M. Slovtzoff fait partie du III-ème volume du *Recueil statistique*, publié cette année (1858) par la Société géographique.

1855 par le lieutenant Oussoltzoff, sur le cours de la Nertcha, contient le résultat des observations que cet officier a eu le moyen de faire par lui-même, sur les productions de la contrée et l'existence des Toungousses qui l'habitent. Ce travail est divisé en deux parties: la première renferme le journal de voyage de l'explorateur, et la seconde quelques notions ethnographiques. Le point de départ indiqué au lieutenant Oussoltzoff était la ville de Nertchinsk, située a l'embouchure de la Nertcha par 51° 56′ 0″ de latitude-nord et 134° 16′ 0″ de longitude à l'est du méridien de l'île de Fer. La ville se trouve sur le penchant d'une colline de peu d'élévation et à une demi-verste environ d'un bras de rivière de 40 sagènes de large; à une distance de cinq verstes vers le sud-ouest, coule un autre bras distinct de la Nertcha que l'on nomme *Poretchikha*, et qui tourne brusquement vers l'est pour aller tomber dans la Schilka; ce doit être l'ancien lit de la rivière. Au-delà, se voit la vieille ville formée de la réunion de quelques pauvres chaumières et d'une église en pierre à moitié ruinée; enfin à l'extrémité de la ville, se détache de la Nertcha un nouveau bras appelé *Boronskaïa*, qui va joindre ses eaux à celles de la Poretchikha et se jeter ensuite dans la Schilka en contournant une île couverte de prairies.

La partie de la Nertcha qui côtoie la ville a reçu le nom de *Bésoumna:* on dit que lorsque les eaux s'élevent dans la Schilka, celles de la Nertcha prennent alors un cours opposé à leur direction habituelle; l'appellation de *Bésoumna* (littéralement *la folle*) donnée à ce bras de rivière, ferait allusion à cette particularité en même temps qu'à la rapidité peu ordinaire de ses eaux.

M. Oussoltzoff, ses préparatifs terminés, s'était décidé à gagner le village de Zulza éloigné de Nertchinsk de 70 verstes, pour s'y procurer des guides; et le 26 juin il se mettait en route. Son journal de voyage commence à cette date pour ne s'arrêter qu'au 27 juillet, jour où le voyageur atteignait le confluent des rivières Talakone et Bésimennaïa qui constituent l'origine de la Nertcha, point au-delà duquel il ne devait pas s'avancer. La première de ces rivières (celle de droite relativement au cours de la Nertcha), au dire des Toungousses, prend sa source à quinze verstes des montagnes qui séparent la vallée de la Nertcha du système de l'Olekma; la seconde qui a reçu la dénomination de Bésimennaïa, vient du nord-est, et à vingt verstes environ de son origine, elle est divisée en deux bras par un rocher élevé qui tient à la chaîne des monts Jablonnoi. A partir du point où se réunissent les deux cours d'eau auxquels elle doit sa formation, la Nertcha sur une étendue d'environ trente verstes, arrose les terres des Orotchones et des Toungousses sédentaires qui la désignent sous le nom de *Nertchoughika;* puis après avoir reçu le tribut des eaux de quelques autres affluents, elle devient beaucoup plus large et prend alors le nom de *Nertcha.* A 140 verstes de son origine, elle se grossit encore de sa jonction avec le Nertchougan qui coule du nord-est. La Nertcha conserve sa direction première jusqu'à l'embouchure de l'Akima; en cet endroit elle tourne vers le sud et coule ainsi jusqu'à l'embouchure de l'Ouldourga, affluent de sa rive droite, point où elle change de nouveau de direction pour couler vers le sud-ouest; vingt-quatre verstes plus loin, après avoir reçu les eaux de la petite rivière Koltomoïkone, elle reprend son cours vers le sud jusqu'au village de Toumaki; de là inclinant de plus en plus vers le sud-ouest, elle atteint enfin la vieille ville où elle se divise comme nous l'avons dit, en trois bras distincts, la *Bésoumna,* la *Boronskaïa* et la *Poretchikha,* qui viennent tomber dans la Schilka.

L'étendue du parcours de la Nertcha depuis le confluent du Talakone et de la Bésimennaïa jusqu'à son embouchure sur la Schilka, peut être évaluée en tenant compte de toutes ses sinuosités, à 370 verstes. Cette rivière reçoit dans son cours les eaux de nombreux affluents; ceux de la rive droite sont:

l'Anga, le Djagdakhan, la Béréia, la Marekta, la Tighetka, la Djagdakachka, le Mouraï, le Djoubkachin, la Bougarikta, la première et la deuxième Goudjirna, l'Abkouï, l'Elikon, le Santour, l'Oukmoukindo, l'Akicha, l'Axan, l'Arsanda, l'Ouldourga, le Talakone, l'Ouloundoute, et dix-huit autres qui n'ont reçu aucune appellation; ceux de la rive gauche sont: l'Akouï, le Nertchougan, le Tchakour, la Koumenda, la Bouréia, la Saïtelka, le Syntyltykone, la Toumouotcha, l'Itykitcha, le Koltomoïkone, la Chiveïa, la Zimovinnaïa, la Zulza, le ruisseau Vitime et neuf autres encore qui n'ont pas de nom connu. Dans ce nombre, l'Ouldourga et le Nertchougan sont seuls des cours d'eau remarquables; le premier sort des monts Jablonnoi non loin des sources de la Tchita et de la Karenga, et coule d'abord vers le nord-est environ pendant 60 verstes, puis il tourne vers l'est; après avoir suivi cette nouvelle direction sur une étendue de 90 verstes, il reprend de nouveau son cours vers le nord-est et va tomber trente verstes plus loin dans la Nertcha. Nulle part au dire des Toungousses, on ne rencontre d'aussi beaux pâturages et une terre aussi fertile que sur les bords de l'Ouldourga; des deux côtés s'étendent de vastes steppes abritées vers le nord par les monts Jablonnoi, et où viennent se livrer à l'agriculture, non seulement des Toungousses mais aussi des habitants des rives de la Zulza et d'autres localités. M. Oussoltzoff n'a pu recueillir que des notions imparfaites sur le Nertchougan; suivant les habitants du pays, le parcours de cette rivière est à peu près de 90 verstes, et la partie inférieure en est bordée de hautes montagnes, tantôt couvertes de bois épais, tantôt nues et arides; les Orotchones de l'Olekma y viennent pour la chasse qui est beaucoup plus productive de ce côté que sur la Nertcha. La largeur de la vallée et l'élévation graduelle du sol ne permettent pas de considérer la Nertcha comme une rivière de montagne, bien qu'en certains endroits elle baigne le pied de pics assez élevés; son lit n'a pas alors plus de 50 sagènes de large et le cours de ses eaux devient rapide; là où les rives s'abaissent au contraire, elle s'étend davantage et coule paisiblement: ainsi depuis son origine jusqu'à la hauteur du Nertchougan, sa largeur varie de cinq à quarante sagènes; en face le village de Toumaki où elle coule entre des rochers, elle n'a guère que 40 sagènes; près de Nertchinsk, elle en a plus de 100. La rapidité moyenne de son cours peut être évaluée à 2 et $\frac{1}{2}$ verstes par heure. Le sol du lit de la rivière est formé de cailloux et de pierres siliceuses; sur les bords le terrain est argileux et sablonneux.

La vallée est fermée à l'ouest par une branche de la chaîne des monts Jablonnoi, qui un peu au-dessus de l'embouchure de l'Akima, sépare les eaux de la Karenga de celles de la Nertcha; un autre embranchement de la même chaîne, qui se trouve sur le côté oriental de la vallée et s'étend jusqu'au Nertchougan, constitue la ligne de démarcation qui sépare les eaux des affluents de la Schilka (nommément la Kouenga) de celles du système de la Nertcha; la partie des monts Jablonnoi comprise entre la Karenga et la Nertcha, suit une direction presque parallèle au cours de cette dernière. Les montagnes qui enserrent la vallée de la Nertcha ne forment pas une muraille continue, elles sont entrecoupées de vallons arrosés par de petits ruisseaux; sur le cours inférieur de la Nertcha, ces vallons sont assez étroits et ils offrent l'aspect de riches prairies dont le sol est formé d'un mélange de terre noire, de sable et d'argile; en remontant vers les sources de la rivière, ce ne sont plus que marécages où l'on n'aperçoit que de loin en loin quelques bois et quelques prés; mais si de ce côté la nature est moins prodigue de végétation et moins belle à l'œil du voyageur, par contre elle présente d'abondantes ressources pour le chasseur: les montagnes y attirent les chevreuils et les élans, les bois y regorgent d'écureuils et de grands animaux. Depuis l'embouchure de la Nertcha jusqu'à la hauteur de la Zulza, les bords de la rivière sont parsemés de bouquets de bois de bouleau, de pin, de sapin et de mélèze; au-dessus de la Zulza, commencent de grands bois qui s'étendent sur les deux rives et où domine le mélèze; à mesure qu'on avance vers le nord, cette dernière espèce se substitue aux autres à ce point, qu'on finit par ne plus apercevoir qu'à de rares intervalles un pin ou un bouleau.

Les villages que l'on rencontre sur les bords de la Nertcha et de ses affluents, doivent leur existence au changement de vie des ancêtres des Toungousses actuels, qui ont peu-à-peu abandonné leurs habitudes nomades pour un établissement sédentaire; par suite de leurs relations avec les Russes et de leur conversion à la foi chrétienne, ils ont adopté un nouveau genre de vie et ont commencé dès lors à se livrer régulièrement à l'agriculture en restant toutefois, et jusqu'à ce jour encore, soumis à l'impôt des fourrures. A ceux-ci sont venus se joindre successivement d'autres Toungousses errants et des Orotchones, qui suivant toute probabilité, ont été, non pas attirés par les avantages que pouvait leur offrir cette vie sédentaire, mais contraints d'y recourir par suite de l'appauvrissement des ressources que leur procurait la chasse des animaux à fourrures, leur seul moyen d'existence; car un nomade pour renoncer à sa vie errante, doit être poussé par la plus dure nécessité; c'est dans ce cas seulement qu'il se décide à quitter les lieux qui l'ont vu naître, et où il n'a pourtant mené jusqu'alors qu'une existence accompagnée de toutes sortes de privations, pour venir au village chercher le travail qui doit lui procurer sa subsistance.

Ces Toungousses ont en partie conservé le caractère de leurs ancêtres qui perce encore dans beaucoup de particularités de leur existence, malgré le genre de vie qu'ils ont adopté depuis longues années, malgré le christianisme qu'ils ont embrassé. Ainsi à côté de toutes les commodités de la vie régulière, on trouve chez eux dans la cour de chaque maison, une petite *iourte* basse, construite en bois, dans laquelle la plupart du temps, ils préparent leur nourriture, dorment et se réunissent pour causer entre eux. Leurs mets favoris et les plus estimés sont la viande, la graisse et l'huile qu'ils mangent toujours sans pain; leurs boissons préférées — le thé en briques, l'arak surtout (eau-de-vie distillée du lait) que chacun prépare chez soi au moyen d'un appareil particulier. Ils diffèrent encore par bien d'autres points, des paysans sibériens; mais dans nulle circonstance leur caractère primitif ne se fait jour d'une manière aussi tranchée que dans tout ce qui a rapport à la chasse; les Toungousses ont à cet égard conservé tous les préjugés et les superstitions de leurs pères; ils ont encore cette même foi aveugle dans les actes des *chamans* et professent pour ceux-ci le plus grand respect, quoiqu'ils qualifient toutes leurs cérémonies du nom de *diableries*. La conviction inébranlable qu'ils ont, que les *chamans* entretiennent commerce avec le démon, remplit leur imagination de tous les errements inséparables de telles idées.

En adoptant une vie régulière, les Toungousses comme nous l'avons dit, ont commencé à travailler la terre, mais jusqu'à ce jour l'agriculture n'a encore pris aucun développement entre leurs mains; ils ensemencent leurs champs uniquement pour en retirer le grain nécessaire à leurs besoins, encore le font-ils sans aucun soin, et moins dans leur propre intérêt que contraints par l'obligation à laquelle ils sont soumis, de fournir à l'autorité la quantité fixée pour l'approvisionnement des magasins de réserve; aussi les mauvaises récoltes sont-elles fréquentes chez eux malgré la fertilité du sol. La culture potagère intéresse encore moins le Toungousse, qui sous ce rapport est d'une paresse poussée à l'extrême. L'agriculture en général n'est donc pour cette population qu'une occupation secondaire; la première et la principale c'est la chasse. A partir du 15 août, les Toungousses commencent à chasser le chevreuil, l'élan, le musc, quelquefois quand la chance les favorise, l'ours et le renard (ce dernier se prend davantage au lacet et au piège pendant l'hiver); en automne on fait la chasse aux chèvres sauvages et la plus importante de toutes — celle des *écureuils;* la fourrure de ce petit animal étant très fournie à cette époque de l'année. Vers la Saint-Nicolas, le chasseur regagne sa demeure, et s'il a été heureux, il rapporte non seulement de quoi payer l'impôt spécial et toutes ses redevances, mais encore de quoi suffire à ses besoins de toute l'année.

L'aspect des Zulzianes en général et des *inorodsis* des habitations voisines, présente les caractères suivants : cheveux noirs et rudes; yeux bruns, petits et quelque peu obliques; teint basané; nez légèrement aplati vers le haut, les pommettes un peu saillantes et qui décèlent l'origine mongole; ajoutez à cet ensemble l'absence de barbe, soit de nature soit qu'elle ait été arrachée à l'aide d'un instrument. Mais en revanche une taille élevée, une stature robuste et bien proportionnée, les indices de la force et de la virilité qui ne se rencontrent pas ordinairement chez les Toungousses (surtout chez les nomades), sont les résultats du croisement de cette peuplade avec les Russes; chez les femmes principalement, ce mélange des races a produit un genre de beauté tout particulier. Les traits distinctifs du caractère des Toungousses tributaires sont : l'insouciance, la simplicité, la bonté et la crédulité; bien qu'ils professent depuis longtemps la religion orthodoxe, leurs superstitions dépassent tout ce qu'on peut imaginer. Ils sont du reste doux et hospitaliers, mais tout en ayant entre eux des relations amicales, ils laissent percer un esprit de chicane tres prononcé; aussi n'est-il pas rare de voir les meilleurs amis se plaindre l'un de l'autre et recourir à un jugement; la plupart de ces dissentiments prennent leur source dans l'ivresse, les Toungousses ayant comme tous les *inorodsis,* une passion très développée pour les spiritueux. Ce goût est répandu même parmi les femmes et les jeunes filles. Le tabac est également un objet de première necessité pour le Toungousse; dans les villages les femmes fument peu, mais par contre les femmes Orotchones ne peuvent s'en abstenir et portent constamment à leur ceinture une pipe et tout l'attirail accessoire; elles fument ordinairement du tabac commun qui provient de leur propre culture.

La prospérité d'une famille toungousse consiste dans la quantité de bétail et de chevaux qu'elle possède; les familles riches ont environ une centaine de moutons à laine commune, cinquante bêtes à cornes et autant de chevaux. Ces animaux sont confiés à des pâtres et leur entretien dans les prairies de la Nertcha ne coûte rien, ils paissent presque toute l'année à ciel découvert et broutent l'herbe qu'ils rencontrent sous leurs pas.

Indépendamment de la chasse qui est leur grande occupation, il y a des Toungousses qui se livrent aussi à la pêche et qui font le commerce avec les *inorodsis*. Leur pêche n'est pas considérable, et le poisson qu'ils se procurent n'est guère destiné qu'à leur usage personnel, bien qu'ils aillent quelquefois le chercher fort loin, à l'embouchure des affluents de la Nertcha ou dans la Karenga, l'Amalate et autres affluents du Vitime; mais le commerce avec les *inorodsis* présente une tout autre importance. Il y a des Toungousses inscrits dans les corporations bourgeoises, qui font le commerce soit pour leur propre compte soit pour des marchands de Nertchinsk; plusieurs fois dans l'année, ils partent avec des chargements composés de farine, sel, viande, graisse, tabac, poudre et plomb, fers et cuivres en œuvre, toiles, cotonnades etc., qu'ils vont échanger contre des peaux de zibelines, d'écureuils et d'autres animaux. Les Toungousses sont honnêtes dans toute la signification de ce mot; s'ils ont pris quelque marchandise à crédit et qu'ils se soient engagés à payer à une époque déterminée, ils rempliront scrupuleusement leur engagement; aussi les marchands en profitent-ils pour demander des prix qui dépassent toujours les moyens dont peut disposer l'acheteur et pour le dépouiller sans pitié, parce qu'ils savent que l'Orotchone qui reste leur débiteur, s'acquittera infailliblement au terme convenu.

M. Oussoltzoff donne avec son journal de voyage, la position géographique des points suivants qu'il a déterminés astronomiquement:

	Lat° - nord.	Long°. à l'est du méridien de l'ile de Fer.	Élévation au dessus du niveau de la mer.
La ville de Nertchinsk.	51°-56'- 0''	134°-16'- 0''	1.845 p. ang.
L'embouchure de l'Ouldourga	52 -41 -15	133 -28 -40	2.000 —
Le village de Kykyr	53 - 9 -36	133 -31 -45	2.280 —
Un point sur la Koudjirnia	53 -15 -20	133 -47 - 0	2.400 —
Un point sur la Bougorikta	53 -26 -46	134 -12 -38	2.400 —
Un point sur la Béréia . .	53 -46 -28	134 -23 - 0	2.500 —
Le confluent du Talakone et de la Bésimennaïa . .	54 -21 -45	135 -15 -45	3.430 —

Coup-d'œil sur l'existence de quelques inorodsis (*) **de la Sibérie;** par M. G. Spasky, m. eff. — Il y a longtemps qu'on le répète, dit l'auteur de cet article, l'habitude est pour l'homme une seconde nature, il est doué d'une faculté particulière qui lui permet de se façonner à tous les genres de vie, quelle que soit la situation où le sort l'ait placé; c'est à cette précieuse faculté, qu'il doit de pouvoir supporter également le climat brûlant du Sénégal, et les froids de la Sibérie qui transforment le mercure du thermomètre en un corps solide et malléable. Il est juste d'ajouter qu'il a plus de moyens pour se garantir du froid que pour combattre la chaleur. Ainsi les innombrables animaux à fourrures qui peuplent les contrées polaires, fournissent à l'habitant de ces latitudes en même temps que sa nourriture, des vêtements chauds et légers; et si le manque de fourrages dans ses *tundras* (marais glacés) ne lui permet pas d'entretenir des chevaux pour son usage, il y supplée par des attelages de rennes et de chiens dressés à ce service. — M. Spasky après avoir donné la description du renne (Cervus tarandus) dont l'espèce est la plus commune en Sibérie, expose les différents moyens employés pour la chasse de ce quadrupède qui constitue la plus précieuse ressource des habitants de ces contrées. L'auteur décrit ensuite en détail, les attelages de rennes et de chiens usités dans la Sibérie orientale et au Kamtschatka, où le cheval n'est employé que pour les voyages d'été.

Résultats des explorations et découvertes les plus récentes dans la partie méridionale de l'Afrique. Ce travail de M. A. Von-Bouchen, qui a été lu dans l'assemblée générale du mois de mai 1857, est un exposé des explorations et des découvertes effectuées par divers voyageurs dans le sud de l'Afrique, de 1844 à 1857; il se complète dans la livraison suivante du *Bulletin,* par des détails que l'auteur emprunte à la relation du Hongrois Maghyar Laschlo, qui après avoir exploré

(*) *Inorodsis* — habitants de race étrangère.

pendant plusieurs années cette partie de l'Afrique, a fini par s'y établir et s'y marier.

BIBLIOGRAPHIE.

M. Piskareff, membre-effectif de la Société géographique, a entrepris un travail dont nous trouvons ici la première partie; c'est un *Catalogue alphabétique des notions sur la Russie*, contenues dans la partie non-officielle des gazettes de gouvernements depuis leur création, c'est à dire depuis l'année 1838. Ce catalogue est continué dans les livraisons suivantes du *Bulletin*.

NOUVELLES GÉOGRAPHIQUES ET MÉLANGES.

Brouillard de poussière à Sémipalatinsk en février 1856; par M. Abramoff. — La ville de Sémipalatinsk, qui se trouve par 50°-24′ de latitude-nord et 97°-56′ de longitude à l'est du méridien de l'île de Fer, est bâtie sur la rive droite de l'Irtisch ou pour parler plus exactement de la Sémipalatinka; celle-ci coule à 90 sagènes du premier, dans une direction parallèle, et sur l'ancien lit de cette rivière que les sables amassés pendant de longues années ont fini par diviser en deux bras distincts, qui confondent leurs eaux au printemps seulement. D'après l'estimation de M. de Humboldt, la ville est élevée de 170 pieds anglais au-dessus du niveau de la mer; le sol en est en grande partie, composé d'un sable d'alluvion qui repose tantôt sur un fonds de silex tantôt sur un schiste argileux. Au nord s'étend une forêt de pins, au nord-ouest de jeunes bois de bouleau, de saule et de peuplier; sur ses autres faces, surtout au sud et à l'est, la ville est complètement découverte, ce qui fait qu'on y ressent également pendant l'été l'effet des vents et des tourbillons de sable, et pendant l'hiver celui des tempêtes de neige, qui viennent de la steppe Kirghise. Daprès des observations relevées de 1856 à 1857, les chaleurs de l'été y ont atteint + 29° Réaumur, et l'hiver le thermomètre est descendu jusqu'à — 30°, O. Dans les journées des 16, 17 et 18 février (v. style) 1856, les habitants de Sémipalatinsk ont été témoins d'un phénomène dont on n'avait jamais vu d'exemple au dire des anciens du pays. L'hiver (1855 — 1856) avait été ordinaire, il était fréquemment tombé de la neige surtout pendant le mois de janvier et la première moitié de février; dans la ville et dans les environs jusqu'à une grande distance, le sol en était couvert à une certaine épaisseur; il eût été impossible de trouver dans un rayon de 500 verstes, un seul endroit où le sable fût à découvert. Mais plus loin vers le sud, la neige qui tombe en moins grande quantité est facilement dispersée par les vents; dès le mois de février l'approche du printemps se fait sentir, et la contrée étant entièrement découverte, le sable mélangé d'argile qui en forme le sol se soulève quelquefois en tourbillons que le vent pousse au loin dans différentes directions. Le 14 février, à Sémipalatinsk, le temps avait été clair, la température avait varié de — 22°,7 à — 14°,0; le vent soufflait tantôt du sud tantôt du sud-est, plus fréquemment de ce dernier point. Le 15 à six heures du matin, le thermomètre marquait — 20°,5 et le ciel était couvert; le soleil se montra vers midi et la température s'éleva jusqu'à — 5°,0; le vent du sud-est devenait de plus en plus fort, l'athmosphère était chargée de vapeurs et les nuages s'amoncelaient; à dix heures du soir, le vent avait diminué d'intensité mais le ciel était comme recouvert d'une masse compacte et uniforme. Le 16 au matin, dès que le jour parut, on aperçut répandu sur la ville et sur les environs aussi loin que le regard pouvait s'étendre, une sorte de brouillard formé d'une poussière fine, sèche, de couleur jaunâtre, et palpable sur les objets où elle se déposait. Le soleil à peine visible offrait l'apparence décolorée de la lune derrière un rideau de vapeurs; l'athmosphère était si peu transparente qu'à une distance de 50 sagènes, il était impossible de rien distinguer; le thermomètre marqua :

à 6 heures du matin — 8°,0
à 2 — après midi — 2°,5
à 10 — du soir — 5°,0

Cet état se prolongea pendant la nuit et la matinée du 17. Vers le milieu du jour, l'air devint moins suffocant, le brouillard commençait à se dissiper; le thermomètre marqua:

à   6 heures du matin   — 7°,5
à   2 —   après midi   + 0°,7
à 10 —   du soir   — 2°,0

Le 18, le ciel fut encore nébuleux mais la poussière avait cessé de tomber; le thermomètre marqua dans cette journée:

à   6 heures du matin   — 3°,5
à   2 —   après midi   + 2°,7
à 10 —   du soir   — 0°,5

Il résulte des informations recueillies, que le phénomène a étendu ses effets jusqu'à soixante verstes au-delà de Sémipalatinsk, des deux côtés de l'Irtisch, sur un espace de 70 verstes, et vers le sud-est sur une étendue de plus de 160. Dans ces limites, la neige qui couvrait la terre, a été partout noircie par la poussière déposée à sa surface et qui n'a disparu que sous une nouvelle couche de neige, tombée postérieurement dans la nuit du 19 au 20. Cette poussière ne présente aucune apparence particulière qui puisse dénoter son origine, et sans s'égarer dans des hypothèses qui ne reposeraient sur aucun fondement, il est à croire qu'elle provenait de la steppe Kirghise d'où elle aura été poussée. par le vent du sud qui soufflait alors; sa ténuité et sa légèreté lui ont permis de se maintenir quelque temps en suspens, dans les couches inférieures de l'athmosphère encore froide à cette époque de l'année, et d'être ainsi transportée au loin dans la direction des vents; au moment de sa chute elle était devenue si dense et si épaisse, que l'athmosphère en a subi une modification très sensible, qui s'est traduite par un abaissement considérable de la colonne de mercure dans le baromètre.

1857. 4ème Livraison.

ÉTUDES ET MATÉRIAUX.

Coup-d'œil sur le gouvernement de Vilna; par M. A. Kirkor, m. eff. — Le gouvernement de Vilna est compris entre 55°-50′ — 53°-23′ de latitude nord et 21°-34′

— 26°-4′ de longitude à l'est du méridien de Paris; suivant les calculs faits à l'observatoire de Vilna, sa superficie est de 73,159 verstes carrées ou de 768,0 milles carrés géographiques; sa plus grande longueur du nord au sud mesure 210 verstes et sa plus grande largeur d'orient en occident est de 224 verstes. Le gouvernement de Vilna n'est qu'une plaine sablonneuse qu'aucune chaîne de montagnes ne vient couper; mais les bords des rivières qui l'arrosent, et principalement de la Vilia et du Niémen, présentent un aspect pittoresque et une succession de collines de peu d'élévation. Le cours de la Vilia dans l'intérieur même du chef-lieu du gouvernement, est élevé de $55\frac{1}{2}$ sagènes ou 386 pieds anglais au-dessus du niveau de la mer. Sous le rapport géologique, le sol offre les signes évidents d'une formation d'alluvion récente; c'est généralement un composé de sable et d'argile, mélangé de matières étrangères organiques et inorganiques, surtout de terre noire; il est presque partout propre à l'agriculture moyennant une amélioration opérée avec soin. Le lin et le chanvre y viennent bien, mais les bois surtout constituent l'une des principales richesses de la contrée; on évalue que le gouvernement de Vilna en renferme 1,331,717 dessiatines. Le débordement des rivières a du reste une grande influence sur les progrès de la végétation, le limon que les eaux déposent contribuant beaucoup à l'amélioration de la terre. On compte dans l'étendue du gouvernement: 116 rivières qui pour la plupart sont des affluents du Niémen ou de la Vilia, et jusqu'à 330 lacs dont le plus grand, celui de Narotsch dans le district de Swentziany sur les confins du gouvernement de Minsk, a 11.500 sagènes de longueur sur 7.500 de largeur et dont les eaux ont en moyenne une profondeur de 15 sagènes.

Le neuvième recensement opéré en 1855 a donné comme chiffres de la population du gouvernement de Vilna:

dans les villes,   39,170 hommes et 39,212 femmes

dans les districts 364,365   —   372,315   —

soit ensemble: 403,535   —   et 411,527   —

ce qui forme un total de 815,062 individus. Comparés au résultat de la huitième révision, ces chiffres présentent pour le sexe masculin — une diminution de 996 âmes, et pour le sexe féminin au contraire — un accroissement de 27,544.

Ces données recueillies sur les documents de la Chambre des finances (Kazennaïa Palata), sont au dessous du chiffre total de la population classée d'après les différents cultes professés dans la contrée; ainsi en 1851 on comptait dans l'étendue du gouvernement de Vilna:

Professant la religion grecque orthodoxe	183.457	dont	92.181	h. et	91.276	f.
Professant la religion catholique-romaine	634.689	—	313.551	—	321.138	—
Professant le culte luthérien	914	—	458	—	456	—
Suivant les anciens dogmes	12.777	—	6.630	—	6.147	—
Mahométans	2.330	—	1.299	—	1.031	—
Caraïtes	516	—	257	—	259	—
Israélites	70.657	—	30.151	—	40.506	—
ensemble:	905.340	—	444.527	—	460.813	—

Tous ceux qui suivent la religion grecque-orthodoxe ou les anciens dogmes appartiennent, à peu d'exceptions près, à la race Slave; le plus grand nombre des catholiques sont d'origine Lithuanienne. L'islamisme est professé par des Tatars établis dans le pays ainsi que les Caraïtes, depuis la fin du XIV-e siècle, c'est à dire depuis l'époque à laquelle les premières familles de cette race furent ramenées de Crimée à la suite de la guerre. La présence des Israélites dans la contrée, remonte au XII-ème siècle; les premiers sont venus de Kiew. Enfin il y a aussi dans le gouvernement de Vilna, quelques Bohémiens ou Tsyganes dont il est impossible d'évaluer le nombre, parce qu'ils se sont confondus dans les différentes classes de la population.

En résumé le gouvernement de Vilna est principalement habité par une population appartenant aux deux grandes races, Slave et Lithuanienne, qui diffèrent entre elles d'origine, de langage, de religion, et qui nonobstant un rapprochement qui dure depuis plusieurs siècles, ont conservé des traditions, des droits et des coutumes, par lesquels elles se distinguent l'une de l'autre.

M. Kirkor, après avoir autant qu'il est possible de le faire, établi la division géographique qui sépare les deux races dans l'étendue du gouvernement, estime que l'on peut évaluer approximativement la portion slave de la population à 353.290 individus, dont 177.091 du sexe masculin et 176.200 du sexe féminin; et que la partie d'origine lithuanienne s'élève à 388.697 individus, savoir: 195.738 hommes et 192.959 femmes. L'auteur consacre ensuite plusieurs chapitres distincts à l'étude des différences qui caractérisent ces deux races, tant sous le rapport physique que sous celui du langage, des usages de la vie privée et publique, et des traditions; il termine son travail par un vocabulaire des mots propres aux habitants de la contrée, et un recueil de chants et dictons populaires.

Les riverains de l'Amour. Sous ce titre, M. Hertzfeld, m. collab. de la Société géographique, qui en 1854 et 1855, a exploré le cours du fleuve sur une étendue de plus de 2000 verstes, donne le résultat de l'étude qu'il a été à même de faire sur les Toungousses répandus le long de ses rives, depuis l'Argoun jusqu'aux habitations des Ghiliakes. Nous ne saurions analyser ce travail dont nous n'avons ici que la première partie, mais nous reproduisons en abrégé les données générales qui en constituent comme l'introduction. «L'Amour, dit M. Hertzfeld, est un des plus grands fleuves qui existent; il est peu connu des indigènes sous cette dénonimation à laquelle on attribue diverses origines; Stuckemberg dans son *Hydrographie de l'Empire de Russie,* la considère comme dérivant du mot «*Amor*» que les Toungousses emploient pour formule de politesse; d'autres le croient une corruption du nom d'*Emour* qui est celui d'une affluent peu considérable de la rive droite; enfin on le fait aussi provenir du mot «*Hamour*» ou «*Amour*», qui chez les Ghiliakes établis vers l'embouchure du fleuve, signifie *grande eau;* or comme les Russes ont commencé par connaître le cours inférieur de l'Amour, ils ont pu par la suite, étendre cette appellation à la partie supérieure de la rivière qui en a une toute différente parmi les indigènes. L'origine du fleuve Amour est l'Onone, qui sort de l'extrémité nord-est des montagnes de l'Asie centrale et après avoir traversé les terres de la Mongolie, se réunit non loin du poste russe de Verkhné-Oulkhoune à la petite rivière Ingoda, pour former la Schilka; celle-ci à son tour unit ses eaux à celles de l'Argoun (dont le cours supérieur est en dehors du territoire russe et porte le nom de Khéroulon), et prend dès lors la dénomination d'*Amour* jusqu'à son embouchure sur l'Océan Pacifique. L'Onone et la Schilka ont ensemble une étendue de 132 milles géographiques soit à peu près 1000 verstes; et le parcours de l'Amour depuis le confluent de la Schilka et de l'Argoun jusqu'à la mer, est de 2.500 à 3.000 verstes. L'opinion des Chinois (opinion que l'auteur reconnait être fondée), est que l'on doit considérer le Soungari méridional comme la véritable origine du fleuve; et que le Sakhalin-Oula c'est à dire la rivière que nous désignons sous le nom d'*Amour*, n'est depuis sa source jusqu'au confluent du Soungari, qu'un bras latéral du système; aussi les chinois désignent-ils le cours inférieur de l'Amour par la même appellation (*Kouen-Tong*) que le Soungari même.

Dans le tableau comparatif de Teichmann (Physique de la terre), l'étendue du bassin de l'Amour est évaluée à 38.000 milles carrés en superficie; il en résulterait qu'il ne le cède qu'aux grands systèmes des Amazones, de la Plata, de l'Obi, du Saint-Laurent, du Mississipi et de l'Iénisséi.

Nouvelles géographiques et mélanges.

Les Kalmouks et les inorodsis du gouvernement d'Astrakhan; par M. N. M. — Dans bien des localités du gouvernement d'Astrakhan, on peut voir des individus, russes par la religion, mais présentant au physique le type kalmouk, tatare ou kirghise. Ce fait est la conséquence de ce que diverses tribus asiatiques, que la faim

et le froid amènent aux environs des villages de ce gouvernement, finissent par adopter peu à peu le genre de vie des Russes. Il n'y a pas de hameau, près duquel ne se voient quelques
chariots épars appartenant à de pauvres emigrés de la steppe,
qui viennent chercher du travail afin de se procurer l'argent nécessaire pour acquitter l'impôt et pourvoir à leur subsistance. Les
uns travaillent la terre, d'autres gardent les bestiaux, d'autres
enfin s'embarquent sur les bâtimens qui vont faire la pêche vers
des côtes lointaines; les femmes même autant que cela leur est
possible, entreprennent des travaux de couture. Il est tout naturel
que par suite de rapports aussi fréquents avec les Russes, ces
étrangers finissent par en prendre les mœurs et en adopter les
coutumes, et il n'est pas rare de les voir après quelques années de
séjour, embrasser la religion chrétienne.

L'auteur de cet article après avoir rapporté quelques faits
relatifs aux croyances superstitieuses des Kalmouks, constate que
dans le cours de l'année, 87 individus de cette race ont été baptisés et 14 ramenés à la foi chrétienne qu'ils avaient abandonnée.
Ces derniers avaient été baptisés fort jeunes, puis emmenés par
des nomades idolâtres au milieu desquels ils avaient longtemps
vécu. Ensuite de leur conversion, ils ont été par ordre de l'Empereur, inscrits parmi les paysans de la Couronne de deux bourgades voisines.

L'art médical chez les lamas transbaïkaliens. (Extrait des *Mémoires de l'archevêque Nilus*.) De tout temps, le titre de
lama a impliqué et implique encore aujourd'hui pour ceux qui en
sont revêtus, la qualité de médecin. L'auteur des *Mémoires* auxquels
est emprunté cet article, indique les bases sur lesquelles repose
la science théorique et pratique de ces docteurs; elle s'appuie sur
cinq livres fondamentaux et immuables: anatomie, pathologie, physique, pharmocologie et thérapeutique. L'anatomie des lamas considère l'homme au même point de vue que l'ont fait les poètes de
l'antiquité, c'est à dire comme l'être *divino semine natus*, qui réunit en lui tous les éléments, toutes les forces de la nature; passant

ensuite à l'analyse du corps humain, la science déclare qu'il renferme: mille articulations; cinq parties intérieures principales qui sont: le cœur, le foie, les poumons, les reins et la rate; trois-cent-soixante nerfs secs et canaux sanguins qui se réunissent sur trois points; douze veines ou artères principales qui ont le cœur pour point de départ et aboutissent aux poignets; cinq voûtes qui servent chacune à préserver un organe sensible. Enfin le livre admet qu'il y a dans le corps de l'homme, telles parties qui peuvent être impunément perforées ou retranchées sans qu'il en résulte nulle conséquence funeste; mais ceci est un mystère anatomique qui ne se découvre pas à tous les adeptes et dont la connaissance est uniquement réservée aux élus de la science. A côté de l'anatomie, c'est la pathologie qui tient la place la plus importante dans l'art des lamas. Celle-ci reconnait dans l'homme, sept forces supérieures et sept autres inférieures dont l'estomac est tout à la fois l'agent principal et l'officine; c'est là que s'élaborent les principes vitaux, et cela avec d'autant plus d'activité que les fonctions digestives s'opèrent avec plus de régularité; or cette régularité ne s'obtient que moyennant certaines conditions, dont la principale est que la quantité de nourriture absorbée en un seul repas par le sujet, ne dépasse jamais quarante-deux bouchées; ce nombre ayant été reconnu suffisant pour remplir les deux tiers de la capacité stomacale, dont le dernier tiers doit toujours rester libre pour permettre l'élaboration des sucs qui vont alimenter les veines, et renouveler le sang, la peau, les os et leur moëlle. Mais comme cette loi diététique est rarement observée, et que l'homme dès le sein de sa mère, est enclin à des penchants qui l'entraînent constamment hors de cet ordre naturel, tel qu'il vient d'être décrit, il s'en suit que la vie humaine est enserrée par les maladies comme dans un réseau. Suivant la pathologie des lamas, nous apportons en naissant trois infirmités naturelles auxquelles le temps et les circonstances en ajoutent quantité d'autres; de sorte qu'au total, les maladies qui nous menacent sont au nombre de 404 principales et 1250 accessoires. Parmi les premières, 101 sont dues à l'influence des mauvais esprits et demandent par conséquent des remèdes spirituels; 101 se guérissent par la diète et sans faire usage d'aucun remède; 101 exigent un traitement régulier et ne cèdent qu'à la force et à l'art de la thérapeutique; enfin 101 sont reconnues incurables.

Les remèdes employés par les lamas, sont pris dans les trois règnes de la nature, mais surtout parmi les végétaux et principalement ceux de l'Inde, de la Chine et du Thibet. Les docteurs des steppes ayant ces remèdes sous la main, les emploient *ad meliorem usum salutis humani*, s'appuyant dans l'exercice de leur art sur le temps et l'expérience; et en effet ils ne sauraient avoir d'autre appui, en l'absence de toutes notions de chimie et d'anthropologie. Il ne serait pas sans intérêt d'exposer ici le traitement des principales maladies, tel qu'il est décrit dans le livre de la thérapeutique des lamas; ne pouvant le faire d'une manière complète, nous choisissons pour donner une idée de cette médication, l'énumération des moyens de guérison employés contre le terrible mal de l'hydrophobie. — Quand une personne a été mordue et que l'on redoute pour elle les suites de cet accident, on doit d'abord pendant sept jours, observer s'il ne lui pousse pas sur le sommet de la tête un cheveu rouge dont l'apparition est regardée comme le symptôme le plus alarmant; aussi doit-on l'arracher incontinent et brûler la place avec un fer rougi au feu. Mais lorsque cette précaution a été négligée et que les effets du mal commencent à se manifester, la science des lamas n'offre plus qu'un seul moyen de salut pour le malade; il s'agit de transporter celui-ci enchaîné s'il le faut, dans une forêt, et principalement sur le mont Adogoligouï, d'où sort la rivière Adogolik qui va se jeter dans l'Onone. Là, on dispose de la chair et d'autres appâts propres à attirer un oiseau d'une espèce particulière, de la grosseur d'une corneille, dont le plumage est noir et qui a le bec et les pattes rouges; il faut alors guetter le volatile merveilleux et procurer au malade la possibilité d'en entendre le cri, auquel cas le danger est considérablement atténué et la guérison prochaine; si l'on ne peut obtenir cet heureux résultat, il faut rechercher avec soin tout au moins une plume de l'oiseau mystérieux, ou sa fiente que l'on brûle en en faisant respirer la fumée au patient, et dont la cendre est ensuite administrée comme remède interne.

Tel est l'empirisme sur lequel les siècles ont laissé leur empreinte, et auquel toutes les populations répandues depuis la Sibérie jusqu'au Thibet, des bords du Gange à ceux de la Léna, paient encore aujourd'hui un tribut de considération et de reconnaissance.

1857. 5ème Livraison.

Travaux de la Société.

En tête de cette livraison, figure un extrait des *Lettres adressées au Conseil de la Société géographique, par M. E. Lamansky, son Secrétaire, en mission à l'étranger.* Parti de St. Pétersbourg au printemps de 1857, M. Lamansky, après avoir visité le nord de l'Allemagne et la Belgique, s'est rendu au Congrès statistique de Vienne, pour y assister en qualité de représentant de la Société Impériale géographique de Russie. La réunion des savants de tous pays dans la capitale de l'Autriche a été pour le Secrétaire de la Société russe, une heureuse circonstance qui lui a grandement facilité l'accomplissement d'une partie de sa mission, dont le but était d'établir des relations solides et suivies entre la Société géographique de Russie et les Sociétés scientifiques étrangères.

M. Lamansky dans sa correspondance, rend compte de l'empressement tout cordial avec lequel ont été accueillies ses propositions, et de l'intérêt qu'excitent généralement à l'étranger, les travaux de la Société de Russie et surtout les expéditions qu'elle a organisées en Asie. De Vienne et après la clôture du Congrès statistique, le Secrétaire de la Société s'est rendu à Paris où il comptait passer tout l'hiver et le printemps de l'année suivante; M. Lamansky transmet au Conseil, les détails de l'accueil non moins empressé qui lui a été fait par la Société géographique de Paris, dont il a été nommé *par acclamation* membre-correspondant; il s'est engagé sur la demande de la plupart des membres de cette Société, à mettre à profit son séjour parmi eux, pour leur faire connaître les résultats les plus intéressants des expéditions organisées par les soins de la Société géographique de Russie.

Travaux de l'expédition de Sibérie, du 1er février 1856 au 1er février 1857. —I. *Travaux de M. Schwartz, astronome en chef de l'expédition.*—Le compte-rendu de M. Schwartz se compose de trois parties dont la première, consacrée à l'étude du climat de la ville de Sélenguisk et du centre de la Sibérie, renferme tous les calculs que l'Astronome en chef a basés sur des observations météorologiques, effectuées avec le plus grand soin pendant le cours de deux années consécutives, par M. Kelberg, membre-collaborateur de la Société (section de Sibérie). Il ressort de ces calculs, que la moyenne de la température de l'année à Sélenguisk est de 0°,0 chiffre correspondant à celui de la température moyenne du 24 mars et du 10 octobre (anc. style).

La température la plus basse (30 décembre) = — 20°,5.

La température la plus élévée (9 juillet) . . . = + 15°,6.

Ces chiffres démontrent que dans la ville de Sélenguisk, l'année se divise sous le rapport de la température, en quatre parties comme il suit: du 24 mars au 9 juillet c'est-à-dire durant un espace de 107 jours, la température est au-dessus de zéro et suit une marche ascendante; du 9 juillet au 10 octobre pendant 93 jours, elle redescend jusqu'à 0°,0; du 10 octobre au 30 décembre durant 81 jours, la température continue de s'abaisser au-dessous de zéro; et du 30 décembre au 24 mars elle se relève de nouveau. En somme, le thermomètre indique une température au-dessus de la moyenne annuelle pendant 200 jours de l'année, et au dessous de cette moyenne pendant les autres 165 jours. Ce fait, suivant M. Schwartz, établit un trait distinctif entre le climat du centre de la Sibérie orientale et ceux de la Sibérie occidentale et de l'Europe. On sait en effet, qu'en Europe, l'année se divise sous ce rapport en deux parties presque égales; durant la première, la température est constamment élevée au-dessus du chiffre de la moyenne annuelle, et elle demeure au-dessous de cette moyenne pendant le reste de l'année; il en est de même dans la Sibérie occidentale autant qu'on en peut juger par les observations faites jusqu'à ce jour. Les déductions de l'Astronome en chef de l'expédition prouvent entre autres faits, que la partie orientale de la contrée Transbaïcalienne se trouve dans des conditions climatériques tout autres, que la partie des steppes du sud-ouest; on pourrait donc arriver à des conclusions fort erronées quant au climat de la première, en se fondant sur les seules données fournies par l'observatoire de Nertchinsk.

Dans la deuxième partie de son travail, M. Schwartz expose en détail les résultats des observations astronomiques faites par lui pendant son voyage dans les arrondissements de Verkhné-Oudinsk et d'Irkoutsk; il a déterminé par différents moyens la position géographique de la ville de Novo-Sélenguisk, et lui a relié chronométriquement cinq autres points, qui sont: 1) Troïtzko-Sawsk, 2) le village de Toréi, 3) celui de Djindine, 4) la ville de Verkhné-Oudinsk, et 5) l'usine de Pétrovsk. Enfin il a pu déterminer en outre la position du petit port de Katchouga sur la rive droite de la Léna; et l'éclipse de soleil du $^{17}/_{29}$ septembre observée dans des conditions favorables, lui a fourni l'occasion de calculer de nouveau la longitude d'Irkoutsk.

Les observations de M. Schwartz sur la formation de la glace au fond des rivières de la Sibérie, font l'objet de la troisième partie de son compte-rendu. Ce phénomène assez neuf pour la science et qui n'avait pas encore été l'objet d'investigations précises, a soulevé quantité d'hypothèses contradictoires. Après avoir réfuté diverses théories émises à ce sujet par des savants ou des voyageurs, l'observateur se rangeant à l'opinion de M. Mac-Kiver, admet que le principe du phénomène réside dans la faculté rayonnante des corps. «Déjà en 1850, écrit M. Schwartz, j'avais eu l'occasion d'observer le phénomène de la formation de la glace au fond de l'Olekma; c'était au milieu du mois de septembre, les nuits étaient froides et il tombait fréquemment de la neige; nous descendions le cours de cette rivière dont les eaux peu profondes sont tellement limpides et transparentes, que partout on en voit le fond. Couché sur le radeau, je pus constater que ce fond est tantôt pierreux, tantôt de sable, mais qu'il n'offre aucune trace de végétation aquatique. J'avais cru voir cependant que quelques pierres reposant sur le lit de la rivière, étaient recouvertes d'une sorte de mousse d'un gris-clair; mais un examen plus attentif me convainquit bientôt que ce que j'avais pris pour de la mousse, n'était autre chose qu'une masse de cristaux allongés qui s'étaient attachés à ces pierres, et en continuant mes observations, je pus remarquer que de temps à autre, une partie de ces cristaux se détachaient du fond de la rivière et venaient flotter à la surface de l'eau, entraînant avec eux de petits cailloux et autres menus objets. Bientôt ces masses de cristaux devinrent plus considérables et le lendemain la rivière commença à charrier des glaçons.... Le 16 décembre 1856, continue M. Schwartz, je commençai mes observations sur l'Angara; les bords de la rivière étaient déjà couverts d'une glace assez forte pour me permettre de m'avancer jusqu'auprès de l'endroit même où le courant se trouvait encore libre. A la première vue, je reconnus dans la composition des glaces flottantes, la même forme de cristaux que j'avais pu remarquer sur l'Olckma en 1850; toutefois on ne voyait que peu de ces cristaux, le vent du sud-est qui agitait la surface de la rivière ne permettant du reste qu'imparfaitement d'en distinguer le fond. Le thermomètre plongé dans l'eau par différentes ouvertures que je pratiquai dans la glace, marqua pour le fond comme pour la surface de la rivière $+ 0^{\circ},05$. Les jours suivants, les glaces flottantes furent charriées en quantité beaucoup plus considérable et en masses compactes, la croûte solide attenante au bord de la rivière s'étendit davantage, ce qui me donna la facilité de m'avancer assez loin pour effectuer mes observations à un endroit où l'eau avait plus d'une sagène de profondeur; le thermomètre plongé à cette place marqua pour le fond comme pour la surface 0°; en certains endroits, il n'y avait pas vestige de glace; dans d'autres, elle reposait sur le lit de la rivière en masses énormes, là surtout où se trouvaient des varechs ou quelque autre plante aquatique; et, particularité digne de remarque, la partie de la plante tournée vers le haut de la rivière était couverte de cristaux abondants, tandis que du côté opposé, les branches en étaient complètement dégarnies. Quelques glaçons flottants renfermaient des os ou d'autres corps étrangers et jusqu'à une centaine et plus de pierres arrondies pesant d'une à deux livres chaque; d'autres avaient entrainé des fragments de ces varechs qui poussent parmi les pierres sur les bords de l'Angara et du Baïkal; un glaçon que je pris au moyen d'un filet, renfermait trois espèces d'amphipodes, deux colimaçons, quelques vers et des sangsues. Ce fait qu'il m'a été donné de constater à Irkoutsk, que les glaces flottantes entraînent d'un lieu à un autre des plantes et des animaux, peut se répéter également pour d'autres objets; en sorte que des formes organiques, originaires de la contrée où la Sélenga prend sa source et propres à ces parages à une certaine époque, ont pu après plusieurs siècles, se trouver peu à peu transportées dans l'Océan Glacial..... Une autre observation non moins importante est celle que j'ai faite par rapport aux modifications que subit le lit même de la rivière, par suite de la formation de la glace. J'ai dit plus haut que les glaces flottantes entraînent une grande quantité de pierres loin du lieu de leur origine; ces pierres sont souvent transportées à de grandes distances; souvent aussi elles retombent pendant le cours de leur navigation, lorsque par exemple un large glaçon en se heurtant à la croûte solide qui garnit les rives, vient à se briser en plusieurs morceaux; dans ce cas tout ce qui est plus pesant que l'eau tombe au fond, et c'est ainsi qu'il arrive que là où il y avait la veille jusqu'à trois pieds d'eau, on trouve quelquefois le lendemain un banc de pierres que celle-ci recouvre à peine. Ces déplacements de pierres entraînées d'un lieu dans l'autre se renouvellent tout le temps que dure la formation de la glace au fond de l'Angara, c'est à dire pendant un mois et plus, et vraisemblablement sur toute l'étendue du parcours de la rivière. Il en résulte que la partie supérieure se débarrasse ainsi chaque année, d'une grande quantité de corps étrangers que la seule force du courant n'eût pas suffi à entraîner. Du 16 au 26 décembre, trois fois la glace se forma sur le lit de l'Angara et trois fois elle disparut, sans qu'il fût possible d'attribuer ce phénomène à l'influence athmosphérique. Du 26 décembre au 7 janvier, époque à laquelle la rivière fut prise complètement, la glace en couvrit constamment le fond sous forme de cristaux et la températnre de l'eau ne s'éleva pas une seule fois au-dessus de zéro.»

Le compte-rendu des travaux de M. Schwartz se termine par le journal des observations météorologiques que cet astronome a effectuées sur l'Angara, depuis le 24 novembre (6 décembre) 1856 jusqu'au 7 (19) janvier 1857.

II. *Travaux de M. Raddé, naturaliste de l'expédition.* — M. Raddé a exploré pendant l'année 1856, la partie la plus méridionale du cercle de Nertchinsk dans le pays Transbaïcalien, depuis le village de Tschalboutcha à l'est jusqu'au poste Altansk à l'ouest, sur une étendue de 800 verstes. Parti d'Irkoutsk le 1er mars 1856, il n'y est rentré qu'au milieu du mois de janvier 1857. Ses occupations devaient consister: 1) à se rendre au poste Kouloussoutaïewsk situé à l'extrémité nord-est du lac Toréi, pour y observer le vol des oiseaux de passage en mars, avril et mai, et leur retour en août et septembre; 2) à rassembler des collections zoologiques et botaniques, en s'attachant à l'étude des principales productions du règne animal et du règne végétal, et en donnant une attention particulière à la botanique domestique, c'est à dire aux plantes qui peuvent être employées à la nourriture des bestiaux ainsi qu'à celle du cheval et du chameau;3) à gravir le Tschokondo qui sépare les eaux de l'Onone et de ses affluents de celles de l'Ingoda, et qui dépasse en élévation tous les autres sommets des monts Jablonnoï, même ceux de la chaîne principale; 4) à noter des observations météorologiques pendant toute la durée de son voyage. — M. Raddé a exposé les résultats de ses explorations dans un vaste travail divisé en trois parties: la première renferme une description des steppes de la Daourie au point de vue de l'histoire naturelle, et principalement en ce qui a rapport au règne animal et au règne végétal; le tableau tracé par le naturaliste embrasse toute l'étendue comprise entre les 52e—48e degrés de latitude-nord et les 129e—138e degrés de longitude à l'est du méridien de l'île de Fer; la deuxième partie du travail de M. Raddé est une relation détaillée de son ascension sur le Tschokondo; la troisième contient des remarques sur la partie du pays Transbaïcalien qui s'étend vers les frontières méridionales, tant au point de vue économique que sous le rapport de son avenir en présence du développement considérable que prennent son industrie manufacturière et ses relations commerciales avec les contrées limitrophes. Au travail du naturaliste de l'expédition sont annexées trois cartes du pays qu'il a exploré: la première — géographique, les deux autres — zoologique et botanique. M. Raddé donne encore les hauteurs absolues des principaux points de la contrée, calculées sur des observations barométriques. Enfin il a fait parvenir à la Société géographique 112 espèces de plantes et 7 feuilles de dessins représentant divers animaux, entre autres les deux espèces *Bos gruniens* et *Canis mongolicus* qui lui avaient été demandés par le Département d'agriculture.

III. *Travaux du lieutenant Oussoltzoff.* — M. Oussoltzoff avait reçu la mission d'explorer l'espace qui s'étend du poste Gorbitza jusqu'aux monts Atytchane, en coupant par le milieu les divers affluents de la rive gauche de la Schilka et de l'Amour, et en suivant la vallée du Hiluï; le voyageur devait ensuite descendre jusqu'au confluent du Hiluï et de la Léna, passer sur la Sélemdja, parcourir en tous sens l'étendue comprise entre cette rivière et la Zéia puis descendre le cours de cette dernière jusqu'au poste Oust-Zéisk, point extrême qui lui était assigné pour ses travaux topographiques. Ses principales occupations devaient être: de relever un itinéraire de l'espace qu'il aurait parcouru, sur une échelle de 5 verstes au pouce anglais; de déterminer au moyen d'observations astronomiques, la position géographique des points les plus importants sur sa route; et enfin de noter chaque jour des observations météorologiques pendant son voyage. — De retour à Irkoutsk vers le milieu de janvier 1857, M. Oussoltzoff a présenté à l'astronome en chef de l'expédition, un itinéraire (en 13 feuilles) qui embrasse une étendue d'environ 1000 verstes, quelques cartes dressées par lui d'après des informations recueillies sur sa route et le journal de ses observations météorologiques. Il a en outre déterminé astronomiquement dans le cours de ses explorations, la position géographique des points suivants:

	Latitude-nord.	Longit. à l'est du mér. de Greenwich.
1) Point sur la rivière Mougaléia	53°-24′-9″	8ʰ- 7′-41″
2) — — — Amazora .	53 -31 -26	8 - 8 -50
3) — — — Ourkana .	53 -42 -55	8 -10 -12
4) — — — Khalama .	53 -59 - 7	8 -12 -35
5) Confluent des deux sources de l'Oldoï	54 - 4 - 9	9 -16 - 4
6) Point sur l'Oldoï	54 - 7 - 6	8 -16 -56
7) — — Bésimennaïa	54 -12 -59	8 -17 -38
8) — sur le cours supérieur de l'Oldoï	54 -30 -46	8 -17 -48
9) Point sur la rivière Oussmann	54 -43 -41	8 -18 -34
10) — — — Bésimennaïa	55 - 4 -22	8 -19 -58
11) — — — Djubkochine	55 -21 - 2	8 -22 -20
12) — près de l'Atytchane	55 -35 -12	8 -23 -30
13) — à la source du Hiluï	55 -17 -54	8 -24 - 3
14) — sur la rivière Djaltoula	55 - 9 - 2	8 -24 -23
15) — près de la rivière Ilikan	55 -44 -20	8 -25 -19
16) Point sur la Zéia	54 -20 -37	8 -28 -52
17) Ile rocheuse sur la Zéia . . .	52 - 4 - 0	8 -31 -36
18) Poste Oust-Zéisk	50 -16 - 0	— —

Le lieutenant Oussoltzoff a également rassemblé quelques

échantillons minéralogiques provenant de découvertes qu'il a eu l'occasion de faire dans le cours de ses explorations, et une centaine à peu près d'espèces végétales, très précieuses comme uniques données que l'on possède jusqu'à ce jour, pour se former une idée de la contrée vaste et déserte que cet officier a parcouru. Les roches que l'on rencontre depuis les sources des affluents de la rive gauche de l'Amour jusqu'aux monts Atytchane, attestent à n'en pas douter que le sol est aurifère, car elles présentent les mêmes espèces minérales que l'on retrouve dans les gisements les plus riches du cercle de Nertchinsk.

IV. *Travaux du lieutenant Rochkoff.* — Cet officier avait été chargé pendant l'été de 1856, de relever géographiquement l'embouchure du Soungari ainsi que la position des postes Mariinsk et Nicolaïevsk, puis de relier chronométriquement la baie de Castries avec le premier de ces deux points; il devait ensuite observer l'éclipse de soleil du $^{17}/_{29}$ septembre au poste Nicolaïevsk, après quoi gagner Aïane et de là se rendre à Irkoutsk. Le lieutenant Rochkoff a fait savoir au chef de l'expédition qu'il avait rempli la mission qu'on lui avait confiée, mais que contraint de passer un second hiver au poste Nicolaïevsk, il se proposait d'aller au début du printemps suivant, compléter dans le liman de l'Amour, des observations astronomiques qu'il avait commencées dans les premiers mois de 1856 et qu'il avait dû interrompre. M. Rochkoff s'est en outre occupé de dresser une carte très detaillée du cours inférieur de l'Amour, en se servant pour ce travail, non seulement de ses propres itinéraires mais aussi de toutes les données géographiques recueillies par d'autres personnes.

V. *Travaux du lieutenant Orloff.* — L'itinéraire assigné au lieutenant Orloff portait que de Gorbitza, cet officier se dirigerait vers la source occidentale de l'Oldoï et franchirait la chaîne des monts Jablonnoï pour arriver sur la Niujka, affluent de l'Olekma; il devait ensuite après avoir dépassé les affluents du cours supérieur de cette rivière, marcher de l'est à l'ouest, franchir la ligne qui sépare ses eaux de celles du Vitime, descendre dans la vallée où coule ce dernier, le couper à la hauteur de l'embouchure de la Tchouïa, s'avancer vers le sud pour explorer le cours supérieur de celle-ci ainsi que celui de la Tchaïa et celui de la Kirenga, et finalement déboucher vers le petit port de Katchouga sur la Léna. Les rapports de l'astronome en chef de l'expédition ont déjà fait connaître les circonstances qui n'avaient permis au lieutenant Orloff, d'accomplir qu'une partie de la mission dont il était chargé; son voyage a donné comme résultat: 1° une carte itinéraire de la route qu'il a suivie, depuis l'embouchure de l'Oldoï en remontant vers l'ouest jusqu'à la source de cette rivière et jusqu'aux affluents supérieurs de la rive orientale de l'Olekma; 2° un tracé du parcours de la rivière Tchiltcha, exécuté d'après des informations recueillies dans le cours de son excursion, et desquelles il résulte que la source de l'Aldane était jusqu'alors indiquée sur les cartes d'une manière complètement erronée; 3° M. Orloff a fait en outre parvenir à la Société, deux articles, l'un sur *les Orotchones de l'Amour* et l'autre sur *les Toungousses nomades de Baountoff et de l'Angara.*

Rapports de l'Astronome en chef de l'expédition de Sibérie.—Dans le premier de ces rapports, écrit d'Irkoutsk à la date du 28 juin 1857, M. Schwartz communique au Conseil de la Société géographique, les dernières nouvelles reçues des membres de l'expédition. Le lieutenant Oussóltzoff avait terminé ses préparatifs pour les travaux de la saison d'été et avait quitté Nertchinsk, se dirigeant sur Gorbitza; M. Raddé le naturaliste, après avoir visité Kiakhta pour y rencontrer le Gouverneur de la province Transbaïkalienne, avait gagné Tchita et l'usine de la Schilka; M. Rochkoff avait achevé de déterminer la position des principaux points du liman de l'Amour, il devait remonter ce fleuve en bateau à vapeur jusqu'à l'usine de la Schilka et déterminer en route la position géographique de quelques points si cela lui était possible, mais tout au moins les longitudes du poste Oust-Strelka et de l'usine au moyen de l'instrument de passage; M. Meyer, peintre de l'expédition devait aussi regagner Irkoutsk par la même voie;

enfin M. Schwartz qui avait d'abord fixé au 24 mai son départ pour la vallée du Vitime, avait dû le retarder pour attendre l'arrivée à Irkoutsk, de l'enseigne Kryjine, nouvellement adjoint à l'expédition de Sibérie; l'Astronome comptait se mettre en route le 1-er juillet pour Kirensk, et de là, gagner le lieu du rendez-vous assigné par lui aux Toungousses qui devaient l'accompagner dans son excursion.

Les deux autres rapports de M. Schwartz sont expédiés de la *slobode du Vitime* (*) et portent les dates des 26 juillet et 16 septembre 1857. Il en ressort que l'Astronome en chef arrivé à Kirensk le 12 juillet, avait employé quelques jours à ses préparatifs de navigation et avait quitté cette ville le 21, pour gagner la slobode du Vitime où il se trouvait le 24. Comme premier résultat de son voyage, M. Schwartz a reconnu que le lac Orone se trouve à 6 ou 8 verstes du Vitime et nullement au pied de la chaîne qui sépare les eaux de cette rivière de celles de l'Olekma, ainsi que cela est indiqué sur les cartes. Du 27 juillet au 20 août, le voyageur a remonté le cours du Vitime jusqu'à l'embouchure de l'Emalyte sur la rive droite; à partir de ce point les *rapides* rendent toute navigation impossible. La largeur de la rivière en cet endroit n'est guère que de 110 sagènes tandis que partout ailleurs elle varie entre 200 et 300. Deux verstes plus haut se trouve la première des trois grandes chutes du Vitime, nommée Dyliune-Ouran; là les eaux de la rivière coulent sur un fonds de roches d'où elles se précipitent ensuite en cataracte. M. Schwartz a dressé une carte itinéraire du cours du Vitime depuis son embouchure jusqu'à lā chute Dyliune-Ouran (laquelle carte embrasse une étendue de 541 verstes), et il a déterminé astronomiquement les points suivants:

1° (Longitude et latitude) Embouchure du Vitime.

2°   —   — Embouchure du Kourinkine, affluent de la rive droite.

3°   —   — Embouchure de la grande Mama, affluent de la rive gauche.

(*) Slobode — grand village.

4° (Longitude et latidude) Embouchure de la petite Mama, affluent de la rive gauche.

5°   —   —   Embouchure du Bissiakh, affluent de la rive gauche.

6°   —   —   Point au-dessus de la Boupsouïa.

7°   —   —   Embouchure de la Kerpa affluent de la rive gauche.

8°   Latitude . . . .   d'un point des *rapides* entre la Kerpa et le Toungouss-Ouriakh.

9°   —   de l'embouchure du Tongouss-Ouriakh.

10°(Longitude et latitude) Embouchure de l'Émalyte.

En dehors de ses travaux astronomiques et topographiques, l'Astronome en chef de l'expédition s'est livré à une exploration physique de la contrée; il a réuni une collection de 120 échantillons minéralogiques en y joignant une courte description des lieux où ils ont été recueillis; enfin il a tenu un journal météorologique et donné une attention toute particulière aux observations sur la température des eaux du Vitime et de ses affluents.

Question mise au concours par la Société Impériale de géographie. La Société géographique (Section d'ethnographie) a de nouveau remis au concours la question suivante: «recomposer d'après le *Livre du Grand Tracé,* la carte de Russie et des pays limitrophes, à laquelle ce livre servait de texte lorsqu'il fut écrit.» Une prime de 500 roubles-argent sera adjugée à l'ouvrage qui aura été reconnu satisfaire complètement au programme publié par la Société. La clôture du concours a été fixée au $^1/_{13}$ octobre 1859.

ÉTUDES ET MATÉRIAUX.

Mouvement de la population de la terre d'Invensk (*district de Solikamsk, gouv. de Perm*)*;* par M. N. Rogoff. — «Pour arriver à des résultats statistiques exacts, dit l'auteur dans l'introduction dont il fait précéder son travail, nous pensons qu'il ne suffit pas de s'arrêter aux chiffres généraux par gouvernements et par districts; ces chiffres parlent peu à l'esprit, ils n'expliquent ni les différences que l'on rencontre entre certaines données, ni les causes de tels ou tels faits, par la raison que chaque chiffre général représente un ensemble composé de parties de nature plus ou moins différente et se rattachant à des causes locales que l'on n'aperçoit pas alors». Partant de ce point, M. Rogoff a distribué son ouvrage en se basant sur l'*Instruction* adoptée par le Ministère de l'intérieur et publiée dans le *Bulletin* de la Société géographique en 1852, de manière à résoudre toutes les questions statistiques au moyen des données locales fournies par les listes de recensement, les registres de paroisses et les documents administratifs.

La terre d'Invensk occupe la partie occidentale du district de Solikamsk dans le gouvernement de Perm; elle se compose de sept paroisses ou villages dont les habitants sont presque exclusivement des natifs de la contrée, la plupart cultivant la terre. D'après le 9ème recensement, le chiffre total de cette population était de 33,647 individus dont 16.113 hommes et 17,534 femmes; dans ce nombre figuraient seulement 85 familles d'émigrés étrangers à la contrée, comprenant un total de ·607 personnes. Après avoir donné un aperçu du caractère général de la terre d'Invensk et de ses habitants, l'auteur consacre plusieurs chapitres séparés, à une étude spéciale de la composition et du mouvement de la population du pays, de sa distribution par villages ou hameaux, ainsi qu'à la comparaison des résultats fournis par le neuvième recensement avec ceux des septième et huitième, effectués en 1816 et en 1834.

Le lac Baïkal (Extrait de la relation du voyage accompli par M. Raddé en 1855).

I. *Tableau général de la contrée. Aperçu géognostique et physique. La flore et la faune du Baïkal.* — Le bassin du Baïkal occupe un espace de 700 milles carrés en superficie et de plus de 2000 verstes de circuit; il est entouré de tous côtés par de hautes montagnes de formation primitive. Du point extrême sud-ouest, qui se trouve par 51°-43′-21-′′ de latitude-nord et 121°-

29ʹ-48ʹʹ de longitude-est, le lac se dirige vers le nord-est jusqu'à la hauteur de l'île d'Olkhone; à partir de ce point, il incline vers le nord, et son extrémité dans cette direction, se trouve sous une latitude de 55° - 50ʹ - 20ʹʹ et par 127° - 27ʹ - 4ʹʹ de longitude. Entre les montagnes qui lui servent de ceinture, ne pénètrent que les cours d'eau les plus considérables; à l'embouchure de ces rivières, il existe des terrains sédimentaires de formation récente auxquels s'annexe peu à peu tout ce qui est entraîné par la force des eaux, et qui se présentent sous la forme de *deltas* ou plus souvent encore de marais. Le même effet se reproduit à l'égard des petits mais rapides ruisseaux qui descendent des montagnes, et dont le bassin du Baïkal est si riche. Ces alluvions ainsi que des fragments de roches que l'on rencontre quelquefois sur les bords du lac, et quelques bancs de sable peu étendus, sont les seuls vestiges de formation récente qu'offre ce bassin où tout appartient à l'époque géologique la plus reculée: ce sont partout des masses de granit syénitique, plus rarement de granit porphyroïde, qui s'élèvent presque perpendiculairement au-dessus de la surface du lac, ou des roches calcaires d'un grain dur et serré ne présentant aucun vide intérieur et ne renfermant pas de corps étrangers. On peut évaluer approximativement, que la hauteur des montagnes qui entourent le lac, varie depuis 2000 jusqu'à 3000 pieds au-dessus du niveau des eaux; les plus élevées, qui se trouvent au sud et au sud-est et en partie à l'est, atteignent au moins 4000 p.; au nord du lac, les montagnes sont beaucoup moins hautes et quelques sommets seulement dépassent 3000 p. Le fond du sol dans les îles peu nombreuses que renferme le lac Baïkal, est formé d'une pierre dure; ces îles sont bordées de rochers abrupts au pied desquels l'eau a souvent jusqu'à deux sagènes de profondeur, particularité que présentent également les rives du lac en certains endroits. Dans les baies ou anses qui appartiennent à la rive continentale ainsi que sur la côte occidentale de l'île d'Olkhone, le sol est tantôt couvert de fragments de roches, tantôt de sables amoncelés, mais c'est principalement sur l'île que ces dunes prennent d'assez grandes proportions.

On reconnait à l'examen attentif des lieux, que le niveau du lac a dû être autrefois plus élevé de quelques pieds qu'il ne l'est aujourd'hui; la conséquence naturelle à tirer de ce fait est que ses eaux couvraient alors une étendue plus considérable; cette hypothèse est assez importante pour mériter quelque attention. Les voyageurs célèbres qui ont visité le Baïkal, ont toujours pensé que le lit du lac est le résultat d'un affaissement accidentel qui se sera produit dans quelque grand cataclysme; cette idée a été combattue dans ces derniers temps par le géologue Meglitzky (*); celui-ci a prétendu que l'emplacement occupé par les eaux du lac était une vallée naturelle. M. Raddé, qui pendant un séjour de trois mois, a eu plus d'une fois l'occasion de mesurer la profondeur des eaux à peu de distance de la rive, se range à l'opinion qui attribue la formation de la concavité du lac, à l'effet violent de forces souterraines. Il s'est surtout senti affermi dans cette idée en explorant l'embouchure de l'Angara inférieure, le long de la rive occidentale jusqu'aux marécages d'Olkhone; là, des masses granitiques s'élèvent à plusieurs centaines de pieds au-dessus du lac en murailles unies, et se prolongent sous les eaux à une profondeur également considérable; or à une verste à peine de ces rochers, on trouve 500 et 600 p. d'eau, et une fois M. Raddé a vu descendre la sonde jusqu'à 700 p. sans rencontrer le fond. Les murailles rocheuses qui existent non loin de l'excavation renfermant les seuls gisements aurifères du Baïkal, méritent surtout l'examen du géologue; on y voit des morceaux de granit et de porphyre dont la grosseur varie depuis celle d'un œuf de poule jusqu'au volume d'une tête humaine, enchassés dans une sorte de ciment quartzeux d'une dureté telle, que les plus grands efforts aboutissent à briser la masse rocheuse elle-même plutôt que de tirer ces morceaux de la place où ils sont incrustés; et c'est précisément à proximité de ces murailles de ro-

---

(*) Meglitzky. — Skizzen von Ost-Sibirien. — 1. Der Baïkal und seine Umgebungen (Mémoires de la Société Impériale minéralogique de Russie. 1855 — 1856).

ches, que les eaux du lac présentent la profondeur la plus considérable. Pallas, Georgi, plus tard Hermann et en dernier lieu Karl Ritter, ont pensé que l'abaissement des eaux du lac a dû se produire dans le même temps que l'élévation de ses rives; aussi M. Raddé est-il d'avis que l'opinion avancée par M. Meglitzky ne saurait être admise.

Aujourd'hui le niveau des eaux du Baïkal, depuis le printemps jusqu'à l'époque de leur congélation, est peu variable; en examinant avec attention les rochers qui bordent les rives, on remarque à la hauteur où ils sont baignés par les flots du lac, une bande de couleur grise, large de cinq à huit verschoks; M. Raddé a constaté qu'à la fin de juin la largeur de cette bande était déjà réduite de deux verschoks, et elle devient plus étroite encore vers la fin de l'été. Le naturaliste explique cette élévation de niveau, par l'écoulement constant des eaux des montagnes et l'abondance de celles provenant de la fonte des neiges qui tiennent encore dans les cavités des rochers jusqu'au mois de juillet. A cette période croissante en succède une de stabilité, puis le niveau du lac s'abaisse aux premiers froids. Nulle part on ne remarque des variations de vent aussi fréquentes et aussi subites que sur le lac Baïkal. M. Raddé a observé une fois entre autres, que dans l'espace de deux heures, la direction du vent avait successivement passé par toutes les aires principales, et non pas d'une manière suivie mais par sautes brusques et irregulières, s'arrêtant quelques instants tantôt sur un rumb tantôt sur un autre. Il est hors de doute que les conditions de force et de direction des vents se lient étroitement, tant à la nature particulière des rives du lac et des rochers qui les dominent, qu'aux différences de température du sol et des eaux. Tout le temps de son excursion sur la rive occidentale, le voyageur a remarqué que les vents d'est dominaient jusqu'au commencement d'août; les vents d'ouest au contraire ne se font sentir qu'à cette époque et facilitent alors beaucoup la navigation vers l'Angara supérieure, navigation qui dans le mois de juin, exige au dire des pêcheurs, depuis dix jours jusqu'à deux et trois semaines. Chaque matin pendant l'été, des brouillards froids s'étendent sur le lac; quand le temps est calme, toute la partie nord-est est enveloppée d'une vapeur quelquefois si dense, qu'à cinquante pas il devient impossible de distinguer les contours des masses granitiques du rivage. Ces brouillards, nuisibles surtout aux grains, ne s'étendent pas au loin dans les terres; M. Raddé attribue leur formation à l'influence des couches d'air chaud qui entourent les rochers; ils se prolongent au-delà de la mi-juillet, c'est seulement vers la fin de ce mois et en août qu'ils deviennent plus rares et que la température des eaux du lac s'élève et devient fixe. Aux premiers jours de novembre, et pendant qu'il s'occupait à noter des observations sur la température de l'eau à l'extrémité sud-ouest du Baïkal près du village de Koultouk, M. Raddé apprit que non seulement la partie septentrionale du lac était déjà couverte de glaces, mais que dans les montagnes, les cours d'eau les plus rapides étaient en partie arrêtés et que les traîneaux parcouraient l'Irkoute, tandis qu'au sud-ouest les eaux du lac et celles de l'Angara étaient encore complètement libres; leur température était à ce moment de $+ 2°$. Le deux décembre, l'observateur constata que cette température s'élevait encore à $+ 1°, 25$ lorsque celle de l'air ambiant était déjà descendue à $- 18°$ et momentanément à $- 26°$. Ce fut le 15 décembre seulement que le thermomètre plongé dans l'eau marqua $0°$, et ce même jour il marquait à l'air libre, à 10 heures du matin, $- 30°$.

M. Raddé passe ensuite à la description de la flore et de la faune du Baïkal. Les grandes forêts de conifères, écrit-il, qui caractérisent toute la partie basse et unie de la Russie occidentale se reproduisent ici dans les plus vastes proportions; à toutes les hauteurs, sur les lieux les plus élevés comme au niveau du lac, on rencontre le mélèze et le pin, plus rarement le cèdre de Sibérie qui croît principalement sur les hautes montagnes; le sapin ordinaire et le sapin argenté *(Abies pectinata)* espèce propre à la Sibérie, se trouvent seulement dans les vallées abritées, le long des cours d'eau. Il règne une opposition tranchée entre l'aspect de ces sombres forêts de conifères immobiles où les vents les plus forts peuvent seuls pénétrer, et celui des bouleaux contournés au rare feuillage, dont les troncs recouverts d'une écorce blanchâtre et déchirée présentent dans la pénombre des bois les formes les plus fantastiques; la moindre brise agite les feuilles de ces bouquets d'arbres où l'on voit de temps à autre un tremble comme venu là par hasard. Le hêtre, l'orme, le chêne, que le continent européen produit sous la même latitude, ne se rencontrent pas dans toute l'étendue de la contrée du Baïkal; cette uniformité dans les essences frappe d'abord l'observateur par son développement colossal, mais elle fatigue bientôt les regards; une seule espèce par sa forme et son feuillage rappelle l'Europe, encore ne se voit - elle que rarement et dans les vallées arrosées par quelque ruisseau, c'est le peuplier balsamifère; le brillant de ses feuilles, leur belle nuance et leur gracieux contour elliptique reposent la vue du voyageur, fatiguée de l'aspect triste et monotone du feuillage aciculaire des conifères. Quant aux arbrisseaux, les espèces en sont nombreuses; ceux qui atteignent le plus grand développement sont l'aulne, une variété du bouleau, l'alizier *(Cratægus sanguinea)* et le sorbier *(Sorbus aucuparia);* ils ont quelquefois jusqu'à trente pieds de hauteur. Mais la flore du Baïkal est surtout riche en arbustes: parmi ceux-ci, le rhododendron daourien *(R. dahuricum)* occupe le premier rang; dès le milieu du mois de mai, cette espèce entre en pleine floraison que ses branches sont encore à peine garnies de feuilles, et elle est répandue en telle profusion, que de loin les bois en revêtent une teinte rouge particulière, avec laquelle contrastent péniblement la sombre verdure des conifères et l'herbe flétrie de l'été précédent; outre cette espèce du genre, M. Raddé a encore trouvé sur la rive orientale du lac, le rhododendron *Chrysantum* et une variété à fleurs d'un jaune d'or éclatant qui croît dans les crevasses de rochers. Après le rhododendron viennent les *spirées;* tandis que l'Europe n'en produit que deux espèces, la contrée du Baïkal en compte jusqu'à neuf dont deux surtout sont caractéristiques (*Sp. chamœdryfolia* et *Sp. flexuosa Fisch*). La partie sud-ouest du bassin est remarquable par la richesse et la variété des espèces qu'elle renferme: ce sont des *ranunculacées* (*Delphinium, Aconitum, Trullius, &*) qui recouvrent de vieux troncs d'arbres renversés par le temps, des masses infranchissables de groseilliers, de mûriers des rochers, de géraniums, puis de hautes *valérianes* mélangées encore d'autres espèces, des *ombellifères* et quelques *papilionacées;* mais on remarque le manque de *crucifères*, de *synanthérées*, de *labiées*, de *scrofulariées* et de *boraginées*. Sur le côté nord, le tableau qui précède s'efface pour faire place à une végétation qui rappelle, sauf quelques formes, celle des bois d'Europe: le rhododendron et les aconits s'étendent encore jusqu'à l'Angara septentrionale, mais aux autres espèces se substitue un tapis épais d'*empétracées* et de *vacciniées* qui s'entremêlent avec la mousse et la *Linnée* et s'élèvent à peine à ½ pied au-dessus du sol. Cette pauvre végétation s'étend sur toute la partie septentrionale du bassin du Baïkal jusqu'aux marais et aux rochers du rivage. Dans les vallées basses ou marécageuses, le nombre des espèces augmente de nouveau sensiblement: les saules, les chèvrefeuilles, les spirées y croissent en abondance; on y rencontre aussi des *synanthérées*, quelques *pédiculaires*, plusieurs sortes d'épervière (*Hieracium*), etc...

M. Raddé divise son tableau de la flore des rives et des eaux du lac même, en quatre parties: 1⁰ végétation des vallées sèches et rocheuses jusqu'au sommet des montagnes qui bordent la rive; 2⁰ végétation sur le galet même du rivage; 3⁰ caractère de la végétation des dunes et des marais d'Olkhone et des eaux du Baïkal; 4⁰ espèces phanérogames et cryptogames des rochers nus. — Sur les pentes nues et arides des vallées sèches, dans les anfractuosités de rochers et principalement de roches calcaires, fleurissent deux belles variétés de lis (*Lilium tenuissimum* et *Hemerocallis flava*) et plusieurs espèces d'ail *(Allium)*, plus loin des touffes d'orties, quelques *scabieuses* et quelques *astragales*; mais toute cette végétation est maigre de feuillage et laisse percer partout les contours anguleux des rochers. A cette partie de la flore du Baïkal appartiennent cependant certaines formes élégantes que l'on rencontre en s'éloignant du lac de quelques verstes; ce sont les espèces *Cymbaria dahurica, Thermopsis lanceolata, Erysimum altaïcum, Dianthus superbus, D. versicolor*, et *Delphinium grandiflorum*. Sur le sommet des rochers ne croissent que des *lichens* et l'*Arénaire* mêlée quelquefois à la *Véronique*.

Sur le rivage même du lac la végétation change encore de caractère; on aperçoit de loin les fleurs rouges de quelques *onagrariées* qui croissent entre les pierres avec la fumeterre et l'orpin; on y voit aussi des groupes de *scrofulariées* et de *polygonacées*, quantité *d'astragales* dont la présence est caractéristique dans les sables et à l'embouchure des ruisseaux, et quelques autres *papilionacées (Sanguisorba, Potentilla)*; enfin sur la rive septentrionale du lac on rencontre l'*Isatis* oblongue qui indique le voisinage des conifères.

La dune qui sépare les deux bras par lesquels l'Angara septentrionale verse ses eaux dans le lac, est une alluvion composée d'un sable grenu de couleur claire, qui s'étend de l'est à l'ouest sur une longueur de 15 vestes et forme la rive même du lac du côté nord; sa hauteur varie sur divers points depuis 6 jusqu'à 30 pieds; vers le lac, elle s'abaisse en pente douce, de telle sorte qu'au pied de cette élévation règne encore une plage unie qui a de 6 à 20 p. de large; du côté opposé c'est à dire au nord, la dune est beaucoup plus escarpée, elle est baignée par une lagune qui autrefois a dû elle-même faire partie intégrante du lac et qui réunit les deux bras de l'Angara. Aujourd'hui cette dune a acquis un état de stabilité naturelle, grâce à la plantureuse végétation qui la couvre; le cèdre de Sibérie y domine à l'état d'un arbrisseau dont le branchage s'épanouit à niveau du sol, tandis que non loin de là dans les montagnes, il constitue une espèce forestière; à côté de cet arbrisseau, la dune produit encore quelques *astragales*, des *spirées* et enfin le pin, mais également en arbrisseau et tel qu'on le voit aussi sur la dune de la rive occidentale d'Olkhone. La flore de cette île offre une particularité remarquable; M. Raddé a trouvé sur l'emplacement autrefois occupé par le rivage c'est à dire à une distance assez éloignée des rives actuelles, de magnifiques prairies où abondent les *graminées*, tandis que les vallées du Baikal placées dans les meilleures conditions ne produisent que des plantes à forte tige; c'est à cette circonstance entre autres qu'il a été à même de constater, que le voyageur attribue l'existence des nombreux troupeaux de bêtes à cornes que possèdent les Bouriates de l'île. Quant à la végétation des eaux mêmes du Baïkal et des cours d'eau qui viennent s'y déverser, elle comprend surtout des espèces cryptogames; ce sont des conferves filamenteuses qui couvrent la partie des rochers baignée sous les eaux et communiquent à celles-ci, cette teinte verte que l'on appelle la *floraison de la mer;* les phanérogames se montrent seulement aux bouches de l'Angara septentrionale, là où le courant à peine sensible permet leur développement rapide; on y rencontre le *Nuphar pumila,* le *Polygonum amphibium,* le *Myriophillum,* etc., et les marécages sont couverts en cet endroit de laîches *(Carices)* et de *Ményanthes* à trois feuilles.

Enfin en terminant son tableau de la flore du Baïkal, M. Raddé constate que les rochers granitiques qui entourent le lac et sont depuis des milliers d'années exposés à l'influence de l'air et de l'eau, n'ont réussi qu'à se revêtir d'une légère couche de lichens jaunes, qui encore ne s'étend pas jusqu'à leur base dépouillée de toute trace de végétation par le ressac des eaux; quelques *fougères* croissent dans les crevasses, et dans les cavités qui renferment la plus mince couche de terre végétale on aperçoit des *crucifères (Hesperis, Alyssum, Erysimum altaïcum, etc.).* Telle est en général la végétation des rochers exposés à l'action des rayons du soleil; elle se modifie encore dans les endroits ombragés par les conifères; là les phanérogames disparaissent peu à peu pour céder la place à la mousse du nord ou *lichen des rennes,* qui souvent devient dangereuse pour le chasseur, en dérobant à sa vue des précipices et des ravins formés par la chute d'une roche ou de quelque arbre colossal.

Au premier coup-d'œil jeté sur les principaux groupes du règne animal, continue le naturaliste, on demeure convaincu que la faune du Baïkal est pauvre en représentants des espèces d'ordres inférieurs nommément de *gastéropodes.* Le lac renferme-t-il même des mollusques?..... il n'a pas été donné à M. Raddé d'en apercevoir; il a trouvé dans les sables de l'île d'Olkhone trois espèces de limaçons d'eau douce, et un individu du genre mulette *(Unio)* près de l'embouchure de l'Angara septentrionale; mais il considère ces rencontres comme purement accidentelles et ne pouvant rien faire préjuger quant au bassin du lac en général. La même pauvreté se remarque en fait d'*annélides;* c'est encore aux bouches de l'Angara supérieure, que l'on trouve en plus grand nombre quelques espèces appartenant à ces dernières classes. La contrée est plus riche en insectes; on y rencontre parmi les *coléoptères,* quantité de *longicornes,* plusieurs espèces de taupins *(Elater),* et les valérianes y sont couvertes de mouches et d'abeilles; toutefois la partie septentrionale du bassin si pauvre de végétation l'est également en insectes, et sur les terres argileuses où croissent l'*Empetrum* et le *Vaccinium* on ne voit que des fourmis et des *arachnides;* au mois d'août seulement ces lieux sont animés par la présence de nombreuses phalènes *(Tortrices, Noctua, etc.),* et de quelques *buprestides.* Les formes les plus remarquables de la nombreuse famille des *carabes,* manquent totalement sur le Baïkal; les *hyménoptères* et les *dyptères* s'y montrent en plus grand nombre; les représentants de l'ordre des *névroptères* sont beaucoup moins communs; les *orthoptères* sont rares, et les *hémiptères* encore plus.

En fait d'amphibies, M. Raddé n'a vu sur les bords du Baïkal qu'une énorme couleuvre, et il a trouvé au commencement de juin dans la plaine marécageuse qui s'étend entre la route d'Iakoutsk et l'Angara, une vipère à ventre bleu et une grenouille *(Ranà cruenta)*. Sur le Baïkal même, le naturaliste n'a rencontré par la suite aucun autre individu de l'ordre des *ophidiens* ou de celui des *batraciens;* il a également constaté l'absence des *sauriens* et des *chéloniens,* ce qui justifie l'opinion avancée par lui que certaines familles de *vertébrés* n'ont que fort peu de représentants dans la faune du Baïkal.

En poissons, c'est le genre *saumon* qui domine dans les eaux du Baïkal; et si l'on comprend dans ce bassin, les bouches de l'Angara et les ruisseaux de montagnes, il faut y ajouter cinq espèces de *cyprins*, la lotte, le chabot *(Cottus gobio)*, le brochet et la perche. Ces deux dernières espèces attendent ordinairement leur proie aux embouchures des ruisseaux qui se jettent dans le lac, mais on ne saurait dire qu'elles soient en état de nuire sérieusement au développement des autres. L'appauvrissement du lac en saumons, doit être attribué à l'homme et surtout à son mépris peu intelligent des lois de la nature. Déjà les habitants d'Irkoutsk et de tout le pays Transbaïkalien ressentent les conséquences de ce mal, mais nul n'a encore songé au moyen de venir en aide à la nature épuisée.

Parmi les oiseaux de proie, qui donnent toujours la mesure de la richesse ornithologique d'une contrée, M. Raddé cite deux espèces d'aigle *(Aquila fulva* et *A. Albicilla)*, le milan, l'autour *(A. nisus* et *A. palumbarius)*, la mouette *(Larus cachinans)* qui à l'exemple du corbeau de Daourie, construit son nid dans les creux de rochers, le lanier *(Falco lanarius* et *L. major)*, et dans les nocturnes une seule espèce de chouette *(Strix nyctaea);* parmi les passereaux: le gobe-mouche, le bruant *(Emberiza pithyornus, E. aureola, E. nivalis)*, la bergeronnette, le pinson, une espèce de rossignol *(Sylva Calliope)*, la mésange *(Parus caudatus, P. palustris* et *P. major)*, une variété de la sitelle *(Sitta uralensis)*, six espèces de pics *(Picus martius, P. canus, etc.....)*, etc.; le naturaliste mentionne également outre les *tétras* que rien ne distingue des espèces d'Europe, une variété daourienne de la perdrix grise, une espèce de merle *(Turdus iliacus)*, de nombreuses variétés de canards, et la bécasse *Scolopax gallinago,* qu'il a trouvée en grande quantité dans les marécages de la rive orientale du lac, à la fin du mois d'août, probablement lors du second passage. M. Raddé a encore constaté que certaines espèces de marais, comme le vanneau, le bécasseau le héron, etc.... n'habitent pas la contrée et ne s'y montrent qu'accidentellement.

Suit enfin l'énumération des mammifères. Le musc au dire des chasseurs, se rencontre partout dans les montagnes mais principalement vers le sud-ouest; le chevreuil de Sibérie est aussi commun que le cerf et l'élan; ces deux dernières espèces toutefois ne se trouvent ni sur l'île d'Olkhone ni dans les montagnes de la rive septentrionale, là où en revanche se voit souvent le renne. Les carnassiers sont assez nombreux : l'espèce la plus redoutable au gibier est le glouton; le lynx, le loup et l'ours, se montrent également partout, mais la première de ces espèces est moins commune que les deux autres; le renard et le lièvre habitent aussi le bassin du Baïkal; le blaireau s'y rencontre mais rarement, et les chasseurs affirment que l'on trouve la loutre de rivière à l'extrémité occidentale du lac. La zibeline se tient à l'extrémité nord du bassin ainsi qu'au sud-est; dans les montagnes au sud et à l'est elle est rare, et partout ailleurs on n'en voit nulle trace; celle du nord est la plus estimée comme fourrure; cependant il existe au sud du lac, des endroits dont la chasse est affermée chaque année, à des Russes qui y recueillent une grande quantité de ces précieuses fourrures. C'est ainsi que dans l'automne de 1855, onze chasseurs de Koultouk ayant acheté le droit de chasse sur toute l'étendue du plateau en question, ils en rapportèrent au bout de sept semaines — 27 zibelines qui furent vendues 1200 roubles-assignats; dans le même temps ils avaient réussi à se procurer 18 écureuils de premier choix et 2 martres de Sibérie. Aux espèces sus-mentionnées, il faut encore ajouter dans les rongeurs: l'écureuil volant ou *Polatouche (Pteromys volans)* et le *Tamias*, une espèce de marmotte *(Arctomys Eversmanni)*, le *Pika (Lagomys alpinus)* et trois espèces du genre rat — *Mus œconomus, M. rutilus* et *M. decumanus* (surmulot). Quant au phoque du Baïkal dont M. Raddé n'a pas encore déterminé les espèces, suivant les chasseurs du pays, il se montre rarement au nord du lac; l'été, il habite volontiers la rive orientale de l'île d'Olkhone, et à l'automne, on le rencontre souvent entre l'embouchure du Bargousine et celle de la Sélenga.

II. *Aperçu ethnographique sur les Bouriates et les Toungousses du Baïkal.* Des deux peuplades de race étrangère (Bouriates et Toungousses qui habitent la contrée du Baïkal, la première appartient à la race Mongole, la seconde à la race Mandchoue; et la différence tranchée qui les distingue l'une de l'autre sous le rapport du développement intellectuel, est une nouvelle preuve de l'influence qu'exerce sur le moral de l'homme, le genre de ses occupations habituelles. Tandis que les uns sont naturellement gais, vifs, hardis, observateurs, les autres sont au contraire peu intelligents, dissimulés, indifférents et craintifs; ceux-là chassant constamment dans la profondeur des forêts, s'accoutument de bonne heure à braver les périls auxquels les expose sans cesse la rencontre des bêtes fauves; les autres ne s'occupant que de leurs bestiaux et de la pêche, s'abrutissent dans les *iourtes* infectes et enfumées où ils vivent avec leurs familles. Ces observations, ajoute l'auteur, comme tout ce qui va suivre, s'appliquent plus spécialement aux *inorodsis* des bords même du lac Baïkal et aux habitants de l'île d'Olkhone, chez qui les caractères particuliers de race se retrouvent plus accusés, sans doute à cause de leur situation qui les isole davantage de leurs pareils d'au-delà du Baïkal et les prive de l'avantage d'entretenir des relations fréquentes avec les Russes.

M. Raddé a vu des Bouriates sur toute la rive occidentale du lac; sur la rive orientale il n'en a rencontré que deux qui avaient quitté l'île d'Olkhone dont la population entière appartient exclusivement à cette peuplade, pour venir s'établir à l'embouchure de la Tourka. Les Toungousses errent dans toute la partie septentrionale du Baïkal et le long de la rive orientale du lac jusqu'à l'embouchure du Bargousine; sur la rive occidentale M. Raddé a rencontré la première de leurs *iourtes*, à la pointe de terre qui sépare la baie profonde de Bougotchana de celle de Sludénaïa; ils considèrent comme leur appartenant tout cet espace qu'ils parcourent en nomades, et le propriétaire de la iourte précitée affirmait que *sa chasse* s'étendait jusqu'à cette limite, que souvent il avait maille à partir avec les Bouriates voisins quand ceux-ci dépassaient sa frontière. Les Bouriates de la rive occidentale et de l'île d'Olkhone ne changent de campement que deux fois l'année, rarement trois; les gras pâturages qu'ils ont à leur disposition procurant une nourriture abondante à leurs troupeaux, ces nomades ne quittent ordinairement leur campement d'été que pour celui où ils doivent hiverner; ils vivent constamment réunis en grand nombre et forment des villages, dont plusieurs ensemble constituent un tout indivisible qui ne porte qu'une seule et même appellation. Les Bouriates sont solidement constitués, le système musculaire est chez eux peu développé mais naturellement fort, ils se distinguent par une certaine propension à l'obésité; ils ont tous les cheveux noirs et épais, les yeux plus petits que ceux des Toungousses, le visage large à pommettes saillantes, le muscle zygomatique fortement développé, la bouche grande, le nez aplati, camus chez l'enfance, rarement grand et courbé; leur tempérament est en général flegmatique et ils ne travaillent que quand la nécessité les y oblige; remplis de dissimulation, ils n'ont qu'une intelligence obtuse, sont ordinairement silencieux, entêtés, peu serviables même dans l'espoir d'un salaire, et quand l'occasion se présente, ils ne se font pas faute dans leur commerce d'échange, de s'assurer des bénéfices illicites; toutefois ils ne se permettent le vol ouvert et manifeste ni entre eux ni à l'égard des autres; ils ont tous un goût prononcé pour le tabac et les boissons fortes, et il ne faut pour les enivrer qu'un peu de cette eau-de-vie qu'ils distillent eux-mêmes du lait aigre et qui ne renferme pas plus de 10 p. %o d'alcool; ils se nourrissent de viandes de toute espèce et tout en ce genre leur est bon, mais ils sont surtout friands, comme les Toungousses, de graisse de phoque qu'ils avalent par larges tranches sans sel et sans pain; au reste ils mangent volontiers le pain quoiqu'ils n'en cuisent pas eux-mêmes; ils ne cultivent pas non plus les grains et ne s'en procurent que par échange chez les Russes. Quant au thé en briques, il n'est accessible qu'aux riches. Les Bouriates d'Olkhone sont les plus aisés à cause des nombreux animaux domestiques qu'ils possèdent, principalement des moutons dont la laine est pour eux un grand objet de commerce. Leurs bêtes à cornes sont de petite taille et ils en font moins de cas que des moutons et des chevaux; ceux-ci bien que ne se faisant pas non plus remarquer par leur extérieur, supportent les plus rudes fatigues et se contentent d'une pauvre nourriture; l'hiver ils doivent eux-mêmes la chercher sous la neige qu'ils grattent et qu'ils enlèvent avec leur sabot. Les Bouriates attèlent aussi les bœufs et les emploient également comme monture; dans ce dernier cas, le cavalier au lieu d'enfourcher la bête, s'assied de côté les deux jambes pendantes. La pêche est une des grandes occupations des Bouriates, mais ils ne la font guère qu'à proximité de leurs habitations et seulement pour leurs besoins personnels. Quant à la chasse, c'est pour eux une affaire purement accessoire; les véritables Bouriates-chasseurs habitent le village de Koultouk au sud-ouest du lac, ils ont pour la plupart embrassé la foi chrétienne et se distinguent des autres par leur énergie et leur activité. Tous les Bouriates se vêtissent avec les peaux de leurs animaux domestiques, et se procurent chez les Russes le linge dont ils ont besoin; mais ils sont bien en arrière des Toungousses, tant pour la manière de préparer les peaux que pour la confection de leurs vêtements.

Les différences de tempérament, de caractère et de genre de vie, qui existent entre les Bouriates et les Toungousses, n'empêchent pas que les uns et les autres n'aient des croyances semblables en fait de religion; ils sont adonnés au chamanisme et au culte des idoles. Bien des Toungousses établis vers l'embouchure de l'Angara septentrionale sont cependant chrétiens; mais ils ne considèrent le Baptême qu'ils ont reçu, que comme une simple formalité, et tout en accomplissant lorsqu'ils se trouvent en présence des Russes, les pratiques de la religion orthodoxe, ils retournent à leur idolâtrie première aussitôt qu'ils ont regagné les forêts; ce fait que M. Raddé a été plus d'une fois à même de constater, doit suivant lui, être attribué d'une part au genre de vie que mènent ces nomades et de l'autre au manque d'églises dans ces contrées presque désertes.

Le nombre des Toungousses qui vivent aux environs du lac Baïkal ne saurait être évalué exactement; la même incertitude règne quant aux limites des terres qu'ils considèrent comme leur propriété. A l'époque de la pêche du saumon *(Salmo omul)*, beaucoup d'entre eux quittent leurs habitations de l'Angara supérieure pour venir se louer comme travailleurs aux pêcheurs russes; en 1855, on en comptait jusqu'à 30 familles des plus pauvres et ne possédant pas de rennes. Du reste les riches Toungousses d'aujourd'hui ont à eux une trentaine de rennes tout au plus, tandis qu'autrefois il n'était pas rare de voir une famille en posséder jusqu'à 100 têtes.

Le type des Toungousses du nord du Baïkal est celui-ci: front élevé et découvert, les yeux tout-à-fait comme ceux des Chinois et les sourcils obliques se rejoignant vers le nez, les pommettes saillantes comme chez les Bouriates, le menton pointu avec peu ou point de barbe, et le teint d'un jaune foncé. Les Toungousses portent les cheveux longs et tressés en nattes; ils ont la charpente osseuse solide, et le système musculaire naturellement peu développé chez eux, prend de la force grâce à un exercice continuel; ils sont en général d'un tempérament sanguin. L'activité et en même temps l'amour de l'indépendance sont dans la nature des Toungousses, et comme nous l'avons dit, le besoin peut seul les contraindre d'aller en automne demander du travail aux Russes. Au reste ce sont ordinairement les femmes et les jeunes filles que l'on emploie pour préparer le poisson; les hommes vont à la chasse. Ceux-ci sont d'un caractère franc et ouvert, serviables et très communicatifs; leur véritable patrie, c'est la forêt dont ils connaissent chaque arbre et chaque pierre; ils possèdent à cet égard une mémoire surprenante. Les Toungousses sont sobres et tempérants, ils peuvent satisfaire à tous leurs besoins à l'aide d'un seul animal — le renne, et d'un seul arbre — le bouleau; ils n'ont pas cette gaucherie qui se remarque chez les Bouriates, tous leurs mouvements sont libres et dégagés; leurs vêtements sont propres et confectionnés avec un certain art, ils se montrent surtout habiles à préparer les peaux dont ils font usage; leurs *iourtes* sont aussi mieux entretenues à l'intérieur que celles des Bouriates.

Il y a sept objets indispensables à un Toungousse et qu'il porte avec lui dans toutes ses excursions: — 1) Une pique pour se défendre contre l'ours; cette arme est en bois, longue d'une sagène et garnie à son extrémité d'un fer de lance de 9 verschoks de longueur sur $1\,^1/_2$ de large et $^1/_2$ d'épaisseur. 2) Une carabine dont le calibre varie mais qui est toujours à pierre. 3) Une queue de cheval emmanchée d'un morceau de bois de quelques verchoks, destinée à éloigner les mouches et les cousins. 4) Une pipe chinoise ordinairement en fer-blanc, de six à huit verschoks de long et dont le fourneau est de forme hémisphérique, avec un petit sac renfermant le tabac, le briquet et l'amadou. 5) Une planchette longue d'un pied et demi et large de trois à quatre verschoks, sur laquelle les vêtements sont attachés et qui se porte en guise de havre-sac. 6) Une nacelle longue d'une sagène, en écorce de bouleau, et qui se dirige au moyen d'une perche en forme de balancier munie de pales étroites aux extrémités. Les Toungousses sont particulièrement habiles à diriger contre le vent et le courant, cette petite embarcation dans laquelle ils se placent quelquefois jusqu'à trois. 7) Un trident pour la pêche; cet instrument dont les dents sont recourbées en crochet à leur extrémité, s'emmanche sur une perche de deux à trois sagènes de longueur et s'emploie en cet état pour en frapper le saumon.

Sous le rapport de la nourriture, les Toungousses ne sont pas plus difficiles que les Bouriates; et bien qu'ils aiment le pain, ils doivent la plupart du temps se contenter de la chair des animaux qu'ils tuent. Du reste, ils supportent les fatigues et les privations de tout genre, plutôt que de renoncer à leur liberté et de venir demander aux Russes un travail qui leur procure les commodités de la vie; leur religion, disent ils, veut qu'ils sachent vivre et mourir dans la forêt.

Chez les Bouriates et les Toungousses comme en général dans tout l'Orient, les femmes sont réduites à un état absolu d'infériorité et de domesticité; ce sont elles qui doivent construire les habitations, préparer les peaux, coudre les vêtements, soigner le ménage et surveiller les troupeaux, tandis que les hommes jouissent d'une liberté sans bornes et n'ont d'autre règle que leur fantaisie.

III. *Aperçu économico-statistique de la pêche du Baïkal.* — La limpidité et la fraîcheur des eaux du Baïkal, la nature rocheuse du sol qui en forme le lit, l'abondance des ruisseaux qui descendent des montagnes pour venir alimenter le lac, telles sont les conditions qui favorisent la multiplication des *Salmonoïdes* dans l'étendue de ce bassin. Les espèces qu'on y rencontre en plus grand nombre sont les cinq suivantes: *Salmo oxirhynchus, S. fluviatilis, S. thymallus, S. corregonus* et *S. omul.* Si comme l'a calculé M. Péjemsky, la pêche annuelle des quatre premières fournit en poisson une valeur d'environ 23.000 roubles argent ou 92.000 francs, on peut évaluer au minimum le produit de la dernière à une somme quatre ou cinq fois plus forte. M. Raddé se basant sur la pêche de 1855 et tenant compte de la hausse qui se manifeste d'année en année sur le prix de cette denrée, affirme que la pêche de la seule espèce *Salmo omul* dans tout le bassin du Baïkal, donne annuellement environ 4.000 tonneaux de salaison représentant une valeur de 120.000 roubles ou 480.000 francs, et que la vente au détail de cet article, procure au marchand un bénéfice net de 40 à 50 p. %. Malheureusement, ajoute le voyageur, cette ressource si importante pour la subsistance des habitants de ces contrées, commence à diminuer sensiblement, et le temps est loin où Pallas pouvait dire en parlant de cette pêche: *«toto vero automno usque ad conglaciationem fluviorum tantis myriadibus capiuntur, etc.»* Deux circonstances ont surtout contribué à amener cet état de choses qui ne peut qu'empirer si l'on ne songe sérieusement à y porter remède: en premier lieu, la pêche de *l'omul* se fait précisément à l'époque la plus importante des migrations annuelles de cette espèce et notamment au moment du frai; de plus elle a lieu sur un espace extrêmement resserré et d'où le poisson a peu de chances de s'échapper. Or il a été reconnu qu'un verschok cube de frai ou *caviar* en état de maturité renferme 11.700 œufs; les tonneaux employés par les pêcheurs étant d'une capacité de 6.283 verschoks cubes, chacun d'eux doit contenir 73.511.100 œufs ou poissons en germe; l'expérience a démontré que sur 10 tonneaux de poisson salé on recueille un tonneau de caviar, d'où il résulte que si l'on calcule sur le chiffre très modeste de 1.500 tonneaux comme produit de la pêche de *l'omul* aux bouches de l'Angara (et c'est spécialement du poisson pris en cet endroit qu'on tire le caviar), on peut admettre que 136 tonneaux de frai, contenant chacun de 20 à 25 pouds soit en tout 2720 à 3400 pouds à 1 rouble, sont vendus pour une somme d'environ 3000 roubles; tandis que ces œufs employés à la reproduction de l'espèce, si même par suite d'éventualités la dixième partie seulement en était éclose, eussent donné naissance à l'énorme masse de 999.750.960 poissons. Encore n'est-il question dans cette évaluation, que de la pêche faite au-dessus de l'embouchure de l'Angara; quant à celle qui a lieu plus bas et dans le lac même, elle est plus considérable de moitié, et comme à ce moment le frai n'est pas encore arrivé à l'état de maturité nécessaire pour être employé comme caviar, on le jette sans en tirer le moindre profit. A côté d'une aussi formidable quantité de poissons détruits par les pêcheurs mêmes, il est pour ainsi dire futile de mentionner encore la guerre faite aux habitants du lac par quelques milliers de cormorans et de harles (*Mergus serrator*) dont il serait aisé de diminuer le nombre. M. Raddé pense qu'il serait possible de mettre des bornes à cette destruction irréfléchie d'une espèce qui menace de disparaître bientôt; il suffirait d'interdire la pêche dans les eaux de l'Angara, sur un espace de deux verstes au-dessus de son embouchure ainsi que dans le lac, sur une étendue de deux verstes également au-dessous des bouches de la rivière. Cette disposition n'apporterait d'autres entraves à l'industrie des pêcheurs, que de les contraindre à employer vingt à vingt-deux jours pour leurs opérations au lieu de dix, et la pêche pourrait alors se faire tout l'été le long des côtes de l'île d'Olkhone, dans la Sélenga et le Bargousine, ainsi que dans presque toute la partie orientale du Baïkal. La défense d'approcher les bouches de l'Angara, se prolongerait chaque année du 1-er août au 1-er octobre.

L'exposé de M. Raddé se termine par la description des procédés employés pour saler le poisson, et préparer celui que l'on conserve en morceaux et à l'état sec, sous la dénommation de *porsa*.

Extraits des publications étrangères.

Coup-d'œil sur la cartographie contemporaine; par M. E. Von Sidow. — L'auteur de cet aperçu, qui lui-même est un cartographe distingué, attaché à l'Institut géographique de Gotha, passe en revue les travaux topographiques spéciaux exécutés dans ces derniers temps; il consacre aux divers États de l'Europe des chapitres séparés, et se livre à l'examen des progrès obtenus jusqu'à la fin de l'année 1856, dans cette branche importante de la science géographique.

Le rédacteur du *Bulletin* complète les appréciations de M. Von Sidow à l'égard de la Russie, en les faisant suivre de quelques détails communiqués par M. le Général Blaramberg, Directeur du Dépôt topographique de la guerre, relativement aux travaux exécutés ou en voie d'exécution dans l'étendue de l'Empire. Des documents conservés dans les archives du Dépôt de la guerre, il ressort que les premiers essais de la cartographie en Russie, remontent au temps de Boris Godounoff c'est à dire à deux siècles et demi de nous. On trouve ensuite quelques cartes des parties séparées de l'Empire, gravées sous le règne de Pierre-le-Grand. Plus tard l'Impératrice Catherine II confia les travaux de cette nature à l'Académie des sciences; enfin en 1796-1797, l'Empereur Paul 1-er créa le Dépot Impérial, dont l'un des premiers actes fut la publication d'une carte détaillée de la Russie d'Europe en 104 feuilles. C'est incontestablement à cette institution que sont dûs les premiers travaux cartographiques en rapport avec les besoins actuels, qui aient paru en Russie. Aujourd'hui on peut avancer que, malgré les innombrables difficultés que présentaient ces travaux, tant sous le rapport de l'étendue de pays à relever que sous celui des obstacles naturels qui dans bien des localités s'opposaient à des opérations suivies sur le terrain, *la plus grande partie de la Russie d'Europe et toutes les provinces Transcaucasiennes* ont été couvertes d'un réseau trigonométrique, des observations astronomiques ont été effectuées en nombre considérable, des expéditions chronométriques ont été organisées, et elles ont eu pour résultat la détermination exacte d'environ 10.000 points géographiques. Une vaste entreprise scientifique a encore été menée à bonne fin: nous voulons parler de la mesure d'un arc de méridien d'une étendue qui dépasse 25 degrés, et de celle d'une portion du parallèle situé sous $47\frac{1}{2}°$ de latitude-nord, qui est déjà calculée sur un espace de 30 degrés entre Kalisch et Astrakhan. Enfin tous les ans, des expéditions sont envoyées non seulement dans la partie orientale de la Russie d'Europe, mais en Sibérie, dans les provinces Transcaucasiennes, dans la Turquie d'Asie et jusqu'en Perse. En résumé on a relevé topographiquement jusqu'à ce jour: 1° La Russie d'Europe (sauf quelques gouvernements au nord et au nord-est) avec le Royaume de Pologne et le Grand-Duché de Finlande; 2° tout le pays Transcaucasien; 3° toute la contrée d'Orenbourg avec les terres des Kirghises des petite et moyenne hordes; 4° la partie occidentale de la Sibérie, avec les terres des Kirghises de la grande horde et des Kirghises-Bourouts (Dìko-kamennyé); 5° des travaux considérables ont été exécutés dans la Sibérie orientale ainsi que sur le cours du fleuve Amour.

NOUVELLES GÉOGRAPHIQUES ET MÉLANGES.

Lettre adressée à M. le Vice-Président de la Société Impériale de géographie, *par M. le Secrétaire perpétuel de l'Académie des sciences.* — Dans cette lettre, M. le Secrétaire de l'Académie fait part à la Société, d'une découverte qui n'est pas sans intérêt au moment où la Section d'ethnographie vient de remettre au concours la question du *« Grand-Tracé »*. Chacun sait que la première carte de Russie, dressée à ce qu'il parait vers la fin du XVIe siècle, s'est perdue ainsi que des copies qui en avaient été faites en 1627 et probablement encore vers 1650. Il n'est resté de cette carte qu'une description connue sous le nom de *« Livre du Grand-Tracé »* qui est la principale source de notions historiques sur la Russie. La cartographie de la Russie d'Asie a eu le même sort que celle de la Russie d'Europe; en 1849, M. Spasky a fait connaître l'existence d'un manuscrit portant le titre de *« Description* ou *Texte du Tracé de la Sibérie,»* duquel il ressort que le *Tracé* lui-même, perdu tout comme le *Grand-Tracé* (Russie d'Europe), avait été exécuté en 1672. Les annales sibériennes rapportent également qu'un *fils de boyard* de Tobolsk, Sémen Rémézoff, s'est occupé vers la fin du

XVII‑e siècle, de dresser une carte de la Sibérie, et les historiens regardaient ce document comme n'existant plus. Cependant l'académicien Vostokoff en 1842, et Stuckenberg en 1849, mentionnèrent l'existence d'un atlas de Rémézoff qui devait se trouver au nombre des manuscrits du Musée Roumiantzoff. Cet atlas, dit M. le Secrétaire de l'Académie, est parfaitement conservé; il se compose de 24 feuilles ayant chacune 14 verschoks de largeur sur 10 de hauteur. Un examen attentif du précieux document démontre que sous le rapport bibliographique, le manuscrit de Rémézoff ne peut être considéré comme un original, mais que pour les recherches historiques il supplée très bien au premier *Tracé*, par la raison qu'il a été exécuté d'après les mêmes matériaux, complétés seulement par des «*données que les anciens tracés n'avaient pas reproduites*». L'importance de ce manuscrit a décidé l'Académie à en faire exécuter une copie, pour assurer la conservation du seul document que l'on possède sur l'état de la Sibérie dans les siècles passés.

Troisième congrès scientifique international. Sous ce titre, le *Bulletin* donne à ses lecteurs, le compte-rendu séance par séance, des opérations du congrès scientifique tenu à Vienne en 1857.

Navigation sur l'Amour en 1857. Au mois d'octobre 1856, le navire américain «*Europa*» arrivait au poste Nicolaïewsk, ayant à bord toutes les pièces composant deux bateaux à vapeur, l'un de 66 l'autre de 35 chevaux, destinés à la navigation de l'Amour. L'hiver fut employé à monter les deux steamers *Léna* et *Amour*; et le premier ayant été mis à l'eau le 12 mai suivant aussitôt que le fleuve se fut débarrassé de ses glaces, partit le 25 du même mois pour le poste Mariinsk, emportant la correspondance et quelques colis de marchandises. Le 31, il quittait cette station, chargé de nouveau de la correspondance et portant une quarantaine de soldats qu'il devait conduire jusqu'au poste d'Oust-Strelka, situé en amont de la rivière au confluent de la Schilka et de l'Argoun.

Jusqu'à ce moment le fleuve Amour n'avait encore été parcouru que par un bateau à vapeur, l'*Argoune*, et par le cutter *Nadèje*, lequel n'avait pu remonter plus loin que l'embouchure de la Bourinda non loin d'Albazine; les communications ordinaires avaient lieu au moyen d'embarcations et de radeaux de construction mandchoue. Le steamer *Léna* qui n'a que trois pieds et demi de tirant d'eau, est le premier bateau à vapeur qui ait réussi à remonter en entier le fleuve depuis le poste Nicolaïewsk jusqu'à la Schilka, parcours d'environ 3,000 verstes. Désormais des communications réglées relieront ces deux points extrêmes; les deux steamers *Léna* et *Amour* ont dû faire ce service pendant l'été de 1857, et plusieurs autres bateaux ont été commandés en Amérique pour être amenés sur l'Amour à la navigation suivante (1858).

L'établissement d'un service régulier sur toute l'étendue du parcours du fleuve, et la connaissance que l'on a acquise du liman, que peuvent traverser les bâtiments venant de l'Océan Pacifique ou de la mer d'Okhotsk, ont rapidement modifié l'existence des employés au service de l'État dans ces contrées. On reçoit maintenant du pays Transbaïcalien et d'Amérique, tous les objets de première nécessité à des prix modérés. La Sibérie fournit: grains, thés, bétail, volaille, chevaux, cuirs, tabac de Tcherkask, eau-de-vie, draps, peaux de mouton, objets d'équipement et quantité d'autres articles encore; l'Amérique expédie: tissus de coton, de laine et de soie, vêtements confectionnés, linge, chaussures, fers et cuivres en œuvre, ustensiles de ménage, porcelaine et cristaux, meubles, épices, sucre, potasse, vins de raisin, conserves de fruits, cigares, etc., et en quantité telle que l'abondance de certains articles importés au poste Nicolaïewsk, a déjà amené un premier essai d'échange de ces marchandises contre des produits russes. C'est ainsi que les salaisons de la contrée Transbaïcalienne ont été exportées par les Américains, et que des sucres et des cigares d'Amérique ont été introduits à Irkoutsk. De leur côté, les indigènes vendent aux Russes du poisson frais, du gibier de toute espèce (canards et oies sauvages, gélinottes, perdrix, etc.) ainsi que les baies des bois. Quant aux plantes potagères, on les cultive sur les lieux même, et suffisamment déjà pour pouvoir en faire des provisions d'hiver.

Une **Notice nécrologique** consacrée à *Bernhard Perthès*, propriétaire de l'établissement connu sous la dénomination d'*Institut géographique de Gotha*, clot cette partie de la cinquième livraison de 1857.

1857. 6ème Livraison.

TRAVAUX DE LA SOCIÉTÉ.

Lettre de M. P. Séménoff au Secrétaire intérimaire de la Société géographique. Dans cette lettre écrite de Sémipalatinsk à la date du 20 octobre 1857, M. Séménoff informe le Secrétaire de la Société qu'il a pu mener à bonne fin la mission qui lui avait été confiée, et en attendant qu'il lui soit donné de présenter une relation complète de son voyage, il en expose les principaux résultats.

Un double but a guidé M. Séménoff dans l'accomplissement de sa mission: 1° connaître par lui-même, les parties de l'Asie dont la description doit entrer dans la composition des volumes suivants de l'édition russe de l'Asie de Ritter, et recueillir sur place des matériaux pour ses commentaires sur cet ouvrage; 2° étudier dans le but d'en faire le sujet d'un ouvrage original, telle partie de l'Asie qui lui paraîtrait offrir le plus d'intérêt.

La première partie de l'entreprise avait été réalisée en 1856, au moyen de l'excursion rapide que l'explorateur avait effectuée dans certaines parties de la Sibérie occidentale et de la contrée montagneuse de l'Altaï, puis du séjour qu'il avait fait dans les villes d'Omsk, de Barnaul et de Sémipalatinsk; il lui fallait pour mettre à exécution la seconde partie de son projet, se fixer avant tout sur le choix de la contrée qui ferait l'objet de ses investigations. Or l'attention du géographe et du géologue voyageur ne s'arrêtera ni sur cette partie basse et plate de la Sibérie qui s'étend de l'Océan Glacial à l'Irtisch entre l'Oural et l'Altaï, contrée dépourvue de tout relief et dont l'immensité n'est accidentée par aucune apparence de montagnes, ni sur le pays des Kirghises compris entre l'Irtisch et la Tscha, l'Ichime et le Balkhasch, riche tout au plus d'élévations montagneuses qui sont bien loin d'atteindre à la hauteur des neiges éternelles.

Les pays à hautes montagnes dont les sommets s'élèvent au-dessus de la limite des neiges et qui présentent une plus grande variété de relief, de formation géognostique, de climats, de cours d'eau, etc.., peuvent seuls offrir un intérêt particulier et mériter une étude spéciale. Il n'existe dans toute l'étendue comprise sous la dénomination de Sibérie occidentale que deux contrées se trouvant dans de semblables conditions, savoir: 1° la partie sud-est de la Sibérie occidentale proprement dite, c'est à dire l'Altaï avec l'Alataou Kouznetzky et le lac Téletzkoï, 2° la partie sud-est du pays des Kirghises, autrement dit le T'Jan-Schan avec l'Alataou Djoungarien (*), l'Alataou Trans-Ilien et le lac Issyk-Koul.

Les cîmes du T'Jan-Schan et de l'Alataou Trans-Ilien sont de beaucoup plus élevées que celles de l'Altaï: la limite des neiges éternelles sur le premier (qui est sous le 42° degré de latitude N.), se trouve à 4,000 pieds anglais plus haut que sur l'Altaï (sous le 51° degré de latitude); aussi l'échelle suivant laquelle la nature a réparti les climats et les zônes de ses diverses productions, est-elle infiniment plus complète et plus vaste sur le T'Jan-Schan, où la durée de la belle saison et la rareté des pluies laissent à l'explorateur plus de temps pour ses observations, que l'été court et pluvieux du glacial Altaï et des forêts infranchissables de l'Alataou Kouznetzky. Enfin la contrée de l'Altaï a été successivement visitée par de savants voyageurs tels que Pallas, Ledebour, Meyer,

---

(*) Les deux Alataou qui se trouvent au sud-ouest du Balkhasch sont indépendants l'un de l'autre; l'un s'étend du N.-E. au S.-O. depuis l'Akoul jusqu'au plateau de l'Ili, l'autre de l'est à l'ouest en séparant la vallée de l'Ili du plateau de l'Ilmo-Koul; tous les deux ont leurs cîmes bien au-dessus de la limite des neiges. Pour les distinguer, on leur donne ici les appellations caractéristiques de Djoungarien et de Trans-Ilien; le premier se trouve au centre de l'ancienne Djoungarie.

Bungué, Humboldt, Rosé, Helmersen, Guebler, Tchikhatcheff et autres, puis par les officiers des mines qui sont plus à même de recueillir des observations locales, que le voyageur qui ne fait que passer.

Nul n'avait encore jusqu'à nos jours, exploré le T'Jan-Schan et l'Alataou Trans-Ilien au point de vue scientifique. Les trois derniers voyageurs, Caréline, Schrenk et Vlangali, qui se sont le plus avancés de ce côté dans l'intérieur de l'Asie, n'ont pas dépassé sur le versant nord-ouest de l'Alataou Djoungarien, le cours de la rivière Koxa dont les eaux réunies à celles du Karatall vont tomber dans le Balkhasch; de plus, les résultats scientifiques obtenus par les deux premiers, sauf la partie botanique, n'ont reçu pour ainsi dire aucune publicité. Il n'y avait donc pas à hésiter entre l'Altaï et le T'Jan-Schan; l'intérêt scientifique faisait fortement pencher la balance en faveur du dernier, et en 1853, l'illustre Humboldt avait lui-même indiqué cette contrée comme méritant plus que toute autre, d'être étudiée avec soin. Toute la question pour le voyageur, était de savoir s'il lui serait possible de pénétrer dans le T'Jan-Schan et jusqu' à l'Issyk-Koul, et la solution devait dépendre du concours qu'il obtiendrait de la part de M. le Général-Gouverneur de la Sibérie occidentale. Grâce à la coopération éclairée de ce haut fonctionnaire, à l'intérêt tout particulier qu'il porte aux investigations scientifiques dans le pays Trans-Ilien qui prend sous son administration un développement rapide, M. Séménoff a vu son entreprise couronnée d'un plein succès.

Jusqu'aux gorges du Santache entre la Karkara (affluent de l'Ili) et le Tiub (qui se jette dans le lac Issyk-Koul), le voyageur n'avait pas rencontré d'obstacles réels; mais de là s'avancer jusques au cœur des Monts Célestes, c'était un projet dont l'exécution pouvait présenter bien des difficultés. D'une part la nécessité de franchir des sentiers impraticables à travers les rochers arides de cette contrée, de l'autre l'animosité sanglante existant entre les Béghînes et les Sarobaghiches, principales tribus des Kirghises-Bouroutes, la révolte de la petite Boukharie contre le gouvernement Chinois et les mouvements de détachements considérables dans les gorges des célèbres glaciers du T'Jan-Schan, constituaient pour l'explorateur accompagné seulement d'une faible escorte, autant de circonstances peu favorables à des investigations paisibles. Toutefois M. Séménoff n'a essuyé nul revers et il estime que l'issue de son expédition a été des plus heureuses. ,

En quittant le Santache, le voyageur s'est d'abord dirigé le long de la vallée du Djirgalane et du Terex, qui forme le littoral méridional de l'Issyk-Koul, puis avant d'atteindre jusqu'au milieu de cette rive, il a tourné ses pas vers le sud et franchissant les masses de rochers du T'Jan-Schan, il a suivi la vallée transversale de Zaoukinsk pour parvenir jusqu'au point le plus élevé de cette gorge fameuse; il se trouvait devant ces lacs alpestres encore couverts de glace à la fin de juin, qui sont le point extrême nordest du système fluvial du Syr-Daria ou *Iaxartes*. M. Séménoff après avoir ensuite exploré les deux rives septentrionale et méridionale du lac Issyk-Koul, ainsi que quelques gorges de la chaîne de l'Alataou Trans-Ilien, s'est de nouveau porté sur le côté sud-est du Santache; la vallée sauvage de la Karkara l'a conduit à la gorge élevée du Kokh-Djar et jusqu'aux neiges éternelles et aux glaciers du T'Jan-Schan, d'où il est descendu vers les sources du Sarydjaz, cours d'eau remarquable qui forme le bras principal de l'Oxou de la petite Boukharie. A la fin du mois de juillet, le voyageur a tourné ses explorations sur la partie centrale la plus aride de l'Alataou Trans-Ilien, et il regagnait le fort Vernoé vers le milieu d'août. Il a ensuite visité rapidement les collines qui sont au nord de l'Ili et de l'Alataou Djoungarien, dans le but d'y rechercher quelques traces volcaniques. Enfin après avoir fait encore au mois de septembre une excursion jusqu'aux sources de la Lepsa à l'extrémité septentrionale de l'Alataou Djoungarien, et visité deux gorges des monts Targabataï, M. Séménoff rentrait à Sémipalatinsk dans les premiers jours d'octobre (nouv. style).

L'infatigable voyageur a exploré vingt-trois gorges de montagnes, recueilli plus de ·300 échantillons minéralogiques et environ 1.000 espèces végétales. Il évalue la hauteur moyenne des monts Targabataï — à 4.500 pieds de Paris, celle de l'Alataou Djoungarien — à 6.000, de l'Alataou Trans-Ilien — à 8.000 et du T'Jan-Schan — à 11.000 pieds.

ETUDES ET MATÉRIAUX.

Voyage d'hiver sur l'Amour, depuis le poste Nicolaïewsk jusqu'à celui d'Oust-Strelka (confluent de la Schilka et de l'Argoun). Sous ce titre, le *Bulletin* publie le journal de voyage, tenu par M. Pargatchevsky, pendant toute la durée d'un trajet qui ne s'est pas prolongé moins de trois mois. Retenu jusqu'à la fin du mois d'octobre 1856 par des affaires de négoce, au poste Nicolaïevsk, ce commerçant avait obtenu de faire route avec trois cosaques chargés du transport de la correspondance et dont le départ était fixé à la mi-novembre. Les voyageurs quittèrent en effet le poste le 16, répartis eux et leurs bagages, sur quatre traîneaux plats *(nartes)* attelés chacun de dix chiens. Le 21 ils s'arrètaient au poste Mariinsk d'où ils repartaient le 30 avec les lettres; et le 23 décembre suivant, ils atteignaient le hameau de Tourmi situé à l'embouchure de l'Oussouri. Un des cosaques étant tombé malade, M. Pargatchevcky dut le laisser en cet endroit à la garde d'un de ses compagnons, et continuer son voyage avec le troisième. Arrivé le 29 du même mois au village de Silvi, non loin de l'embouchure du Soungari, force lui fut d'abandonner, faute de provisions, les chiens avec lesquels il avait parcouru environ 1.500 verstes en 19 jours; deux semaines se passèrent en pourparlers inutiles avec le fonctionnaire mandchoux qui commande le poste du Soungari, jusqu'à ce que le voyageur parvînt à retrouver quatre chevaux abandonnés à l'automne précédent, par des cosaques qui n'avaient pu les emmener; ce qui lui permit enfin le 12 janvier, de poursuivre sa route avec le seul compagnon qui lui restât. Parvenu à grand peine jusqu'à Sakhalin-Oula-Khoton (Aïgoun), M. Pargatchevsky obtint de *l'Amban* ou gouverneur de la ville, des chevaux pour gagner le poste russe d'Oust-Zeïsk; et enfin le 25 février, il arrivait sain et sauf au poste d'Oust-Strelka. Le journal du voyageur mentionne les dispositions amicales dont les riverains de l'Amour, Ghiliakes, Gholdes et Manègres, sont généralement animés à l'égard des Russes. Ces indigènes pour la plupart, n'ont d'autre industrie que la chasse des animaux à fourrures, et ils sont durement exploités par les Mandchoux qui en échange des produits de leur chasse, leur procurent du tabac et de l'eau-de-vie pour laquelle ils ont malheureusement un goût très prononcé. M. Pargatchevsky a été à même de constater que dans le cours de l'année 1856, les Mandchoux du Soungari ont livré aux *inorodsis* des bords de l'Amour, 700 caisses soit environ 4.000 védros (49.160 litres) d'eau-de-vie de grain. Entre autres faits curieux, le voyageur rapporte aussi que des Gholdes lui ont parlé de gisements argentifères qui se trouveraient dans la vallée de la rivière Djoudjou, l'un des affluents du Bidjane et à trois-cents verstes à peu près dans les terres. Des cosaques du poste Oust-Zeïsk lui ont également indiqué à proximité de l'Amour, une île sur laquelle ils ont recueilli des masses notables de houille qu'ils ont employée comme un excellent combustible.

Les Toungousses errants du lac Baountoff et de l'Angara; par M. le lieutenant Orloff. — La patrie, c'est le lieu qui nous a donné le jour et où nous avons grandi sous le regard maternel, c'est l'objet constant de notre amour, celui de nos regrets lorsque le sort nous en éloigne. Le Toungousse, lui, n'a pas de patrie, sa vie n'est qu'un vagabondage sans fin; il passe successivement de la montagne à la plaine, du lac à la forêt, sans s'attacher à un lieu plus qu'à l'autre et sans se soucier autrement de celui qui l'a vu naître. Les Russes qui font le commerce des fourrures et que l'appât du gain attire dans les solitudes de la Sibérie, pour y rencontrer ces hommes sans patrie et sans aucune idée de la vie sociale, les désignent sous le nom de *Toungousses errants.*

Les phases de la vie errante des Toungousses se lient étroitement pour eux aux nécessités matérielles de la vie, auxquelles ces pauvres peuplades n'ont que peu de moyens de pourvoir. Le premier besoin de tous, la faim, force le Toungousse à quitter sa *iourte*, armé d'une carabine, et à suivre quelquefois plusieurs jours de suite, la trace de quelque animal sauvage; s'il réussit à le tuer et que ce soit un gibier de grande taille, il n'en prend avec lui qu'une faible partie qu'il rapporte à la *iourte* pour le repas de sa famille; et aussitôt après, celle-ci se transporte à l'endroit où sont les restes de l'animal, pour y séjourner jusqu'à l'entier épuisement de cette ressource passagère; puis le chasseur se remet en quête d'une nouvelle proie après avoir assigné aux siens pour ce jour ou le suivant, un lieu de rendez-vous situé dans la direction qu'il veut suivre, à la piste de quelque chevreuil ou d'une chèvre sauvage. Eté comme hiver, telle est la vie du Toungousse. Les dangers que présente la chasse, souvent aussi l'absence de tout résultat, le contraignent de recourir encore à un autre genre d'occupation, la pêche, qui lui offre tout au moins pour sa subsistance, une ressource plus assurée.

La chasse et la pêche, seuls moyens que possèdent les *Toungousses errants* de pourvoir à leurs besoins, les attire suivant les époques de l'année, à divers endroits des contrées sauvages qu'ils habitent.

D'après la manière de compter de ces nomades, notre année astronomique en comprend deux des leurs, l'une d'été, l'autre d'hiver, composées chacune de six mois lunaires, plus un mois qui dans leur langage porte le nom de *complémentaire*. Les six mois de *l'année d'été* correspondent à Mars, Avril, Mai, Juin, Juillet et Août, et *l'année d'hiver* aux six autres mois. Au reste, les Toungousses n'apportent nulle attention à supputer les années; pour eux le mois commence avec la nouvelle lune, et l'époque de la pleine lune en marque le milieu; ces notions leur suffisent pour connaître le moment précis où ils doivent acquitter l'impôt (*iassak*) et rencontrer les marchands russes auxquels ils cèdent les fourrures, produit de leur chasse, pour une petite provision de farine de seigle et quelques menus objets.

Pendant le *premier mois d'été* (Mars), dit l'auteur, la neige amoncelée dans les ravins et les précipices, est assez ferme à la surface pour permettre au Toungousse d'y passer en toute sûreté à l'aide de ses patins de neige, tandis que les animaux sauvages à sabot bifurqué ou *bisulces* s'y enfoncent de suite; le chasseur mettant cette circonstance à profit, poursuit son gibier avec des chiens, plus souvent seul, et l'atteignant facilement, il le tire à peu de distance ou quelquefois même le tue avec son épieu. Ce mois est particulièrement favorable à la chasse de l'élan, du chevreuil, du musc et de la chèvre sauvage, et pendant tout ce temps les Toungousses s'établissent à proximité des vallées profondes ou des ravins remplis de neige. Le *second mois d'été* (Avril) voit ordinairement la débâcle des rivières; et dès que par suite de la fonte des neiges, les eaux s'étendent hors de leur lit, les Toungousses se portent le long des ruisseaux ou vers les sources des grands cours d'eau et ils y établissent des nasses pour arrêter le poisson qui remonte constamment à cette époque; le thymalle, le brochet, la perche et la lotte, que l'on prend ainsi en abondance, non seulement suffisent aux besoins du moment, mais les pêcheurs font encore sécher au soleil ce qu'ils ont de trop et se préparent ainsi une ressource pour le mois suivant considéré comme le plus défavorable. Ce *troisième mois* (Mai) est consacré à un autre genre de chasse. Dès l'automne précédent, on a eu soin de pratiquer quelques éclaircies au milieu des vallées couvertes de hautes herbes, en brûlant ce qui couvrait l'emplacement choisi; lorsque vient le printemps et que la neige disparait, ces endroits où le feu a passé, sont les premiers qui se montrent à découvert et où croisse l'herbe nouvelle. Les animaux sauvages y viennent paître la nuit, et le chasseur qui est à l'affût, choisit le moment opportun pour les tirer. Mais rarement le succès répond à son attente; d'une part il n'est pas toujours possible d'apercevoir le quadrupède qui vient brouter l'herbe réservée, de l'autre celui-ci disparaît rapidement dès qu'il évente la présence de l'homme; enfin le tir de nuit n'a jamais autant de précision que celui de jour. Les Toungousses pendant tout ce mois, se tiennent aux approches des endroits découverts préparés par eux à l'automne, sans s'éloigner toutefois des rivières où ils prennent encore quelques poissons à la nasse. Le *quatrième mois d'été* (Juin) est exclusivement employé à la chasse du chevreuil, dont les bois à cette époque, tendres, pleins de sang et couverts d'un poil grisâtre court et épais, sont en cet état, fort recherchés des Chinois qui les emploient comme médicament. L'animal hante principalement alors les rochers et les crêtes de montagnes, et il y attire à sa piste le le Toungousse avide d'une si belle proie; car outre la chair et la peau que le chasseur réserve à son usage, il peut retirer encore des bois, un prix qui assure sa subsistance et celle de sa famille pour plusieurs mois. Les Toungousses dans le *cinquième mois d'été* (Juillet), redescendent vers les rivières et les lacs pour se livrer à la pêche. Ils prennent alors au filet des esturgeons de grande taille, des thymalles, etc. qu'ils découpent pour les faire sécher au soleil ou les fumer dans leurs iourtes; ce poisson ainsi conservé est une excellente nourriture. C'est aussi pendant ce mois que le Toungousse fait la chasse de l'élan; il sait que ce quadrupède vient la nuit sur le bord des lacs et quelquefois même se plonge dans l'eau, pour arracher les racines de certaines plantes aquatiques dont il est très friand; le chasseur embusqué près de là, le tire alors ou s'élance à sa poursuite dans une barque légère et le perce de son épieu. Toutefois le succès ne couronne que rarement cette entreprise; l'élan ayant l'odorat très fin, évente de loin la présence de son ennemi, et de plus il n'approche les lacs que dans les nuits sombres ou à l'aube du jour lorsque la brume s'étend encore sur les eaux. La chasse des oiseaux sauvages remplit le *sixième mois d'été* (Août). Cygnes, grèbes, oies, canards, macreuses etc., recherchent pour y déposer leurs oeufs, les endroits les plus déserts à proximité des lacs ou des cours d'eau; ces lieux que les Toungousses ne visitent qu'à de rares intervalles, présentent au gibier aquatique toutes les conditions désirables de sûreté; mais au mois d'août, quand les jeunes oiseaux peuvent encore à peine voler et que les mères sont elles-mêmes dans la mue, le chasseur se glisse la nuit, dans une barque, sur les rivières où la végétation est abondante, et armé seulement de son épieu, il fait une ample moisson de ce gibier dont la chair (sauf celle du cygne) lui sert de nourriture, et dont les plumes et le duvet sont ensuite échangés par lui contre du tabac et autres menus objets.

. Dès le commencement du *premier mois d'hiver* (Septembre), les Toungousses descendent dans les vallées boisées; à cette époque, la chevrette accompagnée de ses chevrillards, hante les lieux couverts où l'herbe est encore épaisse, et le mâle, de ce moment, se cherche une compagne. Le chasseur, muni d'un appeau dont il se sert avec beaucoup d'art, attire alors le chevreuil et le tire le plus souvent à courte distance. On chasse également l'élan dans ce même mois, mais comme il ne brame point, il faut le suivre à la trace. La fin du mois de septembre et les premiers jours d'octobre sont employés à faire la pêche pour la provision d'hiver; le résultat en est toujours très productif quand l'apparition prématurée des glaces ne vient pas y mettre obstacle. Après avoir assuré leur subsistance pendant l'hiver, les Toungousses s'enfoncent alors dans les forêts pour leur chasse la plus importante, celle des animaux à fourrures, tels que zibelines, renards, ours, lynx, loutres, gloutons, martres, écureuils, putois, etc.; la dernière moitié du *second mois d'hiver* (Octobre) et le *troisième mois* (Novembre) en entier sont consacrés à cette occupation. Aux premiers jours du *quatrième mois* (Décembre), les chasseurs se rendent aux endroits convenus, pour acquitter l'impôt et pour échanger leurs fourrures aux marchands russes qui viennent à cette sorte de foire uniquement dans ce but. L'impôt des fourrures est la seule redevance à laquelle le Gouvernement soumette les *Tongousses errants* depuis l'âge de dix-huit jusqu'à celui de cinquante ans; cet impôt représente une valeur d'environ 2 roubles argent et ils l'acquittent assez exactement. Aussitôt après l'échange des fourrures, les Toungousses retournent à leurs forêts où ils continuent la chasse tout l'hiver, jusqu'à ce que l'apparition du *premier mois d'été* ramène périodiquement pour eux, les occupations de l'année précédente.

Ainsi qu'on l'a déjà vu, beaucoup de Toungousses embrassent le religion chrétienne et reçoivent le baptême; mais ils n'en conservent pas moins leurs croyances et leurs coutumes idolâtres, et bien qu'en présence des Russes, ils se plient aux pratiques religieuses qu'on leur a enseignées, dès qu'ils ont regagné leurs solitudes, ils oublient tout et reviennent aux cérémonies et aux sacrifices du chamanisme.

Dans le but d'épargner à ces pauvres gens des voyages pénibles pour venir payer l'impôt, le Gouvernement les a répartis entre trois chefs-lieux d'administration: le premier situé au-dessus de l'embouchure du bras droit de l'Angara supérieure, le second au village de Verkhné-Angarsk et le troisième dans la ville de Bargousine; de ce dernier, relèvent les Toungousses qui vivent aux alentours du lac Baountoff et sur les bords de la Tsypa. Le chiffre total de ces *inorodsis* soumis à l'impôt, est environ de 1,250 individus des deux sexes.

Les Orontchones de l'Amour; par le lieutenant Orloff. — «Cette dénomination et celle de *Toungousses*, dit l'auteur de cette étude, s'appliquent aux mêmes races d'*inorodsis*; avec la différence que l'on désigne par l'appellation de Toungousses, ceux que l'on rencontre sur l'espace qui s'étend depuis la ville de Bargousine jusqu'au Vitime, et généralement sur la rive gauche de cette rivière ainsi que dans les bassins de l'Angara supérieure et de la Kitchéra; les *inorodsis* qui errent au-delà du Vitime, sur l'Olekma, la Tounghira, la Niujka, l'Oldoï et enfin sur les bords du fleuve Amour, sont connus sous le nom *d'Orontchones*. La première dénomination vient du mot *koungou* altéré par la prononciation russe, et qui désigne la pelisse courte de peau de renne cousue le poil en dehors, que les Toungousses portent habituellement pendant l'automne, l'hiver et le printemps, et quelquefois même pen-

dant l'été; la seconde dérive du mot *orone* (renne), nom de l'u-
nique animal domestique à l'aide duquel ces nomades voyagent
et se transportent, eux et leurs fardeaux, tout en se nourrissant du
lait que leur procurent les femelles, et qui pour le goût, ne le
cède en rien à la meilleure crème.»

« *Les Orontchones de l'Amour*, ajoute le lieutenant Orloff, doivent
encore cette appellation au nom de la principale rivière aux
abords de laquelle ils vivent; leurs pérégrinations, dont le théâtre
est borné au nord par la chaîne des monts Jablonnoï, s'effectuent
sur la rive gauche de l'Amour, depuis la source de la rivière
Amazar jusqu'à l'Oldoï, dont le cours est la frontière orientale
qui les sépare des lieux où viennent chasser les Manègres; sur la
rive droite de l'Amour, ils parcourent tout l'espace compris
entre le poste d'Oust-Strelka et la rivière Albazikha au-delà de
laquelle ils ne s'avancent jamais».

Bien que la largeur de l'Amour ne permette pas aux *Orontchones* de faire usage de la nasse et du filet, les eaux du fleuve
sont tellement poissonneuses, qu'ils y font une pêche abondante
soit à l'aide de harpons munis d'une longue corde, soit encore
au moyen d'une sorte de câble plongé en travers du cours de la
rivière, et auquel se rattachent des cordes plus légères garnies
de crochets en forme d'hameçons. Les *Orontchones*, quand ils ne
consomment pas eux-mêmes le produit de leur pêche, le cèdent
contre de la farine, aux cosaques des postes de Tygomar et d'Oust-
Strelka ou à ceux des bords de la Schilka. Cet échange se fait
ordinairement sur le pied d'un poud ou un poud et demi de farine de seigle contre un poud de poisson, et de $3\frac{1}{2}$ à 5 pouds de
farine pour un poud de caviar.

La contrée est également très riche en quadrupèdes, surtout
la rive droite de l'Amour; pendant l'été, les inorodsis tirent le gros
gibier, principalement l'élan, pour en avoir la chair; et en automne, à l'époque de la chasse des animaux à fourrures, un bon
chasseur peut abattre jusqu'à 1.000 écureuils; cette dernière espèce, connue dans les foires sous le nom d'écureuil de l'Argoun,

fournit la plus belle fourrure en ce genre, aussi la peau ne se vend-
elle pas moins de 15 copeks argent, sur place. La zibeline se rencontre aussi en assez grande quantité, pour que tout individu possesseur d'un fusil, en ait toujours 15 à 20 peaux à échanger.

Les Orontchones de l'Amour appartiennent à deux tribus différentes; la première acquitte l'impôt de 2 roubles par tête (en
peaux d'écureuils) et relève du commandant du poste d'Oust-
Strelka; elle se compose de 72 âmes, hommes et femmes, dont 17
seulement sont soumis à l'impôt. L'autre tribu composée d'émigrés
de la province d'Iakoutsk, se trouve aujourd'hui sous l'autorité du
commandant du fort Gorbitza; elle compte 134 individus des deux
sexes, parmi lesquels 27 paient l'impôt sur le pied de 12 peaux
d'écureuils ou 1 rouble $71^1/_2$ copeks par tête. Tous ces *inorodsis* sont baptisés, ce qui ne les empêche pas dans l'occasion,
de s'abandonner à toutes les pratiques du chamanisme.

Voyage dans le gouvernement de Kherson; par M. K.
Zélénetzky, m. eff. — Ce travail fait partie d'un ouvrage dont la
pensée est due à l'ancien curateur de l'arrondissement universitaire d'Odessa, M. P. Demidoff, qui en avait confié la rédaction
au corps des professeurs du Lycée Richelieu; il s'agissait de pu-
blier une description de l'étendue de pays comprise sous la dénomination de *Nouvelle-Russie*. L'œuvre pour satisfaire à toutes les
conditions scientifiques, devait être divisée en deux parties, l'une
générale et l'autre spéciale; la première offrant sous forme d'un
journal de voyage, la description pure et simple de la Nouvelle-
Russie, la seconde renfermant l'histoire de la contrée, des considérations économiques, etc. Les trois chapitres insérés dans le
Bulletin de la Société géographique sont empruntés à la première
partie de l'ouvrage; ils contiennent la description des villes d'Alex-
andrie, Elisabethgrad, Voznécensk, Odessa, Nicolaïeff et Kherson.

MÉMOIRES

DE LA

SOCIÉTÉ IMPÉRIALE GÉOGRAPHIQUE DE RUSSIE.

Le onzième volume des *Mémoires* de la Société géographique, publié en 1856, s'ouvre par une «**Etude géognostique du sol dévonien de la Russie centrale,** *depuis la Dwina occidentale jusqu'à la rivière Voronèje*», due à M. l'académicien Helmersen.

Il suffit de jeter les yeux sur la carte géognostique de la Russie, pour se convaincre que le terrain dévonien, dans les gouvernements de Livonie, de Courlande, de Vitepsk, de Pskoff, de Novogorod et de St.-Pétersbourg, se présente sous l'aspect d'un vaste plateau qui occupe en étendue de l'est à l'ouest environ dix degrés géographiques, sur quatre de largeur du nord au sud. A ce plateau dévonien se rattachent deux zônes appartenant au même système et qui s'étendent, l'une vers le nord-est jusqu'à la mer Blanche, l'autre dans la direction du sud-est depuis Vitepsk jusqu'à la rive gauche du Don dans le gouvernement de Voronèje. C'est cette dernière qui a fait l'objet des investigations de M. Helmersen, investigations que l'auteur relate en détail et qui l'ont conduit aux conclusions suivantes.

La zône explorée depuis Vitepsk jusqu'à Voronèje, présente sur toute sa longueur une élévation qui atteint quelquefois, comme auprès de Smolensk, jusqu'à 800 et 900 pieds anglais au-dessus du niveau de la mer, et qui se relie directement au plateau dévonien des gouvernements de Vitepsk, Pskoff, Livonie et Courlande; mais cette élévation n'est pas limitée à l'espace qu'embrassent les couches dévoniennes qui viennent se montrer à la surface du terrain; elle atteint d'un côté, les formations de roche calcaire dans les gouvernements de Smolensk, de Kalouga et de Toula, et de l'autre, les terrains crétacés et les grès verts des gouvernements d'Orel et de Koursk. Or, comme sur tout l'espace compris depuis Vitepsk et Orcha jusqu'à Bolkhoff et Orel, on n'a pas trouvé jusqu'à présent de couches dévoniennes primitives, l'élévation précitée ne saurait, suivant M. Helmersen, être proprement qualifiée de *dévonienne*; elle se compose de masses diluviennes qui couvrent plusieurs centaines de verstes, et au-dessous desquelles, les couches crétacées s'étendent vers le nord, plus loin probablement que ne l'indique la carte géologique de la Russie. De plus, les terres dévoniennes qui se trouvent près d'Orel et de Bolkhoff, diffèrent essentiellement par la pauvreté des fossiles et l'abondance des dolomies, des calcaires dévoniens si riches en restes organiques, des marnes et des argiles des gouvernements de Pskoff et de Novogorod ainsi que des espèces que l'on rencontre aux alentours de Voronèje, de Zadonsk, d'Eletz et d'Efrémoff, qui par la nature des fossiles qu'elles renferment, rappellent également celles de Pskoff et de Novogorod. Enfin ces couches dévoniennes des environs d'Orel, de Bolkhoff, d'Otrada et de Mtsensk, sont à une hauteur absolue considérable, et dans tous les cas beaucoup plus haut que les terrains dévoniens d'Orcha et de Vitepsk et que ceux de Voronèje et de Zadonsk. L'auteur en conclut que la partie explorée par lui appartient à la couche supérieure et la plus récente du système dévonien, et qu'elle n'offre aucune trace des terrains dévoniens de formation primitive qui présentent un si vaste développement en Livonie et dans le gouvernement de Novogorod, terrains composés de grès et d'argiles bigarrées, ne renfermant pas de mollusques mais des fossiles de poissons en abondance.

Le compte-rendu d'une «**Exploration géognostique**», effectuée par M. Pacht, *dans les gouvernements de Voronèje, Tamboff, Penza et Simbirsk, depuis le Voronèje jusqu'à la Samara,* vient compléter le travail de M. Helmersen. — Le but principal de la mission confiée à M. Pacht, était de déterminer la limite orientale du sol dévonien dans le centre de la Russie. L'explorateur a reconnu que cette limite se trouve au-delà du Don et dépasse même le cours du Voronèje, et que là où cessent les couches dévoniennes, domine le terrain crétacé au-dessus duquel on retrouve comme représentant la formation tertiaire, des couches de sable et de grès renfermant quelques fragments de bois silicés. Le travail de M. Pacht est une description des lieux qu'il a visités, riche surtout de détails paléontologiques. L'auteur énumère dans un ordre méthodique, toutes les espèces qu'il a rencontrées dans les terrains de formations diverses, et mentionne la localité dans laquelle chaque espèce a été recueillie.

Cet article et celui qui précède sont accompagnés de dessins de fossiles, de coupes géologiques, et d'une carte géognostique dressée par M. Pacht, de la partie de la Russie centrale qu'il a étudiée. Cette exploration et celle de M. Helmersen, en déterminant les limites orientales du sol dévonien, ont apporté des modifications notables à la carte géognostique de la Russie.

Notes scientifiques sur la mer Caspienne et les contrées environnantes; par M. l'académicien Baer. — Il est un fait reconnu, dit l'auteur de cet article, c'est que le contour de la mer Caspienne s'est considérablement rétréci, et qu'une grande partie de l'espace autrefois couvert par ses eaux, se trouve à sec aujourd'hui; Pallas dans le cours de ses voyages, a recueilli sur ce sujet, un trésor complet d'observations spéciales; et de tous les explorateurs venus après lui, pas un n'a élevé la voix contre cette assertion. Il est également hors de doute que cet abaissement de la mer Caspienne a dû se produire dans les temps les plus reculés, ou tout au moins à une époque antérieure aux notions historiques que nous possédons sur ces contrées; les indications positives d'Hérodote, qui décrit la mer Caspienne comme entourée de tous côtés par le continent et mesurant quinze journées de route dans le sens longitudinal sur huit de largeur, suffisent presque à démontrer qu'au temps de cet historien, la mer avait déjà sa forme actuelle, et que la rive orientale de la partie nord était même connue du commerce maritime. Si les récits des déluges d'Ogygès et de Deucalion sont considérés comme preuves d'un épanchement des eaux de la mer Noire vers le sud et de leur jonction avec celles de la Caspienne, il ne faut pas oublier que ce témoignage est emprunté au monde mythologique, et peut par conséquent reposer aussi bien sur une fiction que sur une tradition historique. Il n'y a peut-être que la littérature chinoise qui pût fournir quelque renseignement à cet égard, si toutefois la chronologie asiatique était établie avec exactitude pour des temps aussi éloignés; mais jusqu'à ce jour, on n'y a encore trouvé que des notions très vagues sur une *grande mer salée de l'Occident.*

Outre les preuves que donne implicitement l'histoire, que c'est à l'antiquité la plus reculée que l'on doit reporter l'époque de l'abaissement du niveau de la mer Caspienne et le retrait de ses eaux, M. Baer met en avant d'autres témoignages empruntés à l'histoire naturelle. Le premier, dit l'auteur, est l'aspect des rivières qui viennent aboutir à cette mer; pas une d'elles ne présente de chute d'eau, et celles dont le lit est formé d'un sol tendre, comme le Volga et l'Oural, n'offrent pas dans leur cours, le moindre *rapide* tant soit peu remarquable. Or il a fallu bien du temps pour que le Volga pût, sur toute l'étendue de son parcours, se creuser un lit en rapport avec le niveau de sa nouvelle embouchure; sans doute au-dessus de Tsaritzyne, cet effet a dû s'opérer rapidement sur le sol friable et encore peu élevé qui formait auparavant le fond de la mer; mais plus haut, le lit actuel du fleuve est creusé dans une couche argileuse solide, dans un grès assez dur, dans des formations marneuses assez résistantes; et néanmoins les annales russes ne mentionnent ancune cataracte ou chute, dont l'existence ait jamais fait obstacle à la navigation dans ces localités. Cependant la preuve existe que le Volga, à la suite de l'abaissement des eaux de la mer Caspienne, a creusé son lit même dans cette partie de son cours où le sol est résistant; cette preuve n'est autre que la hauteur de son niveau actuel, lequel en automne et auprès de Tscherno-Jar, se trouve à 29 archines 5 verschoks (68 pieds) plus bas qu'une couche de coquillages qui, évidemment, reposait sur l'ancien lit du fleuve. L'auteur ne se hasarde pas à évaluer, même approximativement, le nombre des années que les eaux ont employées à se creuser un nouveau lit; mais en se reportant à des observations analogues qu'il a été à même de faire en Finlande, il estime par comparaison, que ce travail de la nature a demandé une longue série de siècles.

Toutefois l'abaissement du niveau de la mer Caspienne, évènement d'une haute antiquité si l'on mesure le temps à l'échelle de l'histoire, devient un fait récent au point de vue géologique, la surface des terrains qui forment aujourd'hui les rivages de la partie septentrionale de cette mer, n'ayant été laissée à découvert par les eaux que bien longtemps après la plupart des contrées qui nous sont connues; et il en est de même à l'égard des deltas qui se forment aux bouches du Volga, de l'Oural, du Térek et de la Koura. A l'embouchure du Volga, par exemple, la terre empiète avec une telle rapidité sur l'espace occupé par les eaux, que les habitants des alentours, hors d'état d'apprécier sainement les faits, ne sauraient mettre en doute que le niveau des eaux ne baisse constamment et que finalement arrivera le moment où le poisson se trouvera à sec.

M. Baer se pose ensuite ces questions: — *de quelle manière* s'est effectué cet abaissement du niveau de la mer Caspienne et *à quelle cause* l'attribuer? On peut se le représenter comme ayant eu lieu soudainement ou par degrés. Si quelque fleuve considérable, ajoute-t-il, comme l'Oxus par exemple, qui dans le principe se fût déversé dans la mer Caspienne, s'était tari tout-à-coup par une circonstance quelconque, le niveau de la mer aurait dû s'abaisser il est vrai, en raison de la diminution de volume des eaux qui l'alimentaient; mais vû l'étendue de la Caspienne, il eût fallu bien du temps pour qu'une pareille cause pût produire un abaissement de niveau sensible; et sans plus parler de l'Oxus ou Amou- Daria, ni même du Syr-Daria qui en formait un affluent, et dont les eaux n'auraient pas suffi à couvrir l'espace compris entre les anciennes et les nouvelles rives de la mer Caspienne, on ne saurait citer un seul fait pour appuyer l'hypothèse d'un abaissement graduel et successif du niveau de cette mer, tandis que tout tend à prouver que cet effet s'est produit rapidement. En premier lieu, la couche de coquilles de mer et d'eau douce, visible sur la rive montagneuse (droite) du Volga près de Tscherno-Jar et dans d'autres localités, est dans un état de conservation et d'intégrité tel, qu'on ne peut douter instant qu'elle ne soit encore dans son état primitif. Au-dessus de cette couche qui a environ trois pouces d'épaisseur, il en existe deux autres horizontales: l'une, celle qui est inférieure, a une archine et deux verschoks de hauteur, elle est composée d'une matière de couleur foncée dont les fragments offrent au toucher la dureté de la pierre, mais qui dans l'eau se dissout promptement et laisse apercevoir un mélange de sable grenu, lié avec de l'argile et de la vase; la couche supérieure épaisse de quatre archines 11 et $^1/_4$ verschoks, n'est pas d'une teinte aussi foncée, elle est formée d'une argile visqueuse mêlée de sable et de marne, et n'est pas autre chose que le sol même de la contrée. Or, suivant M. Baer, ces terrains ne sauraient être considérés que comme une alluvion déposée par les eaux du Volga au-dessus de la couche de coquilles qui constituait antérieurement le fond de la mer; et cela non dans l'espace de plusieurs années car ils ne présentent pas de couches superposées, mais tout d'un coup, par le fait d'un écoulement rapide et presque instantané des eaux, tel que celui qui aurait dû se produire sur toute l'étendue du bassin de la rivière, à la suite du retrait de la mer. Une autre preuve non moins évidente de la révolution soudaine qui a dû s'opérer sur les eaux de la mer Caspienne, réside dans les traces qu'a laissées le ressac des flots sur les rochers du rivage, et dans les cavités de forme étrange que l'on remarque sur les hauteurs sablonneuses du *Grand Bogdo*. Les rochers de la presqu'île de Manghischlak, sur lesquels on a construit le fort *Novo-Pétrovsk*, portent également l'indication de la hauteur de l'ancien niveau de la mer Caspienne; ils sont séparés aujourd'hui par une large vallée, de la masse rocheuse qui constitue le plateau élevé de la presqu'île, mais à l'époque où la mer ne s'était pas encore retirée, ils devaient former une île, et, comme tous les rochers battus par les vagues, ils présentent effectivement des traces visibles du travail des eaux. Enfin, dit M. Baer, il existe encore sous nos yeux, un témoignage de l'abaissement subit de la mer Caspienne, écrit en lettres gigantesques; et il y a lieu de s'étonner que ceux qui ont discuté sur se sujet, n'aient pas accordé à ces monuments du passé, toute l'attention qu'ils méritent. Il s'agit des collines allongées, presque parallèles, formées d'un sol compact, et rassemblées principalement du côté où le rivage de la mer se rapproche de la plaine qui sépare la steppe du Don des premières montagnes de la chaine Caucasienne; ces élévations se rencontrent en plus grand nombre à l'extrémité orientale du Manytsch, et leur existence peut servir de pierre angulaire à toutes les hypothèses que l'on fera dans l'avenir, sur les anciennes limites de la mer; une étude approfondie de la formation de ces collines, de celles surtout qui avoisinent les bouches du Volga, doit certainement avec le temps, nous apprendre de quelle manière s'est effectué l'abaissement du niveau de la mer Caspienne.

Tables des éclipses de lune et de soleil, depuis l'an 1840 jusqu'à l'an 2001, dressées par M. T. Séménoff. — Après un court aperçu de la théorie des éclipses, destiné aux personnes qui ne sont pas familiarisées avec les calculs astronomiques, l'auteur expose le plan sur lequel il a dressé ces tables et la manière d'en faire usage. La première indique le moment de chacune des phases des éclipses de lune, calculé au temps moyen sur le méridien de Moscou, ainsi que les contrées du globe pour lesquelles le phénomène sera visible; la seconde donne le moment des éclipses de soleil, calculé au temps vrai également sur le méridien de Moscou, et fournit les élémens au moyen des quels on peut déterminer le commencement et la fin d'une éclipse ainsi que ses dimensions, pour chacune des contrées du globe d'où elle doit être visible. D'après les calculs de M. Séménoff, le chiffre total des éclipses de soleil, visibles en général pour l'hémisphère boréal et qui doivent avoir lieu dans l'espace de 160 années depuis 1840 jusqu'en l'an 2000, est de 172, dont 57 éclipses totales, 64 annulaires et 51 partielles; dans ce nombre il y en a 78 seulement de visibles en Europe, savoir: 15 éclipses totales, 5 annulaires et 58 partielles. Le nombre des éclipses de lune pendant la même période de 160 ans, s'élève pour toute la terre à 243, parmi lesquelles 125 sont complètes; 165 de ces éclipses, dont 90 totales, seront visibles en Europe. Enfin 29 de ces 160 années ne verront aucune éclipse lunaire.

Les rivières du gouvernement de Poltawa, par M. N. Markéwitsch. — Toutes les rivières du gouvernement de Poltawa appartiennent au bassin du Dniéper; 17 d'entre elles se jettent directement dans le fleuve et 225 autres lui envoient indirectement le tribut de leurs eaux. Pas une de ces rivières ne sort des limites du gouvernement; toutes au contraire prennent leur origine dans les gouvernements limitrophes de Kharkoff, de Koursk de Tschernigoff, et coulent vers l'ouest, le sud-ouest ou le sud; le plateau qui constitue le gouvernement de Poltawa est donc incliné vers le sud-ouest. Quelques affluents de la Soula, de la Vorscla et du Psiol coulent il est vrai, vers le nord-est, l'est ou le sud-est, mais comme le cours de ces trois rivières est dirigé vers le sud-ouest, les eaux de tous leurs affluents prennent finalement la même route.»

«Un chenal étroit, profond de 3 à $3\frac{1}{2}$ sagènes au plus, des rives qui s'étendent quelquefois en largeur à plusieurs verstes et sont bordées d'élévations abruptes dont la hauteur varie de 3 à 10 sagènes, un fond de sable dans les principaux cours d'eau et de vase dans les autres, tels sont les caractères de toutes les rivières du gouvernement de Poltawa; il faut ajouter que c'est la rive droite qui en est presque toujours *montagneuse* tandis que la rive gauche est basse et sablonneuse. Tout indique qu'à une époque qui se perd dans la nuit des temps, l'étendue occupée aujourd'hui par le gouvernement de Poltawa a été traversée par de larges et rapides cours d'eau; alors sans doute la mer Noire ne s'était pas encore creusé un chemin vers la Méditerranée, la Turquie et l'Asie-mineure ne faisaient avec l'Afrique et l'Espagne qu'un seul et même continent, il n'y avait ni Dardanelles ni Gibraltar, ni Scylla ni Charybde, la Sicile n'était pas séparée de la Calabre, et l'ar-chipel Grec n'était qu'une seule terre. Un grand cataclysme a des-séché ces masses d'eau de la Scythie et les a déversées dans la Méditerranée et l'Océan Atlantique, le fait est incontestable, il a laissé des traces trop évidentes pour qu'on puisse le mettre en doute; quand et comment s'est-il produit?.. c'est ce qu'il n'est pas donné aux hommes de savoir!»

Il est également certain, ajoute M. Markéwitsch, que bien des rivières autrefois navigables sont aujourd'hui obstruées, des-séchées ou transformées en marais, mais cette transformation s'est effectuée à une époque récente; les fragments de gouvernails, les ancres et autres objets de cette nature, que l'on trouve en-fouis dans le lit du Troubèje, de la Soupoï et d'anciens cours d'eau maintenant comblés par les alluvions, le prouvent suffisamment. L'établissement de digues qui ont mis obstacle au cours naturel des rivières, est encore l'une des causes auxquelles on doit attri-buer leur engorgement; ces digues se sont peu-à-peu couvertes d'une végétation dont les racines en s'étendant, ont fini par amasser dans le chenal une épaisse couche tourbeuse. Enfin le défriche-ment des bois et la disparition de l'humidité qu'ils entretenaient, ont aussi contribué au résultat que nous venons de signaler.

L'auteur divise *les rivières du gouvernement de Poltawa* en cinq groupes: il décrit successivement les bassins de la Soula, du Psiol, de la Vorscla, de l'Orélia, et un cinquième groupe de quelques cours d'eau, tributaires du Dniéper, dont le parcours peu développé ne permet pas de consacrer à chacun un chapitre séparé. Le tout est précédé d'un aperçu géographique de la partie du fleuve comprise dans les limites du gouvernement de Poltawa. Le Dniéper, y est-il dit, après avoir côtoyé le gouvernement de Tschernigoff, longe également celui de Poltawa qu'il sépare des gouvernements de Kiew, de Kherson et d'Ecathérinoslaw; ce n'est qu'entre Krémentchoug et Kriukoff seulement, que les deux rives du fleuve appartiennent au gouvernement de Poltawa. Le parcours du Dniéper dans les limites de ce gouvernement, est de 340 verstes; il coule vers le sud-est, sur un fond de sable et de pierres; sa largeur varie depuis 250 jusqu'à 600 sagènes, et dans les grandes eaux, elle atteint quelquefois jusqu'à 10 verstes; sa profondeur qui est de 2 à 4 sagènes en temps ordinaire, s'élève au printemps entre 3 et 5; en 1845, les eaux montèrent jusqu'à 7 1/2 sagènes. Le fleuve se couvre généralement de glaces en décembre et demeure en cet état jusqu'au mois de mars suivant; hormis ce temps, il est toujours navigable, bien que le passage soit quelquefois difficile pour les barques dans les districts de Krémentchoug et de Kobéliaki. La fonte des neiges occasionne presque toujours en avril, un débordement des eaux qui ne rentrent guère dans leur lit que vers la fin de mai. On a conservé le souvenir des années 1760, 1789 1797, 1820, 1825 et 1845, dans lesquelles ces débordements du Dniéper furent les plus considérables; en 1845 surtout, l'inondation atteignit des proportions désastreuses, les eaux couvrirent presque entièrement les villes de Krémentchoug et de Kriukoff ainsi que leurs environs sur une étendue de dix verstes; de 1.911 maisons, 40 à peine demeurèrent intactes.

Bassin de la Soula. — La Soula sort du gouvernement de Kharkoff, son parcours est d'environ 325 verstes, elle coule d'abord vers le nord-ouest dans le district de Romène et se dirige en-

suite vers le sud-ouest; la profondeur de ses eaux varie de 2 à
9 archines et sa largeur entre 12 et 72 sagènes; 102 cours d'eau
viennent, soit directement soit en se déversant les uns dans les
autres, grossir cet affluent qui se jette dans le Dniéper par une
quadruple embouchure, non loin de Tschiguirin-Doubrova.

Bassin du Psiol. — Cette rivière après avoir aussi traversé le
gouvernement de Kharkoff, pénètre dans celui de Poltawa par le
district de Gadiatsch; l'étendue de son parcours dans les limites
du gouvernement, est de 243 verstes; elle incline successivement
vers le sud et le sud-ouest et vient, après des sinuosités sans nombre, tomber dans le Dniéper au-dessous de Krémentchoug et de
Kriukoff; ses eaux rapides et transparentes offrent de deux à trois
sagènes de profondeur, et sa largeur en temps ordinaire, varie entre
25 et 60 sagènes; mais comme la Soula, lorsqu'elle sort de son lit
à l'époque des grandes eaux, elle peut couvrir une étendue de
1500 à 2000 sagènes. Le Psiol est alimenté par 71 ruisseaux ou
rivières de moindre importance dont il reçoit les eaux.

Bassin de la Vorscla. — Du point où il pénètre dans le gouvernement de Poltawa jusqu'à son embouchure, cet affluent du Dniéper a un parcours de 232 verstes; après de nombreux détours
vers le sud, le sud-est et même vers l'est, il prend définitivement
son cours vers le sud-ouest dans le district de Kobéliaki. Les petites rivières dont les eaux vont se joindre à celles de la Vorscla,
sont au nombre de 15.

Bassin de l'Orélia. — Cette rivière dont le cours décrit aussi de
nombreuses sinuosités, sépare le gouvernement de Poltawa de ceux
de Kharkoff et d'Ecathérinoslaw; toutefois quatre points de sa rive
gauche se trouvent appartenir au premier; son parcours est de
400 verstes et le nombre des petits cours d'eau qui l'alimentent
est de 17.

Depuis les confins du gouvernement de Tschernigoff jusqu'à
l'embouchure de la Soula, le Dniéper reçoit en outre les eaux de
27 ruisseaux ou rivières dont les plus remarquables sont: le Trou-

bèje, la Soupoï et la Zolotonocha; enfin six affluents de peu d'importance viennent encore se jeter dans le fleuve, les quatre premiers dans l'espace qui s'étend depuis les bouches de la Soula jusqu'au Psiol, les deux autres entre ce dernier et l'embouchure de la Vorscla.

M. Markéwitsch joint à son travail, des relevés de toutes les rivières du gouvernement de Poltawa, rangées d'abord d'après la longueur de leur parcours, puis dans l'ordre que leur assigne l'importance du chiffre de la population répandue sur les bords de chacune d'elles; il évalue l'étendue de terrain occupée par les eaux dans leur état ordinaire et à l'époque des débordements, celle que couvrent les marécages qui avoisinent tous les cours d'eau de second ordre, et l'examen des divers résultats auxquels il arrive, l'amène à conclure ainsi: «à part le Dniéper, écrit-il en se résumant, le gouvernement de Poltawa n'a pas à proprement parler, d'autres rivières que le Psiol, la Soula, la Vorscla et l'Orélia; il en est bien quelques-unes encore, telles par exemple que le Troubèje et la Soupoï qui, à une époque peu éloignée, avaient aussi leur utilité; mais renfermées dans des digues, elle se sont obstruées et transformées en des marais infranchissables; tous les autres cours d'eau sont d'étroits ruisseaux qui arrosaient autrefois les terres et qui, retenus également par des digues, ont fini par se couvrir de plantes marécageuses; dans cet état ils exhalent des vapeurs nuisibles à l'homme, nuisibles aux bestiaux, et enfin mettent obstacle aux communications.»

«Le Psiol est incontestablement la première rivière du gouvernement de Poltawa; les eaux en sont excellentes à boire, l'aspect de ses rives est pittoresque et de grands villages sont répandus sur toute l'étendue de son parcours; mais les bords de la Soula et de ses affluents l'emportent par l'importance du chiffre de la population; c'est là qu'on trouve les plus anciens villages, et bien que cette rivière soit loin de posséder les beautés qu'offre le cours du Psiol, malgré les immenses marais dont elle est environnée en beaucoup d'endroits, elle peut encore lutter avec lui.

Les rives du Dniéper sont bien moins peuplées que celles de ses deux affluents; la raison en est simple, on fuit un voisinage dangereux; le souvenir de Krémentchoug est présent à la mémoire de chacun, on sait que sur la rive du gouvernement de Poltawa, le fleuve peut dans ses débordements, couvrir depuis trois jusqu'à dix verstes; ce qui ne permet de construire des habitations qu'au-delà de ces limites. Enfin la Soula et le Psiol pourraient encore au ourd'hui être navigables, on voudrait en vain prouver le contraire; il y a des pays où le moindre ruisseau porte des barques à fond plat, susceptibles de recevoir un chargement de 100 à 200 pouds, et il en pourrait être de même ici; tout l'obstacle réside dans l'existence des digues qui ceignent les rivières. Encore le mal se borne-t-il à l'égard du Psiol et de la Soula, à un effet unique—l'anéantissement de la navigation; mais sur les cours d'eau de second ordre, indépendamment du manque de communications, il occasionne aussi la corruption de l'air par les émanations méphitiques des marécages qui couvrent d'immenses étendues de terrain ravies à l'agriculture. Quel remède apporter à ce mal et comment dessécher les marais? La chose est impossible sans faire d'abord disparaître les digues.»

Mémoires. — Tome XII. 1857.

Description de la Mandchourie; par M. V. Vassilieff, membre-effectif. — Ce travail repose sur des données puisées dans les documents officiels chinois, et l'auteur en le publiant, a eu en vue de fournir à son lecteur, la possibilité de s'orienter dans ce pays dont il prépare une histoire complète.

La dénomination de Mandchourie, dit M. Vassilieff, s'applique aujourd'hui à cette contrée située au sud des dernières limites de la Sibérie, et qui s'étend depuis la province de Nertchinsk jusqu'à l'Océan Pacifique à l'est; elle est bornée à l'ouest par les terres de la Mongolie, savoir: en premier lieu—par les possessions de Tchetchen-Khan dans le pays de Khalkha ou Mongolie septentrionale, que les chinois qualifient encore d'*extérieure*; et plus loin vers le sud—par les immenses possessions de Kortschin, les terres des troupeaux de la couronne et celles des Khalkhas de l'aile gauche, des Toumètes et des Kharatschines, relevant quant à l'administration civile, du département Tchen-dé-fou qui fait partie de la province de Tschji-li; en sorte qu'au sud-ouest, les frontières de la Mandchourie se trouvent très rapprochées de la Chine, c'est à dire de la grande muraille, et en réalité à peu de distance du point où celle-ci joint la mer Jaune, laquelle forme une vaste golfe qui s'avance dans les terres des Mandchoux et contourne la presqu'ile connue sous le nom de Liao-doun, en la séparant d'une autre presqu'ile, celle de Schan-doun, qui constitue une province distincte de la Chine. La mer Jaune, après avoir tourné le littoral oriental de la presqu'ile de Liao-doun, baigne la côte de Corée et abandonne la Mandchourie qu'elle avait côtoyée depuis le fameux passage Schan-haï-gouan jusqu'à l'embouchure de la rivière Yalou-tsian; le cours de celle-ci sert dès lors de limite aux deux pays. Sur la partie peu peuplée, et presque impraticable, qui s'étend entre les sources du Yalou-tsian et les hautes montagnes situées à l'est, la frontière est indiquée par des signes de convention; enfin le cours de la rivière Toumen-tsian en se prolongeant jusqu'à la mer du Japon, achève de borner la Mandchourie au sud; à l'est elle a pour bornes l'Océan Pacifique ou plutôt la Manche de Tartarie qui baigne ses côtes jusqu'à la hauteur des îles Chantar au nord, à peu de distance des bouches de l'Amour; là commencent de nouveau les possessions Russes (*). A proprement parler, le nom de Mandchourie est assez arbitrairement donné à ces contrées renfermées dans les limites ci-dessus décrites; cette appellation ne repose que sur le fait de la présence des Mandchoux dans le pays, théâtre de

(*) Un traité conclu récemment entre la Cour de Russie et le Gouvernement Chinois, donne aux Russes le droit de naviguer sur toute l'étendue du cours de l'Amour ainsi que sur ses affluents, et leur attribue la possession de la rive gauche du fleuve, depuis son origine (le confluent de la Schilka et de l'Argoun) jusqu'à la hauteur de l'embouchure de l'Oussouri; à partir de ce point jusqu'à la mer, les deux rives appartiennent à la Russie.　　　　　*(Note du rédacteur.)*

leurs premières entreprises avant qu'ils n'eussent formé un vaste Empire et ne fussent devenus les dominateurs de la Chine; une grande partie de la rive droite de l'Amour ne leur appartient même en réalité que depuis le traité de Nertchinsk. Enfin ni les frontières naturelles, ni la population, ni la division politique de ces contrées, n'autorisent véritablement à les comprendre sous une seule dénomination générale. Le nom même de Mandchourie est inconnu des Chinois qui désignent ce pays par l'appellation de *Doun-san-schen*, c'est-à-dire les trois provinces orientales, d'après leur situation par rapport aux 18 provinces qui sont dans l'intérieur de la Chine; et à vrai dire, la qualification de province (*schen*) est encore employée à tort dans la division politique de la Mandchourie qui est administrée, non par des gouverneurs mais par des chefs militaires ou *Vayvodes*. Il serait plus juste 'de dire que les Chinois désignent ces trois provinces sous la dénomination unique de Schen-Tsin ou Mougden, du nom de la ville qui en est la capitale et qui est placée sous l'autorité d'un vayvode (Tsian-tsiune) auquel ce commandement donne droit de surveillance sur les autres provinces, et cela d'autant mieux qu'il est le chef de tous les ministères que renferme Mougden.

La Mandchourie est donc divisée en trois vayvodies: *Mougden* ou la Mandchourie méridionale que la rivière Liao partage en deux parties nommées Liao-si et Liao-doun (c'est-à-dire terres à l'occident et terres à l'orient de la rivière Liao). La Mandchourie septentrionale renferme les deux autres vayvodies de *Ghirin* et de *Salkhalien-oula* ou *Khëi-loun-tsian* (province de l'Amour); la ligne de démarcation entre cette contrée et la Mandchourie méridionale est évidemment la chaîne des monts *Tschan-bochan* (en langue mantchoue) ou *Golmin-schan-ian-alin* (en chinois), dénomination qui peut se traduire par celle de "longues montagnes blanches". C'est dans ces montagnes, qualifiées par M. Vassilieff du nom d'*Apennins de l'Orient*, que prennent leur source les rivières Yalou-tsian et Toumen-tsian, et enfin le Soungari qui forme le bras principal du système de l'Amour.

La population de ce pays est composée d'élémens très divers. Les Solones et les Dakhoures qui en habitent la partie nord-ouest, les Orotchones et les Ghiliakes ou Fiakes qui se trouvent plus à l'est, et enfin les *Juï-pi-da-tsy* ou *sauvages vêtus de peaux de poissons*, n'appartiennent ni les uns ni les autres à la pure race Mandchoue. Jamais la Mandchourie, pas plus autrefois que de nos jours, n'a été habitée exclusivement par un seul et même peuple; elle a été sans cesse un objet de litige et une patrie de rencontre tant pour les vrais Mandchoux que pour les natifs de la partie sud-est de la Mongolie, et finalement pour les Chinois qui y ont établi des colonies depuis une époque très reculée. L'élément Chinois s'est maintenu même quand le pays a passé en d'autres mains; les Mandchoux à leur apparition sur les confins de la partie méridionale de leur patrie, ont trouvé là des villes et des villages chinois, lesquels ont conservé leur type primitif même après l'avènement de la dynastie actuelle; et nous voyons aujourd'hui que ce sont les Chinois au contraire qui, malgré le voisinage de la Mandchourie, ont imposé aux vainqueurs, leurs coutumes et leur langage.

La contrée de l'Amour ou *Khëï-loun-tsian* dont l'organisation administrative est encore récente, offre un interêt tout particulier. Jusqu'alors, les historiens chinois n'avaient parlé que très superficiellement de cette partie de la Mandchourie, habitée par diverses peuplades, et qui ne renfermait ni une ville remarquable ni la moindre localité digne de fixer l'attention; la création de la Vayvodie de l'Amour fut une conséquence du mouvement des Russes, venus de la province d'Iakoutsk pour s'établir dans ce pays. La dynastie Mandchoue, jusqu'à ce qu'elle eût consolidé son pouvoir, y envoyait des troupes dans le seul but de recruter les soldats dont elle avait besoin pour les guerres qu'il lui fallait soutenir contre ses voisins; une fois sa puissance établie, elle n'avait plus accordé la moindre attention à cette contrée. Le voisinage des Cosaques qui venaient de fonder sur la rive du fleuve Amour, la ville d'Albazine ou Iaxa, contraignit l'Empereur Kan-si de songer sérieusement à prévenir le danger qui menaçait la Chine. Pour amener la ruine d'Albazine qui se trouvait très éloignée des habitations Mandchoues, (les plus proches étaient alors Ningout et Ilan-Khal), les Chinois se mirent à bâtir des villes réliées entre elles par des stations; des colonies furent établies par l'État dans le but de se procurer sur les lieux même, une partie des ressources nécessaires, et le reste fut amené par de grandes barques que les eaux du fleuve voyaient sans doute pour la première fois depuis la création du monde; enfin le siège de l'administration de la Mandchourie septentrionale fut transféré de Ningout à Ghirin. Le Gouvernement Chinois après avoir atteint son but et conclu un traité de paix, n'abandonna pas ce qu'il avait commencé; il laissa des garnisons dans les nouvelles villes et s'efforça de s'attacher de toutes les manières les Salones et les Dakhoures. Le nom même d'Amour qu'a reçu la vayvodie, indique que la Chine a toujours voulu conserver la mémoire de ce point qui avait failli être pour elle une pierre d'achoppement, et la désignation de Tsitsicar comme résidence du Vayvode, au milieu des Dakhoures, sur un des points les plus occidentaux, prouve clairement que le Gouvernement Chinois a voulu autant surveiller un voisin dangereux que ses propres sujets.

L'auteur fait suivre cet aperçu général, de la description géographique et statistique de chacune des trois vayvodies dont se compose aujourd'hui la Mandchourie.

1⁰ La vayvodie de *Mougden* se subdivise en deux départements, celui de Mougden proprement dit et celui de Tsin-tchoou. Mougden, capitale des souverains Mandchoux avant que celle-ci n'eut été transférée à Pékin, et que l'on considère encore aujourd'hui comme une vieille capitale jouissant de tous les droits attachés à cette qualité, c'est à dire renfermant des ministères, le temple de Taï-miao avec les autels du ciel et de la terre, etc., n'est pas à proprement parler une ville mandchoue; elle appartenait à la Chine bien avant l'avènement de la dynastie actuelle, aussi était-elle dès lors ce qu'elle est encore véritablement aujourd'hui, une ville chinoise. Déjà connue au temps des dynasties de Liao et de Tsin sous le nom de Schen-tschoou, l'antique cité échangea sous les règnes de la dynastie de You-han, cette dénomination contre celle de Schen-ian qu'elle conserva même pendant la domination de la dynastie des Mings; elle fut alors une des premières villes qu'envahit le mandchoux Taï-tsou; celui-ci en ayant fait la conquête, y transporta le siège de son pouvoir et sa résidence en lui donnant l'appellation mandchoue de Mougden, qu'elle porte encore aujourd'hui et qui se traduit en chinois par celle de Schen-tsin. Taï-tsou fit construire un temple au ciel et à la terre, un palais, six ministères, etc.; et lorsque la capitale fut transférée à Pékin, on laissa à Mougden un gouverneur-général revêtu du titre d'*Amban-Tschan-ghin* qu'il échangea plus tard contre celui de *Tsian-tsiune*; les ministères des finances, des cérémonies, de la justice et des travaux furent maintenus; jusqu'à ce jour ils administrent encore, chacun en ce qui le concerne, toutes les affaires de la Mandchourie; les directeurs de ces ministères se nomment *Schi-lan*, titre de deuxième ordre dans les ministères de la capitale. Par la suite, Kan-si dans la trentième année de son règne, organisa de nouveau un ministère de la guerre à Mougden. Enfin cette ville renferme aussi indépendamment des ministères, un comptoir de la cour qui se divise en cinq expéditions:—des bâtimens, des approvisionnements, des jardins, des subsistances et des comptes.

Mougden est assez heureusement située au centre de la contrée qui s'étend entre les monts Tschan-bochan et les monts Iluï, lesquels séparent la Mandchourie de la Mongolie; du côté du sud, la province est ceinte par les rivières Tsaï-lu et Yalou-tsian; au-delà des montagnes qui la bornent au nord, se trouvent les sources du Soungari (Koun-toun-tsian); le sol en est généralement fertile. En dehors des particularités que nous avons signalées comme attachées à sa qualité d'ancienne capitale, Mougden avec sa vayvodie a une organisation administrative en tout semblable à celle des provinces de la Chine, sauf que Mougden est divisée en deux départements seulement (fou), tandis que dans l'intérieur de l'Empire, chaque province en renferme une dixaine et plus. Au premier de ces deux départements appartiennent deux arrondissements (tchóou), six districts (tsian) et trois villes (tschen)(*); le second ne comprend que deux arrondissements et deux districts.

2º *Ghirin* se trouve à plus de 800 ly (**) de Mougden; c'est la résidence du Tsian-tsiune ou Vayvode, laquelle a été transférée de Ningout en cette ville, à l'époque où la Chine faisait des préparatifs de guerre contre les Russes qui venaient de se fixer à Albazine; cette position présentait en effet plus de facilités pour communiquer avec le nord et pour y transporter des troupes et des approvisionnements. Fondée en 1673 sur le bord du Soungari, Ghirin est fermée de toutes parts par une enceinte en bois, sauf du côté qui regarde la rivière. Ce genre de clôture se retrouve dans toutes les villes de la Mandchourie septentrionale qui est riche de forêts; dans la Mandchourie méridionale comme dans l'intérieur de la Chine, les murailles de ceinture sont toutes en briques. En dehors de la barrière de bois qui défend Ghirin, la ville est entourée de lacs au-delà desquels se trouve une autre enceinte en terre qui en forme les limites. L'arrondissement de Ghirin, outre quelques autres villes, renferme aussi en grand nombre, des restes d'anciennes fortifications appartenant à diverses époques qu'il est impossible de préciser.

Ningout, éloignée de 540 ly de Ghirin, et qui fait aujourd'hui partie de la province ou vayvodie de ce nom, fut jusqu'en 1676 la première ville de la Mandchourie septentrionale; elle est située sur la rive-nord de la Khoulkha et fermée par une enceinte qui a environ 2 1/2 ly de circuit; toutefois elle n'existe réellement à cette place que depuis 1666 et se trouvait auparavant à 50 ly plus au sud-ouest, sur la rive méridionale du Khaï-lan, affluent

---

(*) En Chine, la dénomination de ville ne se donne qu'à une localité ceinte de murailles; tout lieu habité, quelle que soit du reste son importance ou la beauté des édifices qu'il renferme, ne sera qualifié que de village s'il n'est pas entouré d'une enceinte.

(**) 10 ly chinois équivalent environ à 4 kilomètres ou 3 verstes 3/4 de Russie.

de la Khoulkha; l'ancienne cité qui avait des murailles de pierre, sert maintenant à loger une garnison. On rencontre également quantité d'anciennes fortifications dans toute l'étendue de l'arrondissement de Ningout. Dans les limites de la vayvodie de Ghirin se trouvent encore les cinq villes suivantes: Bodouna ou Beïdouna fondée en 1793, à 525 ly au N-O. de Ghirin; San-Sine (en mandchoux *Ilan-khala*) à ·936 ly au N-E; Altschouka à 600 ly au N-O; Khoun-tschoun à 100 ly au S-E; et Da-schen-oula située à 70 ly seulement de Ghirin, et où réside un chef militaire (*sélin*) avec une garnison.

3° La vayvodie de l'Amour (en chinois—*Kheï-loun-tsian,* en Mandchoux—*Sakhalien-oula)* a été créée comme nous l'avons dit, par suite du mouvement des Russes vers le fleuve; c'est pour mettre obstacle à leurs progrès, que le Gouvernement Chinois a bâti les villes de Kheï-loun-tsian, de Merghen et de Tsitsicar, et nommé un vayvode spécial (Tsian-tsiune) qui habitait dans le principe la première de ces trois localités, et dont la résidence fut plus tard transférée à Merghen puis à Tsitsicar qui est aujourd'hui le chef-lieu administratif de la province, bien que celle-ci ait conservé la dénomination empruntée à la ville où se tenait autrefois le Vayvode.

Tchitchicar ou Tsitsicar n'était dans l'origine qu'un village couché au bord de la rivière Nonni-tsian et qui dès l'année 1700 devint la résidence d'un Tsian-tsiune, mais ce ne fut qu'en 1791 qu'on l'entoura d'une muraille en bois et en terre; cette ville se trouve à 1800 ly au N-E de Mougden, dans une contrée où l'on rencontre encore des traces nombreuses d'anciennes fortifications. Merghen est à 435 ly au nord de Tsitsicar; fondée en 1687, elle fut de 1691 à 1700 le séjour passager du Tsian-tsiune; aux alentours sont dispersés quelques villages. Kheï-loun-tsian ou Sakhalien-oula-khoto est à plus de 800 ly au N-E de Tsitsicar, sur la rive droite de l'Amour. Lors de sa fondation en 1684, cette ville était, nous le savons, la résidence du Vayvode ou Tsian-tsiune qui dans la 29-ème année du règne de Kan-si, fut fransférée à

Merghen. La vayvodie de l'Amour renferme encore des postes fortifiés en assez grand nombre et quelques autres villes: — Khouloun-boïr à 760 ly au N-E de Tsitsicar sur la rive occidentale de la rivière Ibo, Khou-lan à 817 ly au S-E, Bordo (ou Bourdé) à 270 ly au N-E sur la rivière Némer, et Boutkha à 160 ly au nord. Ces quatre dernières localités sont moins à proprement parler, des villes que des postes importants gardés par d'assez fortes garnisons; quant aux terres qui s'étendent à l'est et au nord-est de Ningout, les Chinois eux-mêmes ne les considèrent pas comme faisant partie intégrante de leur Empire mais comme appartenant à des peuplades vassales et tributaires.

Chaque district de la Mandchourie a, comme en Chine, un tribunal, une caisse, un magasin à blé, une prison, une école, etc.; dans les villes d'un ordre plus élevé, ces institutions changent de nom seulement ainsi que les autorités administratives. La Mandchourie méridionale (Mougden), outre le Tsian-tsiune ou Vayvode et ses adjoints, possède aussi un Gouverneur civil; mais dans les vayvodies de Ghirin et de l'Amour, le pouvoir civil est en quelque sorte réuni à l'autorité militaire. Enfin toutes les villes, surtout celles de la Mandchourie méridionale, sont remplies de temples appartenant aux trois religions et qui renferment des autels élevés aux esprits des vents, des nuages, du tonnerre, de la pluie, des montagnes et des rivières, etc..

Après cet aperçu géographique des trois provinces ou vayvodies qui composent la Mandchourie, et dont nous n'avons pu donner qu'une idée imparfaite, M. Vassilieff présente des données statistiques sur le mouvement de la population de la contrée, l'état de l'agriculture, les divers impôts auxquels sont soumis les habitants et sur les productions naturelles du pays parmi lesquelles il cite comme méritant surtout de fixer l'attention: le froment, le millet, le sorgho, l'orge, le riz, le sésame, le coton, la soie, le sel, le thé, le cuivre dont l'exploitation est abandonnée, l'argent qu'il est interdit de rechercher *pour ne pas tourmenter l'heureuse terre à laquelle la dynastie régnante doit son origine*, le fer, le plomb, la houille, le salpêtre, le miel et la cire, les perles, et enfin les bois dont la Mandchourie est si riche encore aujourd'hui. L'auteur énumère ensuite les forces militaires concentrées dans les provinces de la Mandchourie, et qui ne s'élèvent pas à moins de 40,000 hommes soldés, renommés dans tout l'Orient pour leur bravoure et leur habileté à manier les armes; à ces troupes de terre, il faut ajouter: 1⁰ la flotille de la Mandchourie méridionale, à la vérité dans un état plus que médiocre, et qui se compose de 6 bâtiments armés montés par 60 hommes d'équipage et 500 soldats de marine; et 2⁰ les forces réparties entre les ports de la Mandchourie septentrionale à Ghirin, Tsitsicar, Merghen et Kheïloun-tsian, qui comptent environ 20 bâtimens armés de première classe, 40 de seconde classe et autant de transports et de petites embarcations présentant un total de plus de 1,100 matelots et ouvriers. M. Vassilieff clot son travail par quelques détails sur le service des voies de communication et le relevé des postes établis pour la garde des frontières; ceux qui se trouvent répandus au nord, sur la limite des possessions Russes, sont au nombre de quinze.

Les „**Mémoires sur Ningout**", écrits au commencement du XVIIIe siècle par un homme qui avait passé les années de sa jeunesse dans cette contrée où son père était exilé, sont remarquables comme étant, que l'on sache, la seule description spéciale sortie de la plume d'un particulier en Chine; la traduction qu'en donne M. Vassilieff, est en quelque sorte un supplément à l'article qui précède. L'auteur des *mémoires* a daté son manuscrit de la 7ème lune de la 60ème année du règne de Kansi (1722); et on y a ajouté en forme de *post-scriptum*, la relation d'une éruption volcanique qui aurait eu lieu vers cette époque. «A 50 ly au nord-est de la ville de Merghen, y est-il dit, se trouvait un petit lac ayant 30 milles de circuit. Dans le cours de la 6ème ou 7ème lune de la 59ème année du règne de Kansi (1721), s'élevèrent tout-à-coup en ce lieu, des flammes et de la fumée; on entendit des bruits pareils à ceux que produit le tonnerre, qui ne cessaient ni jour ni nuit et retentissaient jusqu'à 50 et 60 ly de distance; des pierres noires et des matières sulfureuses furent lancées vers le ciel;.... ces choses durèrent toute une année et finalement on vit apparaître un monticule. Il s'en dégageait des exhalaisons suffocantes qui se faisaient sentir à 30 ly à la ronde, tellement qu'on ne pouvait contempler ce spectacle que du sommet de hautes montagnes. Peu à peu cependant, les exhalaisons sulfureuses diminuèrent d'intensité sans toutefois permettre d'approcher à plus de quelques ly, du lieu où se produisait le phénomène; le fonctionnaire envoyé par l'Empereur, pour lui rendre compte du fait, dut également se borner à regarder de loin. Jusqu'à présent tout est dans le même état et personne n'y comprend rien.... Tout ceci a été ajouté par les amis de l'auteur, à Oula.»

Antiquités sibériennes. — *Similitude de quelques-unes avec celles de la Grande-Russie*, par M. Spasky, m. eff. — Si la nature elle-même, dit l'auteur, semble avoir en quelque sorte voué le nord de la Sibérie à la stérilité et aux ténèbres éternelles sous le rapport intellectuel, elle a par contre été prodigue de ses bienfaits envers la partie méridionale de ce pays qu'elle a évidemment destinée à l'activité de la vie sociale. Les anciens habitants de la Sibérie méridionale ont laissé après eux, des monuments dont l'étude n'est pas moins importante au point de vue de l'histoire que sous le rapport archéologique et ethnographique, les recherches de cette nature pouvant répandre quelque lumière sur une de ces questions assez obscures que présente la migration des peuplades de l'Asie vers l'Occident.

Lors de la conquête de la Sibérie par les armes russes, vers la fin du XVIe siècle et le commencement du XVIIe, les habitants de ces contrées, plongés dans une ignorance grossière, ne purent faire connaître aucune tradition de leurs ancêtres, et nous eussions été privés de tous renseignements sur ce sujet, si le temps n'eût respecté les monuments de l'existence de ces peuples. Il a pu se faire que réduits en esclavage par une peuplade plus puissante, les aborigènes de la Sibérie aient été emmenés dans un pays éloigné, ou que par suite d'évènements qui nous sont inconnus, ils aient d'eux-mêmes abandonné la terre natale; quoi qu'il en soit à cet égard, il est de fait que les habitants modernes de la Sibérie méridionale présentent des différences tranchées qui les distinguent des anciens peuples de la contrée, et qu'ils ont aussi avec eux une certaine communauté, sinon d'origine, du moins de genre de vie et d'habitudes nomades.

Les monuments de l'antiquité qui se sont conservés jusqu'à nous, prouvent que les anciens habitants de la Sibérie étaient beaucoup plus avancés en civilisation que ne le sont aujourd'hui leurs descendants; les plus remarquables de ces monuments sont des *tumuli* surmontés d'idoles ou statues en pierre, de grandes villes, les ruines de certaines constructions, des inscriptions et des signes que portent les rochers situés au bord dès rivières, etc.. Un séjour de quatre années que l'auteur a fait en Crimée, l'ayant mis à même de voir les *tumuli* que l'on trouve également en grand nombre dans la Nouvelle-Russie, un examen attentif de ces monuments, l'a conduit à reconnaître leur identité avec ceux de la Sibérie, et à se former la conviction que tout au moins, les uns et les autres ont été élevés par des hommes animés d'une même pensée. La similitude est encore plus frappante entre les figures tracées sur les rochers du rivage dans la partie orientale du lac Onéga et celles des pierres sibériennes; ce fait seul, ajoute M. Spasky, témoignerait des rapports ethnologiques qui lient la vieille Russie aux parages éloignés et longtemps inconnus de la Sibérie.

Les monuments de l'antiquité du genre de ceux que l'on connait sous le nom de *tumuli*, sont répandus par toute la Sibérie jusqu'à la hauteur du 55-ème degré de latitude, et depuis la mer d'Okhotsk à l'est, jusqu'à l'extrémité occidentale de la contrée, sur l'Oural, la Kama, le Volga, les rivières qui se rattachent à ces systèmes jusqu'à la mer Noire et la mer d'Azow, et même dans les steppes du Dniéper. Ceux que l'on voit dans la Sibérie méridionale aux approches des monts Sayansk et de l'Altaï vers

les sources de l'Obi et de l'Iénisseï, sont presque toujours entourés de pierres et surmontés quelquefois de sculptures grossières
représentant des personnages, principalement du sexe masculin.
A mesure que l'on s'éloigne de ces localités, ces figures de pierre
deviennent plus rares et on ne les rencontre plus en grand nombre que dans le voisinage de la mer d'Azow, où elles attestent
que le peuple dont elles sont l'œuvre, n'a fait en quelque sorte que
traverser les contrées voisines de la Sibérie, pour aller s'établir
dans un pays éloigné. Ici, les figures des *tumuli* se distinguent des
statues sibériennes, par une exécution plus soignée qui permet
d'en reconnaître aisément le type; on y retrouve aussi la proportion des membres, les vêtements et les ornements des deux
sexes. L'historien Ammien Marcellin, en parlant des statues qu'il
a vues sur les rives du Pont-Euxin, les considère comme représentant le type des Huns. Parmi les écrivains modernes, Pallas
est du même avis; il pense que le peuple connu sous le nom de
Huns, appartenait à la race Mongole et n'était autre que la Horde
des Eleutes, que la tradition Kalmouke mentionne comme ayant
anciennement émigré vers l'Occident (*). Enfin les écrits des historiens chinois viennent confirmer aussi l'identité d'origine des
Huns avec les Mongols ou les Kalmouks, ce qui revient au même,
ainsi que le fait de leur séjour en Sibérie. Quelques savants, en
Europe, ont voulu récemment attribuer à ce peuple une origine
finoise et le font venir de l'Oural et du Volga (**); l'auteur leur

---

(*) Nouveau voyage dans les gouvernements de l'Empire de Russie, dans les
années 1793 et 1794, par P. S. Pallas.—Paris. 1801. T. 1-er; pag. 372 et 373.

(**) Dictionnaire encyclopédique. 1838. T. XV; page 429. — L'article sur les
Huns débute ainsi: «Les Huns, peuple composé d'élémens divers soumis par une
peuplade de race finoise, à ce qu'il parait, habitaient au commencement de l'ère
chrétienne, les parages du Volga et de l'Oural, d'où ils s'avancèrent par la suite
en forces considérables contre l'Empire Romain, sous la conduite de leur chef
Attila.» — Nous voyons au contraire dans l'histoire: 1) que bien avant Attila et
nommément en l'an 376, les Huns s'étaient déjà montrés sur le Don, qu'ils avaient
soumis les Goths et les avaient chassés des bords du fleuve ainsi que du littoral
de la mer d'Azow, pour occuper ce pays; 2) qu'en 382, leur roi Donat reçut une
ambassade des Romains; et 3) qu'à ce prince assassiné perfidement, succédèrent
Charaton, puis Roua et Mundzic père d'Attila, lequel naquit en 406. (Voir les Historiens byzantins, etc.; de Stritter. II-ème partie, pages 64—73).

oppose la relation suivante, empruntée aux textes chinois et dont la traduction manuscrite lui a été remise par le feu Père Hyacinthe.

«Les Mongols (plus de deux siècles avant notre ère) étaient divisés en deux branches, celle des Hunni à l'occident et celle de Doun-Khou à l'orient; les premiers étaient répandus aux alentours des montagnes de l'Altaï en dehors de la Chine, des monts Khan-Khaï et In-Schan qui sont sur les frontières de l'Empire; et les autres (les orientaux) occupaient toute la contrée montagneuse qui s'étend entre les sables (désert de Chamo) et la terre des Toungousses depuis la mer de Corée jusqu'aux monts Khin-ghan.

«Schoun-Bey, qui fut la souche des chefs des Mongols occidentaux ou Hunni, descendait de la famille régnante en Chine Khia-Khéou; il avait quitté la Chine pour venir se fixer parmi eux. Quant aux Mongols orientaux, ils se trouvaient anciennement déjà sous l'autorité de la même famille Doun-Khou.

«Les agressions répétées des Hunni contre les provinces de la Chine qui leur étaient limitrophes, avaient plusieurs fois nécessité la répression des Chinois qui en toute occasion avaient eu le dessus; et en dernier lieu, le guerrier Myn-Tkhian, envoyé contre les Hunni, les ayant refoulé vers le nord, ceux-ci n'osèrent plus renouveler leurs excursions sur le territoire chinois, jusqu'à l'époque où ils se choisirent pour chef le brave Modé. Ce dernier soumit plusieurs provinces de la Chine, renversa le chef qui commandait aux Mongols de l'orient, reconquit toutes les terres enlevées aux Hunni par Myn-Tkhian et devint un adversaire redoutable pour les Chinois.

«Doun-Khou ayant dû résigner son titre de Khan, les Mongols orientaux se trouvèrent assujettis à ceux de l'occident et demeurèrent leurs tributaires, jusqu'à ce que ceux-ci eussent été de nouveau asservis (l'an 121 avant J. C.) par le chinois Vao-Kuï-Bin, qui les repoussa au-delà des frontières de la province Dji-li, d'où ils continuèrent néanmoins à inquiéter la Chine par leurs incursions. Ce ne fut que longtemps après, que les Chinois prirent enfin contre les Hunni, des mesures décisives, et que le valeureux Tsav-Tsav (l'an 206 de notre ère) marcha contre eux à la tête d'une armée; ils furent dès lors définitivement soumis.

«Cependant un nouvel et puissant ennemi s'éleva bientôt contre la Chine; c'était une tribu des Mongols de l'orient, qui s'était séparée de ceux-ci à l'époque du triomphe des occidentaux. Les chefs en étaient toujours restés tributaires de la Chine; l'un d'eux, nommé Schégouï, avait même reçu le titre honorifique de Tsan-uy pour les services rendus par lui pendant la guerre; son fils et successeur, Mouyun-Kho, avait été élevé par des professeurs chinois et avait combattu avec succès les peuples voisins; enfin son petit fils, Mouyun-Khouan, s'était avancé jusqu'en Corée. Mais le successeur de ce dernier, Mouyun-Tsiune, mettant au jour les pensées que ses ancêtres avaient nourries secrètement contre la Chine, ne voulut plus reconnaître la domination de celleci; il rassembla 200.000 des meilleurs guerriers et à la suite de quelques faits d'armes heureux, il occupa Péking (l'an 350 de J. C.); le Khan Djan-Min, de la famille Djao, et appartenant aux Hunni par son origine, ayant été fait prisonnier, fut mis à mort par ordre de Mouyun-Tsiune qui prit son titre sur l'offre que vinrent lui en faire les chefs; et à cette occasion, il répondit à un ambassadeur que la famille régnante de Tsin venait encore d'envoyer dans le même temps à Djan-Min: «rapporte à ton maitre, le fils du ciel, que l'Empire du milieu (la Chine septentrionale) ne trouvant personne de plus digne, m'a choisi pour son khan.»

On peut, à ce qu'il semble, continue M. Spasky, conclure de tout ce qui précède, que les ancêtres des Huns, en tant que ce furent les Hunni, ont habité les parties de la Sibérie où jusqu'à ce jour on voit encore en si grand nombre, des *tumuli* semblables à ceux du Dniéper ainsi que d'autres monuments énigmatiques de l'antiquité qui sont complètement étrangers aux habitants actuels de ces contrées. Il est évident que lorsque les Mongols orientaux, ennemis constants des Huns, eurent conquis le nord de la Chine et mis à mort le Khan issu de cette race, il ne restait plus aux derniers, pour éviter la servitude ou une destruction totale, qu'à aban-

donner le pays malgré tous les avantages qu'il offrait à leur existence nomade, et à chercher, fût-ce même hors de l'Asie, une contrée plus sûre pour s'y établir. Ainsi errants à travers les steppes qui avoisinent la Sibérie puis dans les plaines alors désertes
du Volga et de la Kama, ils atteignirent enfin le littoral de la mer
d'Azow et de la mer Noire; et retrouvant sous ce climat plus doux,
un pays qui présentait des similitudes avec celui qu'ils avaient
quitté, ils résolurent de s'y établir. Cette terre était chère aussi à
ses possesseurs naturels, mais une telle considération n'était pas
capable d'arrêter des hommes qui ne connaissaient d'autre droit
que celui de la force; les Huns eurent bientôt fait cette conquête,
après avoir anéanti ou chassé les habitants de la contrée qu'ils
convoitaient. Toutefois il leur fut impossible d'y vivre en paix;
ils s'engagèrent dans des guerres incessantes contre les peuples voisins, jusqu'à ce qu'enfin parut le terrible Attila dit le
Fléau de Dieu qui, à leur tête et avec l'aide d'autres barbares
comme eux, fit trembler Rome déjà chancelante ainsi que toute
l'Europe occidentale. Son joug heureusement ne pesa pas plus de
vingt ans sur le monde; ce farouche et insatiable conquérant s'étant
épris d'Hildegonde, fille d'un chef Germain, voulut l'épouser; et la
première nuit de ses noces vit le terme de sa vie; Hildegonde le
tua dans son sommeil (454); il était alors âgé de quarante-neuf
ans. Après la mort d'Attila, ses hordes se dispersèrent bientôt
et le nom même des Huns disparut avec elles.

Si l'on compare attentivement entre eux, les *tumuli* que l'on
rencontre dans les divers lieux que nous avons mentionnés, l'hypothèse qui considère les uns et les autres comme l'œuvre de
peuples issus d'une même origine, acquiert encore plus de vraisemblance. Bien que nous ne sachions pas que les *tumuli* du
Dniéper ou des contrées voisines aient jamais renfermé des objets d'un métal précieux, comme ceux qu'on a trouvés en Sibérie,
l'existence de tels objets n'en est pas moins significative; et il est
probable que leur présence dans les tombeaux où ils étaient
enfouis, est due, des deux parts, à l'observance d'une même cou-

tume. Les sculptures ou statues placées sur ces tombeaux donnent encore plus de force à cette opinion; et quant au plus ou moins de perfection de leur exécution, ne conviendrait-il pas de mettre cette particularité sur le compte de la matière employée? Les statues des *tumuli* du Dniéper et de la mer d'Azow sont en effet pour la plupart d'une pierre calcaire, tandis que celles de la Sibérie sont taillées dans le granit ou dans un grès d'une dureté qui en rendait le travail plus difficile.

L'auteur, pour mettre en évidence les similitudes qu'il a constatées entre les antiquités sibériennes et celles de la Grande-Russie, a joint à son article plusieurs dessins dont le premier représente des statues trouvées dans les montagnes de l'Altaï et aux sources de l'Iénisséi, dans les steppes du Dniéper et aux approches du littoral de la mer d'Azow; plusieurs planches sont consacrées à la reproduction des figures ou inscriptions *in rebus*, gravées sur des rochers le long de certaines rivières de la Sibérie (la Tom, l'Iénisséi) et sur ceux des bords du lac Onéga; enfin les trois dernières feuilles contiennent des inscriptions découvertes dans les environs de la ville de Minoussinsk et la représentation des signes énigmatiques tracés sur les pierres des rives de l'Irtisch.

De l'accroissement progressif des odnodvortsis (*) **dans le gouvernement de Voronèje**; par M. Guerma-noff. — L'établissement des *Odnodvortsis* sur le territoire compris dans les limites actuelles du gouvernement de Voronèje ne remonte qu'à la fin du XVIe siècle; mais avant d'aborder la question qui fait l'objet de cette étude, l'auteur a jugé nécessaire de faire connaître la situation de la contrée, antérieurement à l'époque à laquelle y parurent les soldats russes congédiés, dont les *odnodvortsis* sont les descendants.

Les Mongols venus de l'Asie en 1237, ayant dévasté la Bolgarie, tournèrent la partie méridionale de la principauté de Riazan et s'arrêtèrent sur les bords du Voronèje; de là, se ré-

____

(*) *Odnodvortsis* — paysans propriétaires formant une classe à part.

pandant vers le nord, ils détruisirent Riazan, Vladimir et quelques autres villes encore; en 1240 Kiew subit le même sort, et la vieille Russie devint presque en entier la proie des farouches envahisseurs. Mais les conséquences de l'invasion ne furent pas les mêmes à l'égard de toutes les provinces conquises; dans certaines d'entre elles, la civilisation avait déjà pris racine et présentait des garanties d'existence telles, que les coups les plus rudes ne pouvaient l'anéantir complètement; dans d'autres au contraire, elle était encore à son aurore ou ne reposait que sur des bases peu profondes. Il en résulta qu'une grande partie des contrées du nord-est et du sud-ouest de la Russie, bien que dévastées par les Mongols, ne perdirent rien ni de leur population ni de leur esprit d'indépendance et se bornèrent, en présence de la force qui les opprimait, à une soumission toute extérieure envers les barbares auxquels elles payaient tribut; mais l'Ukraine Russe, presque à partir du Dniéper et, sauf quelques points sur le Don et le Khoper, jusqu'aux dernières limites des terres occupées par les anciennes populations russes (limites qui ne nous sont pas parfaitement connues), reprit par suite de la conquête, ce caractère de steppes qu'elle avait eu au temps de la domination exclusive des Petchénègues et des Polovtses et qu'elle était loin d'avoir perdu lors de l'apparition de Batu-Khan.

«Il serait curieux, dit M. Guermanoff, de connaître le degré de civilisation qu'avait atteint la contrée qui constitue aujourd'hui le gouvernement de Voronèje, avant d'avoir été envahie par les hordes Mongoles; mais les matériaux manquent complètement à cet égard et la tradition populaire ne remonte pas au-delà du second repeuplement qui suivit la chute du joug mongol. Le diacre Ignace, de l'évêché de Smolensk, qui accompagna Pimène dans son troisième voyage à Constantinople en 1389, décrit les solitudes qu'il a vues en descendant le cours du Don, et qui, ajoute-t-il, *étaient autrefois couvertes de belles et vastes cités;* mais le point de départ de Pimène fut le pays où se trouve aujourd'hui le gouvernement de Toula; il dut traverser ensuite les gouvernements de Riazan, de Tamboff, puis celui de Voronèje, et il n'y a pas la moindre possibilité de savoir auquel de ces gouvernements se rapportent les paroles de l'écrivain. Il n'y a aucune raison de nier que la ville de Voronèje ait existé sur la rivière de ce nom, antérieurement à l'invasion des Mongols; l'ancienne ville de Lipetsk se trouvait aussi probablement sur l'emplacement qu'occupe aujourd'hui la nouvelle; celle d'Eletz devait pareillement être bâtie sur la Sosna, l'affluent de la rive occidentale du Don le plus voisin de la limite du gouvernement de Voronèje; peut-être serait-il trop hardi de supposer que ces villes fussent reliées entre elles par des fortifications, mais on peut admettre tout au moins qu'il y avait de l'une à l'autre des villages russes plus ou moins rapprochés. Il est vrai qu'avant l'apparition des barbares de l'Asie, les Polovtses occupaient l'espace qui s'étend entre le Dniéper, le Don et les affluents de ce dernier; vers l'an 1060 ils avaient refoulé les Petchénègues sur le cours supérieur du Don et noué des relations avec les princes du sud-ouest d'abord, puis avec ceux du nord-est; se mettant tantôt au service des uns tantôt à la solde des autres, ils étaient prêts à saisir la première occasion favorable pour dévaster leurs possessions. De leur côté les princes entreprenaient aussi des expéditions contre les Polovtses et parvenaient quelquefois à les réduire et à les chasser vers la mer; mais bientôt après, ceux-ci se montraient de nouveau; toutefois quelque répétés qu'aient été leurs envahissements, ils ne paraissent pas avoir nui au développement de la population russe dans le pays de Voronèje. Plano Carpini (Duplan de Carpin), envoyé en 1266 par le Pape Innocent IV vers le grand Khan du Kaptchak, écrivait que les terres des Polovtses avaient été habitées par une nombreuse population russe, anéantie par les Mongols. Si l'on admet que ces Russes, comme le pense Karamzine, aient eux-mêmes mené une existence nomade, ayant en cela peu différé des Polovtses, on peut en conclure que par suite de contacts fréquents, ils s'étaient suffisamment assimilés à ces derniers pour ne plus redouter leur voisinage. D'autre part les Polovtses, en relations constantes avec les princes auxquels ils donnaient leurs filles en mariage, les aidant dans leurs expéditions guerrières, ne pouvaient manquer de prendre quelque chose des mœurs russes de l'époque; aussi quand débouchèrent du côté de l'orient, de nouvelles hordes sauvages et barbares, ne purent-ils se fondre avec elles et durent-ils, pour la plupart, aller s'établir dans les villes peuplées par les Russes dont ils adoptèrent tout à la fois la religion et le genre de vie. Le même fait s'était produit à l'égard des peuples dont les Petchénègues avaient occupé le pays au X⁻e siècle; il en était advenu de même pour ces derniers à l'apparition des Polovtses; et, sauf quelques légères variantes, c'est la filière par laquelle ont passé presque tous les peuples qui habitent l'Europe.»

Abordant ensuite la période du joug mongol puis celle de sa chute, l'auteur s'exprime ainsi: «Les Mongols s'épuisèrent et virent s'anéantir leur puissance par une suite d'évènements tout opposés à ce qui se passait chez les Russes; dès l'instant où le pays au nord-est était devenu le centre de l'existence de ceux-ci, on y voit se manifester une tendance incessante vers l'unité, dans les efforts d'un prince tâchant à s'aggrandir aux dépens des autres et, le cas échéant, à les dépouiller complètement; tendance qui prend rapidement de la consistance du moment où Moscou s'élève au-dessus des autres principautés par la puissance morale et matérielle, et qui finalement aboutit à l'anéantissement du système féodal. Dans la grande Horde au contraire, on voit dès les premières années apparaître la division. Chez les Russes, les dissensions et les guerres, surtout celles entre les grands princes de Moscou et les feudataires, ont pour résultat l'accroissement de puissance et de force des premiers, l'affaiblissement des autres; chez les Tatars, la lutte d'une tribu contre une autre se termine par l'amoindrissement de la Horde-mère; et lorsque sous Ivan III, le plus grand nombre des principautés russes se trouvèrent réunies à celle de Moscou et que les autres pour s'y joindre, n'attendaient plus que l'instant favorable, la Horde d'or était réduite à un tel état de faiblesse par les divisions répétées et par les guerres intestines, qu'à peine pouvait-elle encore subsister.

«Dans les derniers temps, la Russie resta soumise, moins à une puissance effective qu'à des souvenirs et à des formes derrière lesquels elle ne pouvait encore se résoudre à reconnaître une absence totale de force réelle; et ce que l'on appelle le renversement du joug étranger fut, non pas le résultat d'une lutte opiniâtre et décisive entre les Russes et les Mongols, mais bien la conséquence naturelle de la situation véritable de l'un et de l'autre peuples. Ivan n'eut point à combattre Achmet et cependant celui-ci prit la fuite; dès lors les Russes ne pouvaient plus douter de leur supériorité sur les Tatars, non plus que ceux-ci de l'anéantissement de leur domination en Russie; il y eut bien encore par la suite de leur part, quelques tentatives fondées sur d'anciens souvenirs et de prétendus droits auxquels nul ne pouvait plus croire, mais elles ne firent qu'amener la destruction définitive de la grande Horde. Celle-ci toutefois n'entraîna pas dans sa chute, les hordes de second ordre qui s'étaient déjà bien auparavant, séparées de la Horde-mère, et parmi lesquelles, deux surtout — la horde des Nogaïs et celle de Crimée, ont une importance particulière dans l'histoire de la Russie.

«Après le renversement du joug mongol, les rapports des Russes avec les hordes errantes de l'est et du sud, se modifièrent essentiellement et devinrent assez semblables à ceux qu'ils avaient eu antérieurement avec les Polovtses, sauf encore cette différence, que les moyens d'actions dont les Russes pouvaient disposer jadis contre ceux-ci, se trouvaient répartis entre plusieurs princes qui n'étaient pas toujours d'accord entre eux, tandis que ces moyens devenus plus puissants étaient maintenant aux mains d'un seul. Si les Russes n'avaient pas craint autrefois de se fixer à proximité des lieux habités par les Polovtses, ils avaient donc encore bien moins à redouter pour leurs établissements, le voisinage des hordes étrangères. Quel pouvait et quel devait être le caractère de ces établissements? Avant l'invasion des Mongols comme durant la période de leur domination, des postes russes gardaient les points les plus accessibles aux envahissements des hordes des steppes; le cercle d'action de ces postes ne se bornait pas à la défense d'un lieu déterminé, mais devait embrasser un espace plus ou moins considérable. Cet état de choses continua de subsister après l'anéantissement du joug mongol, néanmoins avec cette différence que les postes de garde des frontières durent étendre plus au loin, leur sphère d'activité. C'est ainsi qu'au temps d'Ivan IV, les vayvodes de garde avaient la surveillance de tout le pays compris entre le Dniéper, le Don et ses principaux affluents: — le Donetz septentrional à l'ouest, et le Voronèje, le Khoper, la Toloutchécva et la Medvéditsa à l'est. Leurs postes étaient considérés comme ayant une telle importance, qu'ils ne pouvaient les quitter en aucun cas sans attendre qu'on les eût relevés; leur premier devoir consistait à s'informer si les Nogaïs ou les Tatars de Crimée ne préparaient pas quelqué incursion sur le territoire russe; et s'ils se trouvaient commander des forces numériquement égales à celles de ces nomades, ils devaient les repousser, transmettre immédiatement rapport du fait à Moscou et en donner connaissance aux villes les plus proches.

«L'établissement primitif des soldats congédiés de qui descendent les *odnodvortsis*, tant dans le pays de Voronèje que dans les autres provinces-frontières de la Russie, n'a pas été le fait de la propre initiative des individus, mais bien la mise à exécution d'une mesure grâce à laquelle le Gouvernement pouvait atteindre le but qu'il avait en vue. On donna en effet à ces soldats, le moyen de se fixer dans des localités où, tout en étant jusqu'à un certain point à l'abri des excursions des Tatars, ils se trouvaient à même d'en avoir connaissance et de pouvoir, suivant les circonstances, en donner avis et repousser les envahisseurs; c'est à dire qu'on les établit sur le cours des rivières, principalement dans les lieux boisés et sur la rive qui regardait l'intérieur du pays ou des provinces ayant déjà un noyau de population russe. Les choses se passaient ordinairement de la manière suivante. Sur un emplacement dont le choix était commandé par diverses considérations, ou bâtissait une ville fortifiée, aux environs de laquelle étaient répandus de grands villages peuplés d'anciens soldats en plus ou moins grand nombre. Dans le voisinage de la cité, ces villages étaient élevés en même temps qu'elle; ceux qui en devaient être éloignés se formaient plus lentement et à des époques indéterminées; ils se trouvaient disposés dans toutes les directions, mais rarement, à moins de circonstances extrêmement favorables, sur le bord opposé de la rivière, quand la nouvelle ville était assise près d'un cours d'eau. Les uns reliaient celle-ci avec les provinces anciennement peuplées; les autres formaient un commencement de population dans des lieux encore inhabités, indiquant ainsi le mouvement progressif de la population russe. Mais entre ces villages existait une différence notable: tandis que le nombre des premiers (ceux qui joignaient les nouvelles cités aux anciennes) pouvait s'augmenter en raison de la quantité des terres disponibles, l'accroissement et le développement des autres s'arrêtait ordinairement à certaines limites, par la raison qu'un établissement à une grande distance de la ville ne remplissait aucun but et n'était pas sans danger.

«Le devoir imposé aux anciens soldats établis dans chaque ville ou dans les faubourgs et villages voisins, consistait à garder la cité, à parcourir à tour de rôle et par détachements, les steppes environnantes, et à entretenir des postes d'observation sur les points les plus exposés; quelquefois ces obligations ne reposaient que sur eux seuls, quelquefois aussi pour les soulager, on expédiait d'autres soldats des villes voisines; ainsi de Voronèje, des patrouilles de garde étaient envoyées jusques vers les sources de la Potoudana, sur la Tikha-Sosna et sur le Bitiug, points par où les Tatars avaient l'habitude de déboucher pour se jeter sur la Russie; d'autres, sorties de Valuïka, de Jablonoff, étaient dirigées sur le Donetz septentrional, etc. Sans doute il était impossible de se borner à ces seules mesures de précaution, et tôt ou tard, s'élevait encore une nouvelle ville, entourée comme les autres de faubourgs et de villages, et qui prenait part à la défense commune; si elle ne se trouvait séparée des villes anciennement bâties que par une distance peu considérable, cet espace se peuplait rapidement de soldats congédiés et d'autres habitants, ét la population se fondait en une seule masse avec celle des provinces intérieures.

Mais souvent il arrivait (et il en fut ainsi dans la fin du XVIe et le commencement du XVIIe siècles), que les villes-frontières fortifiées étaient assez distantes les unes des autres; les intervalles qui les séparaient se remplissaient alors avec le temps, non seulement de villages mais aussi de villes nouvelles. C'est de cette manière que Valuïka et Oskol furent d'abord bâties en 1593, et que plus tard, sur l'espace qui s'étend de l'une à l'autre, s'élevèrent — Jablonoff en 1637 et Novo-Oskol en 1656. Le pays compris entre Voronèje et Valuïka demeura cinquante années durant, complètement désert et bordé seulement de cantonnements militaires, puis des villes y furent fondées: Palatoff entre les sources du Valuï et celles de la Tikha-Sosna, Verkhossossensk et Ousserde en 1637, Olchansk en 1645 (ces dernières sur la Tikha-Sosna et ses affluents); en amont sur le cours de la Sosna — Ostrogojsk en 1652; sur le Don — Korotoïaje en 1648, Ouryff en 1645, Kostensk en 1650. Dans d'autres directions, Voronèje et Livny sur la Buystra-Sosna, furent bâties en 1586; mais l'intervalle compris entre ces deux villes ne commença à se peupler que soixante-et-dix ans plus tard, après la fondation de la ville de Zemliansk en 1657. Sur le cours supérieur du Voronèje, s'éleva Kozloff en 1636; et plus tard, entre cette dernière et la ville de Voronèje, furent bâties — Sokolsky en 1650 puis Romanoff et Bélokolodsk. Enfin s'il est arrivé quelquefois que certaines villes s'élevassent dans des localités déjà peuplées, comme cela eut lieu en 1646 pour Ousmane et Orel sur le Voronèje et la rivière Ousman, on peut dire généralement que la plupart d'entre elles, et surtout les anciennes telles que Valuïka,

Verkhossossensk et autres, furent fondées dans des lieux totalement inhabités. Au reste, et quoique les distances eussent diminué d'une ville à l'autre, il y avait encore de tous côtés, bien des
terres sans habitants, même dans les districts renfermant le plus
grand nombre d'*odnodvortsis*, tels que ceux de Zemliansk, de Nij-
nédiévitza, de Korotoïaje, de Biriutch; et la fin du XVIIe siècle
ainsi que le XVIIIe virent également de nouveaux établissements
d'*odnodvortsis* dans ces mêmes localités. La seule exception à constater sous ce rapport, concerne l'espace compris entre le Don et
le Voronèje qui constitue aujourd'hui le district de Zadonsk et en
partie celui de Voronèje; cette étendue de pays était déjà très
peuplée vers le milieu du XVIIe siècle et pouvait, à cet égard, être
assimilée aux anciennes provinces russes qui la bornaient au nord.
Quant aux districts de la rive gauche du Don qui se peuplèrent à
la fin du XVIIe siècle et principalement dans la première moitié
du XVIIIe , les habitants qui vinrent s'y établir, eurent en vue les
avantages résultant de la situation de la contrée plus encore que
la sûreté qu'elle pouvait leur offrir. Ce n'est pas à dire qu'à cette
époque, le pays de Voronèje fût partout également sûr, il se trouvait toujours exposé aux incursions ennemies; mais ces incursions
ne se produisant plus que rarement et par des forces bien moins
considérables qu'autrefois, pouvaient plutôt être considérées comme
des actes de simple brigandage que comme des attaques sérieuses,
et il était facile aux habitants eux-mêmes de les réprimer.

«Si l'on compare le nombre des *odnodvortsis* dans les villages des
anciens districts d'Eletz, Voronèje, Zemliansk, Biriutch, Korotoïaje,
etc., avec le chiffre de cette classe d'habitants dans les districts
nouveaux de Khoper, de Bobroff et de Pavlowsk, on constate
des différences remarquables. Dans les premiers, le nombre des
habitants d'un village varie depuis 250 âmes (du sexe masculin)
jusqu'à 1.000 et s'élève très rarement plus haut; dans les autres,
hormis les nouveaux villages qui étaient anciennement des hameaux ou des métairies, le chiffre de la population masculine n'est
jamais moindre de 500 âmes. Sans doute, le fait de la séparation

des métairies ou des hameaux qui se sont bâti des églises pour se constituer en villages distincts, (*) sont des causes qui n'ont pas été sans influence sur le résultat que nous constatons; mais elles ne suffisent pas à l'expliquer. Cette différence se remarque dès 1746 et plus tôt encore; dans les anciens districts, on voit le chiffre des *odnodvortsis* s'abaisser jusqu'à 7, 10, 17, 20 et 25 feux par village (bien qu'il y ait aussi des villages de 100 et même de 200 feux); dans les autres au contraire, ce chiffre ne descend pas au-dessous de 40. La principale cause à laquelle on doive attribuer ce fait, réside dans le caractère même de la population des anciens et des nouveaux districts. Les anciens se sont peuplés d'habitants qui avaient abandonné les villes ou bourgades voisines, de Schatsk, Riajsk, Donkow, Eletz, Novossila, etc.; ces habitants se sont transportés par familles qui naturellement devaient être en petit nombre, ils se sont établis sur la terre qui leur a été assignée, ont construit une église et formé un village; d'autres émigrants ont pu venir par la suite se joindre à eux, mais toujours en petit nombre, parce que la terre appartenant aux premiers établis, l'intérêt de ceux-ci leur commandait (et le Gouvernement l'exigeait ainsi) de la conserver pour eux et de ne la point céder à d'autres. Puis, d'autres terres étaient concédées à de nouveaux venus, soldats congédiés arrivant de divers lieux, qui à leur tour constituaient un autre village. Il en résulta que toute la terre disponible fut ainsi morcelée en fractions ayant chacune une population déterminée, et cela bien avant que le pays de Voronèje ne fut devenu assez sûr pour que des travailleurs libres vinssent s'y établir d'eux-mêmes. Dans les nouveaux districts qui se sont peuplés durant les dernières années du XVIIe siècle et la première moitié du XVIIIe, les *odnodvortsis*, tout au contraire, sont venus s'établir en masses nombreuses, quelquefois par villages entiers; ils sont entrés tous ensemble en possesion de la terre qui leur a été donnée en commun et toujours en

---

(*) La qualification de *Sélo* ou village ne se donne qu'aux localités qui possèdent une église.

quantité plus que suffisante pour fournir aux besoins de la population. Cette communauté de possession devait incontestablement faciliter l'établissement ultérieur de nouveaux colons bien mieux que n'avait pu le faire la possession individuelle.

«En raisonnant ainsi, nous supposons qu'à l'époque dont nous parlons (la fin du XVIIIe siècle), les formalités d'établissement et de concession de terres n'étaient plus aussi rigoureusement observées que par le passé; il y avait alors une telle étendue de ces terres appartenant à l'Etat ou pour mieux dire sans maître, que vouloir exercer une stricte surveillance à cet égard eût été sans utilité et même impossible; chacun prenait et cultivait ce qu'il pouvait entretenir. Le fait dut même se produire non seulement dans les nouveaux districts, mais aussi dans certaines localités des anciens qui ne se peuplèrent que plus tard; cette opinion se trouve confirmée par les traditions qui se sont transmises sur l'origine de certains centres de population, et qui sont encore aujourd'hui vivantes dans le peuple. Une famille par exemple, venait occuper un terrain qui n'avait pas de possesseur et sur lequel nul n'élevait de prétentions; à celle-ci peu à peu s'en joignaient d'autres soit de leur propre mouvement soit sur l'invitation des premiers arrivés; quand enfin elles se trouvaient rassemblées en nombre assez marquant pour que chacune d'elles commençât déjà à distinguer ses intérêts particuliers de ceux des autres, on procédait à l'amiable au partage de la terre; et par la suite, lors des recensements ou révisions, il n'y eut qu'à confirmer l'existence de ces localités qui s'étaient organisées et constituées d'elles-mêmes. Quelques traces de ces sortes d'établissements successifs se sont conservées jusqu'à nous; dans certains villages, une partie des habitants portent encore le surnom de *nouveaux-venus*, qui les distingue des anciens et premiers colons.

«Le genre de vie qu'ont mené les *odnodvortsis* pendant 150 ans et plus, dans le pays de Voronèje et dans les localités qu'ils habitèrent d'abord, devait leur donner un caractère particulier et des penchants que le temps n'a pas encore entièrement effacés.

Vivant dans un pays de steppes, entourés de périls incessants qui les contraignaient souvent à fuir leurs demeures pour chercher un refuge dans les bois ou dans les villes fortifiées, ces hommes qui passaient la plus grande partie de leur temps en courses continuelles, loin de leurs foyers et de leurs familles, ne pouvaient manquer de devenir indifférents à tout ce qui ne peut prendre place que dans une existence paisible et tranquille, c'est à dire aux commodités de la vie et aux idées industrielles. Leur caractère devait en outre porter l'empreinte d'une certaine âpreté, d'une rudesse qui s'est transmise d'une génération à l'autre. Ceci explique pourquoi les villages des *odnodvortsis* dans le gouvernement de Voronèje, surtout les anciens, sont en général plus pauvres que d'autres; si par hasard une vente avantageuse de produits agricoles met entre les mains d'un de ces paysans un petit capital, rarement il cherchera à le faire valoir, presque toujours il enfouira son argent dans une cachette comme le faisaient avant lui son père et son aïeul. Il y a sans doute des exceptions à cette règle et l'on trouve quelques villages d'odnodvortsis qui ne le cèdent pas à d'autres pour la richesse et l'industrie de leurs habitants, mais le nombre en est très restreint. Même dans le voisinage des villes, les *odnodvortsis* restent indifférents à l'idée de toute amélioration dans leur position; ils se contentent de ce que leur donne la nature, et encore ne savent-ils pour ainsi dire en retirer aucun avantage. Ajoutons qu'ils sont très portés à émigrer d'un district dans un autre et principalement vers les extrémités éloignées du gouvernement, où ils trouvent un ordre de choses offrant des points de ressemblance avec celui qui régnait il y a quelque cent ans, dans le pays de Voronèje.»

L'auteur fait suivre la partie historique de son travail, d'un relevé détaillé, par district, de toutes les localités du gouvernement de Voronèje peuplées d'*odnodvortsis*; il indique l'époque de la fondation de chaque lieu fortifié, de chaque village, avec le nombre de ces colons qui l'habitaient alors ainsi que le chiffre de cette même population au commencement du XIXe siècle.

Description du pays de Bérézoff; par M. Abramoff, m. coll.— La dénomination de *pays de Bérézoff*, dit l'auteur, s'applique à la contrée circonscrite entre 58°.40′ — 70°.15′ de latitude-nord, et 75°—97° de longitude-est. Cette contrée est bornée au nord par l'Océan-Glacial, à l'est par les gouvernements de Tomsk et d'Iénisséisk, à l'ouest par la chaîne de l'Oural ou par les gouvernements d'Archangel de Vologda et de Perm, au sud par les arrondissements de Tourinsk, Tara et Tobolsk, appartenant à ce dernier gouvernement. La position géographique des points principaux du pays n'ayant pas été relevée astronomiquement et la triangulation de sa superficie n'ayant pas non plus été effectuée, on ne peut évaluer cette dernière qu'approximativement; elle mesure entre la rivière Vassiougane qui fait la limite de l'arrondissement de Tara et le cap des rennes sur l'Océan-Glacial, c'est à dire dans sa plus grande longueur — 1450 verstes, et en largeur depuis le cours supérieur de la Vogoulka qui sort des monts Ourals jusqu'à l'endroit où la rivière Vakh sépare les gouvernements de Tomsk et de Tobolsk — 900 verstes; ce plateau comprend environ 932,650 verstes carrées et constitue les deux tiers du gouvernement de Tobolsk. L'aspect général de la contrée de Bérézoff est celui d'une plaine qui s'abaisse de plus en plus vers le nord; il s'y trouve pourtant quelques accidents de terrain; ainsi la rive droite de l'Obi à partir de l'embouchure de l'Irtisch, est bordée d'élévations montagneuses dont le sol est de sable et d'argile, et qui ont jusqu'à 20 sagènes de haut; la rive gauche présente une succession de petites collines entrecoupées de terrains plats et unis, enfin l'intérieur de la contrée renferme aussi quelques montagnes situées entre les sources des rivières Pur et Nadym. Au pays de Bérézoff appartiennent encore, outre les îles formées par les affluents de l'Obi, l'île Béloï ou Blanche dans l'Océan-Glacial, qui a 60 verstes de long sur 40 de large; dans la baie de l'Obi—trois îles à l'embouchure du fleuve, deux plus loin vers la mer, trois autres à l'embouchure de la Nadym; et dans la baie du Taz — quatre îles situées vers les bouches de la Pur et du Taz. La partie septentrionale de l'arrondissement de Bérézoff n'est qu'un *tundra* où plaine marécageuse reposant sur un sous-sol glacé; il n'y croît que des mousses *(Lichen rangiferinus, L. hirsus, etc.)* et quelques touffes d'aulne et de mélèze; au sud s'étendent également des marais et des *tundras,* mais entrecoupés par places, de terrains dont le fonds ordinairement argileux ou de vase, se trouve, dans les localités habitées, recouvert d'une mince couche de terre végétale. Le pays de Bérézoff est traversé par de nombreux cours d'eau dont le plus important est l'Obi; ce fleuve à sa sortie du gouvernement de Tomsk, coule d'abord vers le nord-est; à partir du confluent du Vakh, il incline à l'ouest et suit cette nouvelle direction environ pendant 600 verstes, après quoi, grossi des eaux de l'Irtisch, il tourne brusquement au nord pour aller se jeter dans la mer Glaciale; son parcours dans les limites de l'arrondissement de Bérézoff seulement, est évalué à plus de 2.000 verstes, sa largeur varie de 450 à 1.000 sagènes, et dans les endroits où il se divise en plusieurs bras, la distance entre les deux rives extrêmes s'étend jusqu'à 50 verstes. Ses principaux affluents sont: sur la rive droite — le Vakh, l'Agan, la Pim, la Kasym, le Kounovat et le Poluï; sur la rive gauche — le grand et le petit Yugan, le Balyk, la Salym, la Sosva, la Sinia, le Voïkar, la Kharova, la Khane, la Sobe et la Schoutchia. Outre l'Obi qui vient aboutir à la baie de ce nom, celle-ci reçoit encore les eaux de la Nadym qui sort du lac Torymlar, et par la baie du Taz — celles de la Pur qui vient y tomber après un parcours d'environ 350 verstes. Enfin parmi les lacs que renferme la contrée et dont aucun n'a de grandes proportions, les plus remarquables sont le Bésimennoié, les trois Eroubéisk, le Torymlar, le Saboun et le Liamin-Sor.

Des trois règnes de la nature, celui qui se montre le plus riche dans le pays de Bérézoff, est le règne animal; la contrée est généralement pauvre en végétaux, et quant à ses richesses minérales, elles sont peu connues. Parmi les animaux marins, on trouve dans la baie de l'Obi: — le morse *(Trichechus rosmarus)*, le phoque *(Phoca vitulina)*, le dauphin blanc *(Delphinus levcas)*, espèce vivipare qui a comme la baleine, le sang chaud et les organes sexuels; sur les affluents du fleuve se rencontrent le castor et la loutre; l'ours blanc habite les îles des baies de l'Obi et du Taz, l'ours noir — les bois qui sont plus au sud et où vivent également l'élan et le renne, bien que cette dernière espèce hante plus particulièrement le cours de l'Obi et le rivage de la mer; le loup, le renard, l'isatis *(Canis lagopus)* le glouton, sont des espèces communes dans le pays; la zibeline se trouve dans les bois sur la Sosva et l'Yugan, mais elle est inférieure à celle de la Sibérie orientale; enfin la martre, l'hermine, l'écureuil sont répandus presque partout. En oiseaux, la contrée offre: cygnes, oies sauvages, bernaches, de nombreuses variétés de canards parmi lesquels l'eider *(Anas mollissima)*, grèbes, grues, perdrix, gélinottes et tétras; en poissons, certaines espèces que l'on pêche dans les eaux de l'Obi et qui ne se voient nulle autre part en Sibérie: *Salmo muxun, S. polkur, S. schokur, S. vimba,* et de plus l'esturgeon, le sterlet la lotte, le brochet, la perche, etc. Les insectes sont en nombre considérable; les plus répandus sont: les thrips *(Culex reptans)*, l'œstre des rennes *(Œstrus tarandus)*, parmi les papillons — la danaïde jaune *(Papilio rhamni)* et le nymphale du peuplier *(Papilio populi).*

Au sud de Bérézoff, croissent: le cèdre, le mélèze, le pin, le sapin, le bouleau, qui atteignent une hauteur et un développement assez considérable; en arbustes — le sorbier, le groseillier, la canneberge, etc.; entre les 64e et 68e degrés de latitude, les espèces se font de plus en plus petites et moins vigoureuses, bientôt on ne rencontre plus que quelque sapinière ou quelque aulnaie composée d'arbres déjetés et contournés, qui enfin disparaissent complètement entre le 70e et le 72e degrés.

La situation géographique du pays de Bérézoff, la nature du sol, les nombreux cours d'eau dont il est traversé, peuvent donner une idée de son climat; la température de l'athmosphère y est généralement froide. A Bérézoff même, qui se trouve à peu près au centre de la contrée, on peut dire que le printemps commence au 1er mai, l'été au 1er juillet, l'automne au 1er septembre et l'hiver au 1er novembre (nouv. style). Au mois de mars, le thermomètre est encore entre — 29° et — 15°; en avril, la température s'élève et varie entre — 15° et + 3°; au mois de mai, elle monte jusqu'à + 10° pendant le jour, mais la nuit elle demeure encore entre — 10° et 0°; avec le mois de juin, la chaleur augmente jusqu'à un maximum de 27° qu'elle atteint ordinairement en juillet; dès les premiers jours d'août, elle reprend une marche décroissante, et vers la fin de novembre, le thermomètre est redescendu à — 30°. Les mois de décembre, janvier et février, constituent le cœur de l'hiver; au 18 décembre, le soleil à son midi n'est pas à plus de 4°.15′ au-dessus de l'horizon et ses rayons obliques n'ont plus qu'une bien faible action sur l'atmosphère; il n'est pas rare de voir alors le froid atteindre jusqu'à —45°, le mercure du thermomètre reste insensible plusieurs jours de suite, l'alcool lui-même devient plus dense et perd sa fluidité. Pendant la saison d'hiver, les aurores boréales sont fréquentes ainsi que les parhélies et autres apparitions météorologiques; en été il tombe rarement de la grèle et l'arc-en-ciel se montre de 10 à 15 fois dans tout le cours de la saison; enfin, été comme hiver et par des temps clairs, se produisent souvent des effets de mirage qui doivent être sans aucun doute, attribués à une disposition réfractive des couches de l'air.

Il est à remarquer que suivant les traditions et au dire des indigènes de la contrée, le climat de Bérézoff a dû s'adoucir sensiblement. Bien qu'il y ait pendant l'hiver des froids d'une rigueur extrême, on a observé qu'ils sont plus rares et moins rudes que ceux dont parlaient les aïeux de la génération actuelle. L'étudiant Vassili Zoueff, qui accompagnait Pallas lors de son voyage dans cette contrée en 1771, rapporte que les vaches amenées à Obdorsk ne pouvaient y vivre plus de cinq ans, et qu'au-delà de Bérézoff, nulle part on n'entretenait de chevaux; les plus vieux habitants du pays affirment qu'il en était encore ainsi il y a 70 ans, et qu'un cheval ne pouvait passer même une année, dans ces parages. Aujourd'hui, on y élève non seulement du gros bétail et des chevaux, mais aussi des moutons, et l'on cultive la rave et la pomme de terre à Obdorsk même. Il faut ajouter qu'en général, le climat de la contrée s'est beaucoup assaini depuis que le dessèchement des marais et la disparition des bois qui ont été brulés, ont purifié l'atmosphère en supprimant les causes des vapeurs nuisibles dont elle était constamment chargée.

Les habitants primitifs du pays de Bérézoff sont les Ostiaks et les Samoyèdes; à eux, sont venus se joindre depuis la conquête de la Sibérie: des cosaques, des paysans, des commerçants, des membres du clergé et des employés russes. Dans les anciens actes où il est question des peuplades répandues des deux côtés de l'Oural septentrional, nulle part on ne rencontre le nom d'*Ostiaks*, tandis qu'il existe sur les Samoyèdes, les Yugres et les Vogouls, des notions antérieures au XIIIe siècle. Il est à croire que c'est sous le nom de *Yugres*, qu'on a autrefois désigné les Ostiaks; ceux-ci prétendent qu'ils ont jadis porté l'appellation mongole d'*Arriakhes* (de *arr*—beaucoup et *kho*—homme), et en effet dans des temps reculés, ce peuple dut être très nombreux; il était alors réparti en plusieurs *principautés* distinctes, et d'après les traditions conservées par ces indigènes, leurs princes se firent souvent la guerre entre eux. Plus tard, les Ostiaks portèrent le nom de *Khondi-kho* qu'ils affirment leur avoir été imposé lors de la perte de leur indépendance et de leur soumission par les Tatars, et auquel ils attribuent la signification de *sujets du Khan* (de *khon* ou *khan* et *kho*—homme). De leur côté, les Tatars ou *Khotanes* comme les appellent les Ostiaks, auraient désigné les vaincus sous le nom d'*Ouchtiaks*, appellation méprisante qui dans la langue tatare se donne à des gens grossiers et ignorants, agissant en cela comme les Romains qui qualifiaient de *barbares*, certains peuples soumis par leurs armes. Finalement la dénomination d'*Ouchtiaks*, transformée par les Russes en celle d'*Ostiaks*, est restée à ce peuple lorsqu'il s'est trouvé incorporé à l'Empire; mais ce nom ne lui a jamais été appliqué que par les Tatars et les Russes; les Samoyèdes lui donnent celui de *Tagues*. Les Ostiaks suivant leurs traditions, sont demeurés longtemps sous le joug tatar; et quoiqu'ils se trouvent depuis 270 ans sous l'autorité russe, l'influence de cette dernière sur les mœurs et l'existence de ces peuples, est encore moins sensible que celle de leurs anciens dominateurs. Ce sont les Russes toutefois, qui ont introduit parmi eux, l'usage de l'eau-de-vie, du sucre, du thé et de la bouilloire.

Le pays occupé par les Ostiaks, s'étend à partir de la section de Togur dans le gouvernement de Tomsk, sur l'Obi et ses affluents jusqu'à 150 verstes au-delà d'Obdorsk; leurs villages sont à 20, 30, 40 verstes l'un de l'autre et quelquefois plus; chaque localité renferme depuis 3 jusqu'à 20 *iourtes* ou chaumières, et une seule de ces habitations abrite plusieurs familles. Les Ostiaks sont en général d'une constitution faible et étiolée; ils ont le teint pâle et jaune, les yeux petits, le nez large, le visage rond et plat, les cheveux noirs et point de barbe; les femme ne sont pas plus attrayantes que les hommes, surtout au nord de Bérézoff. Seuls, les Ostiaks de la Sosva sont mieux que les autres au physique, et sont aussi plus propres. Un fait remarquable à constater, c'est que la simplicité des mœurs antiques s'est conservée chez ces indigènes qui sont bons, serviables, hospitaliers et honnêtes; la fraude et le vol sont pour ainsi dire inconnus parmi eux aussi bien que le meurtre, et un Ostiak consentira même à se mettre au service de son créancier plutôt que de ne pas acquitter une dette, non seulement celle qu'il aura contractée personnellement, mais aussi celle de son père ou de son aïeul. Anciennement, les Ostiaks honoraient un grand nombre d'idoles, les unes fabriquées par les *chamans*, les autres exportées de Russie à l'époque où la religion chrétienne s'y répandait, la plupart amenées de Perm, au XIVᶜ siècle, lorsque les Permiakes eurent reçu le baptême; les premières traces du christianisme chez eux, se confondent avec leur soumission à l'autorité des Tsars; leurs princes appelés à Moscou, rapportèrent en retournant dans leur pays, les premières notions de la foi; plus tard, des missionnaires parcoururent la contrée et y prêchèrent l'Evangile, mais sans succès. Enfin, le Métropolitain de Sibérie, Théodore, visita lui-même les Ostiaks en 1712 et réussit, après de persévérants efforts, à convertir un grand nombre de ces idolâtres; il fonda pour leurs enfants, des écoles dont la direction fut confiée aux missionnaires, et obtint du Gouvernement, des exemptions d'impôt et autres immunités en faveur de ceux de ces *inorodsis* qui embrasseraient la foi chrétienne.

Les peuples auxquels on applique le nom de Samoyèdes, continue M. Abramoff, sont connus des russes sous cette dénomination depuis le XIe siècle, mais aucune des peuplades qui les entourent, ne leur donne cette appellation; les Samoyèdes euxmêmes s'attribuent celle de *Khazovu* (homme) et désignent les vastes tundras qu'ils occupent, par le mot d'*Arca-ia* (grande terre). N'admettant pas, comme le supposent certains écrivains, que le nom de *Samoyèdes* soit dérivé de la langue finoise, l'auteur affirme que ce mot, qui est purement russe, doit se rapporter aux *anthropophages* que les géographes grecs et romains de l'antiquité ont mentionnés comme habitant les bords de l'Océan Hyperboréen. Les traditions des Ostiaks, qui désignent les Samoyèdes sous l'appellation d'*Ouriakes*, attestent que ceux-ci dévoraient autrefois leurs prisonniers; et ce fait ne saurait être mis en doute, quand il est avéré que vers 1720, ils ont massacré des Ostiaks qui avaient embrassé le christianisme, et suivant une ancienne coutume, leur ont arraché le cœur pour le manger...... Il existe encore à cet égard, des témoignages écrits, dans les archives de la vayvodie de Bérézoff, lesquelles appartiennent actuellement au tribunal territorial de la contrée.

Le pays qu'occupent les Samoyèdes de Bérézoff, est divisé par la baie de l'Obi, en deux parties:—l'une qui s'étend jusqu'à la mer de Kara, où elle rejoint les terres des Samoyèdes du gouvernement d'Archangel, l'autre qui se prolonge vers l'est jusqu'aux limites des Samoyèdes de Touroukansk, dans le gouvernement d'Iénisséisk. Les Samoyèdes sont généralement de petite taille, mais solidement constitués, trapus et larges des épaules; ils ont la tête forte, le front étroit, le visage plat et arrondi, le teint jaune et basané, les pommettes saillantes (comme les Mongols), les yeux petits, la bouche et les oreilles très larges, les lèvres minces, les cheveux noirs et rudes, les membres courts. Les femmes comme les hommes, sont d'un extérieur peu agréable. Du reste, quoique grossiers d'aspect, ces indigènes sont naturellement pacifiques et honnêtes dans leurs relations, vifs, adroits et bien supérieurs aux Ostiaks sous le rapport de l'intelligence. Les Samoyèdes de Bérézoff sont adonnés au chamanisme; tout en reconnaissant Dieu comme l'Etre supérieur, éternel, créateur du ciel et de la terre, et source de tout bien, ils croient à l'existence de bons et de mauvais génies sur la terre et dans le ciel, et rendent hommage à des idoles qu'ils figurent avec des arbres ou des pierres. Non seulement ils ont constamment refusé de se convertir à la foi chrétienne, mais comme on l'a vu, ils ont pendant plusieurs années, persécuté les Ostiaks qui avaient abandonné le culte idolâtre de leurs ancêtres; une dernière tentative a été renouvelée en 1832 pour les amener à embrasser le christianisme, elle n'a encore eu que de faibles résultats.

M. Abramoff complète son travail par des notions statistiques sur le mouvement de la population de la contrée et un exposé de l'organisation administrative des trois subdivisions—d'Obdorsk, Kondinsk et Surgout, — qui composent l'arrondissement de Bérézoff.

Mémoires de la Section du Caucase.—T. IV. Tiflis. 1857.

Le climat de Tiflis; par M. Philadelphin, m. eff. — La création de l'observatoire magnétique et météorologique de Tiflis, est due à l'administration des mines et ne remonte qu'à l'année 1844. L'organisation scientifique de l'établissement, sa mise en activité, furent alors confiées à l'auteur de cet article, et les considérations de M. Philadelphin, touchant les conditions climatériques dans lesquelles se trouvent la ville de Tiflis et la contrée dont elle est le centre, s'appuient sur une série d'observations effectuées sans interruption durant une période de trois années, du 1er juin 1844 au 1er juin 1847 (nouveau style).

Tiflis est située par 40°.41′ de latitude-nord et 42°.31′ de longitude à l'est du méridien de Paris, au milieu pour ainsi dire de l'espace qui sépare comme un isthme immense, les bassins des deux mers intérieures—la Caspienne, et la mer Noire, et qui mesure de l'une à l'autre, sur le parallèle passant par la ville, environ 560 verstes. Cet isthme est traversé, à 100 verstes au nord de Tiflis, par la chaîne du Caucase qui s'étend dans la direction du nord-est au sud-est, sous un angle de 75° avec le méridien, depuis le littoral nord-est de la mer Noire jusqu'à la partie méridionale de la mer Caspienne, et dont les cîmes neigeuses (telles que celles du Kazbek et de l'Elbrouz) s'élèvent jusqu'à 16.500 et 18.500 pieds anglais au-dessus du niveau de la mer. A une centaine de verstes au sud de Tiflis, dans une direction presque parallèle à la grande chaîne Caucasienne, courent les monts Adjar et le petit Caucase dont quelques sommets atteignent à plus de 10.000 pieds au-dessus de la mer; enfin vers l'occident et à une distance d'environ 100 verstes également de la ville de Tiflis, se détache un rameau du Caucase, les monts Vakhansk, dont l'altitude n'excède pas 3.000 pieds et qui s'avançant vers Akhatzykh, séparent ainsi la Cartalinie de l'Imérétie. A l'est l'horizon est ouvert; dans cette direction s'étend d'abord la steppe de Schira, puis la vallée de la Koura, presque entièrement unie, à peine ondulée en quelques endroits et qui se prolonge jusqu'à la mer Caspienne. Cet aperçu de la position géographique de Tiflis suffit pour qu'on puisse se rendre compte de l'influence, toute différente, de l'une ou de l'autre des deux mers, sur le climat de la localité. Celle-ci, bien qu'en apparence, abritée du côté de la mer Noire et découverte du côté de la mer Caspienne, est en réalité beaucoup plus exposée à l'action de la première qu'à celle de la seconde; la raison en est que cette bande de terre comprise, comme on l'a vu ci-dessus, entre les hautes montagnes qui la dominent au nord et au midi, a son extrémité occidentale ouverte pour ainsi dire sur toute la mer Noire, et cela sur une bien plus grande largeur que l'extrémité opposée qui aboutit à la mer Caspienne dont elle embrasse à peine le quart. Il en résulte que de la mer Noire, peuvent venir des masses d'air plus considérables que de l'autre mer, masses auxquelles le rameau des Vakhansk, vu son peu d'élévation, est incapable de faire obstacle, en même temps que la vallée de la Koura ne saurait beaucoup aider à la disparition des influences caractéristiques qui leur sont propres.

La ville de Tiflis enfermée de trois côtés dans les montagnes, n'est découverte qu'au nord-est; on peut dire que les alentours en sont presque complètement dépourvus de bois; pas un arbre, pas un buisson ne croit sur les montagnes, et hormis la végétation de quelques jardins, on n'aperçoit pas d'autre verdure que celle des vignes répandues çà et là dans les vallées, et nommément dans les parties ouest et sud-ouest du bas-fond où la ville est bâtie; encore disparaissent-elles d'année en année pour faire place à de nouvelles constructions. Tiflis est également très pauvre en eaux; celles de la Koura, qui coulent du nord-ouest et tournent ensuite à l'est dans l'intérieur de la ville, sont assez abondantes au printemps mais très basses à toute autre époque de l'année; outre cette rivière et les deux petits ruisseaux qui s'y jettent — le Tsavkiss et la — Véra, — il n'existe aux environs dans un rayon de treize verstes, que cinq petits lacs ayant depuis une jusqu'à une verste et demie de diamètre et dont les eaux ne sont pas potables. Le sol sur lequel repose la ville, est d'un grès calcaire compact, complètement à découvert dans certains endroits des montagnes et recouvert dans d'autres, d'une couche de la même substance en efflorescence; dans le fond de la vallée, il disparait sous des terrains d'alluvion dont l'épaisseur varie depuis 10 jusqu'à 50 ou 60 pieds, et qui sont composés de sable et d'une argile friable contenant du gypse entremêlé de légères couches de gravier et de cailloux.

L'observatoire, théâtre des travaux de M. Philadelphin, occupait dans la nouvelle ville un emplacement découvert, à 150 sagènes environ de la montagne Mta-Tsminda; l'auteur a constaté qu'il était élevé de 180 pieds au-dessus des eaux de la Koura et de 1432 au-dessus du niveau de la mer.

La température moyenne calculée sur les observations relevées par M. Philadelphin, a été pour la première année (du 1er juin 1844 au 1er juin 1845) de 9°,62; pour la deuxième année (du 1er juin 1845 au 1er juin 1847), 10°,03; et pour la troisième (du 1er juin 1846 au 1er 1847), 9°,96; soit 9°,87 pour moyenne des trois années.

Il n'est pas sans intérêt de rapprocher ce résultat de ceux qu'avaient obtenus antérieurement d'autres explorateurs. Les observations de Parrot, recueillies pendant les mois les plus chauds des années 1828 et 1829, ont fourni comme chiffre de la température moyenne annuelle 10° (12°, 5 centigrades); celles du docteur Vichmann, effectuées du 1er septembre 1832 au 31 août 1833, régulièrement trois fois par jour, à 7 heures du matin, 2h et 9h du soir, ont donné 9°, 82; celles de M. Schestakoff — 10°, 45 chiffre dont l'élévation doit être attribuée à l'influence des conditions dans lesquelles l'observateur a opéré; en effet ses observations, effectuées journellement du 1er juin 1833 au 1er juin 1834, à 8 heures du matin, à midi, à 2, 3 et 8 heures du soir, ont été relevées sur un thermomètre placé au balcon d'une maison exposée au midi et située à proximité d'une montagne, toutes circonstances qui, dans les mois d'été, ne pouvaient manquer d'exercer une influence marquante sur les indications de l'instrument consulté. Enfin, deux séries d'observations thermométriques ont été faites en 1845, par M. Abich, sur les sources de naphte de Nawtlouga qui, à ce que l'on suppose, conservent toute l'année, une température constante égale à la température moyenne de l'air; ces expériences ont donné pour résultat: 9°,5 la première fois et 9°,8 la seconde, soit 9°,65 pour température moyenne. Si des chiffres fournis par les diverses observations de Parrot, du docteur Wichmann, de MM. Schestakoff, Abich et Philadelphin, on veut tirer une moyenne générale, on trouve qu'elle est de 10°,16; et en excluant des calculs, la moyenne de M. Schestakoff qui est sensiblement trop élevée, on obtient alors 9°,84 (ou 12°,3 centigrades). Ce chiffre, suivant l'auteur, se rapproche suffisamment de celui de 9°,87 que lui ont fourni ses propres observations, pour qu'il puisse considérer le dernier comme représentant réellement la température moyenne de l'année à Tiflis, jusqu'à ce que de nouvelles expériences viennent ou confirmer ou rectifier ce résultat.

M. Philadelphin cherche ensuite à déterminer les points principaux de la ligne isotherme qui passerait par Tiflis; à cet effet, il indique dans le tableau suivant, les différents lieux du globe dont la température est comprise dans les limites 9°,0 — 10°, 5 c'est à dire se rapproche le plus de la moyenne résultant de ses calculs:

	Latitude nord.	Longitude au méridien de Paris.	Élévation au-dessus du niveau de la mer.	Tempér. moy. de l'année.
			(pieds angl.).	Réaum.
1. Tiflis	41°—41′	42°—30′ E.	„	9°, 87
2. Sévastopol	44 —35	31 —12 —	161	9 , 20
3. Trieste	45 —39	11 —26 —	289	10 , 56
4. Padoue	45 —24	9 —32 —	0	10 , 00
5. Trente	46 — 4	8 —47 —	762	9 , 84
6. Milan	45 —28	6 —51 —	479	10 , 24
7. Pavie	45 —11	6 —49 —	289	10 , 16
8. Turin	45 — 4	5 —22 —	915	9 , 36
9. Toulouse	43 —36	0 —54 O.	499	10 , 32
10. La Rochelle	46 — 9	3 —18 —	0	9 , 28
11. Middletown	40 —24	76 —33 —	„	9 , 68
12. Fort Mifling	39 —51	77 —32 —	„	9 , 97
13. Baltimore	39 —17	78 —58 —	„	9 , 28

14. Washington	38°—53′	79°—22′O.	„	10°,16
15. Marietta	39 —25	83 —50 —	„	9 ,28
16. Cincinnati	39 — 6	86 —47 —	531 p.	9 ,76
17. Fort Vancouver .	45 —38	122 —34 —	„	9 ,20
18. Pékin	39 —54	114 — 9 E.	„	9 ,90
19. Boukhara	39 —46	— —	„	10 ,40

On reconnait à l'examen des latitudes sous lesquelles se montre la ligne isotherme, que celle-ci pénètre en Europe par un point beaucoup plus septentrional que Tiflis, longe la côte méridionale de Crimée au-dessus de Sévastopol, apparait en Illyrie entre Trieste et Laybach, d'où elle se dirige en traversant la partie nord-est du Royaume Lombardo-Vénitien et en laissant Padoue à sa gauche, sur Trente dans le Tyrol; là est son point culminant vers le nord, sous le 46e degré de latitude; elle s'abaisse ensuite brusquement, passe au-dessus de Milan et Pavie, au-dessous de Turin, côtoie le nord de la Provence dans l'intérieur de la France, sous une latitude de 44°,5 qui est la même que celle du littoral méridional de la Crimée, puis se relève un peu vers le nord pour aller se perdre dans l'Océan Atlantique, aux bouches de la Gironde entre Bordeaux et Larochelle. Un fait remarqnable que l'auteur constate en passant, c'est que la température moyenne de toute la France (entre 42 et $\frac{1}{2}$ degrés et 51 de latitude) telle qu'elle a été calculée sur des observations relevées pendant un grand nombre d'années, est de 12 et $\frac{1}{3}$ degrés centigrades ou 9°,87 Réaumur, c'est à dire exactement la même que celle de Tiflis. En Amérique, la ligne isotherme apparait au sortir de l'Océan, près de New-York, sous 43° et $\frac{1}{3}$ de latitude; de là, elle s'abaisse vers le sud en longeant la côte, passe non loin de Philadelphie, de Baltimore, et, sans atteindre Washington, pénètre dans l'intérieur du continent sous le 39ème degré, suit ce parallèle, traverse Cincinnati et remonte quelque peu pour toucher St. Louis; au-delà de ce point, sa direction est inconnue et l'on ne retrouve sa trace que sur le littoral occidental où elle se montre au-dessous de Fort-Vancouver, vers le 45-ème degré de latitude. Il n'existe pas de notions sur les points du Grand Océan qui marquent le passage de cette ligne jusqu'à ce qu'elle atteigne la côte d'Asie, et sa direction à travers cette partie du globe, ne saurait être non plus déterminée d'une manière précise, faute d'observations thermométriques relatives aux contrées de l'ancien continent situées sous la même latitude que la ville de Tiflis. A en juger par le degré de la température de Pékin, la ligne isotherme dont il est ici question, doit aborder la côte orientale Asiatique à la hauteur de la capitale de l'Empire Chinois, et comme cette ligne apparait de nouveau un peu au-dessus de Boukhara, sous le 40-e degré, on peut supposer que dans son parcours à travers l'Asie, elle demeure au-dessous du parallèle qui coupe la Cartalinie.

Il ressort de tout ce qui précède, qu'en Europe, les localités dont la température est la même que celle de Tiflis, sont toutes plus au nord que cette ville et sont nommément comprises entre les 44-e et 46-e degrés de latitude; en Amérique au contraire, celles qui se trouvent dans ces conditions de température (sauf sur le littoral occidental) sont situées entre 39 et 40 degrés c'est à dire beaucoup plus au sud; on peut admettre qu'il en est de même en Asie où la ligne isotherme se maintiendrait entre $39\,^{1}/_{2}$ et $40\,^{1}/_{2}$ degrés. En d'autres termes, le climat de Tiflis est plus froid que celui des contrées d'Europe, et plus chaud que celui des contrées d'Asie et d'Amérique, qui se trouvent sous la même latitude.

L'auteur évalue pour Tiflis, la température moyenne de l'été à 18°,34 et celle de l'hiver à 0°,79; puis recherchant les points du globe pour lesquels ces moyennes sont approximativement équivalentes, il constate que la chaleur de l'été est à peu près la même: à Pékin, Sévastopol, Constantinople, Trieste, Rome, Venise, Palerme, Padoue, Florence, Caserne, Brescia, Milan, Pavie, Turin, Nice, Cagliari, Toulon, Marseille, Avignon, Alger, Barcelonne, Madrid, Gibraltar, les îles Canaries, Fort-Columbus, Germantown, Baltimore, Marietta, Cincinnati, St. Louis, etc.; c'est à dire que la Cartalinie jouit du même été que la Roumélie, les côtes méridionales de Crimée, les vallées de l'Italie, de l'Espagne et de la Provence. La ligne isotherme de Tiflis coupe en effet toute l'Europe sous une latitude plus septentrionale que celle de ce point, et ce n'est que pour rencontrer les villes maritimes, qu'elle s'abaisse jusqu'au même parallèle; en Amérique elle reste constamment au-dessous, et si en Asie (à en juger par la température de Pékin), elle se relève de nouveau vers le nord, on doit probablement attribuer ce fait aux influences des immenses steppes de l'Asie centrale. Quant à l'hiver de Tiflis, c'est celui de Symphéropol, Sévastopol, Vienne, Erfürt, Hambourg, Wurtzbourg, Gœttingue, Apenradé Stuttgart, Milan, Pavie, Cuxhaven, Francfort-sur-Mein, Manheim, Carlsruhe, Strasbourg, Turin, Bâle, Lauzanne, Genève, Maestrich, Bruxelles, Baltimore, Washington, Cincinnati, St. Louis et Sitkha. Ceux de ces points qui appartiennent à l'Europe (à l'exclusion des îles et des presqu'îles du sud), sont répandus dans toute la partie sud-ouest du continent. au-dessous de la ligne qui passerait par Sévastopol, Vienne, Hambourg, Apenradé, en rangeant la Grande-Bretagne parmi les contrées isochimènes de la Cartalinie; les uns se trouvent au nord — en Hollande, en Belgique, en France, les autres au sud — en Suisse, en Allemagne, en Italie; ce qui prouve en résumé, que l'hiver de Tiflis est le même que celui de toute la partie occidentale du centre de l'Europe. Ajoutons que d'après les observations de M. Philadelphin, la limite supérieure de la température à Tiflis est 28°,7 et que la limite inférieure est —9°,5, ce qui constitue une échelle de 38°,2 et permet de ranger la Cartalinie parmi les contrées dont le climat est considéré comme doux et tempéré.

L'auteur, après avoir exposé dans la première partie de son travail, tous les résultats de ses observations thermométriques, consacre un second chapitre aux déductions relatives à la direction des vents. Le chiffre total des observations de toute nature, relevées par M. Philadelphin dans l'espace de trois années, n'a pas été moindre de 26.870.

Coup-d'œil sur le pays habité par les montagnards: Tcherkesses (Adighé), Abkhases (Aséga), etc; par M. Lullier, m. eff. de la Section du Caucase. — Quelques écrivains en étudiant le Caucase, ont voulu distinguer parmi les habitants de cette contrée, autant de peuples qu'ils ont rencontré de tribus portant des appellations diverses; on possède aujourd'hui sur ce pays, sinon des notions précises et complètes, tout au moins des informations plus exactes. Le but de l'auteur a été de rassembler celles qui ont trait particulièrement aux peuplades connues sous la dénomination générale de *Tcherkesses*.

En premier lieu, dit M. Lullier, il est impossible de s'expliquer pourquoi l'on applique à tous les montagnards répandus sur le versant septentrional de la chaîne du Caucase, le nom de *Tcherkesses*, lorsque ceux-ci se donnent eux même-celui d'*Adighé*. Cette peuplade des *Adighé* ou *Tcherkesses* se divise, suivant l'auteur, en dix tribus distinctes, sur lesquelles neuf habitent les vallées arrosées par des ruisseaux et des rivières dont les eaux vont grossis sis le Kouban ou *Pchiz*, comme il se nomme dans le langage des montagnards (*): ce sont celles: d'Abadzech, de Schapsoug, de Kabertaï (grande et petite Kabarda) (**), de Beslénéi, de Mokhosch, de Kemgouï, de Khatiukaï, de Bzédoug et de Jane; la dixième, celle de Notkouadj (Natoukhaï), occupe d'une part aux environs d'Anapa, les vallées qui s'etendent sur le côté nord du Caucase jusqu'aux marais et au liman que le Kouban forme vers son embouchure, et de l'autre, celles qui sur le versant opposé descendent vers la mer Noire; le territoire de cette tribu s'arrête sur la côte, à la hauteur de la rivière Bou ou Bouan. Dans le voisinage des *Tcherkesses* ou *Adighé*, sont les peuples *Abazes* ou *Azéga* qui se composent de onze tribus, savoir: celles de Sadzen (connue sous le nom de Djighètes) et d'Absoua (Abkhazes) qui vivent sur le littoral de la mer Noire depuis la rivière Khamysch jusqu'à l'Ingour; celles de Médozuï (subdivisée en trois autres —

____

(*) Le nom de *Pchiz*, signifie littéralement — *vieux-prince*.

(**) La grande Kabarda, comprise entre la Malka et le Térek, s'étend vers le sud jusqu'aux terres des Ossèthes et est partagée entre les quatre familles princières de *Djinbott, Messost, Khatokschok* et *Kaïtok*; la petite Kabarda qui occupe la rive droite du Térek jusqu'à la Sounja, est répartie entre les deux familles de *Tatlostan* et *Ghiloskhan*.

Pskhou, Akhtchipsou, Aïbga ou Aïbou), de Zambal, de Barakaï, de Bag, de Schéghéraï, de Tam, de Kazilbek ou Kazbek-Koadj (entre la grande et la petite Laba), de Bachilbaï et de Baskhog (*), répandues des deux côtés de la chaîne Caucasienne, depuis le cours supérieur de la rivière Blanche ou Skhagouasché jusqu'aux confins de la Kabarda et de la Mingrélie. Entre le territoire des Natoukhajtses et celui des Djighètes, se trouve une tribu distincte, celle des Oubykhes; ceux d'entre eux qui vivent sur le bord de la mer, sont désignés par les Tcherkesses sous le nom d'*Abadzé*, et la dénomination d'Oubykhes reste aux autres qui sont plus rapprochés de la montagne. Enfin sur le versant septentrional du Caucase, se trouvent encore deux peuplades d'origine tatare — les Karatchaï dont les habitations sont couchées au pied de l'Elbrouz vers les sources du Kouban, et les Nogaïs plus connus encore sous le nom de leurs princes Mansour et Navrouz; ces derniers sont le reste de la horde Mongole de Kaptchak et leurs terres s'étendent entre la Laba et le Kouban.

M. Lullier, après avoir donné le détail des rivières et ruisseaux qui arrosent les terres de ces tribus, fournit sur l'origine de celles-ci, des notions qu'il fait suivre d'un examen des divers idiomes dominant dans le pays. La langue tcherkesse, sauf quelques légères nuances, est celle de toutes les tribus des *Adighé* qui habitent le côté nord de la chaîne du Caucase, depuis le Térek jusqu'aux bouches du Kouban et tout le long du rivage oriental de la mer Noire jusqu'aux terres des Oubykhes; elle n'a aucun rapport avec les autres idiomes du Caucase non plus qu'avec la langue tatare, bien qu'elle renferme cependant quelques mots dérivés de cette dernière, circonstance qu'il faut attribuer à l'influence de la domination des Khans de Crimée et aux relations commerciales de la Turquie. Les peuplades Abkhases (*Azéga*) parlent un langage qui leur est propre et n'a aucune similitude avec

---

(*) Cette dernière tribu se subdivise en six *clans* qui portent le nom de leur princes et sont répandus en divers endroits du bassin du Kouban; ce sont les clans de Biberd, Loou ou Low, Doudarouk, Kiasch, Djantémir et Klisch.

la langue tcherkesse; on remarque seulement quelque différence entre les dialectes de celles de ces tribus qui vivent sur l'un ou sur l'autre des versants de la chaîne du Caucase. Les Oubykhes ont également une langue à eux, qui ne ressemble ni à l'idiome tcherkesse ni à celui des Abkhases; mais avec le temps elle doit disparaître et sera remplacée par la langue tcherkesse qui devient d'un usage général dans la contrée.

«Lorsqu'on veut étudier un pays au point de vue historique, ajoute l'auteur en terminant, il ne faut jamais omettre les traditions populaires; malheureusement celles des Tcherkesses ne peuvent être d'aucune utilité à cet égard; elles présentent une série de récits incohérents dont il serait impossible de faire un tout complet et quelque peu vraisemblable; ces peuples n'ont pas de documents écrits, ils n'ont que des légendes. Ce n'est pas à dire que le souvenir de leurs ancêtres soit enseveli dans l'oubli; il en ont bien réellement conservé la mémoire, mais tout ce qui a rapport à des temps éloignés est dénaturé par les fables. En un mot, les poèmes qui exaltent les exploits de leurs héros sont les seuls monuments historiques que possèdent les Tcherkesses. Le premier défaut de ces traditions est de ne pas présenter les faits dans l'ordre chronologique; en outre, le narrateur entraîné le plus souvent par un attachement partial pour sa tribu ou par le désir de complaire à quelque personnage considérable, dispose les évènements à son gré et au détriment de la vérité. Pour faire la lumière dans ce chaos, il faudrait y consacrer un travail de plusieurs années, encore n'aurait-on pas en perspective la certitude de réussir.»

A l'article de M. Lullier, est annexée une carte du pays habité par les peuplades Tcherkesses, Abkhases, etc., dressée sur une echelle de 20 verstes au pouce anglais.

Les biens de l'Eglise grecque dans le pays Transcaucasien; par M. A. Moulikovsky, membre-collaborateur. —

L'Eglise grecque possède depuis longtemps dans la Grousie et l'Imérétie, des biens immeubles avec des paysans, provenant des dons qui lui ont été faits par les Tsars des deux provinces; de tout temps l'administration de ces biens a été confiée à des archimandrites nommés *ad hoc*; mais leur changement fréquent, leur genre de vie, les rapports d'affaires tant avec les particuliers qu'avec l'Etat, quelques autres raisons encore de même nature, inspirèrent en 1819, au Métropolitain de Grousie, la pensée de réformer le mode suivi jusqu'alors à cet égard. Bien que le projet du Métropolitain Théophilacte n'ait pu recevoir son exécution, il attira l'attention sur ces biens encore peu connus; l'idée de leur sécularisation donna naissance à une série de questions administratives, qui eurent pour résultat des études statistico-économiques effectuées en 1819 et en 1831 puis complétées par une description caméralistique. L'exposé des données ainsi recueillies fait l'objet du travail de M. Moulikovsky.

Les biens de l'Eglise grecque dans le pays Transcaucasien, se trouvent aujourd'hui faire partie des gouvernements de Tiflis et de Koutaïs; les uns appartiennent à l'Eglise de Jérusalem, les autres à celle de Constantinople; ces biens renferment un total de 485 feux, soit 3428 paysans des deux sexes (1820 hommes et 1608 femmes), plus en membres du clergé — 8 feux comprenant 72 personnes. L'ensemble des terres représente 10.101 journées de travail et se répartissent comme il suit:

terres arables	$8.554^2/_3$	ou environ	(85 p. %);
prairies	302	—	(3 p. %);
bois	$575^1/_2$	—	(5 p. %);
vergers	$612^1/_{10}$	—	(6 p. %);
vignes	8	—	(0,08 p. %);
potagers	1	—	(0,001 p. %);

enfin 48 ou 0,5 p. % en terres occupées par diverses constructions, savoir: 1 monastère, 5 églises et bâtimens ou dépendances y attenant, 13 maisons, 45 chaumières, 3 boutiques, 1 boulangerie, 19 moulins, plus un terrain de cimetière et six autres terrains sans emploi actuel. La principale occupation des paysans est la préparation des vins; la culture des grains (froment, orge et

*

maïs) ne vient qu'après; quant à l'élève du bétail et à l'apiciculture, il en est à peine question parmi eux. On a constaté dans les vingt villages appartenant à l'Eglise de Jérusalem et qui sont répandus dans le gouvernement de Koutaïs, l'existence d'un total de 18 chevaux, 190 têtes de gros bétail, 72 moutons ou chèvres, 30 porcs et 88 ruches; à l'égard des paysans de l'Eglise de de Constantinople, les renseignements de cette nature manquent totalement. Les paysans de l'Eglise grecque acquittent une double contribution, en argent et en nature, c'est à dire en produits de leurs récoltes; ces impôts sont calculés sur l'état de fortune du contribuable, et en 1831, les plus pauvres en étaient même complètement exempts. Ils sont en outre soumis à des redevances ou servitudes, les unes personnelles, les autres également exigibles en nature; parmi les premières il faut ranger le service domestique des archimandrites lorsqu'ils visitent les villages et l'obligation de fournir un contingent d'ouvriers déterminé; les autres consistent dans le transport des récoltes jusqu'à Tiflis, l'entretien des jardins, les réparations de l'Eglise et des bâtimens, le transport du bois de chauffage, le soin de fournir des chevaux en cas de déplacement de l'archimandrite et de leur procurer des fourrages et de l'orge. Il existe encore dans certains villages, un impôt qui s'acquitte aussi en nature et qui consiste en volaille, cire et encens.

L'auteur termine son travail par un aperçu des revenus que l'Eglise grecque retirait en 1831, d'une partie des villages qui lui appartiennent; mais ces données n'étant pas complètes, il y a impossibilité d'en faire ressortir un chiffre total que l'on puisse considérer comme exact.

Les Natoukhajtses, les Schapsougues et les Abadzèkhes; par M. Lullier. — Ce travail, qui pourrait en quelque sorte faire le complément ou l'annexe d'un precédent article du même auteur(*), contient le résumé des notions que celui-ci a

(*) Voir le *Coup-d'œil sur le pays habité par les montagnards Tcherkhesses et Abkhases.* — page 223.

été a même de recueillir pendant son séjour parmi les montagnards du Caucase. Ces notions reproduites par M. Lullier, sont
puisées dans les traditions populaires et dans les récits des
personnes avec lesquelles il s'est trouvé directement en relations.

Sans remonter à l'époque reculée où les Zigues, les Cercè-
tes et les Moschytes étaient établis sur les bords de la mer
Noire (Strabon. lib. II), il suffira de rappeler que George In-
teriano, qui vivait en l'an 1552 de notre ère, a constaté «qu'un
«peuple nomme *Adighé* occupait la rive asiatique de la mer
«d'Azow depuis le Don jusqu'au Bosphore, et plus loin encore,
«le littoral de la mer Noire». Mais bien que les peuplades
Tcherkesses des Adighé considèrent les parages de la mer Noire
comme le lieu de leurs anciens foyers, il est difficile de savoir
s'ils ont été les habitants primitifs de cette contrée ou s'ils ne
sont que des émigrés récemment établis.

Les Natoukhajtses et les Schapsougues, avant qu'ils ne fussent indépendants, figuraient au nombre des tribus du littoral de
la mer Noire, parmi lesquelles la principale était celle de Goayé;
ils habitaient alors la vallée de la rivière Psésué ou Psésuapé
et se composaient uniquement des cinq tribus de Nadkho,
Nétakho, Koblé, Skhapété et Sotokh; ce fut plus tard que les
deux premières se fondirent en une seule, celle des Natoukhajtses,
et que les trois autres formèrent la peuplade des Schapsougues; enfin par la suite, la tribu de Goayé se réunit aussi aux premiers. Bien que ces deux peuplades soient considérées comme
distinctes l'une de l'autre à cause des appellations différentes
qu'on leur applique, elles n'en constituent réellement qu'une seule,
car elles ont une même origine (Adighé) et parlent la même langue. Les Abadzèkhes ne formaient également dans le principe
qu'une faible tribu; ils habitaient suivant les uns, les terres
qu'occupent aujourd'hui les Oubykhes, c'est à dire le haut des
vallées des deux rivières Schaké et Saché; suivant d'autres, leurs
terres se trouvaient sur le versant septentrional des montagnes.
Ces trois peuplades —Natoukhajtses, Schapsougues et Abadzèkhes,

donnèrent asile à tous les mécontents des tribus voisines, et de cette manière, elles prirent un accroissement numérique rapide. C'est ainsi que la famille de Goago, originaire de la tribu de Khatiukaï, vint chercher parmi les Schapsougues, un refuge contre l'oppression de ses princes; il en fut de même à l'égard de la lignée de Tlebzou; et l'on peut juger de l'importance de cette dernière qui dut employer jusqu'à 300 chariots (arbas) pour transporter tout ce qu'elle possédait. L'auteur a été lui même témoin de semblables émigrations. En 1826 nommément, quelques familles soumises à l'autorité d'un noble Abadzèkhe, Djankiat Mamekhog, vinrent se joindre à celle de Tlétchias, appartenant aux Natoukhajtses; le chef Abadzèkhe était considéré et jouissait d'une certaine renommée; néammoins il ne put réussir à faire rentrer les fugitifs sous son pouvoir, et l'intervention même du Pacha d'Anapa, à laquelle il avait eu recours, demeura sans résultat.

Les tribus primitives de Nadkho, Nétakho, Koblé, Skhapété, Sotokh et Goago, qui ont donné naissance aux Natoukhajtses et aux Schapsougues, se sont subdivisées en des branches nombreuses (130), mais qui ont conservé entre elles des liens de parenté, ne forment qu'un seul peuple et offrent, sous ce rapport, une certaine similitude avec les *clans* écossais; comme elle ont une origine unique et les mêmes traditions, il règne entre elles la plus parfaite égalité et ces circonstances constituent le lien moral qui unit cette grande famille. Les Abadzèkhes comptent aussi jusqu'à quatre-vingts de ces *clans*. Que ces peuplades aient vécu sous le régime féodal, il n'y a pas à en douter; les preuves abondent à cet égard. Avec le temps, le pouvoir des nobles s'est affaibli, mais ceux-ci ont encore conservé leurs privilèges jusqu'au jour enfin, où le mouvement social les a rangés tout à fait au niveau des plébéiens. Ce changement, chez les Natoukhajtses et les Schapsougues, s'est opéré graduellement; voici comment l'explique M. Lullier:

«En même temps que les nobles perdaient de leur influence, les idées de liberté et d'indépendance prenaient naissance dans le peuple; celui-ci commença à ne plus voir avec indifférence l'effet de ces privilèges dont les possesseurs s'enorgueillissaient, les considérant comme l'unique barrière à opposer au nouvel ordre de choses qui tendait à s'introduire. Le résultat de cette situation fut bientôt une anarchie complète avec toutes ses suites; il fallut chercher des moyens de rétablir l'ordre; à cet effet on convoqua deux assemblées — l'une aristocratique, l'autre démocratique. La dernière l'emportait par le nombre; ce que voyant, les nobles, pour défendre leurs privilèges menacés, eurent recours à toutes sortes de ruses; ils s'efforcèrent de semer la division dans le parti contraire et y réussirent quelquefois avec l'aide de leurs adhérents, mais alors le désordre régna de nouveau; et finalement, les évènemens s'accomplirent d'eux-mêmes sans qu'il se trouvât un seul homme qui sût ou voulût les mettre à profit; l'aristocratie dut céder à la démocratie.

«Les débats et les intrigues étant demeurés sans succès, les nobles recoururent à la force des armes; ils demandèrent du secours aux Bzédoukhes, peuplade voisine, et l'année 1796 vit une bataille des plus sanglantes qui a reçu la dénomination de Bzioko-Zaouo, empruntée du lieu où elle fut livrée. Les Bzédoukhes y remportèrent la victoire; mais loin d'arrêter la marche des choses, ce résultat ne fit que la précipiter. Dès ce moment, tout espoir fut perdu pour les nobles; leurs droits et leurs privilèges furent anéantis, on proclama l'égalité, le *prix du sang* fut réglé le même pour tous, et les maisons des plébéiens restèrent fermées pour quiconque touchait à l'aristocratie. Cette dernière mesure s'est conservée dans les souvenirs du peuple, sous la dénomination de *kharam*, et elle a été en vigueur jusqu'à ce que l'agitation des esprits se fût calmée.

«La conséquence de cette révolution fut que certaines familles nobles abandonnèrent le pays pour aller chercher un refuge chez leurs voisins, d'autres vinrent se mettre sous la protection des Russes; toutefois le plus grand nombre se résolurent à demeurer, dans l'espoir de retrouver un jour leurs clients et de voir renaître leur influence; mais ils n'ont d'autres privilèges que ceux que peuvent donner l'intelligence, l'éloquence ou la valeur.

«Il est à remarquer que durant ces troubles, pas un noble ne fut victime des inimitiés du peuple; on vit même quelques personnages de haute naissance contracter mariage avec des filles d'origine plébéienne; mais il n'y eut pas d'exemple qu'une fille noble épousât un roturier.

«Le peuple a conservé la mémoire de quelques unes des assemblées démocratiques qui ont eu le plus d'importance, en leur affectant le nom des localités où elles eurent lieu; les premières remontent au siècle passé, la dernière date de 1822 et elle eut pour résultat l'adoption du jugement *par votes*, conformément aux prescriptions du Coran d'ou sont tirées les dispositions du droit religieux, civil et politique. Cependant, les habitants du littoral chez qui l'Islamisme n'a pas encore pris racine et qui professent toujours les anciennes croyances, continuent jusqu'à présent, de soumettre leurs procès et leurs contestations à des arbitres. Quant aux Abadzèkhes, la transformation démocratique s'est opérée chez eux peu à peu et sans secousse sensible. Dans les derniers temps et avant que les agents de Schamyl ne fussent venus propager son influence parmi ces peuples, leur organisation administrative reposait encore sur les bases suivantes:

«Gouvernement sans chef c'est à dire de forme républicaine.

«Le pouvoir légal et administratif résidant dans le peuple.

«Convocation des députés ou représentants du peuple en assemblées.

«Liberté pour chacun, de participer, ou non, d'une manière active, aux expéditions militaires ou aux excursions qui peuvent être entreprises, sauf le cas d'un armement général auquel ne doit se soustraire nul individu en état de porter les armes. Absence de toute centralisation dans l'administration civile; la solution des procès ou contestations appartenant dans chaque tribu, aux *anciens*, élus parmi les hommes qui jouissent d'une renommée de sagesse et d'incorruptibilité.

«Le droit reconnu pour chacun, de venger une injure personnelle, et l'obligation de prendre parti pour ses proches parents ou pour son *clan*, dans toute occurrence de cette nature.

«Point de peine corporelle ni d'emprisonnement; tout le système de pénalité se réduisant à des amendes proportionnées à la gravité des délits, et susceptibles de s'augmenter dans les cas de récidive. Le coupable reconnu incorrigible, — vendu comme esclave ou noyé.

«Droit reconnu pour chacun, de donner asile à ses compatriotes et d'accorder protection à un hôte étranger.

«Droit de posséder sans conteste, des esclaves, pour quiconque a les moyens d'en acheter ou de s'en procurer.

«Droit de propriété et droit de successibilité au degré le plus proche.

«Point de biens possédés en commun et par conséquent absence de communautés.—La prescription n'existant pas chez ces peuples à l'égard d'une revendication de possession, et chacun étant admis à faire valoir ses anciens droits, il en résulte des procès sans fin.»

Mémoires de la Section de Sibérie. — T. Ier. 1856.

ÉTUDES ET MATÉRIAUX.

Description du cours de l'Irkoute; par M. Baschkéwitsch, membre-collaborateur de la Section Sibérienne. — Les monts Tounkinsk ont pour point de départ, le plateau élevé qui sépare entre elles les eaux des rivières Oka, Biéla, Kitoï et Irkoute; il est dominé d'un côté, par le pic Mounko-Sardyk qui se trouve au-delà des frontières chinoises et dont la hauteur atteint à la limite des neiges éternelles, et de l'autre, par le Noukou-Daban qui est sur le territoire russe. C'est à ce dernier que se relient la chaîne des monts Kitoï ainsi que celle des Tounkinsk qui, l'une et l'autre, se dirigent vers le nord-est en demeurant presque parallèles entre elles. Au nord des deux pics et dans les montagnes qui forment la jonction de la chaîne de Tounkinsk avec les Sayansk, existent quelques lacs alpins parmi lesquels l'Iltchar est le plus remarquable, tant par ses dimensions que parce qu'il donne naissance au cours d'eau qui constitue l'origine de l'Irkoute. Celui-ci après s'être grossi du Témélik, des trois ruisseaux qui portent les dénominations d'Irkoute noir, moyen et blanc, forme déjà une rivière qui coule vers l'est jusqu'au confluent de la source de l'Iltcha, puis fait en cet en droit un retour assez considérable sur elle-même, pour prendre une direction presque parallèle à la première et qu'elle conserve jusqu'à l'embouchure de la Vziemnaia; de ce point et après un nouveaux détour, elle reprend d'abord son cours vers le sud-ouest, et inclinant ensuite sur la gauche du Baïkal de manière à s'éloigner de plus en plus du lac, elle coule au nord-est et suit à peu près cette direction jusqu'à son confluent avec l'Angara. L'Irkoute, sur toute l'étendue de son parcours, forme quantité de sinuosités dont les plus remarquables se trouvent entre la station de Torskoï et le village de Tibelti, entre l'embouchure du Bourlik et le village de Mott.

La chaîne des montagnes de Tounkinsk et celle des Sayansk, à partir du nœud par lequel elles se joignent, enserrent en s'étendant vers l'est, la vallée où coule l'Irkoute et la bornent ainsi dans le sens longitudinal, l'une du côté nord, l'autre au sud. Il est à remarquer, dit l'auteur, que l'examen le plus minutieux du versant de chacune des deux chaînes, qui longe la rive de l'Irkoute, ne fait apercevoir aucune trace indiquant l'existence, à une époque plus ou moins reculée, de grands cours d'eau; ce qui éloigne toute idée que ces montagnes aient pu jamais avoir part à la formation de la vallée. Il faudrait donc conclure de là, que celle-ci a pris naissance dans le même temps que les monts Tounkinsk et Sayansk; c'est à dire que des forces souterraines agissant dans deux directions parallèles correspondant à celles des deux chaînes précitées, ont transmis à la croûte terrestre un mouvement ondulatoire, et que la masse dont les efforts tendaient à s'élever du sein de la terre à la surface, a soulevé les couches de formation ultérieure qui, jusqu'alors, avaient gardé une position horizontale, en les rejetant pour ainsi dire de côté, de telle sorte qu'elles se trouvent aujourd'hui sur les pentes des deux chaînes; la puissante pression qui agissait de bas en haut, ayant eu pour effet de rompre ces couches, de manière à donner passage aux masses qui ont formé la crête des montagnes. Le soulèvement qui a fait surgir les deux chaînes parallèles, distantes l'une de l'autre d'environ 30 verstes, n'a apporté aucune modification aux couches qui constituent le fond du bassin de l'Irkoute; celles-ci ont dû se trouver en dehors de l'action des forces souterraines, puisqu'elles ont conservé leur position horizontale; ces mêmes couches, en approchant du pied de la montagne, forment encore la surface du sol de la vallée, mais elle présentent alors des déchirures et des solutions de continuité, conséquences de l'exhaussement instantané qui s'est produit. La vallée de l'Irkoute, qui, lors de l'apparition des deux chaînes montagneuses, a pris la forme qu'on lui connait aujourd'hui, a cependant subi avec le temps, quelques légères modifications que l'on doit attribuer d'une part, aux terres d'alluvion qui sont venues recouvrir le fond du bassin jusqu'au niveau actuel, et de l'autre, à l'action volcanique qui s'est manifestée en faisant sortir des entrailles de la terre, les laves qui se sont fait jour à travers les déchirures des couches supérieures du sol. La preuve existe en outre que, même postérieurement à la formation des terrains d'alluvion, les forces souterraines ont encore donné des signes extérieurs de leur puissance; ainsi sur la rive gauche de l'Irkoute, s'étend une montagne nommée Krasno-Iar, qui est entourée de tous cotés, de collines de lave, tandis qu'elle-même est de formation identique avec les terrains qui recouvrent le fond du bassin de la Tounka; il faut donc admettre qu'elle est le produit d'un soulèvement dont l'époque est bien postérieure à celle de la formation de ces terrains.

M. Baschkéwitsch passe ensuite à la description proprement

dite de l'Irkoute. Par toute la vallée de la Tounka, poursuit-il, sont répandus différents ruisseaux qui, en quelques endroits seulement, se réunissent en un cours d'eau unique dont la profondeur varie depuis une demi-archine à peine jusqu'à une sagène, et qui coule sur un fond de sable jaune présentant un mélange de menus grains de quartz, de calcaire, de feldspath, d'amphibole et de paillettes de mica noir ou d'un jaune d'or. L'eau de l'Irkoute a une teinte gris-verdâtre; les matières qu'elle tient mécaniquement en suspens, la troublent et lui ôtent sa transparence au point que même à deux archines de profondeur, on n'en peut distinguer le fond; elle roule constamment un sable composé de quartz et de calcaire, mais surtout de mica; il suffit de considérer l'eau, de biais, pour y apercevoir des millions de paillettes de cette substance, qui sont toujours en mouvement. Cette eau recueillie dans un vase, abandonne en quelques minutes un dépôt assez considérable, ce qui fait qu'il est presque impossible de l'employer pour les besoins de l'homme sans une épuration préalable. Bien que depuis le village de Maximorchine, le courant de l'Irkoute soit extrêmement faible, et qu'à plus de dix verstes au-dessus de son embouchure, ses eaux doivent déjà commencer à déposer les matières étrangères qu'elles tiennent en suspension, une ligne de démarcation visible subsiste encore au confluent de l'Angara, entre les eaux des deux rivières et se prolonge à une assez grande distance.

A partir du village de Tounka, les bords de la rivière sont en pente douce; en quelques endroits ils s'abaissent presque au niveau de l'eau, dans d'autres, ils s'élèvent d'une ou de deux sagènes; à la hauteur de la vieille église de Tounka, existent des collines, composées en partie d'une lave rougeâtre, en partie d'un lave boursouflée d'un gris foncé, qui forment la rive gauche de l'Irkoute jusqu'au village de Goujir. Sur la rive droite, depuis l'embouchure du Zaktouï, se trouvent répandues çà et là quelques pièces de terre cultivées appartenant aux cosaques de Tounkinsk; sur les pentes des collines, on voit des champs ensemencés et les prairies qui s'étendent à leur pied sont couvertes d'une herbe épaisse. Plus loin, la vallée de l'Irkoute se resserrant de plus en plus, se réduit vis-à-vis la montagne de Krasno-Iar, à un passage étroit dans lequel se rencontrent d'abord quelques roches de lave; puis celles-ci se montrent bientôt en telle quantité, qu'elles interceptent presque le cours de la rivière et donnent ainsi naissance à des *rapides* dont quelques uns ont un aspect particulier. Au-dessous du village de Goujir, l'Irkoute reçoit les eaux du Zon-Mourin, affluent de sa rive droite, et un peu plus loin celles du Sagan-Ougoun, affluent de la rive gauche; ses eaux qui s'étaient momentanément divisées, se réunissent à peu de distance de l'embouchure du Sagan-Ougoun, pour se séparer de nouveau quelques centaines de sagènes plus bas, en deux bras qui se dirigent, l'un vers le nord-est et l'autre vers le sud-est, en contournant une île habitée par les Tyrteïtses; le premier et le principal, qui a environ 60 sagènes de large, se subdivise à son tour en de nombreux ruisseaux dont les uns coulent dans la direction des montagnes où campent les Koukoïtses, d'autres inclinent vers le sud-est pour joindre l'autre bras de la rivière, et tous se réunissent encore en une seule nappe à la hauteur de la montagne dite deuxième Krasno-Iar. Celle-ci doit cette dénomination à ce que le côté qui regarde la rivière en est couvert de pierres de granit, de serpentine, de gneïss, de calcaire, de porphyre jaspé, etc., mêlées avec du sable rouge quartzeux. De ce point, l'Irkoute coule paisiblement mais en formant de nombreuses sinuosités, entre des bords en pente douce; sa largeur varie alors de 60 à 90 sagènes et sa profondeur de deux archines à une sagène et demie; il conserve le même caractère jusqu'au village de Tibelti à l'embouchure de la Tibelta supérieure, où ses rives commencent à s'élever peu à peu. L'Irkoute se grossit ensuite de la Tibelta moyenne, de la Tibelta inférieure, du Schibortouï et du Kaltighéi; à partir de l'embouchure de ce dernier, les montagnes se rapprochent de la rivière et le lit de celle-ci présente de nouveau des aspérités rocheuses, dont l'existence se manifeste par l'agitation de l'eau qui les recouvre. A l'endroit ou l'Irkoute

prend son cours vers le nord, il reçoit la grande et la petite Buys-
tra, cours d'eau rapides qui justifient le nom qu'ils portent, et
plus loin encore, l'Iltcha, qui a son embouchure non loin d'un nouveau coude que fait la rivière pour couler vers l'ouest.

L'Iltcha sort d'un vallon large de 150 sagènes, qui s'étend
de l'est à l'ouest sur une longueur d'environ 15 verstes et qui est
parsemé de petit lacs et d'élévations de terrain, où croissent le
bouleau, le sapin et mélèze. A deux verstes et demie du cours de
l'Irkoute, cette petite vallée est coupée dans le sens de sa largeur, par trois monticules que séparent entre eux des marécages
d'où sortent les deux Iltcha, l'une qui se dirige vers le nord pour
aller se jeter dans l'Irkoute, l'autre coulant au contraire vers le
sud et versant ses eaux dans la Koultouchkaïa qui, à son tour, va
tomber dans le lac Baïkal. Ce fait démontre que la vallée d'Iltcha
a deux pentes opposées bien qu'à peine sensibles, et joignant la
vallée de l'Irkoute au bassin du Baïkal, elle offrait toute facilité
à l'exécution du projet conçu il y a quelques années, d'établir une
communication entre la rivière et le lac. L'auteur, après avoir
exposé les raisons qu'il a de penser que, non seulement cette communication eût été sans utilité, mais qu'elle eût pu avoir une influence
fâcheuse sur le commerce de la localité, décrit les causes naturelles qui ont fait prendre aux eaux de l'Irkoute leur direction
actuelle; ces causes sont d'une part, la légère pente du vallon de
l'Iltcha et l'élévation même de la rive de l'Irkoute qui est d'une
sagène au moins, de l'autre, l'abaissement continu du lit de la
rivière.

Depuis l'embouchure de l'Iltcha jusqu'au village de Mott,
l'Irkoute se trouve resserré entre des montagnes élevées et coule
au fond d'une gorge longue et étroite; les rochers qui en bordent
les rives sur toute cette étendue, ou sont perpendiculaires et
ils offrent alors l'aspect de sombres murailles · d'immenses édifices en ruines, ou présentent des pentes abruptes surmontées
de sommets coniques séparés par des intervalles peu profonds.
Cette partie du cours de la rivière est semée de roches que l'on

rencontre presque à deux verstes de distance les unes des autres et qui, faisant obstacle à l'écoulement des eaux, forment partout des *rapides* et rendent la navigation impossible à des barques de grandes dimensions. Les affluents de la rive droite sont encore outre le Schibartouï, les trois Màïgott, les petite et grande Zazari, le Koulikoff et les trois Mota (supérieure, moyenne et inférieure); ceux de la rive gauche sont: les deux Sévernaia, la Vziemnaia, le Zoubkogone, les petit et grand Bourlik, la Krivodouchka, la Podporojnaia, la Karnichkina, le Medvéjy, la Vygousova, le Kouïtoun et la Schamanka. Tous ces ruisseaux ou rivières manquent généralement d'eau, sauf au printemps à l'époque de la fonte des neiges, ou l'été à la suite des pluies.

A partir du village de Mott jusqu'au confluent de l'Angara, le cours de l'Irkoute présente sous le rapport hydrographique, une analogie complète avec la partie comprise entre la Tounka et la Tibelta; c'est-à-dire que coulant à travers une large vallée couverte de prairies, il baigne en quelques endroits seulement, le pied de montagnes de peu d'élévation, et se partage en différents cours d'eau qui enferment de petites îles. Sur cette partie de la rivière, le courant est assez faible; et la profondeur des eaux varie entre deux sagènes et une archine, là où se sont amassés des bancs de galets; ceux-ci n'offrent du reste aucun danger à la navigation; ils ne font que rendre difficile le passage des barques chargées, aux époques des basses eaux; partout ailleurs, le fond de la rivière est de sable ou de menus cailloux. L'Irkoute s'élargit jusqu'à atteindre 150 sagènes, avant de se confondre avec l'Angara dans laquelle ses eaux tombent par une double embouchure; le bras le plus considérable en est dans cet endroit, embarrassé de sables qui réduisent sa profondeur à deux archines et demie au plus, tandis qu'à l'embouchure même, on trouve jusqu'à trois sagènes d'eau. Ce fait porte à croire qu'avec le temps, il se formera un delta à l'embouchure principale.

L'Irkoute, dit l'auteur en terminant sa description, n'est pas très riche en poissons et la pêche y est peu productive; les principales espèces qui en peuplent les eaux, sont: l'ombre ou thymalle, le lénok dit saumon de Sibérie, le lavaret, l'able et le goujon, la perche, le brochet, la lotte et le carassin. Les quadrupèdes qui habitent le bassin de l'Irkoute sont: l'ours, le renard (noir et rouge), la zibeline, le lynx et la loutre; on rencontre sur les petits cours d'eau — l'écureuil, le putois, le lièvre et le lagomys ou lièvre nain; sur les montagnes ou dans les endroits pierreux — le glouton, le blaireau, l'hermine, le loup, le muse, le chevreuil, l'élan, la chèvre sauvage, le sanglier, et le renne qui hante surtout les hautes montagnes où croît la mousse dont il se nourrit.

Le travail de M. Baschkéwitsch est accompagné d'une carte du cours de l'Irkoute, avec l'indication des espèces minérales que présente la composition géognostique de ses rives.

Description du pays de Jigansk; par M. l'archiprêtre Hitroff, membre-collaborateur de la Section Sibérienne. — Le pays de Jigansk fait partie de l'arrondissement de Verkhoyansk; il s'étend sur les deux rives de la Léna et se trouve compris entre les 65e— 73e degrés de latitude nord, et les 127e—148e degrés de longitude à l'est du méridien de l'île de Fer; il est borné au nord par l'Océan Glacial, à l'est par les districts de Verkhoyansk, et d'Oustiansk, au sud par les arrondissements d'Iakoutsk et de Viluïsk, à l'ouest par celui de Touroukansk. Il serait difficile, dit l'auteur de cet article, d'évaluer la superficie de cette contrée; les immenses *tundras* et les forêts infranchissables qu'elle renferme, n'ayant pas encore été jusqu'à ce jour mesurés avec exactitude. Le pays est généralement montagneux, surtout entre la Léna et l'Olének; à gauche de cette dernière rivière et jusqu'à l'Anabara, s'étendent des plaines dont la plus grande partie est occupée par des lacs et des marais. A partir de l'embouchure de l'Aldan, la rive orientale de la Léna est bordée de hautes montagnes arides et couvertes de neige dès le milieu d'août, et qui se prolongent vers l'est au-delà des sources de la Yana, de l'Indighirka et de l'Oïmiakone; ce sont deux branches de cette chaine qui se montrent sur le cours des rivières Bouloune et Siktiach. Les montagnes de la rive occidentale de la Léna sont beaucoup moins élevées; elles sont presque partout boisées et riches en minérai de fer, quartz, houille et gypse. Entre Jigansk et Siktiach, s'étendent aussi sur cette rive, des plaines marécageuses entrecoupées de bois; au-delà de l'Olének, ce n'est plus qu'une plaine coupée de lacs, où l'unique végétation que l'on rencontre est la mousse, qui croît dans un sol pierreux au-dessous du quel s'étendent des glaces éternelles. Dans les parties boisées de la plaine, le terrain, également recouvert de mousse, se compose d'une couche d'argile limoneuse entremélée par places d'un peu de terre noire; enfin dans le voisinage de la mer, le sol repose partout sur une épaisse couche de glace.

La Léna, l'Olének et l'Anabara, se jettent dans la mer Glaciale après avoir reçu les eaux d'innombrables ruisseaux; le parcours de l'Anabara est d'un peu plus de 1000 verstes, celui de l'Olének approche de 2000; quant au cours de la Léna, il est évalué à 4.500 verstes. La largeur et la profondeur de ces rivières varient beaucoup; à la hauteur du village de Jigansk, la Léna a 13 verstes de large et 8 à 10 sagènes de profondeur; à l'embouchure du Siktiakh elle se resserre jusqu'à n'avoir plus que 4 verstes de largeur; au village dc Bouloune elle n'en offre plus que deux et demie, et à Koumakh-soura une et demie; vers son embouchure, cette rivière s'élargit de nouveau et couvre un espace de dix verstes, mais ses eaux n'ont plus alors que de 3 à 5 sagènes de profondeur. Vers la mi-juin, les commerçants du district de Jigansk quittent Bouloune avec des barques chargées d'ivoire de mammouth, pour se rendre à Iakoutsk où ils arrivent du 18 au 20 juillet; dans le mois d'août, d'autres barques descendent aussi de Iakoutsk à Bouloune avec des chargements consistant en grains, thés, crins, chanvre et produits manufacturés tels que draps, indiennes, etc. Les bords mêmes de la Léna, depuis Jigansk jusqu'à son embouchure, sont formés d'escarpements de roche et d'argile mélangée de sable; on rencontre en beaucoup d'endroits sur les deux rives, des gisements houillers ainsi que de la pyrite, du minérai de fer en grande quantité, et, dans les couches d'argile et de sable — des coquilles bivalves, des fragments de spath calcaire, des pétrifications de bois, du cristal de roche, de l'améthyste, des agates de diverses espèces, des silex, de l'opale de bois, des cornalines et des jaspes. Un rapport du Prince Bariatinsky, vayvode d'Iakoutsk en 1668, fait mention de la découverte de pierres précieuses et de perles que l'on aurait recueillies sur le cours de la Léna; l'acte original qui constate ce fait, existe encore dans les archives de la Régence de la province.

Le cours de l'Olének est presque parallèle à celui de la Léna; jusqu'à ce jour, ajoute M. Hitroff, on ne possède pas de notions détaillées relatives au bassin de cette rivière, mais au dire des Toungousses nomades qui errent sur ses bords et aux alentours du lac Jesséi, l'Olének doit avoir son origine non loin des sources du Viluï et de la Khotouïa, affluent de la Khatynga. Sa largeur est partout assez uniforme et n'excède pas une verste; la profondeur de ses eaux est également peu considérable, et vers son embouchure, à la hauteur du village d'Oust-Olensk, elle est à peine de quatre sagènes. Les bords en sont partout abrupts et formés de roches d'un grès dur ainsi que d'une argile grise ou jaune; on y trouve par places: du gypse, de l'amianthe, de l'asphalte, et à l'embouchure de la rivière — des ammonites et des coquilles bivalves en quantité. Cette extrémité de l'Olének voit seule quelques habitants sur ses rives; le cours supérieur en est complètement privé.

L'Anabara constitue la limite de la province d'Iakoutsk au nord-ouest; elle doit son origine à la réunion de deux cours d'eau dont le plus occidental nommé proprement Anabara, se rapproche du bassin des affluents de la Khatynga; l'autre —la Konomka — sort des mêmes sources que les affluents de la rive gauche de l'Olének; le confluent de ces deux bras de rivière se trouve à trois jours de marche au-dessus du cours de l'Oundja et à 500 verstes de l'embouchure même de l'Anabara. Celle-ci ne saurait soutenir la comparaison avec l'Olének; l'étendue de son parcours ne dépasse guère 1000 verstes; sa plus grande largeur est d'une verste, et comme elle coule entre des bords escarpés, il en résulte que même à l'époque des grandes eaux, elle ne s'étend pas beaucoup dans ce sens. Le sol de ses rives est en grande partie formé de terre noire et de tourbe, et il y croît des racines ligneuses et herbacées; quant, à la limite des bois sur le cours de cette rivière, elle se trouve à la hauteur du hameau de Dorokha. L'Anabara et l'Olének, se couvrent de glaces à leur embouchure vers la même époque, c'est-à-dire du 5 au 15 septembre, et leur débâcle ne s'effectue que dans les derniers jours du mois de mai ou au commencement de juin.

Les tundras et les bois qui avoisinent le cours des rivières, sont parsemés de petits lacs et de marais dont l'eau, transparente et claire, a cependant une saveur nauséabonde; les indigènes viennent y faire la pêche en octobre et novembre. Ces lieux sont en outre le véritable royaume des oiseaux aquatiques, — oies, canards, etc., qu'on y tue par milliers pour les conserver comme provision d'hiver.

Les forêts dans le pays de Jigansk, couvrent des vallées infranchissables; les espèces ligneuses dont elles se composent sont: le mélèze, le pin, le sapin, le peuplier, le bouleau, le saule, l'aulne et quelques autres encore à l'état d'arbrisseaux seulement. On rencontre sur les bords de la mer Glaciale et dans les îles du liman de la Léna: l'ours blanc, le renne, l'isatis, le loup, le glouton, le renard et une quantité prodigieuse de rats; dans les tundras et les forêts: le loup, l'isatis, le renne, l'ours brun, diverses espèces de renards, l'hermine, le lièvre blanc, la chèvre sauvage, le glouton, la zibeline, l'écureuil et la taupe. Les oiseaux qui séjournent en toute saison dans la contrée, sont: le corbeau, le faucon, le hibou, la chouette, la buse, la perdrix, le coq de bois, le coq de bruyère, quelques individus du genre gélinotte, le pic (noir et bigarré) le linot et le merle; les oiseaux de passage qui

*

s'y montrent, sont: le cygne, l'oie, le canard, l'hirondelle et le martinet, la corneille, diverses espèces du genre bécasse, l'alouette, le bouvreuil, la cigogne et la grue, le milan, le balbuzard ou aigle pêcheur, l'aigle, etc. Les indigènes affirment que plusieurs espèces d'oies et de canards qui visitent ces parages, arrivent non pas du sud mais de l'Océan Glacial, et comme preuve à l'appui de cette assertion, ils constatent que ces oiseaux paraissent avant toutes les autres espèces et que dans les localités éloignées de la mer, ils sont complètement inconnus.

Le climat du district de Jigansk est des plus froids; néanmoins dans le voisinage de la mer, la rigueur en est quelque peu tempérée par l'humidité des vents du nord; ce froid n'exerce du reste aucune influence nuisible sur la santé des habitants. L'approche du printemps ou de l'automne se reconnait ordinairement à la vigueur de la végétation; mais dans les tundras qui, sauf quelques herbes, ne présentent aucun signe de vie végétative, les changements de saison se distinguent plutôt par l'apparition et la disparition du soleil à l'horizon ainsi que par la congélation ou la débâcle des rivières. Des informations recueillies par M. Hitroff auprès des indigènes, il ressort que sur la Dorokha (affluent de l'Anabara), à l'embouchure de l'Olének et au cap Buykoff, les habitants cessent dès le 10 (22) novembre, de voir le soleil qui ne recommence à se montrer pour eux au-dessus de l'horizon, que vers le 15 (27) janvier; à Siktiakh, on aperçoit une faible partie de son disque le 5 (17), et à Bouloune le 10 (22) du même mois; sur ce dernier point, le soleil serait même visible avant cette époque, si les hautes montagnes qui s'étendent à l'orient ne faisaient obstacle à ses rayons. Les pluies sont fréquentes et accompagnées de tonnerre et d'éclairs, principalement dans les montagnes; il n'est pas rare de voir à Bouloune, le soleil briller de tout l'éclat qui marque un jour d'été, tandis qu'à dix verstes à l'est de la Léna, la neige tombe à gros flocons et blanchit la cime des montagnes. L'été, par les grandes chaleurs, les tundras et même les bois se couvrent d'une épais brouillard qui rend l'athmosphère suffocante et gêne la respiration. Un phénomène analogue se produit par les froids les plus rudes; l'air s'épaissit et prend alors la consistance d'une vapeur que les indigènes qualifient de *fumée*; ceux-ci toutefois ne paraissent pas autrement affectés de cet état athmosphérique, et l'hiver, ils peuvent franchir une dixaine de verstes en courant, sans éprouver aucune fatigue extraordinaire, tandis qu'un étranger venu des contrées tempérées, s'il parcourt à grands pas un espace de 30 à 40 sagènes, tombera d'épuisement; son haleine devient embarrassée au point que chaque aspiration lui coûte un effort semblable à celui qu'il ferait pour avaler une gorgée de liquide.

Dans les montagnes et sur les *tundras* découverts, soufflent la plupart du temps les vents les plus violents, et cela presque sans interruption, durant des périodes qui varient depuis 7 jusqu'à 20 jours. Dans le voisinage de la mer, ces vents se font sentir pendant l'hiver et surtout dans les mois durant lesquels le soleil reste au-dessous de l'horizon, c'est-à-dire en novembre, décembre et janvier. Les indigènes considèrent comme les plus terribles, les vents du sud, qui se déchaînent avec une telle fureur qu'ils soulèvent la neige, le sable et les pierres, aveuglent l'homme qu'ils surprennent au milieu de ces déserts hyperboréens, et sont pour lui, non moins terribles que le Simoun pour les caravanes dans le désert africain. Souvent il arrive que le malheureux passe plusieurs fois près de sa demeure, sans pouvoir rien distinguer au milieu de l'enfer glacé qui mugit autour de lui, et vient mourir de froid et de faim à quelques pas de son foyer. Dans de pareilles circonstances, un chien doué d'un instinct intelligent peut sauver son maître d'une mort imminente; aussi un pareil animal se paie-t-il jusqu'à 40 et même 60 roubles-argent. Les vents les plus bienfaisants, pendant l'été, sont ceux qui soufflent du nord-nord-ouest; c'est en quelque sorte de leur durée que dépend la prospérité des habitants du pays; s'ils se maintiennent dans cette aire jusqu'à l'époque à laquelle le poisson abandonne la mer pour venir frayer dans les rivières, la pêche doit être fructueuse et les indigènes se trouvent riches et heureux; les vents contraires sont pour eux pires qu'une épidémie. Quelquefois les pluies d'été, qui sont fréquentes, grossissent les cours d'eau dans les ravins et les gorges de montagnes, au point de faire périr des troupes d'animaux, de jeunes perdrix, des rats, etc.; or la présence de ces derniers est d'une grande importance; c'est sur elle que repose le succès de la chasse au renard et à l'isatis. La grêle est rare dans la contrée et n'y peut causer aucun dommage. La neige n'atteint jamais à une grande épaisseur dans les parties qui avoisinent la mer; mais près de Jigansk, sur les deux rives de la Léna, elle a quelquefois jusqu'à deux ou deux et demie archines, ce qui s'explique par la situation de ces localités que les montagnes défendent contre la violence des vents.

La population du district de Jigansk, d'après les documents fournis par le neuvième recensement, se compose de huit tribus Iakoutes, comprenant ensemble 2.184 individus des deux sexes, et de deux tribus Toungousses qui comptent 446 âmes; à ces chiffres il faut ajouter environ 200 russes, ce qui porte le nombre total des habitants à 2.830. Sous le rapport des caractères physiques, comme à l'égard du genre de vie, de la langue et des coutumes, on peut dire que les Russes et les Toungousses se sont complètement identifiés avec la population Iakoute.

De toutes les parties de la province d'Iakoutsk, le pays de Jigansk est sans contredit, celle où se font le plus remarquer la simplicité des mœurs et l'honnêteté, ces élémens de la vie patriarchale. Parmi les indigènes de cette contrée, les hommes n'ont pas d'autre occupation que la chasse ou la pêche, et c'est aux femmes que reviennent les plus lourds travaux, tels que l'aménagement des habitations d'hiver, le soin des troupeaux de rennes, etc. Les Iakoutes de Jigansk sont d'une constitution robuste, mais d'un tempérament phlegmatique. Leur nourriture se compose de chair de renne, d'oies, de canards, mais surtout de poisson; ils n'ont aucune boisson préparée, et à défaut de thé, ils emploient en infusion, une herbe qu'on recueille sur le bord des lacs. Leurs habitations offrent un aspect original et très varié, parce que pour chaque saison et pour chaque emplacement, ils en disposent différemment le plan et la façade.

Les indigènes du pays de Jigansk, comme on l'a vu, n'ont pour ainsi dire pas de lieu d'habitation fixe, et si l'on rencontre quelque part un assemblage d'un certain nombre de *iourtes*, elles ne voient leurs propriétaires que pendant la durée d'une saison; néanmoins il y a sur le cours de la Léna, quatre villages principaux, où vivent en tout temps un petit nombre d'habitants; ce sont les villages de Jigansk, de Krasnoié, de Siktiach et de Bouloune; on compte en outre dans toute l'étendue du district, 33 hameaux ou villages de second ordre qui sont habités seulement durant une partie de l'année.

Les objets qui constituent l'industrie commerciale de la contrée, sont: les défenses de mammouth, les peaux d'isatis et de renards, le poisson, les rennes sauvages et les oiseaux de passage. L'ivoire de mammouth se recueille sur le continent et dans les îles voisines; celles de Thaddéeff, de Kotelny, de la Nouvelle-Sibérie, de Kovrichka et Stolbovy, sont principalement riches en débris de ces mammifères antédiluviens. Quant à l'agriculture, il ne saurait en être question à cause de la rigueur du climat et de la brièveté de la saison d'été; les rennes domestiques — voilà le seul bétail que l'on trouve dans le pays; les habitants les plus riches en possèdent de 100 à 200 têtes, et la propagation de cette espèce qui est extraordinairement féconde, pourrait devenir une branche productive d'économie rurale, si l'on trouvait moyen de la garantir contre les atteintes des loups qui lui font sans cesse une guerre destructive. Tous les habitants du district de Jigansk se livrent à la pêche, partout et en tout temps, mais principalement du mois de juillet au mois d'octobre; ils en réservent le produit pour leur subsistance et n'en font pas commerce. Les objets qu'ils achètent aux marchands russes qui les visitent, sont: du thé en feuilles ou en briques, du sucre, quelques produits manufacturés en étoffes diverses, du chanvre, du crin, quelques grains et du sel. Le commerce, loin de leur être profitable, leur est plutôt nuisible sous un certain rapport; en effet, les marchands mettant un prix exagéré sur tout ce qu'ils vendent, et n'acceptant au contraire les produits indigènes que pour une valeur minime, savent contraindre leur acheteurs à s'endetter; ceux-ci, lorsqu'arrive le terme fixé pour le paiement, ont grand'peine à s'acquitter et prennent de nouveau à crédit les objets qui leur sont nécessaires, sans faire aucune observation sur les prix qu'exige le vendeur.

Au dernier siècle, les habitants du pays de Jigansk étaient encore en partie idolâtres; mais depuis l'année 1800, ils professent tous la religion gréco-russe. Le district possède une église construite en bois et plusieurs chapelles, desservies par deux prêtres qui visitent chaque année leurs paroissiens. Ces indigènes ne sont évidemment pas même au premier échelon de la civilisation; cependant leur foi religieuse est grande ainsi que leur esprit de charité, et il n'en est pas un parmi eux, dans une situation simplement médiocre, qui ne soit prêt à accueillir sous son toit, l'être souffrant dans le besoin ou l'orphelin délaissé, et à lui offrir tous les secours dont il peut disposer.

Au travail de M. Hitroff est annéxée une carte du pays de Jigansk.

La route d'Iakoutsk à Srednékolymsk; par M. J. Selsky, m. eff. — L'auteur, pendant son séjour à Iakoutsk, s'est attaché à rassembler des notions de toute nature sur la province de ce nom et, entre autres, touchant les voies de communication qui peuvent la relier tant avec les contrées polaires qu'avec divers points des pays qui s'étendent à l'est et au sud de la Léna. Cet article comprend la relation succinte d'un voyage de Iakoutsk à Srednékolymsk, écrite sur les notes communiquées par le voyageur même, M. Vinogradoff.

Les personnes auxquelles la partie septentrionale de la province d'Iakoutsk est complètement inconnue, dit M. Selsky, se la représentent pour la plupart, comme formée d'une série de *tundras* qu'il est impossible de franchir en tout autre temps que pendant l'hiver; il en est cependant tout différemment. Ce royaume de tundras, de lacs et de marais, est coupé par des chaînes de montagnes élevées, dont les divers ramcaux enferment des bassins de rivières remarquables. La chaîne principale des monts Stanovoï, qui longe sur une étendue considérable le littoral de la mer d'Okhotsk, s'élève vers le nord jusqu'au 60ème dégré de latitude, pour se diviser ensuite en trois branches: la première s'étend à travers le pays des Tchouktchis et sépare les eaux des rivières qui se jettent dans l'Océan Pacifique, de celles qui vont tomber dans la mer Glaciale; la seconde se prolonge dans la direction du nord-nord-est et forme la limite commune des bassins de l'Indighirka et de la Kolyma; la troisième, non moins considérable, incline vers le nord-nord-ouest jusqu'à la hauteur du 65ème degré de latitude et forme la ligne de faîte entre les eaux de l'Aldan et celles des affluents de la rive gauche de l'Indighirka; son point extrême est le nœud de deux autres embranchements, dont l'un continue de s'élever vers le nord-nord-est en longeant la rive droite de la Yana, tandis que l'autre se dirige vers l'ouest. C'est à ce dernier, qui contraint l'Aldan (sur un espace de 80 milles géographiques) à couler vers l'occident, que l'on a donné l'appellation de monts Verkho-Yansk, du nom de la Yana qui prend sa source sur le versant septentrional de la chaîne. Ces montagnes, à la source de l'Aldan, se relèvent dans la direction du nord-nord-ouest et séparent ainsi le bassin de la Yana des cours d'eau qui affluent sur la rive droite de la Léna. Le voyageur qui va de Iakoutsk à Nijnékolymsk, doit suivre les pentes des monts Verkho-Yansk qui sont pour ainsi dire les portes du grand *tundra* hyperboréen; il ne faut songer ni au traîneau ni au chariot; le cheval, — voilà l'unique moyen de transport à toutes les époques de l'année; l'automne et l'hiver sont considérés toutefois comme plus favorables pour ce voyage.

Après avoir préablement décrit le costume indispensable que doit revêtir celui qui se résout à affronter les difficultés, les souffrances, les périls de la route, l'auteur donne un aperçu de l'itinéraire suivi par M. Vinogradoff; enfin il termine ainsi: «le livre de poste porte à 2.100 verstes la distance qui sépare Iakoutsk de Srednékolymsk; cette évaluation n'est pas exacte; celui qui a traversé ces déserts, sait que d'un point à l'autre, il faut compter au moins 2.500 verstes et que la route d'été est encore plus longue de 200 autres. A mesure que l'on approche de l'Océan Glacial, le sol s'abaisse de plus en plus et le nombre des rivières, des lacs et des marais, augmente considérablement; c'est au point que les indigènes dans leur langage, ne désignent pas l'arrondissement de Kolymsk autrement qu'en l'appellant *les rivières*. L'observateur qui considérera en outre l'absence de montagnes dans cette partie de la contrée, la pauvreté des bois et la quantité de plantes marines que l'on rencontre entre Zachiversk et l'embouchoure de la Kolyma, demeurera convaincu sans qu'il soit besoin pour lui d'autres preuves, que tout cet espace a dû se trouver autrefois sous les eaux.»

Aperçu géognostique des rives du fleuve Amour; par M. Anossof, membre-collaborateur de la Section de Sibérie. — Ce travail a été divisé par l'auteur en deux parties: la première n'est qu'un extrait de son journal de voyage; dans la seconde, il a rassemblé les résultats de ses observations et tracé un aperçu géognostique de la contrée, si peu connue encore, qu'il a traversée.

Le parcours de l'Amour, dit M. Anossoff, depuis le confluent de la Schilka et de l'Argoun jusqu'à son embouchure sur l'Océan Pacifique, est de 2.340 verstes; son bassin est compris entre la steppe de Gobi, la Chine proprement dite et la chaîne des monts Stanovoï; parmi ses nombreux affluents, trois sont de grandes rivières: la Zéia sur la rive gauche, la Soungari et l'Oussouri sur la rive droite. A partir du poste d'Oust-Strelka (confluent de la Schilka et de l'Argoun), l'Amour coule avec rapidité entre des rochers sauvages qui le resserrent; en quelques endroits, les eaux contenues par leur ceinture de pierre, tournent brusquement tantôt coupant à angle droit l'axe de la chaîne montagneuse, tantôt reprenant une direction parallèle à cet axe; ailleurs, le fleuve sortant de sa prison, se répand dans de larges vallées où il se divise en une quantité de bras qui entourent des groupes d'îles nombreux; ses eaux coulent alors paisiblement, couvrant un vaste espace et offrant moins de profondeur, et l'aspect de ses rives perd beaucoup de son âpreté primitive. Les sinuosités nombreuses du cours de l'Amour prouvent que jusqu'à ce moment encore, la puissance de ses eaux n'a pas su vaincre partout la résistance que lui présentent les rochers; là où s'étend une chaîne de montagnes, la rivière en tourne la base pour couler parallèlement à cette direction, tandis qu'au contraire, il est visible que les rameaux qui se détachent de la chaîne principale ont cédé à l'effort des eaux, et que celles-ci se sont frayé un passage en les coupant sous un angle plus ou moins ouvert. Telles sont les causes qui forcent le fleuve à se détourner si souvent de sa direction première, ou pour parler en termes plus précis, à s'écarter plus ou moins de sa ligne normale dans les lieux montagneux; dans les vallées où les coudes et les sinuosités disparaissent, il coule directement du nord-ouest au sud-est.

Environ à 250 verstes au-dessous de la ville de Sakhalin-Oula-Khoton, l'Amour cesse de se partager et son cours unique vient couper une des branches méridionales de la chaîne des Jablonnoï, après quoi les montagnes ne se montrent plus que rarement jusqu'à l'embouchure du Soungari. De ce point jusqu'à sa chute dans la Manche de Tartarie, il parcourt de nouveau une contrée montagneuse, entrecoupée cependant de prairies au milieu desquelles il divise encore ses eaux pour contourner de nombreux îlots. Aux approches des bouches du fleuve, les montagnes s'élèvent de plus en plus et finissent par atteindre à une hauteur considérable.

Sur tout le cours de l'Amour, dominent les roches appartenant à l'époque ancienne ou paléozoïque; aux abords du fleuve, les montagnes sont formées de schiste argileux et d'un grès entremêlé de veines de granit; nulle part ces couches n'ont conservé leur aspect primitif et toutes, elles présentent une plus ou moins grande inclinaison. Auprès d'Albazine, le schiste argileux et les grès disparaissent sous des sables d'alluvion, pour se remontrer plus loin, mais avec de graves modifications dans la disposition des couches ainsi que dans leurs caractères particuliers; le grès apparait sous forme d'un quartz blanc ou jaune et en compagnie d'un schiste argileux mélangé de petites feuilles micacées. Toutes ces couches de schiste, en-deçà comme au-delà de la chaîne coupée par le fleuve, sont dirigées du nord-ouest au sud-est, mais leur disposition est différente; jusqu'à l'intersection des montagnes et du cours de la rivière, elles inclinent vers l'ouest. et au delà de ce point — vers l'est; d'où il est à supposer qu'elles ont été soulevées dans le même témps qu'a surgi la chaîne montagneuse. Vers l'est, ce soulèvement est vraisemblablement dû aux porphyres, qui se montrent en grande quantité aux bouches de l'Amour. L'angle des couches est d'abord de 45°, mais il s'ouvre davantage à mesure qu'on approche de l'embouchure du fleuve et finalement il atteint 90°.

Quant à résoudre d'une manière positive la question de savoir à quelle formation appartiennent les roches précitées, l'auteur s'y refuse et déclare n'avoir pas été à même de le faire, faute de fossiles; les empreintes de fougères et de tiges de végétaux qu'il a rencontrées étaient si peu distinctes, qu'elles ne lui ont pas permis de formuler de conclusion à cet égard. Toutefois les intermittences répétées de grès et de schiste argileux, la teinte foncée de ce dernier et ses transformations fréquentes en lydite ou en jaspe, donnent à supposer que ces roches doivent appartenir ici à la formation silurienne; les couches inférieures de cette formation, nommément les grès et les schistes, sont les plus répandues sur les bords du fleuve Amour; la couche supérieure — le calcaire — ne se montre que rarement; on en a trouvé qui était passé à l'état de marbre d'une teinte grisâtre.

Le rapport qui existe entre les roches de la province de Nertchinsk et celles des montagnes qui accompagnent le cours de l'Amour, donne le droit d'espérer que ces dernières cachent également des trésors dans leur sein. En effet, le sol du pays Transbaïkalien, composé de granits, de syénites, de porphyres, de calcaires, de schistes, de conglomérats, de gnéiss et de grès, est en outre riche de métaux (or, argent, fer, cuivre, plomb, étain, etc.); or, les échantillons minéralogiques recueillis dans l'étendue du bassin de l'Amour, offrant une grande analogie avec celles d'entre les espèces précitées qui se trouvent nommément sur le cours de l'Onone, de l'Ingoda, de la Schilka et de l'Argoun, la contrée de l'Amour qui fait en quelque sorte le prolongement des chaînes montagneuses de la Daourie et parait, comme formation, appartenir à la même époque, peut renfermer également des richesses pareilles à celles dont la nature s'est montrée si généreusement prodigue pour la province de Nertchinsk.

MÉLANGES.

G. Schélékoff; par M. N. V—y. — Cette notice biographique est consacrée à la mémoire du fondateur de la *Compagnie américaine*, de l'homme auquel les établissements russes de l'Amérique du Nord sont en grande partie, redevables de leur développement et de l'importance qu'ils ont acquise.

Grégoire Schélékoff, bourgeois de première classe, né en 1748, s'adonna de bonne heure à la vie commerciale. Il avait à peine 25 ans lorsque, d'accord avec deux marchands de Koursk, il conçut la première idée du projet utile qu'il a su mettre à exécution. A cette époque (vers 1775), un grand nombre de commerçants se portaient aux îles Aléoutes; ces gens peu délicats dans le choix des moyens qui pouvaient les enrichir, se nuisaient les uns aux autres, et guidés par le seul appât du gain, ne cherchaient qu'à remplir leur navires sans avoir le moindre égard pour les malheureux insulaires. On sait que l'Impératrice Catherine II, dans une lettre qu'elle adressait au gouverneur de la Sibérie, Tchitchérine (2 mars 1776), lui recommandait «de pres-«crire aux commerçants qu'ils eussent à se montrer affables et

«et conciliants dans leurs rapports avec les habitants des îles,
«leurs nouveaux frères, et à se garder de toute fraude ou vexa-
«tion à leur endroit».

Péniblement affecté de ce qui se passait, Schélékoff fonda
une société qui put armer à frais communs, trois navires avec
lesquels il quitta l'embouchure de l'Ourak sur la mer d'Okhotsk,
le 16 août 1783. Après avoir dépassé la première des Kourilles
le 5 septembre suivant, les trois bâtiments continuèrent quelque
temps encore à voguer de conserve; mais le 12, ils se trouvèrent
séparés par une violente tempête qui se prolongea plus de vingt-
quatre heures et les mit en danger de périr; force leur fut alors de
gagner l'île de Behring qui avait été désignée à l'avance comme
point de ralliement. L'été suivant, les navigateurs reprirent la mer,
et le 21 juin ils jettaient l'ancre devant l'île de Kyktak ou Kodiak. Le premier accueil des insulaires fut loin d'être bienveillant
et il fallut tout d'abord avoir recours à la force; mais rien ne
rebuta l'entreprenant Schélékoff et il parvint, non sans peine, à
nouer enfin des relations amicales avec les Koniagues, habitants
de l'île; il s'efforça par des mesures de douceur, de modifier les
sentiments de ces sauvages et finit par se les concilier. Rassuré dès
lors contre une attaque imprévue de leur part, Schélékoff se
mit à construire des fortins, d'abord sur l'île d'Aphognap puis sur
celle de Kodiak, et s'occupa de faire une description des nouveaux rivages où il avait abordé; il posait ainsi les premiers fondements des colonies russes en Amérique et s'enrichit, lui et ses
compagnons, par des opérations commerciales régulières. Les succès de la compagnie dont il était le fondateur, éveillèrent la jalousie d'autres commerçants qui se réunirent pour former à Irkoutsk, une nouvelle société dont le but était de ruiner la première et de lui enlever ses possessions; mais il y eut fusion, et à
la mort de Schélékoff, les deux compagnies n'en formaient déjà
plus qu'une seule qui, l'année suivante, fut mise sous la protection Impériale (Oukase du 8 juillet 1799) et reçut le nom de
Compagnie russe-américaine.

Au nom de Schélékoff, se lie étroitement celui d'Alexandre Baranoff qui sous sa direction, fonda en 1792, les établissements russes de Kénaïsk et de Tschougan et devint plus tard lui-même Directeur-général des colonies. Celui-ci continua l'œuvre de Schélékoff, bâtit Novo-Archangelsk (Sitkha), la releva de ses ruines lorsqu'en 1804 elle fut détruite par les indigènes, et fonda encore en 1811, un nouvel établissement dans le voisinage des possessions Espagnoles. Il mourut à Batavia en 1817, pendant une relâche du navire qui le ramenait en Europe.

Les établissements de la Compagnie russe-américaine qui doit son origine à Schélékoff, s'étendent aujourd'hui sur le continent américain, jusqu'aux confins des possessions Anglaises et du pays des Esquimaux, et dans l'archipel—jusqu'aux îles du Japon. Cette Compagnie possède de nombreux bâtimens à voiles ou à vapeur et son capital dépasse six millions de roubles.

De l'apparition du tigre dans l'Asie septentrionale; par M. J. Selsky. — La présence du tigre en Sibérie, pendant l'hiver, est-elle constatée? A cette double question soulevée au sein de la Société géographique, M. Selsky répond d'abord en citant les apparitions qu'ont faites à diverses époques, des individus de l'espèce, dans les limites de la Sibérie orientale; puis il conclut en ces termes: «Le tigre ne se montre ici que comme un hôte de passage, et quand il lui arrive de franchir les frontières de l'Empire Chinois pour s'égarer dans nos climats, il est sans doute entraîné par son ardeur à la poursuite des animaux sauvages, mais on ne peut admettre qu'il y séjourne pendant l'hiver. Lorsque ce quadrupède émigre dans une région dont le climat n'est plus celui qui lui convient, sa robe perd tout son éclat et son lustre, elle se couvre d'un poil long et épais, et dans cet état il devient difficile de reconnaître le tigre du Bengale, tant son aspect a changé. Il est à remarquer du reste, qu'indépendamment du tigre, il y a des exemples non moins extraordinaires de la présence accidentelle d'autres espèces dans la Sibérie orientale; ainsi l'on peut citer comme cas particuliers, l'apparition d'un individu du genre *raton* (Procyon) qui a été pris sur le cours de l'un des affluents de l'Amour, celle de *yaks* et de *lagomys*, transfuges de l'Asie centrale, qui ont été trouvés dans la contrée de Tounkinsk, et enfin parmi les oiseaux, celle d'un *flammant* qu'un chasseur a tué sur un îlot de l'Angara.»

Il ressort de divers faits reproduits par M. Selsky, que le tigre ne s'est jamais avancé au-delà du 62ème degré de latitude.

Ruines découvertes près du fort de la Tounka, en 1809; par M. Mordvinoff, m. coll. de la Section Sibérienne.— Au pied des montagnes qui longent la vallée de la Tounka du côté de l'occident, à 25 verstes environ du fort bâti sur la rivière de ce nom, existent des sources minérales froides. C'est en cet endroit, que l'on a trouvé les ruines d'une ville inconnue, recouvertes aujourd'hui de mousse et de végétations de toutes sortes. La principale muraille encore debout a dans quelques endroits, jusqu'à trois archines de hauteur, une demi-archine d'épaisseur au sommet et depuis une jusqu'à deux et demie à la base; elle affecte la forme d'un hémicyle de 25 sagènes de diamètre au plus et est composée d'une suite de petites arcades; les extrémités en sont dirigées du côté des montagnes et se soudent à une autre muraille qui s'abaisse graduellement pour aller bientôt se perdre dans la terre. Sur les côtés occidental et méridional de ces murs, on en voit d'autres beaucoup moins élevés qui s'étendent jusqu'à 60 sagènes de la construction circulaire et qui se relient presque tous entre eux, par de petites arcades régulières tellement nombreuses et dans des directions si diverses, qu'il est impossible d'en tirer des indications propres à définir leur destination primitive non plus que celle de l'ensemble des constructions. Situé au pied d'une montagne, sur une colline en pente douce et à l'extrémité d'une large vallée, cet édifice devait avoir un aspect majestueux. Les Bouriates nomades qui errent aux environs, n'ont conservé aucune tradition relative à ces ruines qu'ils désignent seulement sous le nom de la *forteresse mongole*; or, les Bouriates de la Tounka n'étant que des transfuges venus de l'Asie

centrale vers le milieu du VIe siècle, ou peut-être un peu avant
cette époque, il est à croire que les ruines dont il s'agit, sont
celles de quelque construction remontant au temps de la domination des Mongols. C'est à cette même époque qu'il faut également
attribuer: les aquéducs du pays Transbaïkalien, les ruines de Kon-
duï, le rempart qui se trouve sur les bords de l'Argoun, l'inscription de la grotte du Mangoute ainsi que les autres antiquités de l'arrondissement de Verkhné-Oudinsk et de la Daourie.

Les détails que reproduit M. Mordvinoff sur les ruines de la
Tounka, ont été puisés par lui dans les archives de la Régence
d'Irkoutsk, où l'on conserve également le plan dessiné par l'ingénieur qui a découvert ces ruines.

**Coup-d'œil sur la propagation de la religion or-
thodoxe dans la province d'Iakoutsk**; par M. Raievsky,
membre-collaborateur de la Section Sibérienne.

Avant 1641, écrit M. Raievsky, il n'y avait à Iakoutsk ni
église ni clergé. A l'époque où les deux premiers vayvodes, Golovine et Gléboff, furent envoyés dans la contrée (1639), le Tsar
Mikhaïl Fédorowitch enjoignit au Métropolitain de Casan et de
Sviajsk, de faire accompagner les vayvodes récemment nommés,
par quatre prêtres, deux appartenant au clergé noir et deux au
clergé blanc, afin, est-il dit dans l'oukase, «que ceux qui servent
l'Etat puissent mourir tranquillement et avec le sacrement de la
communion.» La première église d'Iakoutsk fut consacrée à la
Sainte-Trinité; on ignore la date précise de son achèvement, mais
en 1642 le service divin s'y célébrait régulièrement. La même
incertitude subsiste quant à l'époque de la construction de la deuxième église, sous l'invocation de St. Michel, mais il en est déjà
fait mention dans des documents de l'année 1646; quelques années plus tard, le clergé de cette dernière fondait le monastère
du Sauveur; on ne possède que des renseignements incomplets
sur cette communauté. Pour ce qui est des mesures prises par le
Gouvernement dans le but de convertir à la foi chrétienne les indigènes idolâtres, elles furent sans doute peu actives dans le prin-

cipe, et en voici les raisons: d'une part, il fallait avoir égard aux dispositions des habitants de ces contrées qui déjà n'admettaient qu'à contre cœur la plus légère innovation, et celle-ci, qui devait changer les idées et les habitudes de ces sauvages, pouvait les inciter à s'armer contre elle de toute la force du fanatisme, ce qui eût rendu très difficile la position des Russes, alors en petit nombre; d'autre part, les anciens gouverneurs d'Iakoutsk n'avaient été occupés que du soin de maintenir la domination russe sur les *inorodsis*, de veiller à la conservation de leur organisation politique et surtout des avantages fiscaux qu'ils devaient produire à l'État. Une circonstance vint montrer combien les indigènes étaient mal-intentionnés à l'égard de la propagation de la foi chrétienne. En 1642, le désaccord s'étant mis entre les deux vayvodes, Golovine et Gléboff, ce dernier, pour noircir son collègue aux yeux des *inorodsis*, répandit le bruit que Golovine voulait employer la contrainte pour baptiser les plus jeunes d'entre eux et qu'il ferait couper les jambes aux vieux. La conséquence de ces bruits absurdes fut le meurtre d'un grand nombre des employés russes envoyés à la perception de *l'iassak* (impôt des fourrures). Les lois de l'époque ne permettaient au contraire de baptiser les indigènes que sur leur propre demande, et les prêtres eux-mêmes ne pouvaient administrer le sacrement qu'en vertu d'un oukase. Voici encore un fait qui prouve que, sous ce rapport, les gouverneurs n'exerçaient aucune pression sur les habitants du pays: un iakoute ayant demandé à être admis au baptême et son père s'y étant opposé par une plainte en forme, le vayvode Traurnicht fit droit à la réclamation de celui-ci et la volonté paternelle prévalut (*).

' Ce ne fut que sous le règne de l'Impératrice Catherine II, que de véritables efforts furent faits pour répandre la lumière de l'Évangile parmi les sauvages ignorants du nord-est de la Sibérie. Un oukase Impérial du 23 janvier 1763, promit une exemption de tous impôts et redevances pendant trois années consécutives, à

____

(*) Archives de la province d'Iakoutsk; N° 205.

ceux des Iakoutes et autres *inorodsis* qui se présenteraient d'eux-mêmes pour recevoir le baptême.

Description topographique du cours des rivières qui se jettent dans la mer d'Okhotsk ou dans la Kolyma; par M. N. Tchikhatcheff, membre-collaborateur de la Section Sibérienne. — Sous ce titre, l'auteur présente quelques notions qu'il lui a été donné de recueillir, tant par ses propres observations que par les récits des indigènes, sur les rivières qui prennent leur source dans les montagnes formant la ligne de séparation entre le bassin de la Kolyma et les eaux de la mer d'Okhotsk. La plus importante de toutes ces rivières est la Jama qui reçoit dans son cours les eaux de seize grands affluents; sa source se trouve dans le voisinage de celle de la Bouïnda qui descend le versant opposé de la chaîne montagneuse pour aller joindre la Kolyma. La Jama tombe dans mer d'Okhotsk après un parcours d'environ 625 verstes.

Produit des exploitations aurifères particulières de l'arrondissement d'Iénisséisk, pendant l'année 1854 (extrait du compte-rendu officiel); par M. Kleïménoff, membre-collaborateur de la Section Sibérienne. —

Il a été lavé dans le courant de l'année 1854 — 293.359.824 pouds de sable qui ont donné: 808 pouds, 19 livres, 35 zolotniks et 42$\frac{1}{2}$ dolis d'or (*).

En 1853, la quantité de sable lavé avait été de 257.445.101 pouds, et celle de l'or recueilli — de 710 pouds, 36 livres, 83 zolotniks, 10$\frac{1}{2}$ dolis.

Ces chiffres présentent une différence d'environ 100 pouds d'or à l'avantage de l'année 1854, résultat, dit M. Kleïménoff, qui doit être en grande partie attribué à l'amélioration des procédés d'exploitation. Les essais qui ont été faits entre autres, à l'aide de l'*amalgamation*, ont réussi d'une manière très satisfaisante; ainsi, trois machines ont fourni dans le cours de l'été, par les mo-

---

(*) Le poud (équivalant à 16,380 kil.) se divise en 40 livres, et la livre en 96 zolotniks dont chacun vaut 96 dolis.

yens ordinaires — 19 pouds, 1 livre, 9 ½ zolotniks du métal précieux, et il en a été recueilli en outre par l'emploi du mercure — 1 poud, 2 livres et 61 zolotniks, c'est-à-dire plus de ½0 ou 5 p. % en sus de la production première; il y a donc à attendre de l'emploi général de ce procédé, une augmentation de 35 à 40 pouds d'or amalgamé sur les 700 ou 800 pouds que l'on obtient par les moyens mécaniques en usage jusqu'à ce jour, et il n'y a pas à douter que ce résultat ne s'améliore encore avec le temps.

La note de M. Kleïménoff est suivie d'un tableau détaillé indiquant pour chacune des 128 exploitations aurifères qui se trouvent dans l'arrondissement d'Iénisséisk: 1° sa situation et la dénomination qu'elle porte, 2° la date de sa découverte, 3° la superficie de la concession, 4° l'époque de l'ouverture des travaux, 5° le cubage de la terre remuée dans l'année, 6° le poids des sables lavés, 7° la quantité d'or recueillie dans l'année, 8° la richesse du sable aurifère, autrement dit la quantité d'or fournie en moyenne par le lavage de 100 pouds de sable, 9° le nombre des ouvriers employés, 10° les moyens mécaniques d'exploitation.

Mémoires de la Section de Sibérie. — T. II. 1856.

Études et matériaux.

Le fleuve Amour. — *Journal de voyage de M. Permikine,* membre-collaborateur de la Section de Sibérie. — M. Permikine a fait partie de l'Expédition dirigée en 1854, par le Gouverneur-général de la Sibérie orientale, dans le but d'explorer le cours de l'Amour; son *Journal de voyage* commence au 17 mai. A cette date, la flotille d'expédition, rassemblée préabablement dans les eaux de la Schilka, avait atteint le poste d'Oust-Strelka situé au confluent même de cette rivière et de l'Argoun. La Schilka, dans la partie inférieure de son cours, reçoit entre autres, le tribut de quatre affluents remarquables, la Kara, la Tschernaia, la petite Gorbitza et la Jeltoukha; le premier de ces cours d'eau est connu pour la richesse des terrains aurifères qu'on exploite sur ses bords. A partir de l'usine de la Schilka et presque jusqu'à la hauteur de la petite Gorbitza, les roches qui dominent dans la composition géologique des deux rives, sont des calcaires d'une teinte grise entre lesquels se trouvent d'épaisses couches de marbre blanc; au calcaire, succèdent du granit et du porphyre syénitiques, le premier renfermant des cristaux de feldspath qui se présentent sous la forme de parallélipipèdes rectangulaires de 2 à 3 centimètres de hauteur; dans quelques endroits, la syénite se transforme en diabase et les deux roches continuent de se montrer sur une étendue de 70 verstes; vient ensuite le quarzite qui est de nouveau remplacé par des granits d'abord, puis par le micaschiste; plus loin apparaissent successivement: le schiste chloritique, la serpentine, le talc, le stéachiste et enfin le schiste argileux. Ce dernier forme sur la rive droite de la Schilka, d'énormes rochers qui font saillie vers la rivière et qui sont coupés de veines de quartz de nuances diverses. Les roches de la rive gauche, comme celles des ruisseaux qui débouchent de ce côté, attestent la présence des métaux précieux.

18 mai. — L'Expédition a quitté le poste d'Oust-Strelka à 2 heures après midi. La jonction des eaux de l'Argoun et de la Schilka constitue, à proprement parler, l'origine de l'Amour; de ce point, le fleuve coule entre deux chaînes de montagnes distinctes, faisant suite à celles qui longent, d'un côté — la rive gauche de la Schilka, de l'autre — la rive droite de l'Argoun. Au-dessus du confluent, ces montagnes étaient, en grande partie, couvertes de bois où dominait le mélèze; mais à mesure qu'on descend le cours de la rivière, cette espèce est devenue plus rare et a fait place au pin, à côté duquel se montre de temps à autre un bouleau. A 50 verstes environ du poste d'Oust-Strelka, l'Expédition a pris terre sur la rive gauche de l'Amour, un peu au-dessus de l'embouchure de la grande Gorbitza ou Amazara; sur toute cette étendue, les eaux du fleuve sont assez profondes pour porter des bateaux à vapeur et de grandes barques.

Sur plusieurs points, le voyageur a pu recueillir des échantillons des roches; à 20 verstes de son point de départ, il a rencontré un schiste argileux d'une teinte noire, n'offrant pas de stratification apparente, qui passe à la lydite et renferme des veines de quartz; à 40 verstes — le même schiste, mais micacé et d'une teinte gris-foncé, présentant un clivage inégal et renfermant aussi des veines de quartz; à 50 verstes, il a trouvé partout un schiste argileux noir, compact, passant également à la lydite.

19 mai. — On a vu, sur la rive gauche du fleuve, seize Orotchones tributaires de la Russie; plus loin, deux Toungousses d'une autre peuplade qui paie l'impôt aux Chinois; l'un d'eux s'exprimait facilement en russe, il a parlé avec enthousiasme du grand nombre de maisons et d'habitants que renferme la ville mandchoue de Sakhalin-Oula-Khoton. La flottille d'expédition a franchi, dans cette journée, un espace de 130 verstes; les montagnes qui bordent les rives de l'Amour s'abaissent de plus en plus et sont couvertes de bois (mélèze, pin et bouleau); dans les endroits où elles s'écartent du cours de la rivière, les bords de celle-ci sont garnis de bouquets de saule et de brunelle (mahaleb). Depuis Oust-Strelka, le pays, aussi loin que la vue peut s'étendre sur les deux rives, ne parait pas habitable pour l'homme. A une distance de 80 verstes, les roches de la rive gauche sont encore formées de micaschiste d'un gris-foncé et chatoyant, dont les masses sont traversées de veines de quartz; à 100 verstes, on retrouve le schiste argileux compact, noir, passant à la lydite et toujours veiné de quartz; à 130 et 150 verstes, le même schiste noir; à 180 verstes, il ne se montre plus que par couches inégales et colorées par de l'oxide de fer.

20 mai. — Après une navigation de 57 verstes, la flottille s'est arrêtée à la hauteur de l'emplacement sur lequel était située l'ancienne ville d'Albazine ou Iaxa. Un peu plus haut, le fleuve reçoit (sur la rive droite) les eaux de l'Émour ou Albazich, et à l'embouchure de cet affluent existe une île, sur laquelle on aperçoit encore les vestiges d'une batterie élevée par les Chinois-

Mandchoux à l'époque du siège d'Albazine; la ville était bâtie sur la rive opposée, les restes des remparts qui la protégeaient sur trois de ses faces, sont encore visibles malgré les cent-soixante-cinq années qui ont passé sur ces ruines, le quatrième côté s'appuyait à une pente abrupte qui en défendait l'approche, et au devant de laquelle un fossé avait été creusé; la partie méridionale du rempart, parallèle au cours de l'Amour, mesurait 180 pas, et celle qui regardait l'orient — environ 200. A une très petite distance au-dessus de la ville, se trouvait le monastère du Sauveur, fondé par Hermogène en 1671. Sur une étendue de 20 verstes en amont, le sol est principalement formé de grès portant les empreintes marquées de diverses plantes.

21 mai. — Depuis Albazine, les montagnes environnantes tantôt se rapprochent du fleuve et tantôt s'en éloignent pour aller se perdre à l'horizon; la végétation qui couvre leurs pentes commence à se modifier: le mélèze est remplacé par le chêne et le bouleau noir, au pied de la chaîne montagneuse croissent l'orme et le coudrier auxquels se mêlent le saule, le frêne et l'églantier. Quelques iourtes de Toungousses-Manègres étaient disséminées sur le bord de la rivière; ces habitations facilement transportables, sont faites d'écorce d'arbre et rappellent celles des Iakoutes par leur forme conique; les indigènes ont considéré les embarcations russes avec la plus complète indifférence et sans discontinuer leurs occupations. On s'est avancé de 144 verstes dans le cours de cette journée; sur tout cet espace, le sol des rives est formé d'un même grès carbonifère.

22 mai. — La necessité de faire du bois pour le bateau à vapeur, a retenu la flottille à son mouillage de la veille, à la hauteur de la vallée de la Bouringa qui s'étend sur la rive gauche du fleuve. L'examen des collines qui enferment cette vallée, démontre qu'elles sont principalement composées de grès et de conglomérats, au milieu desquels on rencontre la pierre lydienne, des fragments de quartz et de cornéenne, renfermés dans un ciment chloritique. Sur le versant méridional des montagnes, se montrent

le chêne en menu bois, le bouleau noir et l'églantier; sur le versant opposé — le bouleau blanc et le tremble; sur les sommets — le pin et le mélèze. La couche supérieure du terrain de la vallée est d'une riche terre noire, elle est couverte d'une herbe épaisse qui ferait d'excellent foin. En général, ces lieux sont propres à être habités, et c'est là sans aucun doute que devait se trouver le village d'Andruchkine, qui relevait du commandant d'Albazine et fut brulé par les Russes, lors de la dernière attaque des Chinois-Mandchoux, en 1697.

23 mai. — La flottille d'expédition s'est remise en marche de grand matin. On commence à voir de petites îles couvertes de peupliers, de frênes et de saules. Le soir, on a pris terre sur la rive gauche du fleuve, près d'une vallée découverte qui est comprise entre les deux rivières Toro et Angan; sur les bords de la première, campent des Manègres dont on aperçoit les iourtes. Des deux côtés du fleuve Amour, s'étendent des vallons bornés par des collines en amphithéâtre, et qui sont dans des conditions toutes favorables à l'agriculture. La végétation ne s'est pas modifiée; on retrouve vers le haut des montagnes — le pin et le mélèze; sur les pentes — le chêne et le bouleau noir; dans les fonds — le tremble, quelques arbustes variés et des fleurs, parmi lesquelles se font remarquer une grande espèce de myosotis et la pivoine ou péone à fleurs blanches, qui rappelle la Daourie. Les roches du rivage sont de granit, mélangé de feldspath et d'un quartz noirrâtre, sans aucune trace de mica. 110 verstes ont été franchies dans cette journée.

24 mai. — L'Expédition a laissé derrière elle l'embouchure de l'Onone près duquel on a vu quelques iourtes de Manègres. Les montagnes qui bordent la rive sont encore de granit présentant, par places, un mélange de feldspath coloré par de l'oxide de fer. Vers midi, les embarcations se trouvaient à la hauteur des monts Tsagayan, qui s'avancent dans l'intérieur de la courbe décrite par le cours du fleuve en cet endroit et forment, sur une longueur de trois verstes, un escarpement de grès et de sable, offrant

une grande similitude avec la rive droite du Volga au-dessous de Nijni-Novogorod. Au pied de cette montagne, on aperçoit des couches de conglomérats qui renferment des agates. Les indigènes prétendent avoir vu de la fumée se dégager de ·sa cîme et affirment qu'elle est le séjour d'un mauvais esprit. La flottille a franchi dans la journée un espace de 106 verstes et s'est amarrée pour la nuit, entre la Jagdkha et le Boulkoun, petits affluents de la rive gauche. Les bords de l'Amour ont pris un autre aspect; des deux côtés se déroulent le long du fleuve, des vallées qui vont s'élargissant par degrés, et les montagnes ne se montrent plus que dans le lointain; des prairies, couvertes d'une végétation vigoureuse, offrent d'excellents pâturages et un sol très favorable à l'agriculture. Les roches que l'on rencontre, se réduisent à une argile durcie et au schiste argileux. Le fleuve est toujours aussi large, mais le nombre des îles dont il est semé, s'accroît considérablement.

25 mai. — Dès trois heures du matin, les embarcations ont quitté leur mouillage. Le cours de l'Amour se divise maintenant en plusieurs bras qui se détournent pour couler vers le sud-ouest; sur les deux rives, s'étendent de larges vallées légèrement accidentées; le sol des îles est bas et uni; en espèces ligneuses, le peuplier, le frêne, le poirier sauvage (Pyrus spectabilis), l'orme, sont mêlés à des bouquets de brunelle, de saule et d'églantier; sur les collines croissent le chêne et le bouleau noir, le pin et le mélèze deviennent rares; les prairies sont couvertes d'une herbe épaisse qui pourrait suffire à la nourriture de nombreux bestiaux. Mais la vie ne se manifeste que par cette prodigalité du règne végétal; l'homme n'est pas là pour jouir de ces dons de la nature, et ce n'est qu'à de rares intervalles, que quelques sauvages Manègres viennent seuls troubler le silence de ces solitudes. Il est à remarquer qu'à cette distance du poste d'Oust-Strelka, le chêne se rencontre partout, tandis qu'au début du voyage il ne se montrait que sur les pentes méridionales des montagnes; quant aux roches, ce sont les mêmes que celles reconnues les jours précédents.

La flottille a dépassé l'embouchure de la Kamara (Khamara ou Khoumar-Bira), affluent de la rive droite. Sur la langue de terre qui s'avance entre les deux rivières, existe un corps-de-garde consistant en deux iourtes d'écorces d'arbres; à ce point se rattache un souvenir pour les Russes. Vers 1651, le fameux Khabaroff y avait construit un poste fortifié qui renfermait une église consacrée au Sauveur du Monde; détruit plusieurs fois par les habitants des contrées voisines, ce poste avait toujours été rétabli par les cosaques qui cependant finirent par l'abandonner définitivement, bien avant la chute d'Albazine, à cause de l'impossibilité pour un petit nombre d'hommes, de s'y maintenir contre les attaques incessantes des Chinois-Mandchoux. Au dire de l'un des guides de l'expédition, le parcours de la Kamara est de plus de 300 verstes. A 76 verstes en aval de l'embouchure de cette rivière, on a vu, sur la rive gauche de l'Amour, un autre corps-de-garde composé de trois chaumières en bois, recouvertes de joncs, au-devant desquelles était disposé une sorte d'oratoire; l'inspection des ustensiles et des divers objets trouvés sur les lieux, a démontré que les habitants avaient dû s'en éloigner tout récemment. M. Sytchevsky, sinologue attaché à l'expédition, a été d'avis que le petit oratoire n'était autre chose qu'un autel élevé en l'honneur du dieu de la guerre (Guanlo). Sur toute la longueur des 112 verstes parcourues dans cette journée, le fleuve coule entre des bords unis, et dans le lointain seulement on aperçoit quelques collines parsemées de bouquets de bois. A huit heures du soir, les embarcations ont atterri pour la nuit, à une distance de 709 verstes du poste d'Oust-Strelka.

26 mai. — Après avoir franchi 54 verstes depuis le matin, il a fallu s'arrêter et faire du bois pour le bateau à vapeur. Les collines qui bordent le fleuve en cet endroit, sont formées d'un schiste talqueux à base de silice, d'un gris-verdâtre et ayant l'éclat métallique; deux verstes plus haut, on rencontre du feldspath coloré par l'oxide de fer et renfermant des concrétions de mica verdâtre et de quartz. Ces hauteurs sont couvertes de chêne en

menu bois et de coudrier; le pin et le mélèze ont complètement disparu. Sur la rive gauche est une large vallée qui va se perdre au loin derrière quelques accidents de terrain; toute cette contrée, si elle était peuplée, serait très propre à la culture. A 35 verstes du lieu de la dernière halte, il existe, sur la rive droite de l'Amour, une petite habitation dont les propriétaires étaient absents au moment du passage de la flottille d'expédition.

27 mai. — L'ordre de démarrer a été donné dès trois heures du matin. A une distance de 40 verstes en aval, on a vu sur la rive droite, une caserne également veuve de ses habitants; tout indiquait que ceux-ci venaient de s'enfuir dans les bois; on a trouvé dans l'intérieur du bâtiment, des ustensiles de ménage, du millet, des galettes, etc. A vingt et quelques verstes plus loin sur la même rive, on rencontre un village composé de 23 maisons, qui porte le nom d'Amba-Sakhalian. Les embarcations ayant atterri sur la rive opposée, plusieurs membres de l'expédition ont traversé le fleuve pour aller visiter le village mandchoux; ils y ont été reçus par quelques vieillards infirmes et par trois jeunes gens, les seuls êtres vivants qui fussent demeurés sur les lieux; le reste de la population s'étant réfugié dans la ville voisine aussitôt que la flottille russe avait été signalée. Les habitations des Mandchoux sont disposées sans ordre, le long de la rivière, et séparées entre elles par des espaces assez considérables; elles présentent un aspect assez varié, et aux abords de chacune, se trouvent des groupes d'arbres composés d'orme, de bouleau, d'érable, de peuplier, d'acacia et de l'incomparable poirier sauvage (Pyrus spectabilis). Chaque maison est entourée d'une haie ou d'une palissade, et possède un petit potager où sont cultivées diverses espèces de millet et de maïs ainsi que le radis, l'oignon, l'ail, le poivre, la fève, deux variétés particulières de choux, etc. Les Mandchoux labourent la terre de leurs champs et même de leurs potagers, à l'aide de bœufs, dont il n'y a du reste qu'un petit nombre dans la localité; ils élèvent une grande quantité de porcs et de poules; les premiers diffèrent essentiellement des espèces d'Europe. Le

village d'Amba-Sakhalian est bâti sur une plage unie dont le sol est un mélange de sable et de limon; aux alentours, s'étendent de vastes prairies entrecoupées de quelques collines; en cet endroit du parcours de l'Amour, les montagnes s'éloignent sur l'une et l'autre rives; en fait de bois, le chêne se montre seul à de rares intervalles et en arbrisseau; partout croît une herbe épaisse et le terrain est très propre à la culture. Les jeunes Mandchoux qu'on a rencontrés dans le village, sont venus visiter le campement de l'Expédition sur l'autre bord; ils ont reçu quelques présents.

28 mai. — La flottille a quitté son mouillage à 4 heures du matin, et bientôt on a vu se dérouler à perte de vue, sur la rive gauche, l'immense vallée de la Zéia. L'embouchure par laquelle cette rivière vient mêler ses eaux à celles de l'Amour, présente un aspect gigantesque et indescriptible; il est extraordinaire qu'elle ne soit obstruée par aucun delta, car il semblerait que, coulant sur un fond de sable, la Zéia dût finir par amasser des alluvions considérables; et cependant les îles ne recommencent à se montrer que sur le cours du fleuve, bien au-dessous de l'embouchure de son affluent. En cet endroit, l'Amour prend un accroissement sensible, dû à l'abondance des eaux dont il reçoit le tribut.

Les Russes, à l'époque où ils vinrent les premiers occuper les bords du fleuve, avaient fort bien su, après en avoir exploré le cours, choisir les points destinés à devenir pour eux des centres d'opérations, tant au point de vue de leurs relations futures avec les Mandchoux et les peuplades Toungousses qu'à celui des richesses qu'on pouvait attendre des forces productives de la nature. Ces points, au nombre de quatre, se trouvaient sans contredit, dans les situations les plus avantageuses, sur l'immense étendue baignée par les eaux de l'Amour; c'étaient: l'emplacement de la ville d'Albazine, la vallée et principalement l'embouchure de la Kamara, la grande vallée de la Zéia et, comme on le verra plus tard, le cours de l'Amgoun. La position d'Albazine, outre qu'elle assurait les relations avec les Mandchoux et les *inorodsis* des deux rives, était le point d'appui le plus rapproché des localités fortifiées de la Daourie, qui pouvaient lui porter secours dans les cas urgents, comme à son tour Albazine devait le faire pour les établissements plus éloignés; la contrée, comme on le sait déjà, était généralement propre à l'agriculture. Le poste de la Kamara se trouvait sur le chemin qui conduisait au pays des Daouriens et des Solones, arrosé par la rivière Nonni-Oula (Naoun); ce point, indépendamment de ce qu'il avait été indiqué aux indigènes comme le lieu où ils devaient apporter le tribut des fourrures, était encore un marché sur lequel s'effectuait un commerce d'échange considérable qui engendra plus tard celui des caravanes allant à Pékin. Enfin, la vallée de la Zéia l'emportait, à tous égards, sur les autres points du cours de l'Amour ou de ses grands affluents.

Les sources de la Zéia avaient été découvertes par les Russes qui avaient franchi la chaîne des Khing-Ghan au-delà de la rivière Toughir; les Toungousses formaient alors une population nombreuse répandue dans la vallée, et ce fut là ce qui engendra les premiers différends entre les cosaques et les Chinois-Mandchoux; les uns et les autres exigèrent des indigènes l'impôt des fourrures, mais les premiers savaient toujours devancer les percepteurs manchoux; cette circonstance jointe au préjudice dont souffrait le commerce d'échange qui se faisait précédemment dans ces parages, décida les Mandchoux à transférer de force, les habitants, sur les bords du Nonni-Oula et dans d'autres parties de la Mandchourie. Par suite de cette émigration, les Russes occupèrent tout le cours de la Zéia, depuis son origine jusqu'à son embouchure sur le fleuve Amour; et sur cette étendue qui est d'environ 1.000 verstes, ils choisirent les endroits les plus favorables à la colonisation et y bâtirent les quatre villages fortifiés de Verkhné-Zéisk, Sélembinsk, Hiluïsk et Dolonsk. La vallée de la Zéia a été décrite, en détail, par le *fils de boyard* Milovanoff, qu'y avait envoyé en 1681, le Vayvode de Nertchinsk, Voiékoff. Le rapport de Milovanoff mentionne, entre autres faits, l'existence d'une mine de fer qui se trouverait dans les montagnes *blanches*, entre l'embouchure de la Zéia et le cours de la Sélimba, l'un des affluents de cette rivière. Il est supposable que ces montagnes blanches doivent leur appellation à la présence des roches calcaires dont elles sont formées en grande partie, et si ces roches sont attenantes à du schiste argileux, comme dans les exploitations de Nertchinsk, on peut espérer trouver aussi sur la Zéia, des mines de plomb-argentifère.

A trente verstes en aval de l'embouchure de la Zéia, est bâtie, sur la rive droite de l'Amour, la ville de Sakhalin-Oula-Khoton. Les bords du fleuve, au-dessus de la ville, sont parsemés de petits hameaux composés seulement de quelques maisons; parmi eux se trouve cependant un village qui s'étend sur une longueur de cinq verstes; les maisons, assez espacées entre elles, en sont disposées sur une seule ligne et construites dans le goût de celles du village d'Amba-Sakhalian; on voit, aux alentours des habitations, beaucoup de terres cultivées. Sur toute cette étendue, les rives de l'Amour sont basses et d'un terrain limoneux, mélangé de sable, dans lequel se rencontrent quelques cornalines et des agates.

«Arrivés devant Sakhalin-Oula-Khoton à dix heures du matin, dit M. Permikine dans sa relation, nous trouvâmes, amarrées au port, trente-cinq barques chinoises de grande dimension; notre bateau à vapeur après les avoir dépassées, aborda près de la ville tandis que les autres embarcations se rangeaient le long de la rive opposée. Étant descendu à terre avec plusieurs autres membres de l'Expédition qui avaient également le désir de voir la ville mandchoue, nous fûmes reçus au débarcadère par l'*Amban* ou gouverneur, escorté de trois autres fonctionnaires qui, après les salutations et les politesses d'usage, nous invitèrent à nous approcher d'une tente vis-à-vis de laquelle étaient disposés deux bancs recouverts de tapis. Sur le rivage étaient rassemblées toutes les forces militaires de la localité, au nombre d'environ 1.000 hommes, armés la plupart de piques, quelques-uns seulement portant des sabres ou des fusils de petit calibre; derrière les troupes, nous aperçûmes une dixaine de canons montés sur des affûts à roues d'un travail grossier, et près de chaque

pièce, un homme tenant à la main une mèche ou peut-être une simple baguette, ce dont la foule qui nous masquait, ne nous permit pas de nous assurer. Quoi qu'il en soit, à voir l'armement de
ces soldats, on peut affirmer hardiment que les Mandchoux n'ont
pas fait le moindre progrès sous ce rapport, depuis l'époque
à laquelle nos cosaques les rencontrèrent pour la première fois
sur le cours du fleuve Amour. A la demande que nous lui
fîmes de visiter la ville, l'*Amban* répondit qu'il lui était impossible,
sans une autorisation supérieure, d'accéder à notre désir, et qu'il
ne saurait prendre sur lui de satisfaire notre curiosité, sans s'exposer à toute la sévérité des lois. En présence d'un refus aussi
formel, nous ne crûmes pas devoir insister, et cette circonstance
ayant mis fin à la courte audience du fonctionnaire mandchoux,
nous quittâmes l'unique ville qui existe encore sur le cours entier
de l'Amour, pour regagner le bateau à vapeur.»

Au bas de la ville de Sakhalin-Oula-Khoton, se trouve une
île d'environ une verste de long sur une demi-verste de large,
où l'on voit les ruines d'un rempart en terre. Il ressort des rapports fournis par les cosaques qui ont vécu plus ou moins longtemps sur les bords du fleuve, qu'à l'époque de leurs différends
avec les Chinois-Mandchoux, ceux-ci avaient élevé sur cet îlot,
un petit poste retranché, dans l'intention de mettre obstacle au
passage des barques russes; mais les embarcations attendant toujours la nuit pour côtoyer l'île ennemie, on reconnut bientôt l'inu-
tilité du poste qui fut sans doute abandonné.

Parmi les villages répandus sur les deux rives du fleuve, jusqu'à une distance de trente verstes au-dessous de la ville mandchoue, il en est un plus considérable que les autres, situé sur la
rive gauche et qui, dit-on, constitue en quelque sorte un faubourg
de Sakhalin-Oula-Khoton; on le nomme Aïgoun; jadis il aurait eu
une importance égale à celle qu'a la ville aujourd'hui. Il paraîtrait
que, redoutant les excursions des cosaques-volontaires, les habitants d'Aïgoun, comme tous ceux de la rive gauche de l'Amour,
auraient émigré peu à peu dans l'intérieur de la Mandchourie et

que ce village se serait ainsi dépeuplé. Après la conclusion du traité de Nertchinsk, la ville de Sakhalin - Oula - Khoton fut bâtie par ordre de l'Empereur Khan-Si, sur l'autre rive du fleuve; mais on assure que derrière les maisons contruites au bord de l'eau, le village d'Aïgoun présente une enceinte quadrilatérale en double palissade, dans l'intérieur de laquelle sont des bâtiments appartenant au Gouvernement chinois et destinés par lui à loger ses employés militaires.

L'Expédition a pris terre sur la rive gauche de l'Amour, à 40 verstes en aval du village d'Aïgoun et environ à 900 du poste d'Oust-Strelka. Depuis l'embouchure de la Zéia, le fleuve continue de se dérouler dans une large vallée; sauf quelques légers accidents de terrain, les bords en sont généralement unis et couverts de marais au milieu desquels se voient, de loin en loin, de petits lacs entourés de roseaux; le profil des montagnes se perd au loin dans des vapeurs bleuâtres. Suivant M. Hertsfeld, membre de l'expédition, le caractère dominant de la végétation, depuis le confluent de la Zéia, était celui de la flore de Daourie; mais en cet endroit, il s'efface complètement pour faire place aux types d'Europe qui se montrent sans interruption jusqu'à l'embouchure du Soungari; le tilleul, le peuplier, le cornouiller (C. mascula), la bryone blanche et quantité d'autres espèces, se mêlent au coudrier, au chêne et au bouleau noir, que l'on rencontre encore sur cette partie du cours de la rivière. Il est à remarquer toutefois que dans les environs, arbres et arbustes sont la plupart de petite taille; mais par contre, on voit dans les villages et dans les jardins mandchoux, des peupliers et des ormes magnifiques, plantés assurément de main d'homme. Les rives de l'Amour et celles de ses affluents offrent aussi diverses espèces de salicinées, la brunelle et autres arbrisseaux.

29 mai. — La flottille s'est mise en marche à quatre heures du matin. Le cours du fleuve incline par degrés vers l'est et le nord-est; les bords en sont toujours unis et recouverts d'une couche de terre végétale qui a quelquefois une demi-archine d'épaisseur; sur

la rive gauche, la vallée s'étend à perte de vue; sur la rive droite, elle se prolonge également au loin, mais elle est bornée de ce côté par la chaîne des petits Khing-Ghan dont un rameau, l'Ilkhouri-Alin, après avoir pris naissance sur le sol de la Daourie, vient passser non loin de la ville de Sakhalin-Oula-Khoton pour s'abaisser ensuite vers l'est en s'écartant du fleuve. A l'endroit où l'Amour se divise en plusieurs bras qui prennent la direction du nord-est, on rencontre quelques hameaux qui rappellent par leur disposition, les villages de la Sibérie. Sur tout l'espace franchi dans cette journée (99 verstes), le fleuve coule au milieu d'une contrée découverte, parsemée de petits bois de chêne, de tilleul, d'érable, etc., entre lesquels s'étendent de vastes prairies où croît une herbe épaisse; mais la présence de l'homme ne vient malheureusement pas vivifier cette riche nature qui, depuis la Création peut-être, n'a subi aucune modification. Les magnifiques plaines comprises entre la Zéia et le cours du Niuman-Bir présentent, comme aspect, une grande similitude avec la partie centrale de la Russie d'Europe. Le pays que l'Expédition a traversé depuis quatre jours, pourrait fournir à tous les besoins d'une grande population; il réunit toutes les conditions propres à favoriser l'agriculture, l'élève du bétail, etc., sans compter les ressources inépuisables de la pêche.

30 mai. — Après une navigation de 64 verstes, les embarcations ont atterri près de l'embouchure de la Bouréia (Niuman-Bir), affluent assez considérable de la rive gauche de l'Amour. Il est étrange qu'aucun des documents relatifs à l'ancienne ville d'Albazine, ne fasse mention de cette rivière, ce qui laisserait supposer qu'elle était connue alors sous un autre nom. Un peu au-dessus de la Bouréia, le fleuve change de nouveau sa direction et coule vers le sud-ouest; sur la rive droite, on aperçoit encore au loin les montagnes d'Ilkhouri-Alin, qui sont peu élevées et entièrement couvertes de chêne en menu bois; sur la rive gauche, la plaine se prolonge également, entrecoupée de collines et de prairies où se font remarquer, au milieu de la plus riche végéta-

tion, des bouquets d'arbres composés des espèces d'Europe à larges feuilles. Le sol est formé de terre noire et d'argile et se montre toujours propre à la culture. — L'embouchure de la Bouréia se trouve à 1.064 verstes du poste d'Oust-Strelka.

31 mai. — La flottille a quitté le rivage à cinq heures du matin. Les eaux de l'Amour continuent de couler vers le sud-ouest; les petits affluents deviennent plus rares et le cours même du fleuve semble se ralentir. Les montagnes de la rive droite se rapprochent et l'on rencontre, de temps à autre, des collines de sable d'alluvion, couvertes de bois de chênes; la vallée se prolonge sur la rive gauche; mais le soir, l'Expédition prend terre (à 94 verstes du lieu de sa dernière halte), dans le voisinage de montagnes qui se détachent d'une chaîne plus considérable, dirigée du nord-ouest au sud-est; celle-ci n'est autre chose qu'une branche (Dooussé-Alin) de la grande chaîne des Khing-Ghan, qui étend ses rameaux sur la rive gauche de la Bouréia et jusqu'aux approches de l'Amour. Les vallées riveraines sont riches de la végétation la plus variée, les prairies sont parsemées de bouquets d'érables, de chênes, de tilleuls, de frênes et d'arbustes d'espèces diverses. Ces caractères sont ceux de toutes les vallées basses et découvertes que l'on a vues se dérouler jusqu'à présent sur une si vaste étendue. Sur la rive droite, les pentes des montagnes s'avancent maintenant jusqu'au fleuve; on y voit de loin en loin quelque sapin, et à leur pied croît du chêne en petit bois. On a vu paraître, pour la première fois, un œstre d'une grande espèce, dont la piqûre fait jaillir le sang et détermine une enflure instantanée.

1er Juin. — A cinq heures du matin, l'Expédition a quitté son mouillage de nuit. Dix verstes plus loin, l'Amour commence à se frayer une route entre les montagnes qui se sont rapprochées des deux côtés; celles-ci sont des ramifications des monts Dooussé-Alin, dont la chaîne s'étend au loin sur la rive gauche. Les rochers du rivage sont couverts de bois et à leur pied règne une plage étroite. Les eaux du fleuve qui, avant de pénétrer dans cette gorge, couvraient jusqu'à deux et trois verstes en largeur, se trouvent maintenant resserrées dans un espace de 300 sagènes au plus; leur profondeur est environ de dix sagènes et, fait étrange à constater, la rapidité du courant n'a pas augmenté, elle reste de 4 et $^1/_2$ verstes à l'heure. Les espèces ligneuses qui croissent sur les pentes sont d'une végétation plus vigoureuse que celles de la plaine; l'essence dominante est le chêne; on voit quelques sapins sur les hauteurs, et au pied des montagnes, le frêne, l'érable, l'orme et le bouleau blanc, se montrent en bois épais; sur les bords des petits cours d'eau qui vont se jeter dans le fleuve, on rencontre principalement le tilleul, le tremble, la brunelle, le groseillier; enfin, il y a partout abondance de plantes grimpantes telles que la bryone, le houblon sauvage, etc.; mais la disposition des lieux est telle qu'ils ne sauraient être appropriés au séjour de l'homme. Les montagnes sont en grande partie formées de micaschiste; resterait à les explorer avec soin; car, à en juger par l'apparence des roches qui entrent dans leur composition, on est très fondé à penser qu'elles pourraient bien renfermer dans leur sein, des métaux précieux. L'aspect de la nature, en cet endroit, est grandiose autant que pittoresque et varié; par malheur, l'observateur est distrait de ce spectacle merveilleux, par la nécessité de se défendre des attaques de l'œstre qui se montre de nouveau. Sur l'étendue des 107 verstes que la flottille a franchies dans cette journée, le cours de l'Amour est dirigé vers le sud et le sud-ouest. On a vu sur la rive droite, quelques *iourtes* coniques appartenant à des Gholdes-Toungousses; ces indigènes ont paru très effrayés à l'approche des gens de l'Expédition qui sont descendus à terre.

2 juin. — A quatre heures du matin les embarcations ont démarré. L'Amour continue de couler entre les deux chaînes montagneuses pendant 15 verstes encore; à l'issue de cette gorge, les rochers de la rive gauche s'écartent du fleuve pour se diriger au nord et, bientôt après, ceux de la rive droite inclinent vers le sud-ouest. Les eaux, libres de toute étreinte, reprennent par degrés leur cours vers l'est, et des deux côtés se déroulent de nouveau

d'immenses plaines, offrant l'aspect de celles que l'on a déjà rencontrées au-dessous de la Zéia; on y retrouve la même variété d'espèces ligneuses, la même abondance de pâturages verdoyants, et l'on se prend à désirer que bientôt l'homme puisse utiliser ces dons de la nature. La présence des espèces végétales d'Europe donne même à supposer que l'hiver doit être moins rude ici que sur le cours supérieur du fleuve. Au sortir du long corridor dans lequel il a été emprisonné sur un espace de 120 verstes, l'Amour s'élargit et se divise en plusieurs bras; sur la rive gauche les montagnes sont bientôt hors de vue; sur la rive droite elles se montrent longtemps encore dans le lointain et finissent par s'effacer complètement, en même temps que, du côté opposé, leurs crêtes recommencent à paraître. Vers midi, on a vu sur le bord deux iourtes de Gholdes-Toungousses dont les propriétaires se livraient à la pêche; ces *inorodsis* se sont montrés moins farouches que ceux qui avaient été aperçus la veille. A neuf heures du soir, l'Expédition a pris terre sur la rive gauche du fleuve, après une navigation de 103 verstes, accomplie dans cette journée.

3 juin. — La flottille s'est mise en marche dès trois heures du matin, et vers deux heures après midi, elle atteignait le confluent de ces deux cours d'eau considérables, l'Amour et le Soungari-Oula. Ici se présente une importante question hydrographique: l'Amour est il un un affluent du Soungari-Oula, ou bien celui-ci n'est-il au contraire que l'affluent du premier? Cette question, pour être résolue, demande un examen approfondi de l'un et de l'autre bassins, de leurs rives, de la profondeur de leurs eaux et enfin de toutes les autres données qui les caractérisent. Le Soungari-Oula contournant aux approches du confluent, un vaste delta composé de plusieurs îles basses couvertes de saules, qui barrent son cours, on ne peut en effet, en naviguant sur l'Amour, se rendre compte de l'immense développement de la rivière qui vient du centre de la Mandchourie; mais, suivant les Chinois, l'Amour n'en est que l'affluent; aussi donnent-ils au fleuve, après la jonction des deux grands cours d'eau, le nom de Khoun-taoun-tsian (en

mandchoux — Soungari-Oula). Un fait semble venir à l'appui de cette opinion; c'est qu'à partir du confluent, l'Amour tourne brusquement vers le nord et se trouve ainsi couler dans la direction du lit que s'est creusé le Soungari-Oula.

Dans les premiers temps de l'apparition des Russes sur le cours supérieur de l'Amour, les cosaques d'Albazine et de la Kamara négligeaient les travaux agricoles et s'embarrassaient peu du soin de s'approvisionner par les ressources de leur propre travail; car on voit, dans les documents administratifs de l'époque, des demandes incessantes de grains pour la contrée de l'Amour. La plupart du temps, les envois destinés aux postes russes partaient de Nertchinsk, mais en petite quantité, et souvent encore les convois de transport tardaient en route; ce que voyant, les cosaques s'ingénièrent à trouver un moyen facile de pourvoir à leur subsistance, et les rives du Soungari, qu'ils appelaient alors *Schingal*, devinrent leurs greniers de réserve. Ces volontaires peu disciplinés descendaient en automne, le cours de l'Amour, et revenaient avec leurs barques chargées des grains qu'ils avaient enlevés de vive force aux cultivateurs mandchoux; le fait se renouvela plusieurs années de suite, et ce procédé violent fut un des principaux motifs de la levée de boucliers que les Chinois-Mandchoux dirigèrent contre les Russes.

L'Ambassadeur Spafari, traversant la Mandchourie en 1675 pour se rendre à Pékin, constatait, entre autres choses, que la contrée arrosée par le Soungari-Oula est remarquablement productive en grains et qu'en général la végétation y est des plus riches; il ajoutait que l'embouchure de cette rivière était une position à l'acquisition de laquelle les Russes devaient attacher une grande importance, et qu'un fort élevé en cet endroit serait la clef de la Mandchourie.

Les montagnes qui longent la rive droite du Soungari-Oula, s'en écartent, à une vingtaine de verstes environ au-dessus de l'embouchure, pour s'avancer jusqu'au bord même de l'Amour; celles de la rive gauche suivent également le cours de la rivière dans

la direction du nord au sud; les unes et les autres sont peu élevées et entièrement couvertes de forêts de chênes. Le confluent
de l'Amour et du Soungari-Oula se trouve à une distance de 1425
verstes du poste d'Oust-Strelka. Depuis que l'Amour s'est dé-
gagé de la gorge profonde franchie par l'Expédition deux jours
auparavant, il coule, sur une longueur de 185 verstes, au centre
d'un pays découvert qui se présente dans les conditions les plus
favorables à la colonisation, où la moindre culture suffirait à faire
surgir toutes les productions nécessaires à la vie de l'homme, d'un
sol encore vierge et particulierement favorisé de la nature. En
quittant ces plaines fertiles, on rencontre sur la rive droite du
fleuve, un petit hameau de sept maisons; trois verstes plus loin,
un autre composé de quinze habitations, ou pour mieux dire, de
cabanes couvertes de joncs, habitées par des Mandchoux qui
n'ont d'autre industrie que la pêche. De ce point, les montagnes,
qui s'étaient rapprochées du fleuve, s'en éloignent de nouveau,
et celui-ci poursuit son cours entre des bords unis où croissent
différents arbustes; bientôt il se partage en plusieurs bras, tout en
conservant sa direction vers le nord-est. Les embarcations se sont
amarrées, pour la nuit, le long d'une île à proximité de la rive
droite; on s'est avancé de 107 verstes depuis la dernière halte.

4 juin. — Dès trois heures du matin la flottille a quitté son
mouillage. Les bords du fleuve se montrent toujours peu élevés
et unis; au milieu des touffes de saule dont ils sont couverts, on
aperçoit quelques pieds de groseillier rouge, de brunelle et d'acacia;
les vallées sont parsemées de petits bois de chênes, entremêlés
d'ormeaux, d'érables, de trembles, de peupliers; l'herbe est des
plus épaisses, surtout dans les endroits humides. Durant cette
journée et pendant une navigation de 118 verstes, on n'a vu de
montagnes ni sur l'une ni sur l'autre rive; vers le soir seulement,
quelques groupes commencent à paraître à l'horizon, sur le côté
droit du fleuve, duquel ils se rapprochent; ces montagnes appartiennent à une chaîne qui forme la rive droite de l'Oussouri, autre
affluent considérable dont l'Amour reçoit les eaux par plusieurs

bouches; la rive gauche en est peu élevée. Cette rivière, au dire du missionnaire de la Brugnière qui en a descendu le cours, est très profonde quoique moins large que le Soungari-Oula, et ses eaux, ainsi que celles de ses affluents, abondent en poissons de toute espèce; le même voyageur évalue la population qui errait alors sur ses bords, à 800 âmes au plus. Les rives de l'Amour, aux environs des bouches de l'Oussouri, sont partout propres à la culture et riches en pâturages; mais ces lieux sont aujourd'hui presque déserts, on n'y voit que quelques iourtes d'écorce, encore sont-elles inhabitées pour le moment. Du point où l'Expédition a pris terre, sur la rive gauche du fleuve, on peut contempler la chaîne montagneuse qui s'etend sur la rive droite de l'Oussouri; l'embouchure de cette rivière est à 1593 verstes d'Oust-Strelka. L'Amour continue de couler vers le nord-est.

5 juin. — Les montagnes de l'Oussouri, qui sont des rameaux de la chaîne principale Sikhota-Alin, s'éloignent de l'Amour, et pendant 60 verstes, on ne les aperçoit plus qu'à une distance assez considérable du rivage; puis elles se rapprochent et viennent enfin border le cours même du fleuve d'une suite de rochers nus de peu d'élévation. En cet endroit l'Amour fait un coude prononcé et prend sa direction vers le nord. Les rochers de la rive droite sont formés de couches d'un jaspe ferrugineux d'une teinte brune, de stéaschiste, d'une argile ferrugineuse durcie, et d'une masse siliceuse ondulée, de l'épaisseur d'un verschok et entremêlée aussi de stéaschiste. Des fragments considérables de grès argileux se sont détachés des rochers et gisent à leur base en telle quantité, qu'on pourrait les prendre pour les restes de quelque grand édifice ruiné; ces fragments présentent en général des surfaces unies et pour ainsi dire polies. Sur la rive gauche du fleuve on n'aperçoit pas de montagnes; de ce côté, s'étend une vallée immense qui se confond au loin avec l'horizon, et où la végétation se montre toujours aussi belle que dans les plaines que l'on a déjà vues. Tout le jour, la chaleur a été excessive et l'atmosphère pesante; vers le soir, il s'est elevé de l'ouest

une brise qui présageait une bourrasque; bientôt les eaux du fleuve, jusqu'alors si tranquilles, se sont soulevées en lames tellement fortes que les embarcations ont eu grand'peine à gagner un abri derrière une île qui se trouvait sous le vent. La flottille a franchi 84 verstes depuis le matin. L'Amour a repris son cours vers le nord-est.

6 juin. — La violence du vent n'a pas permis à l'Expédition de quitter son ancrage avant midi. Les montagnes de la rive droite s'écartent peu à peu du rivage et finissent par disparaître complètement. Sur la rive gauche, à vingt verstes en aval du lieu de la dernière halte, on a vu se dessiner une haute montagne à chaque extrémité de laquelle se rattachent d'autres chaînes moins élevées. Trente verstes plus loin, l'Amour reçoit, par une double embouchure, les eaux d'un affluent assez considérable de la rive droite; ce cours d'eau, dont le nom est inconnu, est bordé vers son embouchure inférieure de quelques collines; sur l'une d'elles sont bâties deux maisons en terre, au-devant desquelles a été dressé un autel ou oratoire avec tous les attributs de la secte de Fo. Ces habitations étaient désertes, mais il était visible que leurs propriétaires les avaient abandonnées récemment et s'étaient enfuis, vraisemblablement à l'approche de la flottille d'expédition. Un peu plus loin, sur un terrain inégal, existe un village dont le nombre de maisons n'a pu être évalué. La rive gauche de l'Amour n'a pas changé d'aspect. Depuis l'embouchure de l'Oussouri, le fleuve se divise constamment en plusieurs bras qui entourent des îles nombreuses, couvertes de bouquets de saule, de brunelle, de groseillier, mêlés à quelques espèces forestières chêne, tremble et peuplier); la largeur de ces différents bras de rivière varie depuis deux jusqu'à trois verstes. L'Expédition n'a franchi dans cette journée que 54 verstes.

7 juin. — La flottille a continué de s'avancer en suivant toujours le bras du fleuve qui se trouve sur son extrême droite. Depuis le matin jusqu'à midi, les embarcations ont navigué à la rame; celle qui tient la tête ayant alors donné le signal d'atterrir,

plusieurs barques, en s'écartant pour livrer passage au bateau à vapeur, se trouvent entraînées par le remous des eaux; deux des plus chargées s'engagent dans un autre bras du fleuve, et tous les efforts des gens qui les montent ne peuvent parvenir à les en tirer; sur l'une d'elles est M. Permikine.

«Voyant que nos gens s'épuisaient en efforts impuissants, dit le voyageur dans sa relation, j'ordonnai de cesser un travail inutile et de laisser aller les barques au courant du bras de rivière dans lequel elles avaient été poussées, pensant qu'il nous serait facile de rallier le gros de l'Expédition après avoir doublé l'île qui sans doute nous en séparait. Je m'aperçus bientôt de mon erreur; nous avions continué notre navigation et franchi déjà environ quinze verstes, que l'île se prolongeait encore et semblait n'avoir pas de fin. L'apparition soudaine d'une embarcation, débouchant d'un des petits cours d'eau qui arrosent l'intérieur de cette île, nous fit penser d'abord que l'on était à notre recherche; mais nous reconnûmes aussitôt une jonque chinoise à six rameurs, qui, rapide comme une flèche, se dirigeait droit sur nous avec l'intention évidente de nous aborder; au pied du mât se tenait un officier dans un état de complète immobilité. Lorsque les barques se trouvèrent bord à bord, je rompis le silence le premier pour engager ce fonctionnaire à nous visiter; mais il parut alors avoir tout-à-coup changé d'idée, et, sur un mot qu'il adressa à ses gens, nous vîmes son embarcation s'éloigner avec la même rapidité et gagner la rive opposée sans avoir nul égard à notre invitation. Le missionnaire de la Brugnière rapporte que le Gouverneur de la ville de San-Sine (près l'embouchure du Soungari-Oula), qui est un fonctionnaire de 2-ème classe, expédie chaque année trois jonques de guerre, montées par des équipages armés de *sabres*, et qui ont mission d'explorer le cours de l'Amour et celui de l'Oussouri pour y recueillir les fourrures que les Toungousses échangent contre de la toile; il est hors de doute que nous avions précisément rencontré une de ces embarcations, et peut-être eussions-nous été arrêtés par l'officier chinois qui la commandait, si l'aspect de nos fusils, qu'il avait certainement remarqués, n'avait modifié ses dispositions. Trompés dans notre espoir, nous poursuivîmes notre route par une chaleur étouffante et un calme absolu, précurseurs de quelque variation atmosphérique. Vers quatre heures, la brise s'éleva derrière nous et les nuages s'amoncelèrent; j'ordonnai de gouverner à tenir le milieu de la rivière, car en peu d'instants, le vent avait acquis une intensité telle qu'il eût été capable de briser nos embarcations contre la rive. A en juger par cette bourrasque d'été, les eaux du fleuve doivent être fréquemment agitées par les coups de vent d'automne. Sur le soir, le vent mollit mais le ciel demeura couvert; a dix heures l'obscurité nous gagna, et l'île qui nous séparait des nôtres se prolongeait encore indéfiniment; il fallait donner du repos aux équipages des deux barques; j'avisai, sur la gauche du cours d'eau que nous descendions, une île qui me parut convenable pour y passer la nuit. A peine y avions-nous abordé et comme on se disposait à allumer du feu, le bruit du tambour se fit entendre au loin dans la direction du côté opposé de la rivière; j'en conclus immédiatement que notre Expédition devait être à peu de distance; en un moment l'ordre fut donné de rembarquer et nous nous dirigeâmes vers l'endroit d'où venait le son indicateur. Après avoir fait trois verstes à peine, nous aperçûmes, sur la rive droite, un village d'une vingtaine de maisons de construction pareille à celles que nous avions eu déjà l'occasion de voir; il était évident que le bruit du tambour partait de ce point; j'ordonnai d'atterrir. Les Toungousses s'étaient assemblés sur le rivage, au nombre d'environ cinquante; voulant juger de leurs dispositions à notre égard, je leur donnai à comprendre de nous aider à amarrer les barques, ce qu'ils firent avec beaucoup d'empressement. Dès que nous fûmes à terre, ces indigènes s'approchèrent en foule et nous témoignèrent de leur respect en mettant un genou en terre et en portant la main au front, à la manière des Mongols; de notre côté, nous leur fîmes un accueil capable de les rassurer et nous leur distribuâmes quelques menus présents en verroteries, anneaux, mouchoirs, etc. La nuit était assez sombre; mais les Toungousses ayant allumé de grands feux sur la berge, plusieurs d'entre eux vinrent nous offrir des peaux de zibelines, en nous montrant de petits morceaux de toile et de cotonnades chinoises pour nous indiquer leur désir de troquer des fourrures contre de semblables produits. Je les fis conduire auprès de celle de nos deux barques qui était chargée de diverses marchandises, et un commerce d'échange s'engagea aussitôt, pour la première fois peut-être, entre les Russes et ces riverains de l'Amour.»

«Les Toungousses chez lesquels le hasard nous avait conduits, appartiennent à une peuplade assez nombreuse, celle des Gholdes; les Chinois les désignent par l'appellation de *Juï-pkhi-dta-tsy* (littéralement — peaux de poisson), motivée sur ce que certaines parties du costume de ces indigènes sont effectivement confectionnées avec des peaux de poisson cousues. Les riverains que l'on rencontre sur le cours de l'Amour, depuis la ville de Sakhalin-Oula-Khoton, sont, en procédant par ordre: les Gholdes; ensuite les Amgoutes dont les villages sont répandus sur les deux rives du fleuve et dans les îles dont il est semé, sur un espace de plus de 350 verstes; enfin les Ghiliakes qui en occupent le cours inférieur jusqu'à son embouchure. Les Gholdes, hommes et femmes, portent un long vêtement semblable aux robes des Chinois; ils ont pour la plupart les cheveux noirs; les hommes se rasent la tête et ne conservent au sommet qu'une seule touffe tressée en natte, mode empruntée sans doute également aux Chinois; ils ont la barbe courte et très clair-semée, quelques uns même en sont complètement dépourvus. Les femmes se tressent les cheveux en doubles nattes comme les jeunes paysannes russes; elles se suspendent aux oreilles, des anneaux d'argent dans lesquels sont enfilés des fragments de verre coloré ou de cornaline, et un autre ornement de fil d'argent, ayant la forme d'un S, leur traverse le cartilage du nez; cet objet dépare singulièrement leur physionomie qui, sans cela, serait agréable. Dans une des maisons que je visitai, se trouvait un *chaman* qui, à mon aspect, ferma les yeux et se mit à frapper avec force sur un tambour de basque qu'il tenait à la main, s'interrompant seulement quelques minutes pour reprendre ensuite son occupation avec une nouvelle ardeur; c'était cet instrument dont le bruit avait causé notre erreur, en nous faisant croire à la présence de nos compagnons dans le voisinage de l'île sur laquelle nous étions descendus. Les Gholdes n'ont d'autre industrie que la chasse et la pêche; ils se nourrissent de poisson, ainsi que de riz et de millet qu'ils reçoivent des Chinois en échange de fourrures et de poisson séché; ces indigènes ne cultivent point la terre et ne possèdent ni bestiaux ni volailles; les seuls animaux domestiques que l'on rencontre dans leurs habitations, sont des chiens d'une espèce semblable à ceux de la Sibérie et quelques chats; ils ne connaissent pas d'autre arme que l'arc dont ils savent au reste se servir avec une grande habileté. Leurs mœurs sont essentiellement patriarchales; la confiance et la probité règnent parmi eux, leurs maisons n'ont ni serrures ni verroux, toutes leurs richesses sont déposées dans des magasins construits sur quatre pieux élevés de terre à la hauteur d'une sagène, et qui ne sont ni fermés ni gardés, circonstance qui prouve que les Gholdes ne connaissent pas le vol avec lequel leurs voisins, les Mongols, sont si familiarisés. Une particularité, restée pour moi inexplicable, est l'étrange attachement de ces *inorodsis* pour des animaux sauvages; ils ont auprès de leurs maisons, des cages dans lesquelles sont renfermés séparement: des ours, des loups, des renards, des aigles, des faucons, même des oies et des canards. M. Hertsfeld pense qu'il ne s'agit pas ici d'une simple fantaisie, mais que ces animaux, que les Gholdes gardent ainsi près de leurs demeures, sont pour eux des symboles du chamanisme qui constitue leur croyance et ont chacun une certaine signification, de même que l'on voit les Bouriates et les Tougousses adonnés à de semblables erremens, avoir une vénération particulière pour les peaux de certains animaux qu'ils suspendent à l'entrée de leurs habitations. »

«Depuis la dernière halte de l'Expédition, nous avons parcouru (dans la journée du 7) environ 130 verstes; sur toute cette étendue, les eaux de l'Amour se partagent constamment en divers bras qui forment un grand nombre d'îles, dont quelques unes assez considérables; les plus basses sont couvertes de saules, de groseilliers et autres arbustes; sur les plus élevées croissent le chêne, l'orme et le bouleau. La rive gauche du fleuve, partout découverte, offre toutes les conditions favorables à la colonisation. Dans les lieux où nous nous sommes arrêtés, on rencontre du micaschiste en couches irrégulières et mélangé d'une argile colorée par de l'oxide de fer.»

«Nous avons quitté le village des Gholdes à 2 heures du matin (8 juin). J'ai invité un de ces indigènes à nous accompagner pour nous faciliter le moyen de retrouver le bras du fleuve dans lequel devait être engagée notre Expédition. Après quelques heures de navigation, nous avons vu, sur la gauche, un autre village près duquel j'ordonnai d'aborder pour satisfaire aux instances de notre guide, qui prodiguait les gestes de la pantomime la plus animée afin de nous faire comprendre que nous surprendrions les habitants plongés dans le sommeil. A peine les barques se furent-elles rapprochées du bord, que le Gholde poussa un cri retentissant qui attira aussitôt plusieurs de ces sauvages hors de leurs demeures. Ceux-ci restèrent tout d'abords interdits à notre aspect; mais reconnaissant un des leurs au milieu de nous, après quelques mots échangés avec lui, ils s'avancèrent résolument pour nous aider à amarrer les embarcations. Le village, bâti à une demi-verste à-peu-près de la rivière, se composait d'une dizaine de maisons semblables à celles de l'île que nous avions déja visitée; nous avons retrouvé parmi ces Gholdes toutes les habitudes patriarchales de leurs voisins; chacune de leurs habitations renferme l'aïeul avec la nombreuse postérité dont il est la souche; j'ai compté, dans une de ces familles, jusqu'à trente-six membres des deux sexes et d'âges divers, non compris onze enfants encore à la mamelle. On voit également chez eux, des cages renfermant des oiseaux et quelques autres animaux sauvages, principalement de jeunes aiglons et des renards. Tout le temps qu'a duré ma visite dans le village, nos gens ont dû procéder, à bord de la barque aux marchandises, à un commerce d'échange du genre de celui qui avait eu lieu la nuit précédente.»

«Nous avons repris notre navigation, et, après avoir fait environ six verstes, nous avons vu les divers bras de l'Amour se réunir de nouveau en une seule et large nappe d'eau coulant paisiblement vers l'est et que viennent grossir, de tous côtés, quantité de petits affluents. Quelques verstes plus loin, sur la rive droite et derrière un promontoire qui s'avance dans les eaux du fleuve, se trouve encore un petit village de onze maisons; je résolus d'y attendre le passage de la flottille d'expédition que je supposais devoir se trouver en arrière. Nous reconnûmes en abordant, que la localité était complètement déserte et qu'à part la présence de plusieurs chiens, elle n'était habitée par aucun être vivant; à l'intérieur de quelques cabanes, de mauvais filets de pêche étaient suspendus aux chevrons de la toiture et partout, gisaient renversées, des figures de bois de toutes grandeurs, grossièrement taillées ou inachevées, qui, sans doute, sont des objets du culte des Toungousses de l'Amour adonnés au chamanisme. A une petite distance des habitations, existent de ces magasins exhaussés sur quatre pieux, tels que nous avions eu l'occasion d'en voir la veille chez les Gholdes; l'un d'eux, dans lequel je pénétrai, renfermait des coffres recouverts d'étoffes de soie; malgré tout mon désir d'en connaître le contenu, je m'abstins de les ouvrir afin de ne pas laisser la moindre trace qui eût pu alarmer les propriétaires à leur retour. Tout porte à croire que ceux-ci sont également des Gholdes qui étaient peut-être alors campés sur quelqu'une des îles du fleuve, occupés à faire la pêche, et le lieu que nous visitions est probablement leur séjour d'hiver. Chaque maison du village est entourée de bouquets de sureau et de quelques arbres d'une magnifique venue (chêne, érable et bouleau blanc). La rive droite est ici beaucoup plus élevée que le rivage opposé qui est entièrement découvert, et au-delà duquel se déroulent toujours de vastes prairies, toutes disposées pour l'établissement d'une population agricole; l'Amour a dans cet endroit, jusqu'à trois verstes de largeur. Ses bords, aux environs des villages Gholdes, sont principalement formés d'un schiste siliceux compact, à grains fins, d'une teinte gris-foncé. Vers quatre heures après midi, nous avons, à notre grande joie, vu paraître la flottille; une heure après, nos deux-barques étaient réunies à celles de l'Expédition.»

Le cours de l'Amour conserve le même aspect; la rive droite est bordée de rochers peu élevés, la rive gauche est complètement basse et consiste en prairies, derrière lesquelles se dessine une chaîne de montagnes couvertes de bois épais. A huit heures du soir, les embarcations ont atterri pour la halte de nuit.

9 juin. — La flottille a quitté son mouillage dès trois heures du matin. On rencontre de nouveau des îlots couverts de touffes de saule. Les montagnes se montrent maintenant des deux côtés du fleuve, mais à une grande distance, surtout celles de gauche. A sept heures le vent s'élève et le temps se couvre, tout annonce une forte bourrasque; dans cette prévision, les embarcations vont se ranger le long de la rive droite et s'amarrent au pied d'un promontoire qu'on baptise du nom de S. Cyrille; on n'a franchi que 32 verstes depuis le matin.

10 juin. — La journée a été employée à réparer des avaries causées par le coup de vent de la veille. A une heure assez avancée de la soirée, nous avons été rejoints par un officier de marine envoyé des bouches de l'Amour, à la rencontre de l'Expédition. Le bateau à vapeur se met en route au bout de quelques instans; les barques doivent encore passer cette nuit au promontoire S. Cyrille.

11 juin. — Les embarcations ont démarré à deux heures du matin. A 15 verstes en aval du mouillage que l'on vient de quitter, la contrée prend un autre caractère; les montagnes, qui jusqu'alors avaient été vues par groupes, acquièrent bientôt un

développemement̂ et une hauteur considérables et se couvrent
d'épaisses forêts, en même temps que les vallées se rétrécissent
de plus en plus; vers le soir, on reconnait qu'elles se prolongent
sur les deux rives en quatre chaînes parallèles, rapprochées l'une
de l'autre, et dont les sommets s'élèvent davantage à mesure
qu'elles s'éloignent du rivage; la dernière, dont les cîmes dépassent toutes les autres, est presque entièrement dépourvue de végétation; depuis l'usine de la Schilka, l'aspect de la nature n'a
rien offert encore de pareil. Ces montagnes ont assurément pour
point de départ le nœud des Khing-Ghan-Tougourik, dont les
branches s'étendent depuis la rive gauche du fleuve Amour jusqu'au cœur de la Mandchourie et donnent naissance à des rameaux
sans nombre qui occupent d'immenses espaces. L'Amour, en cet
endroit, présente ceci de remarquable que, des pentes les plus
rapprochées de l'une et de l'autre rives découlent de nombreux
affluents, grands et petits; ce qui n'empêche pas que le cours du
fleuve, resserré encore entre les montagnes, ne soit cependant parsemé d'îles asssez nombreuses et uniquement couvertes d'arbrisseaux. Les vallées riveraines, si elles sont étroites, offrent néanmoins d'excellents herbages et l'on trouve, tant sur les rives
mêmes que dans les vallons environnants, des lieux propres à la
culture et susceptibles de recevoir des habitants. La partie du
pays qui avoisine le fleuve est occupée par les Mangoutes,
peuplade toungousse dont les villages sont disséminés sur les
deux rives. Ces indigènes ont avec les Gholdes, une similitude
presque complète qui s'étend à leur genre de vie, à leur costume
et jusqu'à la disposition de leurs habitations; ils ne sont ni sauvages ni grossiers, et l'on voit qu'ils ont emprunté bien des usages
aux commerçants mandchoux avec lesquels ils ont des relations
pour leurs échanges. Les rochers du rivage renferment un grès
de couleur grise portant des empreintes peu marquées de végétaux,
et un conglomérat composé d'argile ferrugineuse, de quartz et
d'amphibole. Les espèces ligneuses qui croissent sur les montagnes,
sont le chêne et le bouleau blanc; on trouve le sapin dans les

bas-fonds et près des sources. Après une navigation de 114 verstes, accomplie dans cette journée, l'Expédition a pris terre sur la rive gauche du fleuve pour son campement de nuit.

12 juin. — A trois heures du matin la flottille s'est remise en marche; la contrée qu'elle traverse conserve le même aspect que la veille; les îles se montrent toujours en grand nombre et l'on aperçoit sur les deux rives quelques hameaux des Mangoutes. Les bords du fleuve sont assez escarpés et coupés par un grand nombre de petits mais rapides cours d'eau; les montagnes les plus proches ont encore gagné en élévation, les sommets plus éloignés sont privés de toute végétation et les cîmes de celles qui s'étendent au nord sont blanchies par la neige. Les roches qui bordent le rivage sont généralement d'un grès compact d'une teinte grise. Bien des endroits seraient propres à la colonisation, mais les défrichements exigeraient dans le principe un énorme travail; le sol est d'une nature excellente, et en outre, l'Amour, à mesure qu'on avance vers son embouchure, s'enrichit de nombreuses espèces de poissons de mer et d'eau douce. Les Toungousses riverains n'ont au reste que cette ressource pour assurer leur existence, et la pêche y pourvoit abondamment et même au-delà. Les embarcations ont atterri le soir, près d'un village mangounte, après avoir franchi 110 verstes dans la journée.

13 juin. — A 60 verstes en aval du lieu de la dernière halte, les chaînes montagneuses se rapprochent des deux côtés vers le fleuve dont la largeur n'est plus que d'une verste à peine; les îles ont complètement disparu ainsi que les rochers, et les rives sont formées de collines qui se succèdent sans interruption. Les montagnes se sont couvertes d'impénétrables forêts de sapins; la teinte sombre de la verdure de ces conifères tranche sur le rideau des bois de peupliers, de trembles et de bouleaux, qui croissent au bas des pentes et parmi lesquels on aperçoit de temps à autre un chêne. Vers midi le vent a fraîchi sensiblement et bientôt il a soulevé les eaux de l'Amour en lames si fortes, que la navigation est devenue presque impossible; les

barques ont dû se ranger près du rivage pour attendre la fin de la tourmente. A huit heures du soir le vent étant tombé, elles ont démarré, et on a fait route toute la nuit. A l'endroit où la flottille à stationné pendant la bourrasque du matin, la rive est formée de roches parmi lesquelles abondent les porphyres; cette masse est composée de grains inégaux de feldspath et d'amphibole, la couleur du porphyre est verdâtre; on trouve aussi, en grande quantité, du schiste chloritique compact et un mélange de ce même schiste avec du quartz.

14 juin. — Pendant la navigation de nuit le ciel a été très sombre. Vers deux heures, le faîte des montagnes s'est éclairé tout à coup; les vapeurs qui flottent au-dessus du sombre rideau des forêts obscurcissent encore le cours de l'Amour, que déjà la lumière se répand sur la rive droite; enfin les premiers rayons du soleil achèvent de vivifier la nature en venant caresser la surface des eaux. Celles-ci sont sillonnées par d'innombrables bandes de poissons; saumons, carpes, esturgeons et autres grandes espèces encore, se croisent en tous sens et sautent hors de l'eau pour retomber de tout leur poids en produisant un bruit véritablement assourdissant; le fleuve, dans ce moment, offre l'aspect d'un immense vivier artificiel dans lequel on aurait pris à tâche de rassembler tous les genres de ces habitants des rivières. Vers le milieu du jour quelques îles se montrent de loin en loin; les montagnes se prolongent sur les deux rives, leurs sommets sont complètement nus et leurs flancs sont couverts de forêts de conifères qui s'étendent jusqu'à la base. Sur le soir, on a vu le cours de l'Amour s'élargir sensiblement et les îles reparaître sans interruption, tantôt au milieu du fleuve, tantôt près du bord. L'Expédition a pris terre non loin d'un village mangoute de la rive droite, après une navigation de 130 verstes qu'on a franchies depuis la veille.

Les Mangoutes sont d'origine toungousse, comme les Gholdes avec lesquels ils ont beaucoup d'analogie; toutefois ils se distinguent de ces derniers par quelques traits particuliers; ainsi

parmi eux les hommes ne sont pas dans l'habitude de se raser la tête, ils portent les cheveux réunis en une seule tresse qui
pend derrière la nuque; presque tous ont la chevelure noire; qnant
aux traits du visage et à leur stature, ils offrent une grande ressemblance avec les Toungousses sibériens et sont généralement,
comme eux, de taille moyenne. L'influence du goût mandchoux
se fait sentir chez ces indigènes et se retrouve dans la disposition
intérieure de leurs habitations, la forme de leur costume, etc.;
il est certain que les anciens Toungousses des bords de l'Amour
ne connaissaient ni les étoffes de soie, ni le riz, ni les autres
productions d'un sol étranger; mais une fois qu'ils ont eu des relations avec les habitants de la Mandchourie, ils ont peu-à-
peu emprunté à ceux-ci la coupe de leurs vêtements, leur coiffure, et même la forme de leurs chaussures qui sont, il faut le
dire, bien peu en rapport avec le genre de vie et les occupations
ordinaires de pêcheurs à demi sauvages. Les femmes mangoutes ont
également adopté la coupe mandchoue pour leurs vêtemens qui
sont en outre ornés de petits grelots et de différents oripeaux;
léur habillement d'été est confectionné avec une cotonnade blanche
ou bleue et bordé, tantôt de drap, tantôt de rubans de soie.
Les moins aisés parmi ces indigènes ont seuls conservé le costume
de leurs ancêtres; c'est-à-dire qu'ils se servent comme eux, de
peaux de poisson cousues, mais quant à la forme du vêtement, c'est
encore celle des Mandchoux. Les peaux que l'on emploie à cet
usage, sont celles de deux espèces que les Mangoutes désignent
sous les noms de *soubbo* et de *pylinga*, et qui appartiennent au genre
saumon. Les objets confectionnés avec ces peaux sont solides
et surtout durables. Les chaussures des Mangoutes sont faites
de peaux de bêtes sauvages ou de veau marin; leurs coiffures
sont aussi imitées de celles des Chinois, mais au drap foulé,
les pêcheurs de l'Amour ont imaginé de substituer l'écorce de
bouleau qu'ils façonnent grossièrement et peignent ensuite de différentes couleurs. Les femmes Mangoutes ne sont généralement pas jolies; les unes portent leurs cheveux divisés en deux

nattes ramenées autour de la tête, chez d'autres ces nattes pendent sur les épaules; elles sont aussi dans l'habitude de se suspendre aux oreilles deux ou trois paires d'anneaux en fil d'argent avec des pendants de verroterie, mais elles n'ont pas, comme les femmes Gholdes, d'ornement qui leur traverse la cloison nasale. Ces indigènes vivent dans un état constant de malpropreté, leurs habitations sont comme imprégnées d'une odeur nauséabonde de poisson gâté. Leur nourriture du reste, ne se compose que de poisson frais ou séché, et il est à croire qu'à cet égard leur subsistance se trouve plus qu'assurée par les ressources que leur offre la pêche. Les Mangoutes se servent de filets qu'ils fabriquent eux-mêmes avec les fibres d'une espèce d'ortie qui croît en profusion dans la contrée; ces filets n'ont pas plus de deux à trois sagènes de longueur, et il suffit au pêcheur de les jeter dans le fleuve à peu de distance du bord, pour les retirer, presque aussitôt, littéralement remplis de poissons de différentes espèces. Ces riverains de l'Amour ne possèdent point de bétail et ne cultivent pas la terre (les travaux agricoles seraient trop pénibles dans un pays boisé et montagneux comme celui qu'ils habitent); mais ils sont grands chasseurs et ils échangent les fourrures, produit de leur chasse, contre de la toile, du riz, du millet et autres menus objets, que leur fournissent les Mandchoux. Comme les Kamtschadales, ils entretiennent un grand nombre de chiens qu'ils nourrissent uniquement de poisson, et à l'aide desquels ils franchissent pendant l'hiver des distances considérables.

Sur cette partie du cours de l'Amour, les montagnes sont en grande partie, formées d'un schiste argileux compact et d'un grain très fin, avec des cristaux de pyrite sulfureuse et d'amphibole.

Le 15 juin, à midi, la flottille est arrivée en vue du poste Mariinsk, situé près du lac Kisi et du village mangoute de ce nom; toutes les embarcations, sauf le bateau à vapeur, pénètrent dans l'intérieur d'une crique ayant environ 150 sagènes de long sur 10 de large. Cette crique, qui avoisine le lac, se trouve à 2.399 verstes du poste d'Oust-Strelka.

L'Expédition étant parvenue au terme de son voyage, M. Permikine, après quatre jours (16—20 juin) employés à visiter les environs, a poursuivi le cours de ses explorations en descendant le fleuve dans une barque à cinq rameurs, en compagnie d'un interprète Ghiliake.

«Le poste Mariinsk, dit le voyageur en continuant son journal, est bâti sur la rive septentrionale du lac Kisi qui communique avec l'Amour par deux larges bras de rivière. Tout indique que le bassin du lac, enfermé primitivement entre les montagnes, s'est rempli par degrés des eaux que le fleuve y déversait aux époques des crûes, et que par la suite, la pression même de ces eaux, en rompant la digue naturelle qui les retenait, a donné naissance à la double communication qui joint aujourd'hui le lac Kisi avec le cours de l'Amour. Au dire des indigènes, le lac a plus de 40 verstes de longueur et sa largeur est d'environ 200 sagènes vers le milieu; ses eaux se trouvent séparées de la Manche de Tartarie, par une chaîne de montagnes qui étend ses rameaux à une grande distance sur le littoral oriental du continent; cette chaîne, à la hauteur de la baie de Castries, couvre un espace de quinze verstes au plus en largeur.

A partir du poste Mariinsk, la rive droite du fleuve s'est abaissée, elle est formée principalement d'une argile pénétrée d'oxide de fer, dans laquelle sont enchassés des rognons de minérai du même métal; au-delà du village mangoute de Kisi, elle se relève et présente alors un schiste argileux inégalement lamellé et brillant d'un éclat métallique; on y retrouve aussi des indices de la présence du fer. Toute la partie montagneuse de la contrée offre une suite de forêts sombres où l'on ne voit pour ainsi dire que des mélèzes séculaires; le bouleau se montre seulement sur la lisière des bois et le chêne y est encore plus rare. L'Amour, dans cette partie de son cours, est parsemé d'îles où ne croissent que des arbustes parmi lesquels on rencontre la brunelle et le sorbier; ces îles disparaissent fréquemment sous les eaux qui les recouvrent quelquefois durant tout l'été. Les berges du fleuve ne s'étendent pas au loin, mais elles sont couvertes d'une herbe épaisse. Les bords du lac Kisi et ses alentours sont habités par des Toungousses-Mangoutes; aux détails qu'on a lus précédemment sur le genre de vie de ces indigènes, il convient d'ajouter que les Mangoutes du lac sont beaucoup moins sauvages que ceux des bords de l'Amour.»

«Depuis les derniers villages gholdes jusqu'aux bouches du fleuve, le pays riverain est en général montagneux et couvert de forêts où abondent les animaux à fourrures et particulièrement la zibeline; mais celle-ci, par la nuance de sa robe d'un roux clair et la qualité inférieure du poil dorsal, doit être rangée parmi les espèces les plus communes du genre, telles que celles de Nijné-Oudinsk et de Tounkinsk. On peut poser en fait que le nord de la Mandchourie est l'extrême limite des régions qu'habite ce petit animal; encore faut-il remarquer que les immenses forêts de conifères et les hautes montagnes, dont la solitude est rarement troublée par la présence de l'homme, ont sans doute attiré la zibeline en ces lieux; aussi les conditions climatériques n'étant plus propres à l'espèce, l'ont-elles modifiée sensiblement; la fourrure n'en est plus moelleusement fournie comme celle de la zibeline d'Iakoutsk et n'offre pas ces longs poils de nuance foncée qui en font le prix. En remontant vers le nord, depuis le cours de l'Amour et le long de ses principaux affluents — la Zéia, la Bouréia, l'Amgoun, etc., on peut constater que la zibeline s'améliore et que, nommément dans la partie supérieure de la vallée de l'Amgoun, la fourrure de cet animal l'emporte de beaucoup sous tous les rapports sur celle de la zibeline des rives du fleuve; enfin c'est au-delà des Khing-Ghan, dans les vallées de l'Olekma, de l'Aldan et de l'Ouda, que se trouvent les espèces les plus précieuses; donc, bien que la zibeline hante également les bords de l'Amour, on peut dire qu'en ces lieux elle a dégénéré et perdu les qualités qui font estimer à un si haut prix les fourrures d'Iakoutsk. Les Mangoutes, outre la zibeline, chassent aussi l'écureuil, le renard, la loutre, la martre, le glouton et l'ours; ils parlent encore d'un animal terrible et de grande taille dont il a été impossible de savoir le nom, mais la description qu'ils en donnent avec une sorte d'effroi et les récits qu'ils font de sa force extraordinaire, portent à croire qu'il s'agit du tigre. Le Père de la Brugnière affirme qu'on le rencontre fréquemment dans la Mandchourie, et M. Schwartz rapporte qu'en visitant les Nichdales, sur le cours de l'Amour, il a acquis la certitude que le tigre se montre dans ces parages; il ajoute que les indigènes, lorsqu'ils parviennent à tuer un individu de l'espèce, rendent à ses restes (les os et la peau) une sorte de culte. Ce que l'on raconte de l'audace, de la témérité même que déploient les Mangoutes dans la chasse qu'ils font à l'ours, est véritablement curieux. Une troupe de dix hommes, quelquefois plus, se met en route emportant de longues et solides courroies ainsi que des chaînes avec des colliers; on commence une battue pour mettre l'animal sur pied; le chasseur, près duquel il débusque, doit se précipiter sur lui en un clin-d'œil et le saisir par les oreilles, tandis qu'un autre se hâte de lui passer autour du cou un noeud coulant qu'on serre presque jusqu'à étouffer la bête; celle-ci est alors muselée à l'aide d'une courroie, on lui met un collier auquel est fixée une chaîne qui passe pardessous les pattes de devant, et dans cet état, on la ramène au village où on l'enferme dans une sorte de cage qui peut avoir quatre archines carrées, et que l'on recouvre avec des poutrelles espacées de manière à laisser pénétrer l'air; le prisonnier est nourri de poisson et on le mène boire en le retenant à l'aide d'une muselière. En songeant aux dangers de cette chasse et aux soins que les Mangoutes prodiguent aux animaux qu'ils ont réussi à prendre vivants, on ne peut s'empêcher de croire, avec M. Hertsfeld, que certaines espèces (oiseaux et quadrupèdes) constituent pour ces indigènes comme pour les Gholdes, leurs voisins, des objets ayant au point de vue du chamanisme professé par ces peuplades, une signification particulière. Malgré l'intrépidité et le sang-froid que montrent les chasseurs d'ours dans leurs expéditions, cette singulière chasse leur coûte quelquefois fort cher, et il n'est pas rare de rencontrer des individus affreusement mutilés, témoignages vivants du péril des luttes soutenues contre l'hôte redoutable des forêts.»

«20 juin. — A l'arrivée du Père Gabriel au poste Mariinsk, des prières en actions de grâces ont été dites en présence de tous les membres de l'Expédition qui venait d'être heureusement accomplie.»

«21 juin. — Après avoir passé la nuit au village de Poul, à dix verstes en aval du poste Mariinsk, nous avons continué de descendre le cours du fleuve. J'ai donné l'ordre de côtoyer la rive droite afin de pouvoir examiner de près la nature et la stratification des roches qui la composent. J'ai reconnu au début que ces roches présentent des aspects divers de minérai de fer, entremêlé de masses de schiste argileux et de quarzite; il est évident que le schiste a été soumis ici à l'action violente du feu souterrain, ses couches sont pénétrées d'une blende ferrugineuse qui leur a communiqué la sonorité métallique; la roche de quarzite est d'une nuance gris-verdâtre, c'est un mélange d'amphibolite avec une cassure inégale et des veines de quartz.

«Le pays que nous avons traversé est généralement accidenté; des montagnes assez élevées s'étendent sur les deux rives qui sont littéralement couvertes de forêts vierges impraticables; c'est le véritable royaume du mélèze, du cèdre de Sibérie et de tous les conifères; ce n'est que sur les pentes et dans les bas-fonds qu'on aperçoit du bouleau, du chêne et du peuplier. Il faudrait bien des années d'un immense travail pour défricher ces bois au profit de l'agriculture; les bords mêmes de l'Amour n'offrent en cet endroit aucune ressource pour y entretenir du bétail; l'herbe ne croit que sur les iles du fleuve; encore est-il à supposer que ces iles, qui sont très basses, doivent se trouver entièrement recouvertes pas les eaux, aux époques de la crûe. Nous avons laissé derrière nous plusieurs hameaux mangoutes et nous avons pris terre pour la nuit, au village de Kadem.»

«22 juin. — Nous avons poursuivi notre navigation le long de la rive droite.

«Le schiste argileux et les ocres qui témoignaient de la présence du minérai de fer, ont disparu pour faire place à une roche verte, irrégulièrement mélangée d'amphibole cornéenne, de porphyres et de feldspath de diverses nuances. Les îles continuent de se montrer et divisent les eaux du fleuve en plusieurs bras. Nous avons dépassé dans le cours de la journée, quelques villages dont le premier offre ceci de remarquable qu'il est habité par une tribu toungousse, celle des Samagares, appartenant à la même famille que ceux qui sont établis sur les bords de l'Amgoun avec les Nichdales et d'autres tribus encore inconnues. Le langage des Samagares constitue un dialecte particulier de l'idiome toungousse, distinct de celui des Mangoutes et des Ghiliakes; par leur costume, leurs habitudes et leur genre de vie en général, ces indigènes ont beaucoup de rapport avec les autres riverains de l'Amour; le goût mandchoux a pénétré jusqu'à eux et se retrouve. comme chez les Gholdes, dans la coupe de leurs vêtemens, dans la disposition de leur coiffure, etc.

«A 250 verstes au-dessous du village de Poul. sont répandues les habitations des Ghiliakes, autre branche de la grande famille toungousse; ceux-ci, bien qu'ils aient aussi certains points de ressemblance avec les autres Toungousses leurs voisins, n'ont pas subi comme eux, l'influence des Mandchoux dont ils sont plus éloignés, et portent encore l'empreinte de moeurs primitives qui les distinguent d'une manière assez tranchée, des peuplades environnantes appartenant à la même race. Les Ghiliakes passent une grande partie de leur existence sur l'eau; leur principale occupation est la pêche, et le fleuve Amour est si prodigieusement riche en poissons de toute espèce, qu'ils ne peuvent rien désirer de plus à cet égard; outre que leur existence se trouve pleinement assurée, ils peuvent encore échanger leur superflu contre un peu de riz. des cotonnades et des ornemens sans valeur que leur fournissent les Mandchoux;

ces indigènes chassent aussi la zibeline, l'ours, le renard et la loutre, surtout les deux derniers, et ils en échangent également les fourrures contre des produits étrangers. Les Ghiliakes ont leur type particulier, les hommes portent les cheveux séparés sur le milieu du front et rattachés derrière la nuque en une seule tresse; ils ont la barbe longue et fournie ce qui les distingue essentiellement des autres *inorodsis*; les femmes rejettent leurs cheveux en arrière et les divisent en deux nattes pendantes sur les épaules. Si les conditions climatériques influent directement sur les moeurs d'un peuple, on pourrait admettre que la nature rude et sauvage de la contrée qui avoisine les bouches de l'Amour, a mis obstacle au développement intellectuel de ces indigènes; car malgré leur contact fréquent avec les Mandchoux ainsi qu'avec d'autres peuplades toungousses plus policées, ils ont conservé toute leur ignorance première et leurs moeurs grossières. Voués au *chamanisme* dans toute l'extension que comporte ce mot. les Ghiliakes ont des croyances et des superstitions qui se sont perpétuées parmi eux de génération en génération; le feu, entre autres choses, y joue un très grand rôle; ainsi le maître d'une habitation ne permettra sous aucun prétexte qu'on sorte du feu de sa demeure. fût-ce même dans une pipe, et par contre, il s'interdira sévèrement d'introduire dans l'intérieur de sa maison, du feu allumé dehors; dans la pensée de ces êtres sauvages, celui qui enfreindrait cette règle, exposerait inévitablement sa famille à ne pouvoir retirer nul profit ni de la chasse ni de la pêche, ou à voir mourir quelqu'un des siens dans un temps rapproché; aussi l'usage du feu est-il parmi eux l'objet de précautions minutieusement observées. L'ours est un des principaux accessoires du chamanisme chez les Ghiliakes qui lui vouent un respect tout particulier; on voit chez eux un grand nombre de ces animaux renfermés dans des cages, et auxquels les soins les plus attentifs sont prodigués. Le loup est considéré au contraire comme la personnification du mauvais esprit, on redoute sa rencontre. on l'évite même et on ne le tire pas parce que sa peau n'a aucune valeur. Une coutume qui caractérise d'une manière frappante cette peuplade sauvage, est l'accomplissement des vengeances de famille, qui subsiste dans ses mœurs depuis un temps immémorial; le meurtre est fréquent chez les Ghiliakes; il est la plupart du temps motivé par quelque cause futile, une allusion offensante ou un sentiment de jalousie, qui entraine des conséquences funestes; puis le sang se paie par le sang! Il y a eu des exemples d'un village tout entier poursuivant une vengeance, pour offense commise à l'égard d'un des siens. Un fait non moins remarquable est la sévérité avec laquelle la dépravation est punie chez ces indigènes; ils sont d'un naturel excessivement jaloux, surveillent leurs femmes avec la plus grande rigueur, et celle qui est convaincue d'adultère encourt la peine de mort.»

«23 juin. — Nous avons continué de naviguer à proximité de la rive droite; j'ai reconnu les mêmes roches que celles que j'avais rencontrées la veille, et en outre, un calcaire compact de couleur cendrée, contenant beaucoup de quartz. Nous avons vu dans la journée sept villages ghiliakes; dans le dernier, celui de Tyr, les habitants ayant dit, entre autres choses, à mon interprète, qu'à une verste de là se trouvaient certains monuments en pierre, je résolus de les visiter pour en prendre le dessin.»

«24 juin. — Une forte pluie m'a empêché de me mettre en route dès le matin; vers huit heures le temps s'étant éclairci, j'ai pris une barque montée par quatre Ghiliakes de la localité et je me suis dirigé vers le lieu indiqué par les indigènes. A une verste au plus du village de Tyr, est un énorme rocher qui s'élève perpendiculairement au-dessus des eaux du fleuve, et, à mon grand étonnement, j'aperçus en effet à son sommet plusieurs monuments anciens dignes d'intérêt. Le premier a deux archines de hauteur, il est à deux pas du bord de la plate-forme qui domine le fleuve, la base en est de granit et la partie supérieure de marbre d'un grain très serré; sa forme dans son ensemble est celle d'un prisme quadrilatéral irrégulier arrondi par le haut; les deux faces les plus larges portent chacune, quatre mots creusés dans le marbre et au-dessous desquels des inscriptions en petits caractères sont disposées en lignes verticales; sur les côtés sont gravés d'autres caractères également rangés sur deux colonnes. Le second monument se trouve à quatre pas du premier et à un pas du bord de la plate-forme: on voit qu'il a dû se composer de trois parties, d'un piédestal de forme octogone et de deux colonnes superposées; le temps ou la main de l'homme en a renversé la partie supérieure qui a été précipitée dans le fleuve. Il existe à cet égard, parmi les habitants de la contrée, une tradition suivant laquelle les Russes, lors de leur première apparition, auraient détruit ces monuments qui auraient été relevés plus tard par les Mandchoux. La matière employée ici est le porphyre; la colonne n'est revêtue d'aucune inscription. A une distance de cinq pas, existe un troisième monument, assez semblable au premier comme forme et comme dimensions; il a été taillé dans un granit gris d'un grain très fin et porte aussi une inscription sur celle de ses faces qui est tournée vers le cours de l'Amour. Plus loin, environ à 150 sagènes, sur un étroit promontoire qui s'avance au-dessus du fleuve on voit encore une autre colonne octogone qui présente une certaine similitude avec le second des monuments précités; elle est formée de trois parties dont la plus élevée figure en quelque sorte une urne; on n'y remarque aucuns caractères. La vue de ces restes des temps anciens produit sur le voyageur une profonde impression; on se demande par quelle succession d'évènements ils se trouvent dans ces lieux sauvages, au milieu d'une population misérable et encore en enfance telle que celle des Ghiliakes. En considérant attentivement le fini du travail, le soin qui a présidé à l'érection de ces monuments, on reconnait, il faut le dire, qu'ils sont dûs à une main artiste; les inscriptions creusées dans le granit, en caractères d'un type assez petit, sont surtout remarquables par une perfection à laquelle les meilleurs ouvriers de nos jours atteindraient difficilement. Les matériaux employés ont été pris sur les lieux mêmes; la colonne de porphyre a été taillée d'un fragment enlevé au rocher qui lui sert de base, le granit et le marbre se rencontrent dans les environs.

«La contemplation de ces monuments conduit involontairement à des réflexions sur le sort de la Mandchourie et sur les bouleversements qui se sont produits dans l'existence politique de cet Etat. Là, on a vu la féodalité régner durant plusieurs siècles, là des maisons souveraines ont surgi et sont tombées, là ont existé des villes et des châteaux dont les dimensions colossales confondent la pensée humaine; et les changements des dynasties chinoise et mongole n'ont eu, sur ce pays et sur ces choses, qu'une influence également destructive. La dynastie mandchoue elle-même après s'être affermie, après avoir soumis la Chine et tout son Empire, a mis définitivement le sceau à l'anéantissement du vaste pays qui lui avait donné le jour; ses peuples se sont transportés sur le sol chinois récemment conquis, et la Mandchourie, telle que l'avait faite le travail de plusieurs siècles, est enfin tombée sans retour. Cette vaste contrée porte partout des traces qui témoignent des évènements dont elle a été le théâtre. L'ambassadeur Russe, Eberhardt (Isbrand Ydes, hollandais d'origine), envoyé à Pékin en 1692 par les Tsars Iwan et Pierre Alexéwitch, a consigné dans ses notes de voyage, qu'en se rendant de Nertchinsk dans la Mandchourie, il a vu trois villes immenses abandonnées, ayant des murailles de pierre et des tours avec des statues et des ornements devant lesquels il est resté, dit-il, frappé d'admiration; il ajoute que nommément la perfection des sculptures lui a paru telle qu'il eût été difficile, pour ne pas dire impossible, de voir quelque-chose de mieux dans les monuments européens. Le Père Hyacinthe dans sa description de la Mandchourie, mentionne également, entre autre faits, l'existence d'une ville (Vouho-tékhoutchen) située au confluent de l'Amour et du Soungari-Oula, et qui aurait été, dans son temps, le centre et le rendez-vous des populations de cinq provinces environnantes.

«Du point élevé où se trouvent les monuments qui ont été décrits précédemment, l'aspect de la nature, aussi loin que la vue peut s'étendre, est véritablement indescriptible: au sud s'étend comme une vaste mer, la masse vert-sombre des forêts d'où surgissent çà et là les cimes arides des montagnes; au nord, à proximité du large lit que couvrent les eaux de l'Amour, se déroule aux yeux de l'observateur, une immense vallée au centre de laquelle coule l'Amgoun qui porte au fleuve le tribut de ses eaux; l'embouchure de cet affluent est divisée par un delta formé de plusieurs îles couvertes de bois; à l'orient et à l'occident, des deux côtés de la vallée de l'Amgoun. on revoit encore ces impénétrables forêts de conifères, entrecoupées seulement de *tundras* qui servent en quelque sorte de cadre à l'espace arrosé par les deux rivières. En quittant ce lieu pour regagner le rivage. j'ai reconnu, dans les roches environnantes, la présence de kaolin et de feldspath en état de décomposition.

« Au-dessous de l'embouchure de l'Amgoun, les îles continuent de se montrer sur le cours de l'Amour dont les eaux s'écoulent paisiblement. Après avoir encore dépassé plusieurs villages ghiliakes, nous avons abordé près de celui de Talvé pour y passer la nuit.

« Les premiers cosaques-conquérants, dans le choix qu'ils firent des points importants de la contrée arrosée par l'Amour, n'avaient pas manqué d'arrêter leur attention sur l'Amgoun qu'ils nommaient *Khamoun* (les indigènes lui donnent l'appellation de *Khynghoun*); ils avaient établi deux postes sur le cours de cette rivière. On lit dans les rapports du temps, que les Toungousses de l'Amgoun payaient aux cosaques le tribut des fourrures en peaux de zibelines d'une qualité supérieure; et les indigènes affirment encore aujourd'hui, que le haut de la vallée abonde en espèces dont les peaux sont beaucoup plus estimées que celles. des bords de l'Amour. Cette vallée est habitée par six tribus toungousses dont les deux plus considérables sont celles des Nichdales et des Samagares. Les derniers donnent à l'Amgoun le nom de *Khanghou* et, d'après les cartes chinoises que possède la *Section Sibérienne de la Société géographique*, la même rivière est connue des Chinois sous la dénomination de *Khinkonn*.

« La vallée qu'arrose l'Amgoun est très étendue et découverte, principalement aux approches de l'embouchure de la rivière; elle se prolonge vers le nord jusqu'aux montagnes de la chaîne principale des Khing-Ghan, en se resserrant à mesure qu'elle s'en rapproche. Les eaux de l'Amgoun, surtout près du confluent, sont tout aussi poissonneuses que celles de l'Amour; les bords en sont dans des conditions favorables à la colonisation et à l'agriculture; quant à ce qui est des bois, on sait déjà que les forêts impraticables qui commencent à se montrer sur le cours du fleuve, bien au-dessus de l'embouchure de l'Amgoun, continuent sans interruption jusqu'au littoral de la Manche de Tartarie. M. Hertsfeld, d'après les données qu'il a été à même de rassembler sur la végétation de ces parages, pose en fait que depuis le confluent du Soungari jusqu'à la hauteur de l'Amgoun, la contrée porte le cachet de la flore de la Mandchourie. On y rencontre encore quelques espèces du nord de la Chine et des îles septentrionales du Japon; l'orme et l'érable sont très abondants; on voit également quelques arbustes propres à cette région; enfin le chêne, le coudrier et le peuplier s'y montrent aussi, mais le tilleul et le bouleau noir ont complètement disparu.

«En présence de l'impossibilité d'explorer les bouches de l'Amgoun avec l'embarcation pesante qui nous portait, j'ai dû me contenter de prendre terre sur la rive gauche, près du village de Tilva (Tchelm). On trouve en cet endroit du schiste argileux avec de l'amphibolite compacte d'une teinte d'un gris sombre.»

«25 juin. — Le vent contraire ne nous a pas permis de reprendre notre navigation avant midi. J'ai fait atterrir sur plusieurs points des deux rives afin d'examiner les roches qui les composent; j'ai pu constater que sur cette partie du fleuve, c'est le porphyre qui domine, et qu'il renferme dans sa masse, de menus fragments de feldspath en décomposition ainsi que de l'amphibole cornéenne avec un mélange de petites feuilles de mica. Nous avons encore vu six villages ghiliakes dont le dernier, composé d'une trentaine de maisons, s'étendait au loin sur la rive. Les montagnes n'ont pas changé d'aspect; les roches qui sont à découvert n'offrent partout que des porphyres.»

« 26 juin. — Dès le matin, le vent a recommencé à souffler du nord-est et les nuages se sont amoncelés; nous avons franchi à peu près huit verstes avec beaucoup de peine; le vent avait pris une force telle qu'il repoussait notre embarcation contre le courant malgré tous les efforts des rameurs. En cet instant, trois barques ghiliakes sont venues à notre aide et ont tenté de nous remorquer; mais la tourmente ayant doublé d'intensité, elles ont dû renoncer à nous tirer d'embarras, non sans avoir elles-mêmes couru quelque danger. Chassée de nouveau en amont, notre barque a failli être brisée contre un rocher; nous avons cependant réussi à éviter le péril et à pénétrer dans la première anse qui s'est trouvée a notre portée; nous y avons passé la nuit. Les rochers, en cet endroit du rivage, sont d'un porphyre renfermant des grains de feldspath d'une teinte rougeâtre.»

« 27 juin. — Nous avons été transpercés par la pluie torrentielle qui n'a cessé de tomber toute la nuit. Ce n'est que vers onze heures du matin que le vent a molli et nous a permis de démarrer. Les énormes masses de porphyre de la rive droite ont bientôt fait place à des roches d'un schiste argileux volcanique, de couleur rouge, ayant l'éclat métallique. On ne voit plus de vallées sur les bords du fleuve et partout on n'aperçoit que des bois de sapins et de mélèzes. A neuf heures du soir nous avons atteint le poste Nicolaïevsk, situé sur la rive gauche de l'Amour, à 300 verstes environ du lac Kisi et du poste Mariinsk.»

« 28—30 juin. — Je me suis trouvé retenu au poste Nicolaïevsk par la pluie diluvienne qui n'a pas cessé durant ces trois jours, et qui m'a rappelé les pluies périodiques du gouvernement d'Irkoutsk. Le poste est bâti sur une éminence, au fond d'un crique dont les bords sont évidemment de formation d'alluvion; les pentes sont couvertes de bois de bouleau derrière lesquels s'étend une épaisse forêt de sapins.»

« 1er juillet. — A trois heures j'ai quitté le poste Nicolaïevsk dans l'intention de gagner le lieu connu sous le nom d'*Hivernage de Pétrovsk,* qui est encore éloigné de 140 verstes et se trouve dans le voisinage de la mer d'Okhotsk. Bien que les eaux du fleuve fussent très agitées, nous avons pu aborder alternativement sur l'une et sur l'autre rives; les rochers en sont pour la plupart formés d'une lave d'un brun-rouge, renfermant de petites cavités ou cellules complètement vides et dont les parois sont blanches; on rencontre aussi, par places, du grès mélangé d'amphibolite et du schiste argileux gris-cendré d'un grain très fin. J'ai trouvé au cap Pausa (que les Russes désignent sous le nom de Polossatik), un calcaire rouge contenant des coquilles pétrifiées. Ce rocher s'avance à une verste et demie dans le liman.»

«2 juillet. — J'ai donné l'ordre de suivre le bord du liman, afin de pouvoir examiner la formation des roches du rivage. Les ghiliakes dirigent parfaitement la barque malgré le vent et les vagues qui la soulèvent comme pour l'engloutir, et ils causent entre eux sans prêter la moindre attention aux dangers qui les environnent. Les rochers sont partout de porphyre et de lave; nous avons atterri pour quelques instants sur une île (Khanjighir) entièrement formée d'une roche de schiste argileux durci, renfermant, en grande quantité, une néo-cristallisation de pyrite sulfureuse; les sables du rivage contiennent des agates de nuances diverses. Nous avons passé la nuit sur une île de sable, complètement nue et déserte; il y a toutefois dans le liman, beaucoup de ces îlots, peuplés de Ghiliakes qui passent leur existence à pêcher, et transportent au loin le produit de leur unique industrie pour l'échanger contre des objets de première nécessité. J'ai eu l'occasion de voir un indigène, originaire du pays d'Oudsk, établi depuis longtemps dans le liman et qui est apparenté avec les Ghiliakes; cet homme, qui connait parfaitement la contrée et parle les idiomes des diverses peuplades qui l'habitent, m'a donné de curieux détails sur les relations des Ghiliakes et des Mandchoux. Ceux-ci, d'après lui, se rendent tous les ans, dans de grandes barques, au village mangoute de Mylk qui se trouve sur les bords de l'Amour, à 200 verstes en amont du lac Kisi. A l'extrémité de ce village est un arbre immense sous lequel les fonctionnaires mandchoux font dresser une tente; là ils étalent les présents qu'ils disent être envoyés par l'Empereur de la Chine, aux riverains de l'Amour qui viendront apporter le tribut des fourrures. Ces présents sont tous les mêmes: chaque lot se compose d'un peigne, d'une dixaine de boutons de cuivre, d'un même nombre d'aiguilles et d'un petit écheveau de soie; le tout se donne en échange d'une peau de zibeline. Les indigènes, dans leur simplicité, estiment qu'un présent de cette nature dépasse de beaucoup, comme valeur, le prix de la fourrure qu'on leur demande et qu'ils livrent volontiers, tout en ayant quelque doute sur la participation de l'Empereur dans ce commerce d'échange. Le ghiliake auquel est emprunté ce récit, ajoutait, comme conclusion, que le gouvernement Chinois n'a qu'une connaissance très imparfaite du nombre des indigènes-riverains du fleuve Amour et des localités qu'ils habitent. »

«3 juillet. — J'ai dû renoncer à pousser plus loin l'exploration du rivage du liman, à cause des bancs de sable qui, dans toutes les directions, s'avancent au loin dans les eaux de la Manche de Tartarie; nous nous sommes orientés de manière à gagner l'*Hivernage de Pétrovsk* que nous avons atteint le 4 juillet à midi. Après un séjour de vingt-quatre heures en ce lieu, je me suis embarqué pour Ajan à bord du schooner „Orient“.»

M. Permikine termine ici son *Journal de voyage*, auquel sont annexés quatre dessins représentant les monuments anciens qu'il a vus près du village de Tyr, et une carte indiquant la nature des roches dont sont formées les rives du fleuve Amour. Ce *Journal* est suivi de l'interprétation donnée par M. l'archimandrite Avvakoum (membre de la Section Sibérienne), des *Inscriptions* gravées sur l'un des monuments que le voyageur a rencontrés non loin des bouches de l'Amour.

Tout indique, dit M. Avvakoum, que sur le lieu même où subsiste encore aujourd'hui la pierre dont il est ici question, s'élevait autrefois un temple bouddhiste que l'on appelait *Jun-nun-sy* (en chinois), c'est-à-dire *Temple du repos éternel*. C'est du moins ce qui ressort de la double inscription, en caractères chinois et mongols, que portent les deux faces, antérieure et postérieure, du monument dessiné par M. Permikine. La construction, défectueuse dans l'une comme dans l'autre inscription, prouve que toutes deux sont l'œuvre de quelque lama mongol peu lettré qui vivait sans doute dans le temple; leur signification, du reste, est identique. Les inscriptions latérales, en langues sanscrite et chinoise, sont également la répétition l'une de l'autre et peuvent se traduire ainsi: «Le pouvoir de la grande dynastie de Hiou-han s'étend partout.»

La Grotte du Mangoute (*Sibérie orientale*); par M. Jurensky, membre-collaborateur de la Section Sibérienne. — Au printemps de l'année 1852, M. Jurensky quittait Nertchinsk dans le double but de visiter la *Grotte du Mangoute* et d'explorer le pays arrosé par l'Onone. Parvenu le 11 juin à la frontière mongole, le voyageur s'adressa aux cosaques sibériens campés dans les environs du poste Mangoutsk, pour avoir des guides, et dès le lendemain, après avoir traversé l'Onone en compagnie de deux cosaques de la ligne-frontière, il atteignait le Mangoute et le rocher de granit dans lequel est creusée la célèbre grotte.

«Le rocher, dit M. Jurensky, a dix-huit sagènes de la base au sommet; l'entrée de la grotte se trouve sur le côté exposé au nord, et près de cette ouverture, à la hauteur d'une sagène et huit verschoks, on voit une pierre lisse et comme polie, revêtue d'inscriptions dont les caractères sont rangés en lignes obliques dirigées de bas en haut, disposition qui sans doute rendait plus facile la tâche de l'écrivain qui les a tracées. Celui-ci a dû, pendant son travail, se tenir à genoux ou couché à demi et s'appuyer sur une étroite saillie qui existe sur le rocher. La *pierre écrite*, comme on la nomme dans la contrée, est de granit, d'un grain serré, assez gros et uni; elle a une sagène de long sur environ deux archines de haut, et elle est entourée d'autres roches de formes irrégulières, plus ou moins fendues par l'action du temps et couvertes de lichens. La face antérieure de cette pierre, celle qui regarde le nord, porte une inscription composée de onze lignes d'ancien caractères mongols ou tangoutes-carrés; sur la face opposée, on compte vingt-sept lignes d'écriture en caractères ouïgoures anciens, et un peu plus haut, trois autres lignes plus lisibles et mieux conservées que le reste. Sur le milieu de la pierre, entre les inscriptions ouïgoure et tangoute, est une ligne d'anciens caractères sanscrits; plus bas, on aperçoit aussi les vestiges de trois lignes d'écriture chinoise, devenues illisibles. Enfin, à une archine et demie sur le côté se voit encore une ligne d'anciens caractères sanscrits, connus sous la dénomination de *lantza* et que les Bouddhistes employaient comme écriture sacrée. Cette ligne tracée selon toute apparence avec du cinabre de la Chine délayé à l'huile, s'est très-bien conservée; par malheur, l'angle de la pierre faisant saillie a été endommagé par la chute d'autres roches qui en ont fait sauter des éclats; toutefois l'inscription est restée entière, et elle est la seule en cet endroit.»

« ... En pénétrant dans l'intérieur de la grotte, les premiers objets qui frappent la vue sont des images de divinités bouddhistes et des figures allégoriques accompagnées d'un texte en langue thibétaine, le tout grossièrement peint sur des lambeaux de soie suspendus à des bâtons et placés dans un coin. Sans doute ces peintures sont d'une époque récente, mais on les distingue à peine, tellement elles sont salies par la fiente des oiseaux qui ont fait leurs nids dans toutes les fentes du rocher. Notre présence n'a nullement paru troubler cette population ailée qui semblait ne pas même nous remarquer et continuait sans interruption son gazouillement. On raconte qu'autrefois, lorsque l'argali hantait encore les montagnes de la Daourie Sibérienne, il arrivait que certains de ces animaux sauvages grimpaient jusques sur les rochers de la vallée du Mangoute et se réfugiaient dans l'intérieur de cette grotte, qui leur offrait à la fois un abri contre les rayons du soleil et la poursuite des chasseurs. La grotte du Mangoute, que l'on connait davantage dans le pays sous le nom de *Poukétouya*, peut avoir 24 pieds anglais de profondeur sur

14 de largeur et 5 de hauteur; la voûte présente la forme d'un ovale irrégulier, les parois n'en offrent rien de remarquable, le sol en est inégal et recouvert d'une épaisse couche d'immondices. A droite de l'ouverture qui en fait l'entrée, existe un enfoncement, naturel peut-être, mais aggrandi par l'extraction de fragments de roche qui en ont été enlevés ainsi que le prouve la forme même du trou qui se rétrécit progressivement jusqu'au fond.»

«La vallée qui renferme le rocher, est arrosée par le Mangoute, rivière peu considérable qui prend sa source dans les montagnes du petit Henteï, dont les rameaux s'étendent sur la rive droite de l'Onone et l'accompagnent à sa sortie des terres de la Mongolie. Le Mangoute coule du sud au nord sur un espace d'environ vingt verstes; les rives de ce cours d'eau et le pays environnant ont été habités à une époque reculée, comme l'indiquent suffisamment les tombeaux et les objets de toute nature que l'on trouve répandus dans la vallée ainsi qu'aux environs des embouchures de deux autres ruisseaux, l'Anadjakani et l'Eloteï.»

M. Jurensky a eu la patience de copier toutes les inscriptions de la *pierre écrite*, en ayant soin de reproduire avec la plus grande exactitude, la disposition des lignes et des caractères qui les composent; son article est accompagné d'un *fac simile* des parties restées lisibles et d'une interprétation que M. l'archimandrite Avvakoum croit pouvoir en donner.

Monuments anciens et vestiges laissés par les Mongols aborigènes de la province Transbaïkalienne; par M. Davydoff, membre-collaborateur de la Section Sibérienne.— Ce travail est un exposé des explorations et des recherches effectuées par l'auteur dans diverses localités de l'arrondissement de Verkhné-Oudinsk, mission que lui avait confiée la Section Sibérienne de la Société géographique.

Les monuments dont l'étude a fait l'objet de la mission de M. Davydoff, sont connus dans la contrée sous le nom de *maiaks* (*)

(*) Le mot russe «maiak» signifie proprement — phare, fanal, tour de signaux ou de repère.　　　　　　　　　　　　　　　　(Note du réd.)

(c'est-à-dire *lieux de repère*); on ne les rencontre que très rarement isolés; ils sont ordinairement réunis par groupes plus ou moins nombreux, sur les pentes de montagnes ou dans les vallées, mais presque toujours dans des lieux découverts. La dénomination de *maiaks* s'applique particulièrement à ceux de ces monuments qui sont construits en pierres et offrent l'aspect d'une chambre à quatre pans sans plafond; d'autres se composent d'une éminence de terre, terminée par une surface plane assez considérable qui est soutenue avec des pierres disposées à l'entour jusqu'au niveau de la plate-forme, ou d'un plateau moins étendu et pavé de pierres serrées les unes contre les autres; enfin ces élévations de terrain affectent encore quelquefois la forme d'un cône tronqué, dont la surface extérieure est plaquée de pierres plates qui retiennent les terres et dont l'intérieur présente au contraire une concavité où le sol se trouve abaissé. Malgré la similitude que beaucoup de ces monuments anciens offrent avec des *tumuli*, l'auteur n'admet pas que ce puissent être des tombeaux, et il fonde son opinion sur les raisons suivantes: en premier lieu, ils ne sont pas assez nombreux pour que leurs groupes représentent les cimetières des anciennes hordes mongoles; d'un autre côté, il est impossible de croire qu'on eût entrepris pour de simples tombes, des travaux qui ont exigé beaucoup de temps et un grand nombre de bras, tant pour le transport des pierres que pour leur mise en œuvre et leur arrangement; enfin d'après leurs dimensions, ces monuments doïvent avoir eu une toute autre destination que celle de renfermer les restes mortels de quelque misérable nomade, auquel non pas seulement le luxe mais l'usage des objets de première nécessité était inconnu.

M. Davydoff, pendant le cours de ses explorations, a fait exécuter dans divers lieux où il a rencontré de ces monuments des temps anciens, des fouilles dont il rend compte dans ses notes de voyage, et les résultats qu'elles ont produits le portent à conclure dans le sens de sa première hypothèse. En effet, il a trouvé ainsi des squelettes humains sans tête, des ossements isolés, des têtes séparées du tronc auquel elles avaient appartenu; de plus les corps avaient été évidemment placés dans un état de nudité complète sous les pierres qui les recouvraient; car nulle part, on n'a pu constater la présence de cette couche particulière qui provient des vêtements détruits par un séjour prolongé dans la terre, et jamais aucun objet à l'usage domestique, en métal ou toute autre matière, si insignifiant qu'il pût être, n'accompagnait les restes humains que ces fouilles ont mis au jour. Il est permis de penser, dit l'auteur en terminant, que ces tertres élevés par la main des hommes ainsi que les constructions de forme quadrilatérale que l'on rencontre disséminées par groupes dans tous le pays Transbaïkalien, n'étaient autre chose que des lieux consacrés et des autels sur lesquels ont été accomplis des sacrifices humains.

Les routes autour du lac Baïkal; par M. A. Mordvinoff, membre-collaborateur de la Section Sibérienne.—Dès l'année 1781, la pensée d'établir autour du lac Baïkal une route praticable en tout temps pour les charrois, a occupé l'autorité locale ainsi que l'administration supérieure; la seule communication par voie sèche qui existât encore en 1784, présentait de graves inconvénients, tant sous le rapport de la longueur du parcours que sous celui des difficultés dont elle était semée et qui ne la rendaient accessible qu'aux montures. L'employé chargé à cette époque, par le Gouverneur-général d'Irkoutsk et de Kolyvan, de constater l'état de cette route, mentionnait dans son rapport que, du fort Tounkinsk au poste Kliutchevsk, il l'avait trouvée convenable sur une étendue de 40 verstes et 142 sagènes, et mauvaise sur un espace de 30 verstes et 400 sagènes; que, dans la partie qui traversait les montagnes ou les marécages, l'ensemble des ponts existants ne représentait qu'une longueur totale de $21\,^1/_2$ sagènes tandis qu'on comptait jusqu'à 118 gués de rivière à traverser, dont 25 sur le Zemtchoug seulement.

La voie humide par le Baïkal n'offrait pas moins de difficultés, tant à cause de l'état alors peu satisfaisant des moyens de navigation que du danger réel que celle-ci présentait au printemps et à l'automne; de plus, dans l'arrière-saison, toute communication par cette voie se trouvait souvent interrompue pendant près de deux mois, et les besoins de la contrée Transbaïkalienne, le commerce de Kiakhta surtout, exigeaient impérieusement l'établissement d'une route qui pût assurer avec l'intérieur de l'Empire, des relations plus faciles et surtout plus régulières.

C'est de cette époque que datent les premières recherches effectuées par ordre du Gouvernement dans le but de trouver un itinéraire satisfaisant à toutes les conditions. Depuis lors, bien des projets furent successivement proposés; les uns ont été rejetés après examen; d'autres, après avoir été agréés, sont demeurés dans l'oubli ou n'ont reçu qu'un commencement d'exécution; M. Mordvinoff, dans son article, se livre à une appréciation consciencieuse et détaillée des avantages et des inconvénients que présentaient les plus remarquables d'entre eux. Leurs auteurs, suivant lui, ont eu presque tous le tort de chercher dans leur tracé à se rapprocher du lac dans le seul but d'abréger la distance, et il semble qu'ils aient oublié que le plus court chemin n'est avantageux qu'autant qu'il réunit en même temps toutes les autres conditions de sûreté et de commodité; cette tendance, qu'ils ont tous montrée, à réduire l'étendue de l'espace à parcourir, et les efforts qu'ils ont prodigués uniquement dans cette intention, leur a fait considérer comme inadmissible un itinéraire qui eût passé sur le versant opposé de la chaîne du Baïkal, ou pour mieux dire ils n'ont pas même arrêté leur attention sur cette possibilité. Cependant le lac Baïkal gît au fond d'un immense bassin enfermé de tous côtés par des montagnes; la composition géognostique de celles-ci, la présence multipliée des trachytes, surtout dans la partie méridionale du bassin, attestent suffisamment une origine volcanique, à laquelle se rattache également la formation du lac lui-même qui recouvre sans doute le cratère du volcan éteint; l'explorateur qui visite les rives du

Baïkal, reconnait clairement que celui-ci a été le centre de la catastrophe géogolique qui s'est produite, et que l'effet des forces souterraines qui ont agi dans cette circonstance s'est affaibli en s'éloignant du lac; c'est ce qui explique ce fait que sur le rivage même et aux embouchures des cours d'eau, les montagnes affectent des formes plus capricieuses, offrent des pentes plus abruptes, et que les ruisseaux viennent se précipiter avec une rapidité torrentueuse dans le vaste réservoir qui leur est ouvert. Aussi ces ruisseaux, qui se grossissent encore d'innombrables sources, deviennent-ils au printemps d'un passage très difficile, surtout à proximité de leur embouchure. Ces obstacles, joints à ceux que présentent les marais, les escarpements de montagnes, les ravins, constituent une série de difficultés qui s'amoindrissent au contraire à mesure qu'on s'éloigne du lac et que l'on atteint des lieux où la nature elle-même prend un tout autre aspect.

Enfin l'administration s'est émue des inconvénients sérieux qui entravaient les communications entretenues avec le pays Transbaïkalien au moyen des routes existantes; elle s'est occupée d'en rechercher de nouvelles sur les pentes sud-est de la chaîne du Baïkal, c'est-à-dire là où il est en effet possible d'en trouver; et, en 1853 et 1854, le Gouverneur actuel de la Sibérie orientale a envoyé des topographes étudier les lieux, sur des indications fournies par les habitants. Ces travaux ont donné pour résultats, deux tracés qui présentent sur la route de poste actuelle, les avantages suivants: 1° le passage des rivières infiniment plus facile à organiser; 2° des pentes moins roides à franchir, soit à la montée soit à la descente; 3° moins de neige sur la route; 4° point de grands marais à traverser; 5° absence de tout danger pouvant résulter de la crûe subite des eaux au printemps; 6° nulle crainte de voir le passage encombré sous des amas de neige; 7° certitude de rencontrer des habitations sur la moitié de la route. Entre ces deux projets, ajoute M. Mordvinoff, le choix n'est pas encore arrêté; mais on doit espérer qu'il ne saurait tarder à l'être en présence de l'importance qu'a prise le pays Transbaïkalien sous le double rapport commercial et administratif.

Caractère des terrains aurifères de l'arrondissement de Nertchinsk; par M. N. Anossoff, membre-collaborateur de la Section Sibérienne. — On a beaucoup écrit sur les terrains aurifères de la Sibérie, dit l'auteur de ce travail, mais nul encore n'a songé à définir les causes de leur existence ni à signaler les circonstances qui annoncent la présence du métal précieux. Les personnes qui, dans ce pays, se livrent à la recherche des gisements aurifères, ont généralement le préjugé que, pour réussir dans les entreprises de ce genre, il ne faut qu'une chance heureuse; et cette idée est si bien enracinée chez eux, que tout conseil, tout avis, basé sur les données que fournit la science ou une longue pratique, leur parait superflu. Cependant on peut dire que si les caractères des terrains aurifères en Sibérie, sont variables ou, pour mieux dire, ne sont pas les mêmes dans toutes les localités, chacune de celles-ci, tout au moins, offre son type particulier et un caractère qui lui est propre. Or, quand il s'agira de se rendre compte de la richesse présumable d'un terrain non encore exploité, l'homme qui se sera familiarisé d'avance avec le caractère des gisements aurifères déjà connus, ne sera-t-il pas plus apte et plus prompt à se former un jugement?

Telle est la pensée qui a guidé M. Anossoff, lorsqu'il entreprit de décrire le *caractère des terrains aurifères de l'arrondissement de Nertchinsk* et d'exposer les données sur lesquelles il se fonde, pour définir les lois qui régissent l'apparition du métal précieux.

Les résultats des opérations de l'année 1855 et ceux des exploitations antérieures à cette époque ont démontré que les indices les plus sûrs de la présence de l'or, et par conséquent les terrains les plus riches en métal, ne se rencontraient dans l'arrondissement de Nertchinsk, que dans certaines localités séparées par des distances considérables. Une étude approfondie des exploitations de Kariisk et de Schakhtaminsk ainsi que des lieux qui les avoisinent et séparent les deux systèmes, a mené l'auteur à la découverte des causes qui expliquent, d'une manière suffisamment précise, la rareté des gisements aurifères et la présence des terrains d'une autre nature dans leur voisinage; l'expérience est venue l'affermir encore dans la conviction qu'il s'était formée. Pour l'intelligence de ses explications, M. Anossoff décrit superficiellemant les effets des principaux bouleversements qu'a subis le sol de l'arrondissement de Nertchinsk pour arriver à son état actuel. L'époque de ces bouleversements, qui ont laissé des traces visibles, correspond, suivant lui, à celle de la formation des monts Jablonnoï; les désordres qui se sont alors manifestés dans la disposition des couches souterraines, ont donné naissance à d'autres chaînes parallèles à la première, ce qui fait que les principales rivières de la contrée coulent généralement dans la direction du nord-est. Toutefois, les chaînes montagneuses n'ont pas conservé partout leur parallélisme, qui se trouve totalement rompu en certains points par les granito-syénites aurifères étrangères à la chaîne des Jablonnoï; ces roches présentent ce caractère particulier qu'elles ont été soulevées autour de certains centres et non suivant des axes longitudinaux, c'est-à-dire qu'elles ont eu pour tendance de former des nœuds de montagnes et non des chaînes parallèles; et, comme leur apparition a détruit en partie l'arrangement résultant de la naissance des monts Jablonnoï, sans doute le parallélisme des chaînes montagneuses dans la direction du nord-est est dû à des causes d'une date relativement plus récente. Cette double circonstance indique que la présence des granito-syénites doit être attribuée en quelque sorte à une seconde époque géologique; mais d'un autre côté, en considérant le soulèvement de ces dernières comme se liant à celui des granits des Jablonnoï, en ce sens qu'il est également l'œuvre des révolutions qui ont accompagné la formation de la grande chaîne et remué les entrailles de la terre jusqu'aux couches renfermant les métaux précieux, il sera plus exact de rapporter l'apparition des unes comme des autres à une même période géologique.

Par suite de ces bouleversements successifs, le sol de l'arrondissement de Nertchinsk a pris un caractère particulier et présente l'aspect que voici: situé au-delà des monts Jablonnoï, dans la Daourie, cet arrondissement est divisé par les vallées de l'Ingoda, de l'Onone, de la Nertcha et de la Schilka, en quatre parties — nord-est, nord-ouest, sud-est et sud-ouest, et chacune d'elles renferme un nœud de montagnes d'où se détachent des rameaux distincts. La position de ces nœuds est déterminée par la direction des rivières qui en découlent de différents côtés; ceux qui se trouvent à l'ouest sont l'objet de travaux qui se poursuivent actuellement; les deux autres, vers l'est, sont parfaitement connus et les résultats qu'ils fournissent font augurer favorablement de l'avenir réservé à ceux qui sont en voie d'exploration. Chaque nœud renferme une série de gisements, parmi lesquels il s'en trouve un plus important que les autres comme dimensions et comme richesse; celui-là constitue pour ainsi dire la *couche-mère*; à mesure qu'on s'en éloigne sur l'un ou l'autre côté, le terrain se fait graduellement plus pauvre en or et le métal finit par disparaître complètement au-delà d'une certaine limite pour se montrer de nouveau aux approches d'une autre couche-mère. La nature aurifère des gisements et leur disposition sont nettement indiquées par la présence des granito-syénites, qui les accompagnent constamment dans toute l'étendue de l'arrondissement de Nertchinsk; leur appauvrissement successif, à mesure qu'ils s'éloignent des *nœuds,* démontre l'irrégularité de la répartition du métal et réfute l'hypothèse de l'existence d'une zône aurifère qui s'étendrait dans le cercle de Nertchinsk; car, non seulement ces gisements ne sont pas reliés entre eux par une suite de terrains aurifères, fût-ce des plus pauvres, mais encore ils ne se trouvent pas disposés sur une même ligne puisque les nœuds de montagnes ou systèmes auxquels ils appartiennent, forment au contraire les quatre points angulaires d'un plateau trapézoïdal. Si dans tout autre endroit de l'arrondissement de Nertchinsk, l'or se montre accidentellement, c'est toujours en quantité insignifiante et dans le voisignage des mines d'argent, circonstance qui jointe à l'apparence que le métal affecte dans ce cas, doit le faire considérer alors comme un des élémens appartenant à la formation argentifère.

MÉLANGES.

Déliun-Boldok, sur les bords de l'Onone *(patrie de Gengis-Khan)*; par M. Jurensky. — Chargé en 1854, par la Section Sibérienne, d'explorer le cours de l'Onone, M. Jurensky, en visitant la contrée qui s'étend depuis le poste de Verkhné-Olkhonsk jusqu'à l'embouchure de l'Ingoda, sur un espace de plus de 600 verstes, a voulu éclaircir un point historique intéressant:—le lieu qui a donné naissance à Gengis-Khan se trouve-t-il dans la Mongolie Chinoise ou dans les limites des possessions Russes? Telle est la question dont l'auteur a cherché la solution dans le témoignage des historiens mongols, Reschid-Eddin et Aboul-Hazy, qui s'accordent à faire naître le célèbre conquérant sur les bords de l'Onone, dans un lieu nommé *Déliun-Boldok*, situé sur le territoire russe, à 8 verstes de la frontière chinoise, 27 du fort Tchindant et 230 de la ville de Nertchinsk, dans la direction du sud-ouest. La localité elle-même, qui n'a pas plus d'une verste d'étendue, se trouve sur le côté droit de la rivière, au milieu d'un pays accidenté mais qui n'offre rien de pittoresque; les collines y sont couvertes de pins, les îles dont est semé l'Onone en cet endroit ont un aspect monotone et l'on n'y voit pas de ces peupliers séculaires qui se montrent sur d'autres points de son parcours, nommément vers les embouchures du Mangoute, de la Kourtza et de l'Ili; sur la rive gauche se prolongent de hautes montagnes dépourvues de bois, et sur le premier plan de cette chaîne s'élève le pic Jaké-Batour, lieu consacré, dans lequel les lamas mongols viennent chaque été accomplir des cérémonies religieuses qui sont l'occasion de réjouissances publiques.

On sait qu'il existe sur le Baïkal, une cavité creusée dans un rocher de la partie méridionale de l'île d'Olkhonc et qui est connue sous le nom de la *coupe de Gengis-Khan*. Cette dénomination, qui témoigne tout au moins de la présence passagère du guerrier mongol en ce lieu, constitue aussi un fait important au point de vue de certains historiens qui regardent Gengis-Khan comme issu d'une famille originaire de la steppe de Bargouzine, qui s'étend non loin de l'île d'Olkhone.

La chasse dans le pays d'Oudsk et les contrées environnantes; par M. Schichkéwitch. — Dans tout le pays compris entre 54°—58° de latitude-nord et 221° — 227°. 45′ de longitude à l'ouest du méridien de Greenwich, sur le cours des rivières Tougour, Ouda, Outchour, Vatama, Aldama, Maia et de leurs nombreux affluents, sur le double versant des monts Stanovoï et jusqu'au littoral de la mer d'Okhotsk, la chasse des animaux à fourrures, dit l'auteur de cette notice, est une industrie exercée exclusivement par les Toungousses-nomades indigènes. Cette chasse, qui la plupart du temps a lieu dans les montagnes et vers les sources des rivières, ne se fait pas chaque année dans les mêmes lieux et ne produit pas toujours des résultats également satisfaisants; le déplacement des espèces, qui émigrent souvent dans des contrées fort éloignées pour y chercher une nourriture plus abondante, en est la cause.

La chasse commence aux premiers jours d'octobre, quand les animaux ont déjà leur poil d'hiver; elle se termine en avril à l'époque de la mue. Les espèces sont peu nombreuses dans ces parages et leurs fourrures n'ont pas partout une égale valeur. On rencontre l'ours en tous lieux; il en est de même du renard rouge et de l'hermine; le loup se voit rarement; le renard gris se montre vers le nord, la loutre sur le versant septentrional des Stanovoï, le musc seulement dans la partie méridionale de la contrée; le renne sauvage, l'élan, le lièvre, l'écureuil sont répandus dans tout le pays; pourtant la dernière espèce hante plus volontiers le cours des deux rivières Vatama et Maia; quant à la zibeline, on la trouve sur l'Outchour, le Tougour et l'Ouda. L'arc, dont se servaient autrefois les Toungousses, est aujourd'hui remplacé par une carabine de petit calibre dont ils savent faire usage avec une rare justesse de coup-d'œil. Dès les premiers jours de l'automne, le chasseur se met en campagne; jusqu'à l'époque des neiges, il se fait accompagner d'un chien qui bat les bois et donne de la voix quand il a fait lever quelque bête. L'hiver, lorsque la neige est épaisse, le Toungousse marche seul, et, à l'aide de ses patins, il poursuit la zibeline, l'écureuil, l'hermine, qu'il atteint le plus souvent au sortir du creux d'un tronc d'arbre ou qu'il tire sur la branche où l'animal s'est réfugié; aux premières neiges, il va chercher l'ours jusque dans sa tanière et l'attaque à sa sortie; cette chasse est presque toujours faite par un seul homme, très rarement par plusieurs ensemble et seulement dans des cas de rencontre fortuite. Les Toungousses ne tuent jamais l'ours pendant son sommeil, ils redouteraient sa vengeance posthume pour un pareil meurtre; ils le combattent ordinairement avec un large couteau emmanché sur un solide bâton et qui fait l'office d'épieu. L'hiver, ils établissent aussi sur le passage des bêtes sauvages, un piège armé d'une flèche et dont la détente n'est retenue que par un crin de cheval; le plus léger attouchement d'un animal suffit pour faire agir l'engin meurtrier et lui coûte la vie. Pour la chasse des rennes sauvages, on se sert d'un renne domestique dont le pelage se rapproche du leur et qui n'ait jamais été attelé; le chasseur, dès qu'il a connaissance d'une troupe de rennes, pousse vers ceux-ci, en se plaçant sous le vent, l'animal apprivoisé qu'il retient à l'aide d'une longue courroie, tandis que lui-même, caché à peu de distance, peut faire un grand carnage parmi la troupe sauvage avant que celle-ci n'ait éventé la présence de son ennemi. L'arc est plus sûr que la carabine pour cette chasse dont le succès dépend surtout du renne domestique employé dans la circonstance.

Les fourrures de zibelines, de renards, d'écureuils et d'hermines, sont destinées au commerce d'échange; les peaux de rennes et d'élans, les unes séchées, les autres tannées, sont employées par les indigènes à la confection de leurs habitations et de leurs vêtements. La chasse est donc en quelque sorte l'unique ressource du Toungousse dans cette contrée; seule elle peut assurer sa subsistance et lui procurer le bien-être; le renne, l'ours et l'élan, servent à le nourrir en même temps qu'à le vêtir, les fourrures des autres animaux lui fournissent le moyen de se procurer des armes, de la poudre et du plomb, du fer, du tabac, du thé, des tissus de laine et de coton, etc. Les échanges se font la plupart du temps sur les lieux entre les indigènes et les marchands ou leurs commis, venus d'Iakoutsk avec des traîneaux chargés de marchandises. Cette manière de procéder présente bien plus d'avantage aux Toungousses, même quand ils abandonnent leurs fourrures pour moitié de leur valeur, que s'il leur fallait se rendre dans les localités désignées pour ce genre de commerce et qui sont encore très éloignées. Les fourrures n'ont jamais un prix constant; en général une peau de zibeline se paie depuis 5 jusqu'à 10 roubles-argent, un renard gris — de 5 à 8 roubles, un renard rouge — de 2 à 4, l'écureuil et l'hermine valent de 8 à 15 copeks la pièce.

La ville de Minoussinsk; par M. le Prince Kostroff, membre-collaborateur de la Section Sibérienne. — Sous ce titre l'auteur a réuni quelques données géographiques et statistiques concernant la ville qui est de fondation toute récente. Minoussinsk, chef-lieu d'arrondissement du gouvernement d'Iénisséisk, est bâtie au confluent même d'une petite rivière qui porte le nom de Minoussinka et d'un bras de l'Iénisséi dont le cours principal est encore éloigné de huit verstes. La ville se trouve par 55°.21′ de latitude et 107° de longitude à l'est du méridien de l'île de de Fer, à 5.420 verstes de St. Pétersbourg, 4.355 de Moscou, 552 de Krasnoiarsk et 445 de la frontière Chinoise. En 1831, elle renfermait à peine 150 maisons; elle en compte aujourd'hui 307, toutes en bois à l'exception d'une seule construite en pierre, et une église d'une assez bonne architecture à laquelle se trouve annexée une maison d'asile. La population comprend aujourd'hui 2.047 âmes et se répartit comme il suit:

	sexe masculin.		sexe féminin.
Clergé	10	—	18
Militaires	157	—	46
Employés civils	81	—	83
Nobles	13	—	13
Marchands	110	—	115
Bourgeois	704	—	650
Paysans	6	—	9
Déportés	12	—	20

Dans ce nombre, 1825 habitants professent la religion grecque-orthodoxe et 98 sont schismatiques; on compte en outre 9 catholiques et 15 israélites. Les relevés des cinq dernières années, (1850-1855) donnent en moyenne annuelle pour la ville de Minoussinsk: 93 naissances 73 décès et 16 mariages; dans le chiffre des décès figurent 49 enfants au-dessous de cinq ans. On peut dire que le climat de la contrée est, en général, sain et exempt de toute influence nuisible à la santé des habitants. Le commencement du printemps est ordinairement beau, la fin en est pluvieuse; l'été commence en juin; ce mois et le suivant constituent la belle saison, mais en août revient celle des pluies; dès les premiers jours de septembre, le temps se remet et reste ordinairement beau tout l'automne; l'hiver ne commence pas avant le mois de décembre, il est presque toujours sec mais souvent accompagné de froids excessifs.

Minoussinsk n'a encore ni usines ni fabriques, il ne s'y tient pas de foire; il y a marché tous les dimanches et chacun doit s'y approvisionner pour toute la semaine, sous peine de se trouver dans un grand embarras jusqu'au dimanche suivant; les paysans des environs ne se rendant à la ville que ce seul jour pour y vendre leurs productions et se hâtant, aussitôt après, de regagner leur village. Les habitants s'occupent principalement d'agriculture et de l'éducation des bestiaux; à l'époque actuelle, la classe des marchands et celle des bourgeois ensemencent chaque année environ 70 dessiatines de terre en grands blés ou grains d'automne et

1500 en petits blés (de printemps); 150 dessiatines sont couvertes de plants de pomme-de-terre; il est à remarquer qu'on sème aussi en grande quantité des melons d'eau ou pastèques qui réussissent très bien et dont on trouve le débit à Krasnoïarsk. L'élève du bétail a pris un développement considérable; les deux classes d'habitants déjà mentionnées (bourgeois et marchands), possèdent une moyenne de 10 chevaux, 17 têtes de gros bétail et 30 moutons par famille. Les revenus de la ville sont très médiocres et ne dépassent guère 3.500 roubles par an, produit de la location des boutiques du bazar, des droits d'enregistrement et de protêt des lettres de change et autres actes; en 1855, son capital ne s'élevait encore qu'à 11.061 roubles 17 copeks. Depuis l'année 1850, une école paroissiale a été ouverte; elle est fréquentée annuellement par 34 élèves.

Ces notions statistiques sur la ville de Minoussinsk sont suivies de quelques observations ethnographiques qui en font le complément naturel. M. le Prince Kostroff a recueilli une collection de *Remarques populaires* ayant cours dans le pays, parmi les gens qui constituent la partie la plus importante de la population, c'est-à-dire parmi les habitants qui se livrent à l'agriculture. Naturellement, ajoute l'auteur, ces *remarques* ne sortent pas du cercle très borné des choses qui peuvent intéresser une classe d'individus ne s'occupant que d'économie domestique, ne songeant le jour qu'à ce que sera le lendemain et cherchant à prévoir au printemps ce qu'amènera l'été. Nous en citerons quelques unes:

«Au printemps, si les bestiaux rentrent des champs en mâchant encore de l'herbe, l'année sera peu productive en fourrages.»

«Lorsque les grues dans leur vol, tournent longtemps sur la même place, l'automne se prolongera.»

«Si l'on coupe du bois pour construire une maison, lorsque la lune est dans son décroît, le propriétaire n'aura pas de bonheur.»

«Un canard sauvage ou une poule de bois qui se pose sur un toit, annonce la ruine ou tout autre malheur à celui qui habite la maison.»

Les Yuraques; par M. le Prince Kostroff. — Cette peuplade encore très-peu connue appartient à la famille des Samoyèdes. Les Yuraques, dit l'auteur, errent sur les bords de la mer Glaciale, vers la baie de l'Ob et l'embouchure de l'Iénisséi; le pays qu'ils occupent est compris entre ce fleuve et la rivière Taz; et si du village de Tazovsk sur le cours de cette dernière, on dirige par la pensée, une ligne droite qui vienne couper l'Iénisséi au-dessous de Touroukansk, à la hauteur du village de Kouréisk, on aura la limite méridionale que ces nomades ne franchissent jamais. La contrée offre en quelque sorte l'aspect d'une vaste plaine, et sauf quelques collines qui bordent les rives de la Khéta, affluent de l'Iénisséi, le reste n'est plus qu'un *tundra* coupé de ruisseaux et de petits lacs. Ceux-ci pour la plupart n'ont pas de nom ou pour mieux dire, portent les mêmes appellations que les petites rivières qui en découlent et dont les plus importantes sont: la Volodetchna, la Ghyda, la Péliatka, la Solénaia, la Khéta, le Messo et la Volotchanka; leurs eaux abondent en poissons des meilleures espèces. Toutes ces rivières coulent entre des bords complètement découverts; on voit bien encore quelques bois sur le cours du Taz, un peu au-dessus du village de Tazovsk, ainsi que sur la rive de l'Iénisséi à proximité de Kouréisk, mais au-delà, le *tundra* s'étend jusques sur le littoral de l'Océan Glacial. Cette absence de forêts n'empêche pas que le pays ne soit assez peuplé en quadrupèdes; sans parler de l'ours blanc, habitant ordinaire des régions polaires, il est assez remarquable que l'on y rencontre l'ours noir, le renard rouge, le renard gris, la zibeline, le renard blanc, le glouton, l'écureuil et l'hermine; ces deux dernières espèces ne donnant du reste que des fourrures de qualité inférieure. En oiseaux, on trouve le cygne, l'oie de grande taille et l'oie moyenne, le canard et le grèbe. Il est presque inutile d'ajouter que ce pays ne connait pas d'été et qu'il y règne un hiver continuel accompagné de toutes les rigueurs des climats polaires. Voilà en peu de mots, le tableau du désert glacé que les Yuraques ont choisi pour y établir leur demeure.

D'après les derniers relevés de la Commission d'impôt, les Yuraques à l'époque du 8ème recensement, étaient au nombre de 410, savoir: 250 du sexe masculin et 160 du sexe féminin; mais vers le même temps, la petite-vérole ayant exercé ses ravages parmi eux, ils se sont trouvés réduits à 310 individus des deux sexes; ils sont aujourd'hui divisés en deux tribus, l'une qui erre sur le cours du Taz depuis le village de Tazovsk jusqu'à une distance d'environ 300 verstes en aval de ce point, l'autre qui ne s'éloigne pas de la mer Glaciale; la première, d'après les données les plus récentes, compte 166 individus du sexe masculin; la seconde, 36 seulement.

Les Yuraques ont les cheveux noirs et le teint basané, mais leur physionomie n'offre pas cet ensemble désagréable qui se rencontre fréquemment chez les sauvages; ils sont en général bien proportionnés, vifs et alertes; il est dans leurs habitudes de porter les cheveux longs, rassemblés et noués derrière la tête avec une courroie ou un nerf de renne. Leur costume est des plus simples; l'été, ils ont un long vêtement fait de peau de renne dont le poil a été enlevé et qui est surchargé de boutons de cuivre, de verroteries et autres ornements cousus, des bottes de la même peau qui montent jusqu'aux genoux, enfin une ceinture à laquelle sont suspendus: — un couteau, une poire à poudre, un petit sac contenant des balles, et un autre, orné de verroteries, qui renferme une pipe et un briquet. Le costume d'hiver est le même, sauf que les peaux dont il est confectionné, sont employées avec leur poil. Les femmes se coiffent d'un bonnet de drap rouge ou bleu, bordé de peau de glouton, de renard ou de toute autre fourrure; elles ont des bottes pareilles à celles des hommes et un vêtement de peau de renne, recouvert en drap bleu ou jaune, avec quantité d'ornements cousus, tels que verroteries, boutons, rubans, etc.; leurs longs cheveux noirs, qui sortent de dessous leur coiffure, sont divisés en quatre nattes dont deux se rattachent aux tempes tandis que les deux autres pendent sur les épaules; enfin, à l'exemple des hommes, elles portent également suspendus à leur ceinture — un couteau et un petit sac renfermant la pipe et le briquet. Tous les objets qu'emploient ces indigènes à l'ornement de leur costume, leur sont fournis par des marchands d'Iénisséisk, qui, chaque été, descendent le fleuve jusqu'au pays de Touroukansk avec des barques chargées de grains, de sel et d'autres articles à l'usage des *inorodsis*. Les Yuraques habitent sous des *iourtes* (tentes) de forme conique ayant une ouverture au sommet pour le passage de la fumée; ces *iourtes* sont faites de peaux de rennes cousues le poil en dehors, elles sont assez vastes pour abriter une vingtaine d'individus, et plus s'il en était besoin.

Ces nomades ont été connus des Russes, sous le nom de Samoyèdes, depuis les premières années qui suivirent la conquête de la Sibérie. Sous Boris Fédorovitch, le prince Schakhovskoï ayant reçu la mission de fonder une ville à l'embouchure du Taz, partit de Tobolsk dans ce but, accompagné de cent cosaques. Arrivé à Bérézoff, Schakhovskoï fit construire deux grandes barques, quatre autres embarcations de dimensions moindres, et déboucha dans la baie de l'Ob; mais à peine avait-il franchi une certaine distance sans toutefois perdre de vue le rivage, qu'assaillie par un fort coup-de-vent, sa flottille fut poussée à la côte et les barques s'emplirent d'eau en un instant. Le prince et ses cosaques durent débarquer et poursuivre leur route en se faisant guider par quelques Samoyèdes; toutefois l'expédition ne fut pas plus heureuse en terre ferme qu'elle ne l'avait été sur l'élément liquide; à une journée de marche de la rivière Aouda, les Yuraques tombèrent à l'improviste sur la petite troupe; sans doute le combat fut terrible à en juger par les résultats; trente cosaques y perdirent la vie et Schakhovskoï blessé lui-même, contraint d'abandonner ses bagages, dut faire retraite avec le monde qui lui restait et renoncer à son entreprise. En 1601, les deux vayvodes Pouchkine et Massalsky furent chargés de diriger une seconde expédition et de bâtir une ville dans le lieu précédemment indiqué; l'oukase impérial leur prescrivait en outre de s'informer du prince Schakhovskoï et de savoir ce qu'il était devenu, circonstance qui prouve l'ignorance où se trouvait l'autorité à l'égard du sort de ce chef et de ses compagnons. Massalsky arrivé à l'embouchure du Taz avec deux-cents cosaques, remonta quelque peu le cours de cette rivière et fonda, en vue des tentes yuraques, une petite ville qui reçut le nom de Mangazéia.

Le *Livre du Grand-Tracé* contient la mention suivante sur la contrée qui fut le théâtre de cette double expédition: «Au-delà «de la rivière Obi, y est-il dit, à une distance de 200 verstes, «vient tomber dans la mer — la rivière Taz; celle-ci reçoit la Pour; «le cours de la première est de 890 verstes, celui de la seconde «en a 460; sur les bords de la rivière Taz-Mangazéia vivent les «Samoyèdes-Piakis.» Le sort de la ville de Mangazéia est connu, elle fut brûlée; on jugea qu'il n'y avait pas lieu de la rebâtir à cause de l'insalubrité du climat et sans doute aussi, à cause du voisinage des Yuraques; ses habitants furent transférés en 1672 à Touroukansk.

Les Yuraques se sont toujours fait remarquer pour leurs dispositions malveillantes à l'égard des Russes, leur opiniâtreté à refuser l'impôt des fourrures et leur animosité contre les Samoyèdes et les Ostiaks. On lit, entre autres choses, dans les instructions envoyées au commandant Behring à la date du 16 mars 1733, «qu'entre l'Obi et l'Iénisséi errent des nomades connus sous la dénomination de Samoyèdes-Yuratzkis, qui ne sont pas encore soumis à l'impôt et sont en état d'inimitié constante avec les Ostiaks; qu'en conséquence, il convient d'explorer cette contrée.» Enfin en dernier lieu, au commencement du XIXe siècle, les Yuraques des côtes de l'Océan Glacial ont encore attaqué une petite localité habitée par quelques Russes, l'ont pillée et brûlée. Aujourd'hui il n'en est plus ainsi; les Yuraques de la tribu du Taz sont d'un caractère pacifique et même hospitalier à l'égard des Russes; ceux du littoral se distinguent bien encore par leur rudesse et leur grossièreté; mais les uns comme les autres viennent à épcques fixes, sans contestation aucune, acquitter l'impôt dans les villages russes désignés à cet effet, et ils s'y approvisionnent en même temps, de grains, dans les magasins de l'Etat; l'impôt consiste ordinairement en peaux d'isatis et d'hermines.

La plupart des Yuraques du Taz sont chrétiens et quelques
uns d'entre eux ont appris à lire et à écrire durant leur séjour
dans les habitations russes; les autres sont complètement idolâtres
sans qu'on puisse dire sur quelle croyance repose nommément
leur idolâtrie. La tente de tout Yuraque aisé renferme une quantité prodigieuse d'images grossièrement sculptées, en bois ou en
ivoire de mammouth, représentant des rennes, des renards, des
écureuils ou d'autres animaux, mais jamais de loup, quadrupède
qui est le grand ennemi de ces indigènes, sans doute à cause du
préjudice qu'il leur occasionne par ses attaques contre les troupeaux de rennes domestiques. Souvent il arrive, lorsqu'un loup à
été tué dans un cas pareil par le propriétaire d'un troupeau, que
celui-ci loin de vouloir tirer le moindre profit ni de la chair ni
de la peau de son ennemi vaincu, se hâte de brûler le tout. Il
est à remarquer aussi que les Yuraques du Taz, familiarisés avec
les idées du christianisme, ne se font aucun scrupule de trafiquer
de la peau de l'ours et de manger la chair de cet animal qu'ils
considèrent comme un mets délicat, tandis que les nomades des
bords de la mer s'en abstiennent parce qu'ils rangent ce quadrupède parmi leurs attributs religieux. Les Yuraques idolâtres ne
connaissent ni prières ni cérémonies; ils ne savent que se proster-
ner devant leurs images de bois et les implorer lorsque leur chasse
ou leur pêche n'a pas été heureuse, ou lorsque le tonnerre se fait
entendre en été. Toutefois, il faut reconnaître que ceux même
de ces nomades qui sont chrétiens, ne font pour ainsi dire qu'en
porter le nom et sont restés idolâtres de fait; comment pourrait-il
en être autrement de ces hommes qui errant sans cesse dans les
bois et les *tundras*, à 1.500 verstes de la paroisse dont ils relèvent, ne la visitent pas une fois dans l'année. Ces Yuraques baptisés croient sincèrement que le Dieu des chrétiens appelle à lui
les âmes de ceux qui auront reçu le baptême et qui lui auront
adressé leurs prières, mais ils n'en demeurent pas moins convain-
cus que le corps de l'homme, après la mort, appartient au mauvais esprit et que, pour assurer le bien-être de leur vie terrestre,

ils doivent partager avec celui-ci, le superflu de leur chasse et de leur pêche.

Le langage des Yuraques est un idiome samoyède. Feu Castren qui, pendant huit années, s'est livré à des recherches ethnographiques sur les Samoyèdes répandus depuis l'Altaï jusqu'à la mer Glaciale et de l'Iénisséi à la mer Blanche, distingue dans leur langue trois idiomes: — du nord-ouest ou *yuraque*, du nord-est ou *tavghy* et du sud ou *ostiako-samoyède;* chacun d'eux se subdivise en plusieurs dialectes.

L'auteur, après avoir décrit quelques usages et coutumes domestiques des Yuraques, les cérémonies qui accompagnent chez eux la célébration du mariage ou l'inhumation d'un des leurs, termine ainsi:

«Dans un pays tel que celui qu'ils habitent, les Yuraques ne peuvent avoir d'autres occupations que la chasse et la pêche; ils recherchent les animaux sauvages autant pour la chair que pour la fourrure et se nourrissent indifféremment de celle du renard, du glouton, de l'écureuil ou de l'hermine; à cette ressource il faut ajouter le renne domestique qui est l'animal le plus précieux dans ce *tundra* désert. Les nomades aisés en possèdent jusqu'à 1.000, et l'on cite pour ses richesses, un de ces indigènes, dont les troupeaux comptent plus de 6.000 têtes. L'attachement du Yuraque pour ses rennes est tel que si la chasse et la pêche lui ont fait complètement défaut et qu'il se trouve éloigné des magasins de grains, il endurera les angoisses de la faim pendant quatre et cinq jours avant de se résoudre à sacrifier un de ces animaux; fait d'autant plus digne de remarque que le même homme, lorsqu'il a tué un ours ou un renne sauvage, est capable de dévorer quinze livres de viande dans un seul repas.»

Coup-dœil sur l'exploitation aurifère de Schakh-taminsk; par M. l'Archiprêtre Bogolubsky, membre-collaborateur de la Section Sibérienne. — Les données que renferme cet article ont été recueillies par l'auteur, pendant son séjour sur les lieux même. Les terrains aurifères de Schakhtaminsk (arrondissement de Nertchinsk) ont été découverts en 1850 dans la partie supérieure de la vallée qu'arrose la Schakhtama, affluent de l'Ounda; ils se trouvent vers la source de cette petite rivière sur le versant sud-ouest de la chaîne montagneuse qui sépare les eaux du Gazimour de celles de l'Ounda. La couche aurifère se prolonge à une distance de huit verstes sur une largeur d'environ 25 sagènes, et son épaisseur varie entre deux et trois archines; elle se trouve à cinq et six archines de profondeur; le sol qui la recouvre est formé en partie de terre végétale, et en partie de caillou et de galet mélangés avec de l'argile. La partie la plus élevée du gisement aurifère en est aussi la plus riche et présente la forme d'un bassin légèrement incliné qui s'étend à trois verstes environ; la vallée prend ensuite une inclinaison plus prononcée et le terrain se fait plus pauvre en métal. Celui-ci se présente généralement en paillettes très menues; on rencontre aussi, mais à de rares intervalles, de petites pépites d'or natif pesant jusqu'à 10 zolotniks. Les travaux de cette exploitation se font sur une grande échelle; elle occupe 1800 ouvriers et 11 machines toujours en mouvement pour le lavage des terres; la quantité qu'on en lave annuellement s'élève à 15 millions de pouds qui rendent de 90 à 100 pouds d'or.

Les terrains aurifères de la Schakhtama, comme ceux des autres exploitations minières de Nertchinsk, sont constamment gelés; la chaleur d'un été qui ne dure pas au-delà de cent jours, ne pénétre pas à plus d'une archine de profondeur, les tourbes et les autres couches qui recouvrent les gisements aurifères. Cet obstacle local est la principale raison qui fait que les travaux se poursuivent presque toute l'année sans interruption. En été, ni la tourbe ni même la terre aurifère ne peuvent être enlevées d'une seule fois dans toute l'épaisseur de leur couche; cette opération ne s'effectue que sur la partie du terrain qui a dégelé par l'effet de la chaleur ambiante, effet qui dans le cours de la plus chaude journée, ne se fait pas sentir à plus d'un quart d'archine de profondeur. L'hiver, des feux sont allumés sur le lieu des travaux et la terre est enlevée au fur et à mesure qu'elle se ramollit sous l'action de cette chaleur factice. L'exploitation marche jour et nuit; le jour on y emploie les prisonniers condamnés aux fers et aux travaux des mines; la nuit, ceux-ci sont remplacés par des ouvriers libres et une partie des condamnés que leur bonne conduite a fait exempter de la réclusion.

La vallée est fermée de trois côtés par de hautes montagnes couvertes de bois; les habitations sont bâties sur les pentes qui bordent la rive droite de la Schakhtama; le nombre des constructions, tant particulières qu'appartenant à l'Etat, s'élève à 150; parmi ces dernières on compte: une église, un hôpital et une caserne, la maison de police, le magasin de dépôt des mines, le bâtiment des ateliers (forges, serrurerie, etc.), la prison, les greniers de réserve et la maison de l'intendant des mines où habite également le commandant militaire. Un grand nombre d'ouvriers et d'employés sont venus s'établir dans la localité avec toute leur famille, ce qui porte le chiffre total de la population à 3.000 individus des deux sexes.

M. Bogolubsky, qui s'est également occupé de relever des *Observations météorologiques*, a constaté que l'hiver de $18\frac{54}{55}$ a été particulièrement doux pour la contrée et s'est fait remarquer par l'absence de fortes gelées, dans l'acception que les Sibériens donnent à ce mot.

Dans le cours des années $18\frac{48}{49}$, $18\frac{49}{50}$, $18\frac{50}{51}$, $18\frac{51}{52}$, $18\frac{52}{53}$, $18\frac{53}{54}$, la température moyenne des mois de novembre, décembre, janvier et février avait été de —16°, — 19°1/2, — 20°, — 21°, — 18°1/2, et dans le mois de janvier, les plus grands froids avaient donné pour moyennes: — 27°, — 27°, — 25°1/2, — 28°, — 28°, —27°; pour les mois correspondants de l'hiver de $18\frac{54}{55}$ la température moyenne a été de — 14° seulement et celle des plus grands froids de janvier ne s'est pas abaissée au-dessous de— 21°; en outre la moyenne des moindres froids dans le courant du même

mois a été en $18\frac{54}{55}$ de — 14°, tandis que dans les années précitées, cette moyenne avait présenté pour résultats:—17°, — 21°,
— 22°, — 22° et — 20°. La neige a été aussi beaucoup
moins abondante pendant l'hiver de $18\frac{54}{55}$ et l'été précédent s'était
montré pluvieux beaucoup plus qu'à l'ordinaire, surtout le mois
d'août. Enfin un autre indice de l'adoucissement remarquable de
l'atmosphère a été celui-ci: les gelées blanches qui avaient cem-
mencé en 1840 — le 11 août, en 1849 — le 23 du même
mois, en 1850 — le 31, en 1851 — le 11, en 1852 — le 8,
en 1853 — le 10, n'ont paru en 1854 que le 3 septembre, ce
qui a permis de faire encore des foins jusqu'à la fin de l'automne.

**Produit des exploitations aurifères de l'Etat dans
l'arrondissement de Nertchinsk en 1854.**—Les terrains
aurifères que l'Etat fait exploiter dans l'arrondissement de
Nertchinsk, ont donné en 1854, les résultats suivants:

Lavages de Kariisk . . . 41 pouds „ livres 94 zolotniks
—   Koultouminsk . 5 — „ — 29 —
—   Schakhtaminsk 96 — 4 — „ —

     ensemble 142 pouds 5 livres 27 zolotniks.

Les lavages de Kariisk ont occupé dans le mois d'août,
2262 ouvriers, et l'or recueilli a varié dans la proportion de 1 zol.
$11\frac{3}{4}$ dolis à 1 zol. $82\frac{3}{8}$ dolis par 100 pouds de sable; ceux
de Koultouminsk ont donné 1 zol. $46\frac{3}{4}$ dolis sur 100 pouds
de terre avec 134 travailleurs, enfin 2.437 hommes ont été employés aux lavages de Schakhtaminsk qui ont produit jusqu'à
3 zol. 40 dolis par 100 pouds de terre.

**Produit des lavages aurifères particuliers des ar-
rondissements de Kansk, d'Olekminsk, d'Irkoutsk et
de Verkhné-Oudinsk, en 1854.** D'après le relevé officiel annexé au deuxième volume des *Mémoires de la Section Sibérienne*, il a été lavé pendant l'année 1854, dans ces diverses exploitations — 35.684.142 pouds de terre qui ont rendu 113 pouds
20 livres 12 zolotniks 30 $\frac{1}{2}$ dolis d'or.

Mémoires de la Section de Sibérie. — T. III. 1857.

Expédition dirigée par le Gouverneur-général de la Sibérie orientale sur le fleuve Amour, *en 1854;* par M. Sverbéeff, membre-effectif.

«L'opiniâtreté avec laquelle l'Empire Chinois, depuis qu'il existe, s'est toujours isolé du mouvement historique universel, excite naturellement chez les autres nations une vive curiosité de connaître les provinces qui composent cet Etat et le désir d'y pénétrer, pour nouer avec les peuples qui l'habitent des relations réciproquement utiles aux uns comme aux autres. Au sud, la Chine a été quelque peu accessible aux Européens de l'Occident qui en ont profité; mais le nord de cet Empire, limitrophe de la Sibérie, est resté complètement fermé et inconnu. La position géographique des deux pays laissait aux Russes le soin de faire les premiers pas dans une voie nouvelle qui modifiât cet état de choses.»

Les cosaques de Tomsk, dit M. Sverbéeff, furent les premiers qui, en 1636, eurent connaissance du fleuve Amour par les récits des Toungousses du pays d'Oudsk; ceux-ci parlaient de la Zéia (Djéourakha) et du Schilkar, rivières tributaires du fleuve qui lui, allait se jeter dans la grande mer; quant au nom même d'*Amour*, était-il déjà connue de ces Toungousses? c'est ce qu'on ne saurait dire. Vers le même temps, les cosaques d'Iénisséisk recueillirent aussi quelques informations sur l'origine de l'Amour ou Schilkar; les bords en étaient, disait-on, habités par les *Daouriens*, peuple qui s'occupait d'agriculture, possédait des bestiaux et obéissait à un Prince Lavkaï dont la résidence se trouvait à l'embouchure de l'Ouraka. Ces divers renseignements ayant été transmis au premier vayvode d'Iakoutsk, Pierre Golovine, ce chef confia à Vassili Poyarkoff, la mission de remonter l'Aldan et de se procurer des notions exactes sur le cours de la rivière Amour.

Poyarkoff se mit en route avec 130 cosaques (1643), atteignit l'Outchour et, après une navigation de quatre semaines, déboucha sur le Hanam; surpris par les froids, il continua de s'avancer avec des traîneaux, franchit ainsi les montagnes, et s'orientant tantôt vers le sud tantôt vers le sud-est, il arriva jusqu'à la Brianda, premier cours d'eau appartenant au système de l'Amour et qui le conduisit jusque sur la Zéia. Trouvant sur les bords de cette rivière des traces de culture, Poyarkoff s'y arrêta, exigea un tribut de fourrures des indigènes qu'il put rencontrer aux environs, puis ayant eu par eux, connaissance d'une ville daourienne, *Moldikitchida*, qui devait exister à l'embouchure de la Silimba (Sélimdja), il envoya cinquante de ses gens pour s'y procurer des vivres qui commençaient à lui manquer; mais en présence de la supériorité numérique des Daouriens, la petite troupe dut revenir sans butin. Au printemps de 1644, l'Expédition se remit en marche et suivit le cours de la Zéia jusqu'à son embouchure; arrivé là, Poyarkoff avait d'abord eu l'intention de remonter l'Amour pour aller à la recherche du Prince Lavkaï qu'on lui avait dit posséder de riches mines d'argent; mais ayant reconnu aux discours des indigènes, que l'existence de ces prétendues richesses n'avait rien de positif, il changea de résolution et descendit le cours du fleuve. Au bout de trois semaines, il atteignait l'embouchure du Schingal (Soungari) et six jours plus tard celle de l'Oussouri. Sur toute cette étendue, il avait trouvé les bords de l'Amour occupés par les *Doutchères*; à ceux-ci succédait la peuplade des *Natkis*, puis venaient les *Ghiliakes* dont les habitations étaient répandues sur les rives du fleuve jusqu'à son embouchure, et qui en outre, à cette époque comme aujourd'hui, étaient établis sur quelques unes des îles Chantar et sur la partie septentrionale de l'île Sakhaline. Parvenu aux bouches de l'Amour avec tout son monde, jugeant la saison trop avancée pour rebrousser chemin ou pour s'aventurer en mer, Vassili Poyarkoff se décida à passer l'hiver chez les Ghiliakes. Au printemps il gagna par mer l'embouchure de la rivière Oulia, passa sur le cours de la Maia pour déboucher dans les eaux de l'Aldan, de celui-ci sur la Léna, et il rentrait à Iakoutsk dans le courant de 1646.

Cette première expédition comme on le voit, n'avait eu aucun caractère de conquête; celui qui la commandait n'avait eu recours ni à la violence ni même aux menaces, pour obtenir le payement de l'*iassak* ou tribut des fourrures, des peuplades indigènes qu'il avait visitées. Aussi revint-il convaincu que la contrée serait aisément soumise à l'autorité russe, qu'il n'y avait pour cela qu'à y envoyer un détachement de 300 hommes et à établir sur les terres des Daouriens et des Doutchères, trois postes fortifiés dans chacun desquels on laisserait une garnison de cinquante hommes, les 150 autres devant suffire à réduire les indigènes insoumis. Cette opinion de Poyarkoff sur le peu de difficulté qu'il y avait, suivant lui, a s'assurer la possession du pays arrosé par l'Amour, n'a rien qui doive surprendre; le petit nombre des indigènes répandus sur les rives du fleuve ne pouvait lui faire redouter la moindre résistance, et il n'était pas entré dans ses prévisions que des forces militaires pussent venir de l'intérieur de la Chine par le Soungari (Schingal); ne connaissant pas le pays, il n'avait fait aucune hypothèse à cet égard.

Le caractère entreprenant des Sibériens ne leur permit pas de s'en tenir à une première tentative; à Poyarkoff succéda Khabaroff. Celui-ci quitta Iakoutsk avec 70 hommes (1649), gagna la rivière Toughir, franchit les Khing-Ghan en janvier 1650 et atteignit l'Ouraka dont il suivit le cours jusqu'à son embouchure sur l'Amour; il trouva sur sa route plusieurs bourgades abandonnées par le Prince Lavkaï et s'arrêta dans la dernière; mais n'ayant avec lui que peu de monde, il ne poussa pas plus loin pour cette fois et retourna la même année à Iakoutsk. Le Vayvode l'autorisa a enrôler des volontaires, et Khabaroff s'étant remis en route l'année suivante (1651), se retrouva bientôt sur les bords de l'Amour, au lieu même où fût bâtie plus tard Albazine. De là, il descendit le cours du fleuve, enleva de vive force et coup sur coup, trois petites villes ou bourgades, et poursuivant sa route, il s'arrêta dans celle de Tolghine située sur la rive droite, en aval de l'embouchure de la Zéia; les habitants s'étaient enfuis à son approche; toutefois en apprenant l'occupation de leur ville, ils prêtèrent serment de fidélité à la Russie et s'engagèrent à payer tribut; mais cette promesse n'ayant pas été suivie d'effet, Khabaroff brûla Tolghine, puis il continua de s'avancer. Après une nouvelle navigation de six jours, il dépassa l'embouchure du Schingal, les habitations des Doutchères et choisit, pour y passer l'hiver, un grand village des *Atchanes*, les mêmes que Poyarkoff appelait *Natkis*. Les Russes s'étant arrêtés dans ce lieu (*), s'y fortifièrent, et bien leur en prit; car après avoir repoussé une première attaque des indigènes, ils allaient peu de temps après, avoir à soutenir un siège fait par les Chinois. Ceux-ci, sur les instances des Doutchères et des Atchanes, firent marcher contre les étrangers une armée de 2000 hommes avec 8 pièces de canon et tout un matériel de campagne; le 24 mars 1652, à la pointe du jour, ils ouvrirent le feu contre le bourg atchane et ayant réussi à pratiquer une brèche, ils tentèrent l'assaut; mais pendant qu'une partie des Russes défendait la place, une troupe de 150 hommes fit une sortie et enleva à l'ennemi deux pièces de canon qui furent aussitôt retournées contre lui. Ce coup de main décida de la victoire; les Chinois battirent en retraite, après avoir perdu 676 des leurs, plus un nombreux attirail de guerre. Au printemps, dès que l'Amour fut libre de glaces, Khabaroff revint sur ses pas dans le but de chercher en amont un lieu plus sûr pour sa petite troupe et surtout plus a proximité de Iakoutsk, de manière à pouvoir y demander du secours en cas d'une nouvelle attaque des Chinois. Entre l'embouchure du Schingal et celle de la Zéia, il fut rencontré par un parti de 144 cosaques envoyés vers lui avec des munitions; malheureusement, il s'éleva bientôt entre les Russes, des dissentiments dont la conséquence fut qu'une centaine d'hommes se sépa-

---

(*) Khabaroff, dans sa relation, ne mentionne pas l'embouchure de l'Oussouri.

rèrent du corps de l'expédition. Privé d'un tiers de ses forces, Khabaroff remonta jusqu'à l'embouchure de la Khamara (Koumara) et s'y établit dans un poste qu'il fortifia. Déjà il avait expédié à Iakoutsk un message par lequel il demandait des troupes pour assurer la conquête du pays baigné par le fleuve Amour; ses envoyés étaient d'avis que 600 hommes suffiraient pour tenir tête s'il le fallait, à 40.000 Chinois; mais Iakoutsk n'étant pas en état de fournir le renfort demandé, on en écrivit à Moscou. Le secours fut accordé; un gentilhomme, Dmitri Zinovieff, partit pour aller rejoindre Khabaroff avec 150 hommes et de nouvelles munitions de guerre; il avait mission d'encourager les cosaques à l'obéissance, de reconnaître le pays et de tout préparer pour y recevoir un corps de 3.000 hommes qu'on se proposait de faire marcher sous le commandement du prince Ivan Labanoff-Rostovsky. Cette dernière partie du projet ne reçut pas son exécution. Dans le même temps, le bruit se répandit par toute la Sibérie que la contrée de l'Amour était un *Eldorado* renfermant toutes les richesses imaginables; et chacun d'abandonner parents, femme ou enfants, pour gagner le *nouveau Chanaan*, le *paradis sibérien*. L'auteur de ces fables n'était autre que Khabaroff lui-même, qui avait besoin d'attirer les chercheurs d'aventures pour achever sa conquête. Les habitants des bords de la Léna, ceux de Verkho-Lensk, voulaient passer dans le nouveau pays; quelques uns même partirent secrètement et l'autorité dût prendre des mesures pour empêcher cette émigration.

Zinovieff joignit l'expédition de Khabaroff en 1653, à l'embouchure de la Zéia; son arrivée fut mal vue des cosaques qu'il voulait discipliner et contraindre à s'occuper utilement, tandis qu'ils avaient déjà pris l'habitude de marauder sur le cours de l'Amour et d'y vivre aux dépens des indigènes; leur mécontentement se trouva comblé par le départ de Khabaroff, que Zinovieff emmena à Moscou après avoir désigné pour le remplacer, le cosaque Onuphre Stépanoff. Khabaroff fut accueilli à Moscou avec faveur, on lui conféra le titre de *fils de boyard* et il fut nommé recteur de tous les villages répandus depuis Oust-Koutsk jusqu'aux limites de l'arrondissement d'Iakoutsk, mais il ne retourna plus sur l'Amour. Stépanoff, qui lui avait succédé dans le commandement, s'était immédiatement décidé à redescendre le fleuve; il avait enlevé d'énormes quantités de grains aux riverains du Schingal et avait hiverné sur les terres des Doutchères. Au printemps de 1654, il remonta de nouveau le Schingal à la voile; mais après trois jours de navigation, il rencontra les Chinois qui s'opposèrent à son passage; un combat fut livré et les Russes trop peu nombreux furent contraints à la retraite. Des prisonniers doutchères affirmèrent que les Chinois avaient 3.000 guerriers campés aux bouches du Schingal pour défendre l'entrée de la rivière, et qu'ils attendaient encore un renfort de 2.000 hommes. A quelque temps de là, le *Sotnik* d'Iénisséisk, Pierre Békétoff, traversait le lac Baïkal pour se joindre à Stépanoff. Les Russes passèrent l'hiver suivant au poste de la Khamara qui avait été détruit par les Chinois et dont ils relevèrent toutes les défenses. Sans doute le poste d'Albazine avait subi le même sort après l'hiver de 1651 pendant lequel Khabaroff s'y était tenu, car Zinovieff en partant, avait donné l'ordre de reconstruire, à cette même place, un autre ouvrage fortifié.

Au commencement de l'année 1656, dix mille Chinois ayant à leur suite 10 pièces de canon, vinrent mettre le siège devant le poste de la Khamara; ils s'arrêtèrent sur le bord opposé de l'Amour et établirent des batteries sur les rochers du rivage; le 20 mars, ils ouvrirent leur feu qu'ils continuèrent pendant plusieurs jours, mais sans succès; enfin dans la nùit du 24 au 25 ils tentèrent l'assaut et furent repoussés avec perte; les Russes ayant fait une sortie leur enlevèrent une grande quantité de poudre et de boulets; cet épisode termina le siège et les Chinois s'éloignèrent.

L'année précédente, le *fils de boyard*, Fédor Pouchtschine, avait quitté Iakoutsk pour se rendre sur l'Amour, avec l'ordre d'en remonter le cours et de se rétrancher pour l'hiver, derrière le confluent de l'Argoune. Pouchtschine accomplit sa mission; mais bientôt, manquant de vivres, il s'était vu forcé de quitter ce lieu pour se réunir à Stépanoff. Celui-ci, abandonnant encore une fois le poste de la Khamara, descendit vers le Schingal pour se procurer des grains; c'était l'époque de la moisson, et les cosaques recueillirent sur leur chemin des provisions suffisantes pour toute l'année; ils se dirigèrent ensuite vers les terres des Ghiliakes et y bâtirent le poste de Kossogorsk pour s'y renfermer pendant l'hiver; Stépanoff leva sur les indigènes un riche tribut en fourrures et se disposa à remonter le fleuve au printemps suivant.

Cependant Athanase Paschkoff, Vayvode d'Iénisséisk, avait été nommé, par un oukase impérial de 1655, commandant de l'Expédition de l'Amour. Son plan était de se fortifier sur la Schilka et d'en faire la base de ses opérations ultérieures sur le cours du fleuve; on lui avait bien prescrit de se rendre à son poste par la voie ordinaire d'Iakoutsk, mais il avait l'idée de chercher une voie plus directe pour communiquer avec le nouveau pays; en conséquence, il s'embarqua sur l'Angara, traversa le Baïkal, remonta la Sélenga et le Khilok, franchit les montagnes, suivit le cours de l'Ingoda jusqu'à la Schilka, et jeta les premiers fondements de la ville de Nertchinsk (1658). De là, il expédia à Onuphre Stépanoff quelques cosaques chargés de lui faire connaître l'oukase qui donnait un autre chef à l'Expédition; il lui enjoignait en même temps de renvoyer cent hommes et de laisser le reste à Albazine dont il recommandait de faire de nouveau un poste fortifié. Mais Stépanoff n'était pas en position d'obéir; il se trouvait alors aux bouches du Schingal, avec 500 hommes environ et occupé à se défendre contre des forces infiniment supérieures. La résistance était pour lui d'autant plus difficile, qu'une grande partie des cosaques avaient déjà lâché pied et désertaient pour regagner leurs foyers sur les bords de la Léna; d'autres étaient prisonniers; il fallut céder au nombre, et de ces 500 hommes, 17 seulement se présentèrent dans le courant de l'année 1661, devant le Vayvode Paschkoff. A la suite de ces revers, les Russes, pendant quelques années, n'entreprirent rien de remarquable sur le cours de l'Amour.

Un évènement survenu à la foire de Kirensk en 1665, devint l'origine de nouveaux faits et de nouveaux récits. Au retour de cette foire à laquelle se rendait chaque année le Vayvode d'Ilimsk, ce fonctionnaire, nommé Laurent Oboukhoff et qui, suivant la chronique, s'était fait détester pour son arrogance, fut attaqué par une troupe de gens armés et assassiné. Les malfaiteurs avaient pour chef un polonais, Nicéphore Tchernigovsky, lequel redoutant le châtiment qui le menaçait, prit la fuite, gagna les bords de l'Amour et se réfugia dans Albazine qu'il trouva désert. Les ouvrages de ce poste avaient-ils été relevés sur l'ordre laissé par Zinovieff à son départ, ou sur l'injonction de Paschkoff? on l'ignore complètement; car les premières notions que l'on possède sur cette place ou ce bourg palissadé, datent de l'année 1671, et la description qui en est restée le représente tel qu'il était en 1674 et 1677. Quoi qu'il en soit, Tchernigovsky, qui s'était établi à Albazine avec ses complices et quelques autres aventuriers qui l'avaient suivi volontairement, n'était pas tranquille; redoutant les Russes d'une part, les Chinois de l'autre, il prit le parti de se soumettre au commandant de Nertchinsk, en lui faisant parvenir le produit du tribut de fourrures qu'il avait prélevé sur les indigènes de l'Amour. En 1672, quelques familles de paysans furent envoyées à Albazine pour y faire des essais de culture; ces essais réussirent à souhait, et bientôt s'élevèrent aux environs plusieurs hameaux et faubourgs. Tchernigovsky fut gracié et reçut le titre de commandant d'Albazine; enfin, après une suite de mutations, Fédor Voyékoff fut nommé Vayvode de Nertchinsk, et en 1681, il envoya son fils à Albazine en qualité de gouverneur.

Pour prévenir de nouvelles collisions avec les Chinois, une ambassade russe était partie de Moscou en 1675; le grec Nicolas Spafari, interprète du Bureau des Ambassadeurs, avait été choisi pour cette mission dont le résultat fut loin d'être l'affermissement de la puissance russe dans la contrée de l'Amour; car on voit au contraire, par les édits transmis de Nertchinsk à Albazine, que Spafari recommandait que les Russes s'abstinssent de se montrer sur le cours du fleuve et sur la Zéia pour exiger des indigènes un tribut de fourrures, et que les habitants d'Albazine eussent à se tenir en repos pour éviter des hostilités de la part des Chinois. Toutefois dans ce même temps, trois nouveaux postes fortifiés furent bâtis sur la Zéia, la Sélindja et la Dolona.

En 1681, le Vayvode Voyékoff fit partir d'Albazine, une expédition qui devait descendre le cours de l'Amour et explorer les bouches du fleuve; on ignore quelles en furent les suites. Peu de temps après, une seconde expédition fut dirigée sur l'Amgoun dans le but de soumettre le pays qu'arrose cette rivière; enfin en 1683, une petite troupe qui venait de quitter Albazine pour la même destination, ayant été arrêtée à la hauteur d'Aïgoun (Sakhalin-Oula-Khoton) par les Chinois, ceux-ci renvoyèrent deux de leurs prisonniers porter aux habitants de la bourgade russe, une sommation de se rendre sans résistance, qui fut accueillie par un refus. L'Empereur Khan-Si, deuxième de la dynastie mandchoue, venait alors de terminer glorieusement ses débats avec la Chine; il s'était mis à couvrir de fortifications le nord de la Mandchourie et se rapprochait des frontières de la Daourie. Contrarié dans ses vues par les cosaques d'Albazine, il les qualifia dans un édit, de déserteurs russes indûment établis sur ses possessions, et prit immédiatement des mesures décisives à leur égard. D'autre part, les déprédations et les violences des cosaques avaient indisposé contre eux les indigènes qui s'étaient retournés vers les Mandchoux; cette circonstance ne fit encore que précipiter les manifestations hostiles de ces derniers. Les postes russes de la Zéia, de la Sélimdja, de l'Amgoun, du Tunghir, tombèrent tout d'abord sous les coups de l'ennemi qui s'approcha ensuite d'Albazine (1685), en brûla les faubourgs et mit le siège devant la place. Les Chinois-Mandchoux comptaient cent embarcations montées chacune par 50 hommes et une armée de terre de 10.000 combattants avec 150 pièces de petite artillerie de campagne et 50 pièces de siège. Albazine était défendue par 450 hommes en tout. Sur leur refus de se rendre à une nouvelle sommation, l'artillerie ennemie ouvrit un feu qui eut des effets terribles; dépourvus de moyens de défense suffisants pour protéger leurs fortifications, les Russes se décidèrent à parlementer; leur commandant obtint de se retirer sur Nertchinsk, et les Chinois, après avoir tout détruit, retournèrent à Aïgoun. Malgré ce nouveau revers, le Vayvode de Nertchinsk ne put se résoudre à abandonner les bords de l'Amour, il ordonna de reconstruire Albazine qui pour la troisième fois se releva de ses ruines, et avec la qualification de ville fortifiée. Le pays se repeupla de nouveaux habitants et en 1686, le seigle et l'avoine s'y vendaient 9 copeks le poud, le froment — 12 cop., et le gruau d'orge — 25. Au mois de juillet de cette même année, les Chinois recommenrent le siège de la ville neuve avec un immense déploiement de de forces et plus d'acharnement qu'auparavant; mais malgré le feu continuel de leur artillerie, ils ne faisaient aucun progrès; au mois de novembre, le siège fut changé en blocus; au mois de mai suivant, le blocus à son tour fut levé et l'ennemi se retira à une distance de 4 verstes. Le commandant d'Albazine avait été tué; le colonel qui avait pris sa place restait à la tête de 66 hommes, le reste avait péri par le feu de l'artillerie chinoise et par le scorbut. On apprit dans ce moment qu'une ambassade russe se rendait à Pékin dans le but de mettre un terme aux hostilités entre les deux Etats; les Chinois regagnèrent Aïgoun (30 août 1687). Ce dernier siège clot la série des opérations des Russes sur l'Amour, au XVIIe siècle.

De tout ce qui précède, ajoute M. Sverbéeff, il ressort que la première apparition des Russes sur les bords du fleuve Amour ne fut, dans le principe, que l'entreprise d'une poignée de cosaques desireux de s'établir dans un pays nouveau et de s'y enrichir sans peine et sans travail; il n'y avait là aucune arrière-pensée d'envahissement; mais l'histoire nous prouve que plus d'une fois, ces migrations de misérables bandes d'aventuriers agissant dans un but personnel et cupide, ont été le point de départ de grandes conquêtes. Il en a été ainsi en quelque sorte pour la Sibérie, et la prise de possession de la contrée de l'Amour eût été sans doute chose tout aussi simple et aussi facile, si Poyarkoff, Khabaroff et leurs successeurs, n'avaient eu affaire qu'aux indigènes qui étaient incapables de leur résister. Mais derrière ces faibles populations répandues sur un espace immense, se trouvait l'Empire du milieu, État puissant, ayant des vues profondes et des intérêts positifs à défendre. Tant que les cosaques se bornèrent à piller les Daouriens et les Doutchères, le Céleste Empire ne se mêla pas de ces querelles particulières dont il n'avait rien à redouter; du jour où les Russes se montrèrent plus fréquemment sur le fleuve et où ils occupèrent quelques points importants qui pouvaient laisser croire à des idées de conquête, il déploya ses forces pour arrêter les progrès de voisins qui l'inquiétaient. Albazine était un point menaçant par son caractère de lieu fortifié, les Chinois se résolurent à en faire le siège; ils devaient ou abandonner un pays qui jusqu'alors avait été soumis à leur domination ou se retirer après avoir combattu et avoir reconnu la superiorité des Russes. Malheureusement pour ces derniers, la Sibérie n'était pas en état de défendre sa nouvelle acquisition; là où il eût fallu une armée à mettre en ligne pour débattre la question de puissance à puissance, elle n'avait eu à faire avancer que quelques centaines de cosaques; il fallut céder et reconnaître qu'elle n'en était pas encore à pouvoir lutter avec la Chine. Aussi, est-ce à tort, dit l'auteur, que l'on considère généralement l'insuccès des premières opérations des Russes sur le cours de l'Amour, comme une conséquence de la conduite des cosaques à l'égard des indigènes. Jamais les Chinois n'auraient eu recours aux armes pour défendre les opprimés; mais ils redoutaient la présence d'un voisin puissant auquel ils ne voulaient pas laisser, sans coup férir, la possession d'un vaste territoire traversé par une voie navigable aboutissant à l'Océan Pacifique. On serait également mal fondé à penser que les conventions arrêtées avec la Chine aient été dictées par une politique conservatrice; l'absence d'une force numérique suffisante pour soutenir la lutte, ne permettait alors aucune idée de conquête. Fédor Golovine, venu en ambassadeur pour traiter de la paix, n'avait à suite que 500 soldats; les Chinois avaient envoyé huit grands dignitaires accompagnés de 10.000 hommes de troupes. Nertchinsk était le lieu fixé pour l'entrevue. Golovine ne se trouvait nullement en position de demander la cession des points que les Russes avaient précédemment occupés sur l'Amour; la supériorité du nombre donnait l'avantage aux envoyés du Céleste Empire, qui, en présence d'exigences opiniâtres, auraient pu clore la discussion de délimitation par un envahissement. Or, le plénipotentiaire russe ne pouvait perdre de vue le pays Transbaïkalien, dont il fallait d'abord s'assurer la conservation et qui n'avait pas encore de force militaire capable de le défendre. Le 27 août 1689, le traité fut signé; c'était le premier acte diplomatique conclu entre la Russie et l'Empire du milieu. L'Ambassade du Comte Ragousinsky, envoyée en 1725 par Catherine 1, ne toucha pas à la question de l'Amour; elle n'eut à discuter que des points relatifs aux rapports commerciaux entre les deux pays et à déterminer la ligne-frontière dans le voisinage de l'Argoun et de l'Onone; celle du Colonel Kropotoff, sous le règne de l'Impératrice Catherine II (1767), eut pour but de régulariser le commerce de Kiakhta et de régler quelques différends sans importance, relatifs à des points de démarcation de la frontière. Depuis lors, les relations amicales se sont continuées sans interruption entre la Russie et la Chine. L'histoire réservait à un autre temps la solution de la grande question internationale, en renvoyant aussi à cette époque la transformation de la Sibérie.

En 1854, une flottille a été rassemblée dans les eaux de la Schilka, et c'est de là qu'est partie l'Expédition qui devait, sous le commandement du Gouverneur-général de la Sibérie orientale, explorer le fleuve Amour sur toute l'étendue de son parcours. Le 7 mai, le bateau à vapeur "Argoun," construit en Sibérie et muni d'une machine de la force de 60 chevaux, quittait son mouillage, suivi d'une longue file de barques chargées de grains et des provisions nécessaires pour un long voyage.

La Schilka, formée de la réunion de l'Ingoda et de l'Onone, porte ce nom jusqu'au point où elle-même joint ses eaux à celles de l'Argoune pour devenir l'origine de l'Amour (*). Celui-ci n'est nullement connu des indigènes de la contrée sous cette dénomination; ainsi les Orotchones et les Manègres donnent au cours supérieur du fleuve jusqu'à l'embouchure de la Zéia, l'appellation de Schilkar ou Silkar; les Chinois-Mandchoux le désignent, jusqu'à la hauteur des bouches du Soungari, sous le nom de Sakhalian-Oula; les Russes seuls appliquent la dénomination d'*Amour* à son cours tout entier depuis la Schilka jusqu'à l'Océan Pacifique. D'après le Père Hyacinthe, le fleuve se nomme en langue mongole — *Khara-Mouren*, en langue toungousse — *Sakhalian-Oula*, et en chinois — *Khé-loun-tsian*, ce qui dans les trois langues signifierait — *rivière noire*. Au confluent de la Schilka et de l'Argoun et sur la rive gauche de ce dernier, est bâti le poste russe d'Oust-Strelka que la flottille d'expédition atteignait le 17 mai. Le lendemain 18, elle en repartait pour déboucher bientôt après dans les eaux de l'Amour.

Ici commence le journal de voyage de M. Sverbéeff, qui se termine au 15 juin suivant, à l'arrivée de l'Expédition sur le lac Kisi. Nous ne pourrions que nous exposer à des redites en entrant dans le détail de cette relation; pour tout ce qui a rapport aux notions géographiques et géognostiques relatives au cours du fleuve Amour et à ses rives, nous croyons devoir renvoyer le lecteur au *Journal* de M. Permikine (voir page 260).

Au travail de M. Sverbéeff, sont annexés quatre dessins reproduisant les types des indigènes-riverains de l'Amour, et deux vues — l'une de la partie de la ville de Sakhalin-Oula-Khoton qui borde le fleuve, l'autre du poste Mariinsk sur le lac Kisi.

(*) Il s'agit ici d'un fait important au point de vue géographique; sans aucun doute, une exploration ultérieure du cours du fleuve et de ses rives à la hauteur des bouches du Soungari-Oula, permettra de résoudre, d'une manière positive, la question de sa véritable origine.　　　　　　　　(Note du réd.)

La paroisse de Tschaun *(province d'Iakoutsk);* par M. A. Arguentoff, membre-collaborateur de la Section Sibérienne. —

La paroisse de Tschaun fait partie de l'arrondissement de Kolymsk, dans la province d'Iakoutsk; elle s'étend sur un espace d'environ 550 verstes en longueur et de 200 en largeur; ses limites sont: au nord — l'Océan Glacial, à l'est — le cours du Yakane, au sud — les pentes des montagnes qui la séparent du bassin de l'Anadyr, à l'ouest — la paroisse de Nijnékolymsk. Le pays, dit l'auteur de cet article, sauf le cours de l'Anuï et ses affluents, ne consiste qu'en *tundras* coupés par des montagnes rocheuses au pied desquelles sont des marécages ou des lacs; il est sillonné de nombreux petits cours d'eau, mais complètement dépourvu de bois, et ce n'est que par places qu'on y rencontre quelque maigre buisson. Il est hors de doute que les eaux de la mer ont jadis recouvert cette contrée polaire; le fait est démontré par la présence des coquilles et des pétrifications de bois que l'on y rencontre dans les lieux les plus élevés. L'hiver, la mer ne présente qu'une masse solide, et l'été, ses vagues roulent encore d'énormes blocs de glace; il arrive cependant, quoique rarement, qu'elle se montre complètement libre. Le rivage s'étend de l'ouest à l'est des deux côtés de la baie de Tschaun qui s'avance jusqu'à une centaine de verstes dans les terres; cette baie renferme quelques îles peu considérables dont la plus grande, celle de Lenoutenout, n'est separée du continent que par un petit détroit. La mer dans ces parages n'a pas de flux ni de reflux; elle n'est guère navigable que pendant les derniers jours de juillet, le mois d'août et une partie de celui de septembre. Dès les premiers jours de ce mois, souvent plus tôt, les rivières et les lacs se couvrent de glaces dont ils ne se débarrassent entièrement que vers la fin du mois de mai suivant ou aux premiers jours de juin. Tous ces cours d'eau sont en général peu considérables; quelques uns cependant, qui se jettent dans la mer Glaciale, prennent une certaine importance aux approches de leur embouchure. Les lacs et les rivières font la richesse du pays par le poisson dont ils abondent et par la prodigieuse quantité d'oiseaux sauvages qui en peuplent les rives. Les quadrupèdes qui habitent la contrée sont: l'élan, le renne, l'argali, l'ours (blanc et noir), le glouton, le loup, le chien, le renard, l'isatis, le lièvre, la loutre, l'hermine et quelques autres espèces encore; l'écureuil, le polatouche et quelquefois la zibeline, se rencontrent par hasard et dans les endroits couverts. En espèces minérales, on trouve du schiste ardoisier, du talc et du cristal de roche; une île située à l'ouest du cap Baranoff renferme seule des mines de fer et dé cuivre; il est assez étrange qu'on ne voie nulle part ni sable ni argile. Enfin au nombre des productions naturelles du pays de Tschaun il faut ranger aussi les ossements du gigantesque mammouth et du rhinocéros antédiluvien (Rh. tichorinus), que l'on rencontre dans les terrains dont sont formées les rives escarpées de plusieurs lacs et rivières.

L'instabilité de la température est un des caractères du climat; les principaux éléments en sont le froid et l'humidité. Il n'est pas rare de voir pendant l'hiver, succéder tout-à-coup au froid le plus rigoureux, une brise tiède accompagnée de givre et d'une neige sans consistance. L'été, la terre dégèle à peine à un verschok de profondeur, et sous la mousse qui la couvre s'étend une couche de glace; dans les lieux abrités la neige ne disparait même jamais complètement. La verdure commence à poindre vers la fin du mois de mai; en juin elle se développe, pour se flétrir déjà dans le mois de juillet. Les vents soufflent constamment avec force, plus fréquemment de l'ouest ou de l'est que dans d'autres directions; le premier amène la neige ou la pluie et règne souvent sans interruption durant plusieurs jours; l'autre dont la violence n'est pas moins redoutable, amène les fortes gelées et renverse tout sur son passage. Dans les jours d'été, le vend chaud du sud-est constitue un véritable fléau pour les habitants, en poussant vers la contrée des myriades de cousins dont la piqûre produit sur les rennes, un effet tel, que ces animaux exaspérés par la douleur, s'enfuient quelquefois par troupeaux entiers au grand préjudice de leurs propriétaires. Du reste la nature rude et sauvage de ce climat polaire ne renferme aucun principe nuisible à la santé des habitants; la preuve en réside dans ce fait remarquable que plus d'une fois, des maladies épidémiques dont l'influence s'est étendue jusqu'à Nijnékolymsk, ont totalement épargné la paroisse de Tschaun. Le soleil, qui pendant l'été ne quitte pas l'horizon, disparait complètement durant une certaine partie de l'hiver, et dans les jours de décembre, les étoiles même ne se montrent pas; par contre les aurores boréales sont fréquentes, et ce spectacle grandiose est tellement habituel pour les indigènes que nul n'y prête attention.

D'après les relevés effectués en 1851 et 1852 pour le dernier recensement, la population de la paroisse de Tschaun se composait de 94 familles de Tchouktchis comprenant 666 individus du sexe masculin et 510 du sexe féminin, en tout 1176 âmes. M. Arguentoff considère ces indigènes comme appartenant à la race rouge; il fonde son opinion sur l'observation qu'il a faite de l'angle facial et de la couleur de leur visage, sur leurs mœurs, leurs coutumes et, en dernier lieu, sur une tradition qui s'est conservée parmi eux et suivant laquelle, leurs ancêtres seraient venus de l'orient et auraient chassé devant eux les possesseurs primitifs du sol qui n'appartenaient pas à la même race et avaient un langage particulier. Les Tchouktchis désignent ces anciens habitants sous le nom de Tchavatchis; ceux-ci vaincus par les nouveaux-venus se seraient éloignés vers l'occident. L'auteur complète sa notice par des détails sur le genre de vie et les cérémonies des Tchouktchis; il y ajoute quelques considérations sur des faits recueillis par lui et tendant à prouver l'existence d'une terre habitée, qui serait située au milieu des glaces de l'Ocean Boréal, au nord-ouest de l'île de Kouliutchi.

MÉLANGES.

Nouvel itinéraire du poste Nicolaïevsk sur l'Amour, au fort Oudskoï sur le littoral de la mer d'Okhotsk.

L'itinéraire dont il s'agit est celui qu'ont successivement parcouru en 1854 et 1855, trois messagers du Gouvernement: — le capitaine-lieutenant Tchikatcheff, le Cornette du 3-e régiment des Cosaques transbaïkaliens, Raievsky, et le Sous-lieutenant du corps des pilotes de la Baltique, Schénourine. Les deux derniers ont rédigé le journal de leur voyage; M. Tchikatcheff a dressé une carte du pays qu'il a traversé et de la route qu'il a tenue. Les trois documents sont reproduits dans cette partie des *Mémoires de la Section Sibérienne*.

L'Obone; par M. Davydoff, membre-collaborateur. — Les Mongols-Bouriates de la Sibérie orientale, et particulièrement les Bouddhistes, désignent sous la dénomination d'*Obone*, un lieu élevé où ils viennent accomplir leurs cérémonies religieuses; ils choisissent de préférence pour cet objet les sommets de montagnes ou un plateau entouré de collines; le mot *Obone* signifie proprement — éminence de terre et s'applique, dans ce cas, à un monticule dont la forme est celle d'un cône irrégulier. C'est ordinairement à la suite de calamités publiques, d'épizootie, de sécheresse ou de mauvaise récolte, que les Bouriates offrent l'*Obone* aux esprits invisibles qui suivant leur croyance, peuvent exercer sur la localité une influence nuisible aux hommes, aux animaux et aux plantes. Le lieu, une fois choisi d'un commun accord, est consacré par les lamas qui viennent y dire des prières; puis on y enfouit quelque objet ancien tel qu'une cotte de mailles, une cuirasse, un casque, ou à défaut, une de ces coupes de cuivre qui se placent ordinairement devant les idoles et au fond de laquelle on dépose une pièce d'argent ou quelque bijou; le tout est recouvert de charbon et on applique ensuite à la surface de la terre, des pierres disposées de manière à représenter une croix dont les extrémités ne sauraient être dirigées vers les quatre points cardinaux, mais doivent absolument incliner vers les aires intermédiaires. Enfin, autour de ces pierres sont plantées des branches de pin ou de tout autre arbre qui se trouve dans le voisinage. Les lamas, pendant la consécration, lisent des livres sacrés écrits en langue thibétaine, sonnent de la trompette et s'accompagnent du bruit des cymbales ou de coquilles qui en font l'office. On tire également des salves de mousqueterie; puis la cérémonie accomplie, tous les assistants, dans leurs habits de fête, descendent dans la vallée pour prendre un repas préparé aux frais communs des habitants de la localité qui ont participé à l'établissement de l'*Obone*. La fête se termine par des jeux, des courses de chevaux, des luttes corps-à-corps, qui se renouvellent tous les ans dans le même lieu.

Statistique de la population relevant de la paroisse du Sauveur, à Nijnékolymsk en 1856. — D'après le relevé dressé par M. Arguentoff, le nombre des habitants de cette paroisse s'élevait en 1855, à 1910 qui se répartissent comme il suit:

	hommes.	femmes	total	individus lettrés	langue.
Russes	— 322 —	356 —	678 —	36 —	russe.
Iakoutes . . .	— 58 —	56 —	114 —	3 —	iakoute.
Toungousses .	— 155 —	182 —	327 —	1 —	toungousse.
Tchouvatsis et Khodyntsis .	— 124 —	118 —	242 —	2 —	koriake et russe.
Koriakes . . .	— 21 —	14 —	35 —	„ —	koriake.
Jukaghirs de diverses tribus	— 261 —	243 —	504 —	17 —	russe, lamoute et jukaghire.
ensemble	941	969	1910	59	

M. Arguentoff fait suivre ce tableau, d'autres données relatives à la seule ville de Nijné-Kolymsk et desquelles il ressort que cette localité comptait en 1850, — 134 feux et 970 habitants possédant: 747 chiens, 32 vaches et 126 chevaux (non compris les chevaux des commerçants-voyageurs).

Tremblement de terre dans l'arrondissement de Kirensk. La relation de ce fait a été transmise à la Section Sibérienne de la Société géographique, par un témoin oculaire qui, dans le moment même où s'est produit le phénomène, se trouvait en compagnie de plusieurs chasseurs, à trois verstes de la ville de Kirensk. Le 31 août 1856, le temps avait été couvert toute la journée et le vent avait constamment soufflé de l'ouest; les nuages commençaient néanmoins à se dissiper et tout semblait présager une belle soirée. Le vent même était complètement tombé, lorsque tout-à-coup retentit dans la direction de l'ouest, une formidable détonation suivie de plusieurs autres qui finalement se confondirent avec le bruit produit par l'écho des montagnes. Au moment où la première détonation s'était fait entendre, on ressentit une forte secousse à laquelle succéda une oscillation du sol qui se prolongea environ une demi-minute; après quoi, le dernier écho s'éteignit dans le lointain et les secousses ne se renouvelèrent plus. Dans l'intérieur de la ville le même bruit a été entendu, la même commotion s'est fait sentir, mais sans occasionner aucun accident. Le phénomène a étendu ses effets jusqu'à douze verstes aux alentours, et plus tard, des paysans des bords de la Léna, dont les habitations se trouvent éloignées de 50 verstes de la ville de Kirensk, ont •affirmé avoir ressenti la secousse et remarqué les détonations. Pendant le mois d'août, le maximum de la température avait été de $+ 19°$ Reaumur et elle était redescendue à $+ 3°$; la veille même de ce tremblement de terre, il était tombé de la neige à gros flocons. Les plus vieux habitants du pays se souviennent, disent-ils, de commotions souterraines qui se sont produites à diverses époques dans cette localité, mais dont l'effet a toujours été très peu sensible et ne saurait être comparé à celui de la secousse qui s'est fait sentir en dernier lieu.

Les sources salées de la Kempendiaïka et de Boguinsk; par M. Veitzel. — L'auteur de cette note a été chargé en 1851, par l'autorité administrative de la Sibérie orientale, d'explorer les sources dont il est ici question et qui se trouvent dans la contrée qu'arrose le Viluï.

Les sources salées de la Kempendiaïka dit M. Veitzel, sont situées sur la rive droite du petit cours d'eau dont elles ont emprunté le nom; la plus importante, éloignée de la rivière d'environ 180 sagènes, est au milieu d'une plaine de deux verstes de longueur sur 190 sagènes de largeur, qui s'étend entre le cours de la Kempendiaïka et le chemin conduisant au village de Sountarsk;

l'autre a son orifice à 4 sagènes de la première; toutes les deux débouchent au fond d'une sorte de bassin. Le limon salin qu'elles déposent, donne, à l'évaporation, environ un quart de son poids de sel. L'hiver par les grands froids, les orifices de ces sources se recouvrent d'une croûte saline qui s'accroît progressivement et atteint, au dire des gens du pays, jusqu'à trois sagènes d'épaisseur.

Les sources salées de Boguinsk sont à 90 verstes de distance des précédentes. D'après les expériences de M. Veitzel, 15 livres de leur dépôt salin rendent, par l'évaporation, une livre de sel. Pendant l'hiver, il se forme au fond du ruisseau alimenté par ces sources, un dépôt de sel natif que l'on recueille tous les ans; ce sel n'est pas parfaitement blanc comme celui des sources de la Kempendiaïka; il présente une teinte rose due sans aucun doute, à la présence de l'argile rouge ferrugineuse qui forme en grande partie le lit du ruisseau.

Produit des lavages aurifères particuliers *des arrondissements de Kansk, de Nijné-Oudinsk, d'Olekminsk, d'Irkoutsk et de Verkhné-Oudinsk, pendant l'année 1855.* Il ressort du relevé officiel reproduit dans le 3e volume des *Mémoires* de la Section Sibérienne, que dans les exploitations particulières des arrondissements ci-dessus, il a été lavé en 1855 — 57.517.583 pouds de terre d'où on a retiré 160 pouds, 8 livres, 77 zolotniks et 25 $\frac{1}{4}$ dolis d'or.

Fin.

ERRATA.

Page   1, ligne 19; au lieu de: la   lisez: le
— 15, — 5; . . . . informatons . . . . informations
— 20, — 25; . . . . il contigu . . . . il est contigu
— 22, — 24; . . . . onvragt . . . . ouvrage
— 31, — 26; . . . . da . . . . de
— 32, — 19; . . . . conaître . . . . connaître
—   », — 25; . . . . conaitre . . . . connaître
— 35, — 32; . . . . Vien, ... Vien-
— 36, — 32; . . . . ouit . . . . jouit
— 41, — 29; . . . . telle qu'il était, ... telle, qu'il était
— 88, — 18; . . . . se rapporche . . . . . . se rapproche
— 100, — 18; . . . . Enuméation . . . . Enumération
— 179, — 23; . . . . vivières . . . . rivières
— 218, — 28; . . . . la — Véra, ... la Véra,
— 219, — 13; 1847 1846
— 224, — 11; . . . . eux même- . . . . eux-mêmes
— 242, — 31; . . . . gaucke . . . . gauche.
— 256, — 18; . . . . hémicyle . . . . hémicycle
— 275, — 29; . . . . demarré . . . . démarré
— 291, — 7; . . . . dispositiou . . . . . . disposition
— 299, — 27; . . . . perpendiculiairement . penpendiculairement
— 302, — 30; . . . . *Khangau* . . . . *Khangou.*

INDEX.

1856. — 3-ème LIVRAISON.

1856. — 4-ème LIVRAISON.

1856. — 5-ème LIVRAISON.

TOME II. — 1856.

ÉTUDES ET MATÉRIAUX.

MÉLANGES.

TOME III. — 1857.

ÉTUDES ET MATÉRIAUX.

Fin de l'index.